复旦博学·微观金融学系列

金融风险管理(第二版)

张金清 编著

复旦大学出版社

内 容 简 介

本书首先详细讨论和界定了有关金融风险及其所包含的各类主要风险的定义、特性等一些基本概念和基本知识,在此基础上全面、系统、深入地介绍、阐释、分析了各类金融风险的辨识理论、方法以及市场风险、信用风险、操作风险和流动性风险这四类主要风险的各种度量理论、方法与技术。另外,本书还涉及到了上述四类金融风险度量理论和方法的历史演变以及经典的 VaR 方法,等等。与第一版相比,本版的改动并不大,主要是对第一版中存在的失误和不足的修正、补充和完善。

本书可作为经济、金融、管理类的教师、研究人员、高年级本科生和研究生以及实践领域的金融工作者的教材或参考书。

PREFACE TO THE FIRST EDITION 第一版序言

人类的恐惧常常来自无知,但无知带来的恐惧却并不一定最可怕,最可怕的往往是建立在一知半解基础上的管理漏洞和贸然行动,尤其是贸然行动后一次或几次的侥幸成功将有可能导致对管理漏洞和潜在风险的更加熟视无睹以及更进一步的行为冒进。其实道理并不复杂,因为基于无知的恐惧往往会使得人们的行为趋于谨慎、保守,而与管理漏洞和贸然行动相比,谨慎和保守的行为有可能丧失一些成功的机会,但还不至于招致颠覆性的损失,甚至危机。这样的故事和经历几乎在每个国家、每个地区的每个领域都曾上演过,在经济金融领域,尤其在金融风险度量与管理方面更是如此。

目前正在上演的、起因于美国次贷危机、被前美联储主席格林斯潘认为是"百年一遇"的全球性金融风暴,很大程度上就是由于各类投资机构普遍对次贷衍生品的风险生成与传导机制一知半解或漠视而采取的连续大规模的贸然行动所引发的。这场风暴,就连曾经令无数世人神往、声名远播的华尔街也遭受了前所未有的重创:华尔街上五大投行中的贝尔斯登、雷曼兄弟、美林三大投行相继倒下,高盛和摩根斯坦利两大投行也不得不变身为银行控股公司,至此,华尔街前五大投行尽数沉没。与此同时,世界经济也备受牵连。即使远离美国的中国投资者,也感受到了从遥远的大洋彼岸吹来的其实已经减弱很多但依然凛冽入骨的"寒风"。人们尚未从10多年前发生的那场亚洲金融危机的阴影中完全走脱出来,竟再度发生更加凶险的全球性金融危机,这固然有诸多方面的原因,但其中一个重要的原因是：在次贷危机发生的前几年里美国住房市场的高度繁荣，使得美国政府、次级抵押贷款的发行者以及次贷衍生品的创造者与投资者等都多少有些头脑发热，于是在没有完全弄清楚次级抵押贷款及其次贷衍生品的风险运行机制(此时也不可能对其中的风险作出正确评估)的情况下，就开始发放次级抵押贷款，进行次级抵押贷款证券化，在此基础上不断创造出新的次贷衍生品，最终酿成悲剧①。

与激进或贸然行动形成鲜明对比的是谨慎和保守的行为，这使得中国在1997年的亚洲金融危机中所受到的冲击很小②；即使在当下"百年一遇"的金融风暴面前，中国到目前为止所受到的冲击和威胁，尽管比上次金融危机要大得多但仍然有限、可控③。因此，在还没有能力完全认识、评估和控制自己的行为及其风险结果之前，我国政府和有关部门采取谨慎、保守一点的行为和方式，不失为一种明智之举。这是在一知半解的情况下采取谨慎和保守行为胜过贸然行动的一个典型案例。当然，在金融全球化、自由化的今天，金融开放如同浩浩荡荡的长江水，势不可挡。因此，时不我待，别无选择，我们必须通过金融开放抓住金融全球化、自由化过程中一切有利于中国经济发展的机会，这就要求我们必须在金融开放过程中尽快掌握管理金融风险的理论、方法和技术，将金融风险控制在可以承受、安全的范围内。

从上面的案例中可以看出，能否有效管理金融风险，是关系到金融机构能否生存、一国或地区金融业能否稳定和发展的头等大事。而正确度量金融风险是确保能够有效管理金融风险的前提和基础。因为如果不能准确评估某个机构或某类资产所面临的风险大小，就无法设计、选择和实施准确可靠的金融风险管理策略，此时也就无法有效开展金融风险管理工作。从某种意义上来看，金融风险度量的水平可以决定金融风险管理的水

---

① 事实上，布什政府、美国媒体乃至学界也都先后承认，无论是政府还是社会各有关阶层，都明显忽视和低估了次贷危机的威胁。而正是这种忽视和低估，导致了危机控制行动的迟缓和危机的进一步蔓延、放大，也倍增了控制危机的成本，而控制效果自然也会大打折扣。

② 主要应归功于中国当时的经济开放程度比较低，尤其是施行了严格的固定汇率及资本管制制度。

③ 主要原因是：自2006年12月开始，我国金融业进入了全面对外开放的发展阶段，而我国在抵御和控制金融风险乃至危机的能力、制度安排等诸方面却没有同步跟上，所以这次危机的冲击和威胁要大于上次；值得庆幸的是，我国金融业全面对外开放的时间还不长，而且尽管我国目前的固定汇率及资本管制有所放松，但仍能发挥根本性作用，因此到目前为止我们的损失还是比较有限的。

平,没有准确可靠的金融风险度量方法就难有高超的金融风险管理水平。因此,金融风险度量是金融风险管理的首要环节和核心内容,也是本书的主要内容。

那么,如何理解金融风险度量呢？金融风险度量在金融学中的地位又如何呢？

关于金融风险度量的概念,可以从狭义和广义两个角度去观察：从狭义角度看,金融风险度量主要指对金融风险的大小作出定量估计,这通常也是目前多数人的理解；从广义角度看,金融风险度量不只在量上对金融风险的大小[1]作出估计,而应从定性和定量两方面对金融风险的类型、受险部位、风险源以及风险大小进行全面的测度和评估,所以广义上的金融风险度量与金融风险辨识是难以分割的统一体。在最新的金融风险度量方法中,金融风险度量实质上是对金融风险因子[2]变化及其导致的资产组合价值变化的不确定性进行度量和估计,这其实仍属于金融资产定价的范畴[3]。

关于金融风险度量在金融学中的地位,我们不妨从金融学的基本定义开始谈起。有关金融学的概念,人们已经从研究方法、效率、功能或者目标等不同角度给出了许多定义和阐述。我们在这里借鉴一下 Bodie, Merton (2000) 的定义,即金融学是研究如何在不确定环境下通过金融市场[4]对资源进行跨期最优配置的学科。显然,根据本书第一节金融风险的定义来分析,"不确定环境"就意味着"风险环境"[5],"对资源进行跨期最优配置"的依据应是"风险的定价或度量",因此,这个金融学的定义隐含着以"风险的定价或度量"为依据,通过金融市场对处于"风险环境"的资源进行跨期最

---

[1] 金融风险的大小一般指金融风险发生的可能性以及风险发生后的严重程度。
[2] 这里的风险因子主要是指影响资产组合价值变化的金融变量,例如资产收益率、资产价格、利率、汇率,等等。特别须指出的是,作为风险因子,收益率具有一个不同于利率、汇率等其他风险因子的特点,即当获得组合收益率的变化分布时就可以根据收益率公式立即估计出组合的价值变化分布,而对于其他风险因子来说通常不会如此简单。
[3] 从中不难总结出,现代最新的金融风险度量方法都需要解决两个基本问题：金融风险因子变化分布的估计以及在金融风险因子影响下的资产组合价值变化分布的估计。事实上,所有的各类现代金融风险度量方法也都是围绕上述内容展开的。
[4] 这里的金融市场是广义的,既包括货币市场、狭义的资本市场,也包括衍生品市场等。
[5] 实质上,"不确定性"与"风险"两个概念并不完全相同,但经典金融学理论为了能用数学刻画和解决不确定性问题,往往并不对"不确定性"和"风险"加以区分。为此,此处也沿用了这种狭义的理解和处理方式。至于对这两个概念的详细解释和辨析,请参见本书第一章第一节。

优配置。另外，Bodie，Merton(2001)认为，金融学的三个基本分析支柱是货币的时间价值、价值评估以及风险管理。其实，"货币的时间价值和价值评估"本质上就是金融资产定价，而金融资产定价的核心问题是对金融资产的不确定性即风险部分进行度量，亦即对金融风险进行度量。另外，前文也已经指出，金融风险度量又是金融风险管理的首要环节和核心内容。因此，我们认为，金融风险度量是金融学最基础的核心内容之一。由此可见，金融风险度量在金融学中的核心地位及其重要性。

但是，当前我国有关金融风险度量的学习、人才培养、著作撰写等方面的现状与其地位和实践需要并不相称。一方面，金融风险度量在金融学中的地位相当重要，而且当前的经济金融实践活动又非常需要大量高水平的有关金融风险度量的知识和人才。另一方面，对金融风险的度量往往需要估计金融风险因子及资产组合价值变化的概率分布，从而需要涉及随机过程、随机分析等较深的数理工具，这对于我国财经、管理类的广大师生而言一般比较困难，在这方面的高水平人才自然也比较少；与此同时，操作风险、流动性风险等许多类型的金融风险度量方法，目前尚处于开发的初级阶段，而且已有内容的系统性、严谨性、完整性严重不足，在此种情况下整理成书自然就困难很大，自然地，目前这方面的专著，尤其是比较适合我国读者的优秀著作比较少见。为此，作者试图通过撰写本书对这种尴尬局面有所改善。

目前呈现在读者面前的这本书，是作者在为研究生开设了5年的金融风险度量与管理课程的基础上，充分吸收国内外有关论著的精华，并结合自己长期学习、研究和授课的心得，数易其稿，经过反复润色、修改、补充而成的。本书共分六章，主要内容包括：第一章对金融风险以及市场风险、信用风险、操作风险、流动性风险和其他各类风险的定义、特性、来源等有关基本概念和基本知识进行详细讨论和界定；第二章是对各类金融风险的辨识与分析；由于市场风险、信用风险、操作风险和流动性风险是金融机构日常所面临的最主要的四大类金融风险，所以第三章至第六章将依次对这四类金融风险度量的有关理论、方法和技术进行全面、系统、深入的介绍、阐释与分析。与此同时，本书还涉及上述四类金融风险度量理论和方法的历史演变以及经典的 VaR 方法,等等。

在本书结稿之际,作者衷心地感谢国家自然科学基金(项目批准号:10371025)和教育部人文社会科学基金(项目批准号:07JA790023)的资助,同时感谢复旦大学出版社、复旦大学金融研究院的帮助和支持。

我的许多博士研究生与硕士研究生都曾参加过本书有关内容的编写、研究和校对工作,主要人员有彭俊、梁勇、亓玉洁、纪婧、李徐、周茂彬、刘烨、连端清、吴有红、王云、石黎卿、刘庆富、杨晶、蒋文瀚、张健、卢晔、寇宏等。

由于受作者学识所限,书中难免会有不尽如人意甚至错误之处,恳请读者和同行批评、指正。

张金清

2009 年 4 月于复旦大学

PREFACE TO THE SECOND EDITION | 第二版序言

本书第一版发行引起了广泛关注和热烈反应，不到半年就已基本售罄，这是作者始料未及的。许多同行和学者纷纷以各种方式表达了对本书的看法，这里既有大量的肯定和鼓励，当然也有一些宝贵的意见和建议。其中最令人难忘和感动的是，华南理工大学经贸学院的于孝建博士，以书面形式在对本书给予充分肯定的同时，也列举了他和他的学生在仔细阅读本书后所提出的一些宝贵意见和建议。上述肯定、意见和建议，是本书能不断完善并尽快再版之驱动力所在。为此，作者向一直关注本书、对本书提出过各种意见和建议的广大同行、读者表示最衷心的谢意！

把各位读者对本书的反馈意见以及作者的思考综合起来，本书第一版主要存在两类问题：一是本书第一版仍然存在着一些失误和不足；二是本书一些内容对本科生而言的确有一定难度。本书第二版对上述失误和不足进行了认真的修正、补充和完善，但与第一版相比变动并不大。至于将本书选作为本科生教材时应讲授哪些内容，作者的建议如下：第一章，第二章，第三章的前6节或前7节，第四章的前5节，第五章的前3节，第六章的前2节，余下内容可视情况选讲。当然，对研究生这个层次而言，我们认为本书的内容还是较为适当的。

本书第一版的成功出版、发行以及顺利再版，都凝聚着复旦大学出版社编辑罗翔博士的极大热情和辛勤劳动，作者在此特别表示深深的感谢！同时，作者仍然一如既往恳请广大同行和读者继续关注、审阅本书第二版，以使得作者的工作更加完善。

张金清

2011年5月于复旦

CONTENTS 目 录

第一章 金融风险的基本概念解析 ... 1
第一节 金融风险的定义及特性分析 ... 2
一、金融风险的概念 ... 2
二、金融风险的特点 ... 3
三、金融风险的来源分析 ... 5
四、金融风险的经济结果分析 ... 6
五、金融风险与未预期损失、经济资本、监管资本等概念之间的关系 ... 8
第二节 金融风险的分类 ... 8
第三节 金融市场风险 ... 9
引例 基于三个典型案例对金融市场风险的认识 ... 9
一、市场风险的定义与特性 ... 10
二、市场风险的分类 ... 11
第四节 信用风险 ... 12
引例 基于百富勤倒闭事件对信用风险的认识 ... 12
一、信用风险的概念 ... 13
二、信用风险的分类 ... 13
三、信用风险与市场风险的区别与联系 ... 14
第五节 操作风险 ... 15
引例 基于巴林银行事件对操作风险的认识 ... 15
一、操作风险的概念 ... 16
二、操作风险的基本特性 ... 17
三、操作风险的分类 ... 19
第六节 流动性风险 ... 21
引例 基于美国大陆伊利诺银行流动性危机对流动性风险的认识 ... 22
一、流动性风险的概念 ... 22

二、流动性风险的成因与特性分析 ·· 23
　　三、流动性风险的分类 ·· 24
第七节　其他类型的金融风险 ·· 25
　　一、经营风险 ·· 25
　　二、国家风险 ·· 26
　　三、关联风险 ·· 26

第二章　金融风险辨识 ·· 28

第一节　金融风险辨识的概念和原则 ··· 29
　　一、金融风险辨识的概念 ·· 29
　　二、金融风险辨识的原则 ·· 30
　　三、金融风险辨识的作用 ·· 30
第二节　金融风险辨识的基本内容 ·· 31
　　一、金融风险类型和受险部位的识别 ·· 31
　　二、金融风险诱因和严重程度的辨识 ·· 36
第三节　风险辨识的基本方法 ·· 38
　　一、现场调查法 ··· 38
　　二、问卷调查法 ··· 40
　　三、组织结构图示法 ·· 41
　　四、流程图法 ·· 44
　　五、专家调查法 ··· 44
　　六、主观风险测定法 ·· 47
　　七、客观风险测定法 ·· 47
　　八、幕景分析法 ··· 48
　　九、模糊集合分析法 ·· 49
　　十、故障树分析法 ··· 52
　　十一、其他方法简述 ·· 53
　　十二、金融风险辨识方法评述 ··· 53

第三章　金融市场风险的度量 ·· 56

第一节　金融市场风险度量方法的演变 ··· 57
　　一、名义值度量法 ··· 58
　　二、灵敏度方法 ··· 58
　　三、波动性方法 ··· 58
　　四、VaR方法 ·· 59
　　五、压力试验和极值理论 ·· 59
　　六、集成风险或综合风险度量 ··· 60

第二节　灵敏度方法 ································· 60
一、简单缺口模型 ································· 60
二、到期日缺口模型或利率敏感性缺口模型 ················ 61
三、久期、凸性与缺口模型 ···························· 62
四、β系数和风险因子敏感系数 ························ 68
五、金融衍生品的灵敏度测量 ·························· 69
六、灵敏度度量法评述 ······························· 71

第三节　波动性方法 ································· 72
一、单种资产风险的度量 ····························· 72
二、资产组合风险的度量 ····························· 72
三、特征风险、系统性风险与风险分散化 ·················· 73
四、波动性方法的优缺点评述 ·························· 74

第四节　VaR方法 ··································· 74
一、VaR方法的基本概念 ····························· 74
二、VaR的计算 ···································· 76
三、边际VaR、增量VaR和成分VaR ····················· 80
四、VaR方法的优缺点评述 ···························· 83

第五节　基于历史模拟法的VaR计算 ··················· 84
一、基于标准历史模拟法计算VaR的基本原理和实施步骤 ····· 84
　　引例　基于标准历史模拟法的VaR计算举例 ············ 86
二、计算VaR的标准历史模拟法的评述 ··················· 89
三、计算VaR的标准历史模拟法的修正及扩展 ·············· 91

第六节　基于Monte Carlo模拟法的VaR计算 ············· 94
一、Monte Carlo模拟法 ······························ 94
二、基于Monte Carlo模拟法的计算VaR的基本步骤 ········ 100
三、基于Monte Carlo模拟法计算VaR的应用举例 ·········· 100
四、基于Monte Carlo模拟法VaR计算的评述 ·············· 103
五、Monte Carlo模拟法的改进与扩展介绍 ················ 104

第七节　基于Delta，Gamma灵敏度指标的VaR计算 ······· 108
一、基于Delta类方法的VaR计算 ······················· 109
二、基于Delta-Gamma类方法的VaR计算 ················· 117
三、基于Hull-White正态变换方法的VaR计算 ············· 122

第八节　厚尾分布事件中的市场风险度量
　　　　——压力试验和极值理论 ······················· 123
一、压力试验 ····································· 124
　　引例　系统化压力试验举例 ························ 136
二、极值理论 ····································· 138
　　引例　利用POT模型计算VaR举例 ·················· 150

第四章 信用风险的度量 ... 153

第一节 信用风险度量方法概述 ... 154
  一、专家分析法 ... 154
  二、评级方法 ... 155
  三、基于财务比率指标的信用评分方法 ... 155
  四、现代信用风险度量模型 ... 157

第二节 度量信用风险的基本参数解析与估计 ... 158
  一、违约率的估计 ... 158
  二、违约损失率与回收率的估计 ... 162
  三、信用损失 ... 163
    引例 信用损失的 VaR 法应用案例 ... 165
  四、信用价差 ... 168

第三节 信用评级方法 ... 170
  一、外部机构的信用评级方法 ... 171
  二、内部信用评级方法 ... 175

第四节 信用等级转移分析与信用等级转移概率的计算 ... 182
  一、信用等级转移概率 ... 182
  二、联合信用等级转移概率 ... 185
  三、条件信用等级转移概率 ... 189

第五节 基于财务分析指标的评分模型：Z 值评分模型与 ZETA 模型 ... 191
  一、Z 值评分模型的基本原理与应用 ... 191
    引例 Z 值评分模型举例 ... 193
  二、改进的 Z 值评分模型：ZETA 模型 ... 194
  三、Z 值评分模型与 ZETA 模型评述 ... 195

第六节 基于信用等级转移的 CreditMetrics 模型和信用组合观点 ... 195
  一、CreditMetrics 模型的基本思想和应用程序 ... 196
  二、信用资产组合的 CreditMetrics 模型 ... 200
    引例 基于多因素股票收益率模型的相关系数的计算应用举例 ... 201
  三、CreditMetrics 模型的适用范围与优缺点评述 ... 204
  四、基于条件信用等级转移的宏观模拟模型：信用组合观点 ... 205

第七节 基于市场价值的违约模型(DM)：KMV 模型 ... 206
  一、基于 Merton(1974)公司债务定价思想的 KMV 方法 ... 206
  二、预期违约率(EDF)与评级 ... 208
  三、KMV 的信用资产组合管理方法 ... 210
  四、KMV 模型适用范围与优缺点评述 ... 211

第八节 基于财险精算方法的违约模型(DM)：CreditRisk+ 模型 ... 212

一、基本原理和模型 ………………………………………………………… 212
　　　　　引例　CreditRisk⁺模型的应用举例 ……………………………… 215
　　　二、CreditRisk⁺模型适用范围与优缺点评述 ……………………………… 217
　第九节　基于寿险精算方法的违约模型(DM)：死亡率模型 ………………… 218
　　　一、基本原理和模型 ………………………………………………………… 218
　　　二、对死亡率模型的评价 …………………………………………………… 219
　第十节　不同信用风险度量模型的比较 ………………………………………… 220

第五章　操作风险的度量 …………………………………………………………… 223
　第一节　操作风险度量的历史演变
　　　　　——兼述巴塞尔委员会对操作风险的度量与监管 ………………… 224
　　　一、第一阶段：以定性为主的操作风险度量方法 ………………………… 225
　　　二、第二阶段：定性与量化结合的操作风险度量方法——基于新巴塞尔
　　　　　协议的框架 ……………………………………………………………… 228
　第二节　基本指标法和标准法 …………………………………………………… 232
　　　一、基本指标法(BIA) ……………………………………………………… 232
　　　二、标准法(SA) …………………………………………………………… 233
　第三节　内部度量法 ……………………………………………………………… 236
　　　一、内部度量法的一般步骤 ………………………………………………… 236
　　　二、内部度量法在应用中的不足与修正 …………………………………… 237
　第四节　损失分布法 ……………………………………………………………… 238
　　　一、操作风险事件描述 ……………………………………………………… 239
　　　二、基于损失分布法度量操作风险的一般步骤 …………………………… 239
　　　三、损失分布法的改进 ……………………………………………………… 244
　　　　　引例　操作风险损失分布与未预期损失的计算举例 ………………… 247
　　　四、基于Monte Carlo模拟法的损失分布的估计 ………………………… 248
　第五节　记分卡法与其他度量法 ………………………………………………… 250
　　　一、运用记分卡法度量操作风险的基本步骤 ……………………………… 250
　　　二、操作风险的其他度量方法 ……………………………………………… 251
　第六节　操作风险度量方法的比较与分析 ……………………………………… 253
　　　一、关于基本指标法和标准法的比较与分析 ……………………………… 253
　　　二、高级度量法 ……………………………………………………………… 254
　　　三、贝叶斯神经网络模型和因果关系模型 ………………………………… 254
　附录　巴塞尔委员会对操作风险管理与监管的十项原则 …………………… 255

第六章　流动性风险的度量 ………………………………………………………… 257
　第一节　流动性风险度量方法概述 ……………………………………………… 258

  一、筹资流动性风险度量方法简介——兼述筹资流动性风险管理的理论与
    策略 258
  二、市场流动性风险度量方法概述 264

第二节 筹资流动性风险的度量方法 268
  一、指标体系分析法 269
  二、缺口分析法 272
  三、期限结构分析法 274
  四、现金流量分析法 276
  五、基于 VaR 的流动性风险价值法 276
  六、行为 L_VaR 的估计 280

第三节 市场流动性风险的度量方法 280
  一、基于买卖价差的外生性 La_VaR 法 281
  二、内生市场流动性风险度量方法——基于最优变现策略的内生性
    La_VaR 法 282
  三、外生和内生市场流动性风险度量方法比较 290

附录 经济学和金融学中的随机理论初步 292
  一、概率空间和随机变量 292
  二、条件概率和条件期望 297
  三、随机过程与鞅 300
  四、随机积分与几个常用定理 312
  五、随机微分方程 314

参考文献 316

第一章

金融风险的基本概念解析

风险无时不在,无处不在。近10年来,只要稍稍留意,广大民众都有可能通过媒体从已两度肆虐世界的金融危机[①]中经受一些金融风险教育,所以人们应该不会对金融风险过于陌生。在这样一个充满风险的世界里,一些金融机构大伤元气甚至纷纷倒下了,而另外一些金融机构则不仅屹立不倒,反而更加壮大。为什么差别会如此之大呢?不可否认,这的确取决于很多的因素,其中人们认识、度量与管理金融风险的水平如何是导致上述差异的最关键因素之一。而正确认识金融风险,是准确度量金融风险的前提和基础,因而显得极为重要。

为此,本章作为开篇之论,将详细介绍、界定、阐释金融风险以及市场风险、信用风险、操作风险、流动性风险和其他各类风险的定义、特性、来源等一些基本概念和知识。

---

① 此时此刻,整个世界都正在经受着"百年不遇"的金融海啸。

学习目标

通过本章学习,您可以了解或掌握:
◆ 金融风险的概念及其特点;
◆ 风险的诱因、风险发生时所可能导致的经济结果;
◆ 未预期损失、经济资本、监管资本的定义以及上述概念之间、上述概念与金融风险之间的关系;
◆ 市场风险、信用风险、操作风险、流动性风险等各风险类型的概念、基本特点及各类风险之间的相互关系。

第一节 金融风险的定义及特性分析

什么是金融风险?金融风险有何特点和经济后果?本节试图对此作出回答。

一、金融风险的概念

风险和金融风险的定义,曾折磨过许多伟大的"头脑"。幸运的是,在抽象层面上,人们已基本形成共识:风险(risk)[①]是指未来收益的不确定性;金融风险(financial risk)是指金融变量的变动所引起的资产组合[②]未来收益的不确定性。上述定义中有以下两个存在争论的问题。

一是对未来收益的争论。未来收益可能是正收益,也可能是负收益,负收益是可能的损失,是风险,大家都赞同。争论主要集中在正收益上,有人认为,正收益不是风险,是人们所期望的结果,单边平均差的风险度量方式就是基于此提出来的。但也有人认为,正收益也可能是风险,因为超出期望收益或平均值的正收益,常常被认为是资源的过度投入造成的,这意味着资源浪费,因而也是风险,所以用方差度量风险是合理的。除此之外,我们还认为,对于投资者来说,经常持续的正收益,常常会使投资者过度自信,容易逐渐产生冲动和丧失警惕,增加未来投资的盲目性,因而是一种潜在风险。因此,本书对金融风险的定义倾向于第二种观点,即正收益也可能带来风险。

二是关于不确定性的理解。F. Knight(1921)认为事件有三种形态:确定的、风险的和不确定的。F. Knight 的确定性排除了任何随机结果发生的可能性。F. Knight 的风险性是指未来可能发生的结果不止一个,所有可能结果和结果发生的可能性事先都知道,但事前不知道

[①] 风险源于对未来结果的不确定性,是所有人类活动都具有的内在属性;风险本身并无好坏之分,即表现为中性。
[②] 由于我们可以把单项资产看作是资产组合的特殊情况,而且在现实中含有多种金融资产的组合也最为常见,所以除非特别说明,本书所言的资产组合既可以是含有单项资产的组合,也可以是含有多项资产的组合。

到底哪个结果会发生;用更专业的话来说,就是我们事先知道事件未来发生的概率分布,概率分布主要是根据历史经验、对客观事物规律的认识,并借助于数学方法确定的,在实际应用中人们也常常直接用主观推测的方法来确定。F. Knight 的不确定性意味着未来可能发生的结果不止一个,但事先不知道会有哪些结果出现,或者即使事先知道会有哪些结果发生,但事前至少对其中一种结果发生的可能性不知道;也就是说,不确定性意味着我们事先无法确定事件未来发生的概率分布。根据 F. Knight 的定义,假设我们对不确定性事件人为地赋予一个概率分布,风险与不确定性就变得模糊起来,所以在大多数经济金融文献中风险和不确定性常常交互使用,不加区分。但是,现代金融学中的主要理论和成熟的方法,例如,著名的 CAPM 资本资产定价公式和 Black-Scholes 期权定价公式等,风险几乎都是在假设未来事件的概率分布已知的情况下得到的;也就是说,在金融学中对 F. Knight 定义的风险的情况知晓得较多,研究得也比较透彻,而对 F. Knight 定义的不确定性知晓得还很少。例如,在市场非有效的情况下,我们还没有能很好描述股票价格运动的随机模型;对经济金融中的突发事件、极端事件的定量描述也存在着同样问题。

笔者认为,F. Knight 定义的风险和不确定性都是不确定的,只是前提不同。也可以这样理解:经济金融中的不确定性包含 F. Knight 所定义的风险和不确定性两种情况。为清楚起见,本书将 F. Knight 定义的风险称为已知概率分布的不确定性或第一类不确定性;而把 F. Knight 定义的不确定性称为未知概率分布的不确定性或第二类不确定性。本书金融风险定义中的不确定性同时包含第一类和第二类不确定性。

另外,在风险度量层面上对金融风险的定义也存在争议。鉴于简单明了又可量化,笔者更倾向于用最常见的方差度量法给出详细定义,即金融风险是指由于金融变量的变动所引起的资产组合的未来收益偏离其期望值的可能性和幅度。其中,定义中的期望收益(或称为预期收益)是可以预计的平均收益,因而具有确定性;金融风险则是指未来收益偏离预期收益的波动值或标准差,因而具有不确定性。因此,不能用期望收益来衡量金融风险。

根据定义,金融风险既可能包含高于预期收益的正偏差,也可能包含低于预期收益的负偏差。但是,从下文的介绍中可以看出,有些风险(例如信用风险)结果却是单向的,即只可能带来损失,而不可能带来正收益。另外,操作风险与收益也没有必然的联系。因此,对于信用风险、操作风险等金融风险而言,风险的含义往往仅表示未来损失的不确定性。与此对应,此时的风险度量值也常被称为未预期损失。未预期损失,既可以直接根据定义用未来损失偏离预期损失的波动值或标准差来表示,也可以用下文介绍的 VaR 方法来计量[①]。

二、金融风险的特点

只有深入了解并真正把握金融风险的特点,方能更好地管理风险,甚至创造价值。近 30 年来,金融市场的全球性动荡更加频繁,振荡强度也越来越大,与此同时,金融风险的发生方式、影响范围、表现形式等也时常随之发生变化,并表现出许多新特点。但不论如何变化,诸类金融风险仍具有如下一些共同的基本特点。

---

① 未预期损失的具体计算方法,可参见本书的第四章第二节。

（一）金融风险的不确定性

金融活动的不确定性导致了未来收益的不确定性，亦即金融风险，因而金融风险本质上是一种不确定性。

当然，如果我们事先掌握了一定的信息，就可运用概率论、统计学等方法估计出未来各种可能结果发生的可能性，在此基础上，可对金融活动的不确定性（即金融风险）进行测度，并有针对性地采取相应的风险管理措施，以减少或消除不确定性及其导致的损失。

（二）金融风险的客观性

不确定性是在整个的事物发展变化过程中普遍存在、不以人的意志为转移的客观现象；或者说，只要存在着运动、变化，就存在着不确定性。同样，所有金融活动、金融事件的发展变化也必然产生不确定性——金融风险，从而金融风险是客观存在的。

金融风险存在于具体的金融活动之中，存在于具体事件的发展过程之中，离开了具体的事件，也就无所谓金融风险。

因此，金融风险由客观事物自身产生、不以人的好恶而独立存在。从根本上说，这种不确定性是无法消除的，因而风险总会存在。正因为它是客观存在的，我们才可以设法去认识它、度量它。例如，我们可以通过历史信息反映出的风险因子的分布特征来考察金融风险，而这正是建立在金融风险客观性的基础之上的。

（三）金融风险的主观性

由于金融活动本身及外部条件错综复杂而且多变，而人们的知识水平和认识能力等又往往有限，所以很难完全认识和把握金融活动的各个层面，这容易使得人们的金融行为出现失误或偏差，从而引发风险。这类主要由于人们主观认识能力的局限性而导致的风险，称为主观性风险。

人们主观认识能力的局限性主要包括两种情况：一是人类对金融活动本身及其发展变化的规律缺乏认识；二是由人的阅历、经验、知识水平、思维方式和判断能力等个体素质的差异所造成的。所以，我们一方面应深入全面地认识和把握经济金融知识；另一方面，也应采取有效措施，尽快提高人们的知识素养和行为能力，以减少因主观认识能力的局限性所导致的行为过程中的不确定性，最大限度地降低主观性风险。

（四）金融风险的叠加性和累积性

所谓风险叠加性是指同一时点上的风险因素会交织在一起，相互作用，相互影响，从而产生协同作用，将风险放大。所谓风险累积是指随着时间的推移，风险会因正反馈作用而不断积累变大，当积累到爆发的临界点后，风险将发生质的变化，并有可能导致严重损失。例如，在金融活动中，证券市场、银行机构等会同时受到利率、汇率风险及一些外部因素（如石油危机、自然灾害、战争等）的干扰或冲击，这就增加了金融风险交叉感染、风险叠加的可能性。再比如，在传统的银行信贷业务中，由于信息的不对称会产生逆向选择和道德缺失，从而使得银行面临的信用风险不断累积，等累积到一定程度以后，一些"偶然事件"就会"引爆"潜在的风险，并有可能演化为一场金融危机。

(五)金融风险中的消极性与积极性并存

人类时常将损失归罪于金融风险的突发性与凶险,而将获利归功于个人能力,但损失带给人们的惨痛记忆又常常挥之不去,所以人们往往会过度看重金融风险的消极面,而忽视金融风险的积极作用。金融风险的积极作用主要体现在以下几方面:首先,金融风险是金融市场创新和充满活力的源泉。正由于未来收益的不确定性,使得市场参与者对未来的投资收益具有不同预期和判断,所以人们期望通过金融交易活动实现自己的预期目标。可以说,没有风险,就没有金融市场。同时,为降低风险,达到获利目的,市场参与者必须不断地通过金融创新来分散或规避金融风险,及时把握获利时机。金融创新将使得金融市场更加充满生机和活力,并推动着市场的可持续发展。其次,金融风险对金融市场还起着积极的约束作用,以保持市场健康、稳定运行。金融风险有可能造成的严重后果会对市场参与者有所警示,使得金融市场参与者会在一定程度上自觉地约束和规范自己的投机行为,从而维护和保持金融市场的稳定。

三、金融风险的来源分析

追根溯源方能真正了解、控制金融风险,使之为我所用。关于风险来源,我们试图从金融风险的定义中找寻答案。根据前文的定义,金融风险是金融变量的变动所引起的资产组合未来收益的不确定性。循着这一概念可以大体观察到,金融风险来自资产组合的存在以及影响资产组合未来收益的金融变量的不确定性变动。事实上,上述观察并不完全准确,其实并非全部资产组合都会有风险,而只是未来收益受金融变量变动影响的那部分资产组合才可能存在风险。于是,这里把在金融活动中未来收益有可能受金融变量变动影响的那部分资产组合的资金头寸称为风险暴露(risk exposure)。于是,我们可以更清晰地看到,金融风险来源于风险暴露以及影响资产组合未来收益的金融变量变动的不确定性。

风险暴露可以大体反映金融活动中存在金融风险的部位及其受金融风险影响的程度。风险与暴露就像是一对孪生姐妹,如影随形,紧密结合,可以说,没有风险暴露就没有风险,当然也就无所谓金融风险了。同时,暴露与风险又具有不同的内涵,暴露反映的是风险资产目前所处的一种状态,而风险是一种可能性。风险暴露的程度可以用暴露和风险同时加以刻画。例如,贷款的信用风险暴露等于该笔贷款目前的信用暴露与违约损失率的乘积[①]。

不确定性是金融活动中客观存在的事实,反映了一个特定事件在未来变化有多种可能的结果。例如,持有的股票和债券近期是否发生变化,是上升还是下降,变化幅度如何,这种变化产生的后果怎样,等等,这些不确定性变化必然导致未来收益的不确定性,从而有可能给行为主体带来损失。因此,不确定性是金融风险产生的根源,不确定性越大,风险也就越大。

通常地,不确定性可分为外在不确定性和内在不确定性。外在不确定性是指生成于某个经济系统自身范围之外的风险因子,如在经济运行中发生随机性、偶然性的变化所引起的不确

---

① 关于信用风险暴露的具体计算,请参见本书第四章第二节。

定性。外在不确定性对整个经济体系都会带来影响,所导致的金融风险一般都是"系统性风险[1]"。外在不确定性主要表现为经济衰退、通货膨胀、战争、自然灾害等客观经济状况变化,国家税法的变化,国家财政政策和国家货币政策的变化等。内在不确定性主要源于经济体系之内的如主观决策、获取信息的不充分性等因素造成的不确定性。内在不确定性具有明显的个性化特征,可以通过设定合理的规则或投资分散化等方式来降低其产生的金融风险,这些风险大都为"非系统性风险"。

四、金融风险的经济结果分析

前文已经提到,金融风险中利弊共存。在金融活动中,经济行为人首先需要充分认识、了解各类金融风险及其有可能带来的各种影响,尤其是不良影响,在此基础上做到未雨绸缪,及时采取有针对性的防护、控制、管理金融风险的措施,化弊为利,使自己立于不败之地,然后才有可能从各类金融风险中获取最大利益,甚至通过管理、经营风险创造新价值,使自己进一步发展壮大。为此,我们在这里侧重讨论金融风险有可能带来的不良影响。

(1) 金融风险可能会给微观经济主体带来直接或潜在的经济损失。例如,股票投资者有可能因为股票价格下降而出现亏损;股指期货投资者在进行套利时,则有可能因为指数变动与预期相反而遭受重大损失。上述亏损或损失对于经济主体而言均具有直接性。另外,金融风险造成的损失大小也具有不确定性,有些轻微,有些则可能巨大。

金融风险也可能带来间接损失。若一家银行存在严重的信用风险,则会使消费者对存款安全产生担忧,从而导致银行的资金来源减少、业务萎缩,这将不可避免地使银行遭受潜在损失。尽管潜在损失时常难以直接度量,但不容忽视。再如,银行信用卡持卡人越多,其潜在的信用违约事件就越多,给银行带来的潜在损失可能就越大。另外,信用价差的变化有可能导致投资者预期收益的变化,因为信用风险越大,对应的信用溢价也就越大,从而使得根据未来现金流折现出的现金收入就越少。

(2) 金融风险影响着投资者的预期收益。一般而言,投资者大多是风险厌恶的。因此,高风险必然要求更高的风险补偿,并且金融风险越大,风险溢价也相应越大,于是调整后的未来收益贴现率也就越大,投资者所期望的预期收益就越大。例如,相对于债券市场,股票市场的风险较大,其风险溢价要比债券市场大,因而预期收益也较大。

(3) 金融风险增大了交易和经营管理成本。首先,资金融通的不确定性使得对许多金融资产都难以正确估价,这不仅不利于交易活动的顺利进行,还可能产生纠纷,从而增大交易摩擦;信用、利率等风险的存在,会给银行负债业务和中间业务带来不利影响,从而有可能加大企业融资的难度,进而增加交易成本。其次,金融风险的存在既增加了经济主体收集和整理信息的工作量和难度,也增大了预测工作的成本、难度以及经济主体的决策风险。再次,经济主体在实施计划和决策的过程中,金融风险有可能会导致市场环境变化,此时就必须适时调整行动方案,修改或放弃原来计划,这必将增大管理成本,还可能出现金融风险估计失误,从而导致不必要的损失。

---

[1] 系统性风险和非系统性风险的定义可参见本章第二节。

（4）金融风险可能会降低部门生产率和资金利用率。在生产经营中，只有当各种生产要素的边际生产率相同时，资源配置才会达到最优。然而，由于金融风险的存在，生产要素更多地流向金融风险低的产业或部门，而很少流向金融风险高的产业或部门，这使得一些产品的边际生产率接近甚至低于要素价格，导致部门整体的生产率下降；此外，由于长期的不确定性一般要比短期大，而新产品开发往往周期较长、难度大，从而风险也比较大，所以会导致一些企业因循守旧，行为短期化，这也会使部门生产率下降。另外，由于金融风险发生的突然性、广泛性及其有可能产生的严重后果，一些单位和个人通常需要持有一定的风险准备金来预防和应付风险，从而有可能降低资金利用率；由于对金融风险的担忧而使得部分消费者和投资者常常持币观望，这将造成大量社会资金闲置，从而也会降低资金利用率。

（5）金融风险可能会引起一国经济增长、消费水平和投资水平的下降。由于金融风险的破坏性较大，为降低投资风险，经济主体不得不选择风险较低的技术组合；而创新项目的风险往往较大，投资者由于担心不能获得足够的风险补偿而不愿投资创新项目，这使得一些创新项目因缺乏资金支持而搁浅，这将对经济增长造成不利影响。同样，由于未来收入的不确定性，消费者为了保证在未来能获得正常消费，总是保持较谨慎的消费行为；投资者也会对实际收益率下降和对资本的安全产生忧虑，从而减少投资，导致社会投资水平下降。

（6）金融风险影响着一国的国际收支。在国际金融活动中，汇率波动影响着商品的进出口和贸易收支。利率风险和国家风险的增加将会影响国际资本流动，从而直接影响着一国的资本项目。

（7）金融风险可能会造成产业结构不合理，社会生产力水平下降，甚至引起金融市场秩序混乱，对经济产生严重破坏。金融风险的存在，使大量资源流向风险低的部门，高风险行业或产业由于缺乏足够的资本配置而无法获得充分发展，从而有可能导致一国产业结构的不合理。同样，由于开发新产品的风险较大等原因，一些生产部门往往选择风险较低的、传统的技术方法，而一些进行技术革新的经济主体难以筹集到足够的开发资金或从银行获得足够的贷款，从而极有可能导致关键经济部门发展缓慢，产业结构出现畸形发展。再者，严重的金融风险还会引发一个国家整个实体经济的萧条，甚至引发金融危机，使整个社会生产力遭受重创和破坏。如在1929—1933年的经济危机中，美国平均每年有2 000家大银行停业，1933年一年停业的银行更是高达4 000家，这不仅导致了全社会的巨额金融财富损失，而且还导致了严重的经济衰退。

（8）金融风险对宏观经济政策的制定和实施也产生重大影响。从本质上说，政府对宏观经济的调节也就是对金融风险的调控。例如，中央银行在市场上吞吐外汇的主要目的就是要减少汇率的波动；中央银行计划采取扩张性或紧缩性的货币政策，就是期望通过调节货币需求来实现资金的供需平衡，从而达到调节宏观经济的目的。与之相称的是，金融风险也反作用于宏观政策。例如，过大的金融风险既会增加宏观经济政策制定的难度，也会削弱宏观经济政策的实施效果：从政策制定的角度来看，金融风险会经常导致市场环境的变动，从而使得政府难以及时、准确掌握社会总供给和总需求的状况并及时作出决策；从政策传导和实施的角度来看，金融风险既会使传导机制中某些重要环节（如利率、信贷规模等）出现非预期障碍，还常常使政策实施的作用严重滞后，从而导致经济政策的实施效果偏离于政策的制定目标。

通过观察和比较，我们大体上可以把上述金融风险的经济结果分析分为两类情况：一类是前四条，主要侧重于金融风险对微观经济的影响；一类是后四条，主要侧重于金融风险对宏观经济的影响。从中可以看出，随着国际经济的发展以及金融体系的演变，金融风险对宏、微观经济主体的影响无处不在，而且越来越大、越来越深。因此，对金融风险实施有效监控和管理，刻不容缓而且必须高度重视。

五、金融风险与未预期损失、经济资本、监管资本等概念之间的关系

在后面涉及有关金融风险度量的章节中，经常会遇到未预期损失、经济资本、监管资本等概念。例如，本书第四章中给出了通过测度未预期损失计量经济资本的公式；在本书第五章中也可以经常看到，运用基本指标法、标准法、高级度量法等度量操作风险而获得的计量值大多被直接称为操作风险的监管资本，等等。但从表面看，经济资本、监管资本似乎与金融风险度量并没有直接的关系。那么，用以计量金融风险的监管资本与经济资本的模型或方法又何以被认为是度量金融风险的方法呢？金融风险度量与金融风险的监管资本、经济资本三者之间到底有什么关系？

所谓金融风险的经济资本，是与金融机构实际承担的风险直接对应、并随着机构实际承担的风险大小而变化的资本，是由金融机构基于追求股东价值最大化的理念对风险、收益、资本综合考虑的基础上所确定的。所谓金融风险的监管资本，是指监管部门针对有可能发生的风险而要求金融机构必须备足的资本，或者说，是监管机构根据当地金融机构的风险状况要求金融机构必须执行计提的强制性资本要求，监管资本一般包括核心资本和附属资本。类似地，可对具体的风险类型（例如信用风险、操作风险等）定义相应的经济资本或监管资本。

监管资本与经济资本既有差别也有共同之处。主要差别在于：监管资本反映了监管部门对当地金融机构所面临的金融风险状况的估计、判断和态度，本质上属于"事后监督"；经济资本是一个管理会计的概念，并非是实实在在的资本，是金融机构为测量、评估、管理该机构面临的不同风险而合理配置资本所提供的一个统一的尺度。另外，与监管资本不同，经济资本属于"事前配置"。但是，设立监管资本与经济资本的目的却是相近或共同的，即都可以被视为金融机构承受未预期损失的"资本缓冲器"，因为两者都可以用来应对该机构的未预期损失。

显然，监管资本或经济资本都不应低于未预期损失[①]，或者说，未预期损失是监管资本或经济资本的最低资本要求量。所以在实际操作中，通常将计算得到的未预期损失直接作为监管资本或经济资本。

最后须指出的是，由于预期损失是事先可以预计的平均损失，所以一般视为金融机构的业务成本之一，以计提准备的名义从净收入中扣除。这与未预期损失有着根本的不同。

第二节 金融风险的分类

由于认识金融风险的程度、角度、目的不同，再加上金融风险日趋复杂和多样化，人们提出了许多划分金融风险类型的标准和方法。

[①] 通常情况下，监管资本一般应高于经济资本。

按照能否分散，可将金融风险分为系统风险和非系统风险。系统风险（systematic risk）是由那些影响整个金融市场的风险因素引起的，使所有经济主体都共同面临的未来收益的不确定性，这些风险因素包括经济周期、国家宏观经济政策的变动，等等。系统风险的基本特点为：系统风险会对市场上所有金融变量的可能值产生影响，并且不能通过投资分散化等方式来消除或者减弱，而只能通过某些措施来转嫁或规避，因此又称为不可分散化风险。换言之，即使投资者持有一个充分分散化的组合也要承受系统风险。非系统风险（nonsystematic risk）是一种仅与特定公司或行业相关的风险因素引起的，使该公司或行业自身所面临的未来收益的不确定性。非系统风险的基本特点是：通过风险分散化策略选取适当的投资组合，可降低甚至消除非系统性风险，因此又称为可分散化风险。

按照会计标准，可将金融风险分为会计风险和经济风险。会计风险（accounting risk）指可从经济实体的财务报表中反映出来的风险，可以根据现金流量表、资产负债表、损益表等反映出来的现金流量状况、资产状况和盈利状况等信息进行客观评估。经济风险（economic risk）是指在经济领域中，由于相关经济因素的变动、决策失误等原因而导致的产量变动或价格变动所带来损失的可能性。有些经济风险是社会性的，对各个行业都有影响，比如经济危机和金融危机、通货膨胀或通货紧缩、汇率波动等；有些经济风险具有行业个性化特征，比如商业银行中的信贷风险、证券业中的操作风险等。经济风险比会计风险的范围更广，具有风险暴露的突发性强、风险难以估计等特点。

按照驱动因素，可将金融风险分为市场风险、信用风险、操作风险、流动性风险等类型。由于从驱动因素的角度对金融风险进行分类有助于识别金融风险源，进而可以更容易、也更具针对性地选取或建立与驱动因素相匹配的方法来度量相应风险，所以该种分类方法在目前最为流行，也最为普遍。为此，下文将从驱动因素分类的角度出发介绍各类金融风险。其中，由于市场风险、信用风险、操作风险是金融机构日常所面临的三大金融风险，而流动性风险又往往是金融机构发生灾难性事件甚至倒闭的直接导火索，所以下文将重点介绍这四类风险。

第三节　金融市场风险

自20世纪70年代布雷顿森林体系崩溃以来，由于国际金融市场利率、汇率波动的加剧，金融市场风险已成为各类金融机构无法回避而必须面对的基础性风险。同时，其他各种金融风险事件的背后，时常能发现金融市场风险的影子，金融市场风险往往还是其他金融风险的驱动因素。因此，对金融市场风险的认识和考察，极为重要。

引例

基于三个典型案例对金融市场风险的认识

案例一：汇率风险——英国雷克航空公司的破产。 20世纪70年代后期，由于美元汇率较

低,到美国旅游相对较为便宜。因此,大量英国游客搭乘雷克航空公司的飞机去美国度假,公司的班机座次供不应求。于是,雷克公司利用美元融资购置了5架DC-10s客机。雷克公司的收入主要来自英国游客,以英镑为主,但须用美元来偿还购置客机的美元债务。因此,公司暴露在汇率风险之中。1981年,美元开始变得坚挺,雷克公司经营中的外汇风险立刻显示出来。随着美元的不断升值,雷克公司的债务支出越来越多,最终公司因为入不敷出而破产。

案例二:利率风险——美国储蓄信贷协会的遭遇。20世纪70年代,美国金融市场的收益率曲线(yield curve)向上倾斜,储蓄信贷协会通过吸收短期存款后再发放长期固定利率抵押贷款就可以获得稳定收益。到了80年代,收益率曲线发生了逆转,短期利率开始大幅度上扬,导致短期利息支出迅速增加,但长期利息收入却不能得到相应增长,储蓄信贷协会因此而陷入困境。

案例三:衍生品价格风险——大家耳熟能详的巴林银行事件。1995年,具有233年悠久历史的巴林银行破产。破产的直接原因是由一位28岁的交易员Nicholas Leeson在衍生产品交易中损失了13亿美元,这笔损失耗尽了巴林银行所有的股权资本。在期货市场的操作使巴林银行面临巨大的市场风险,后来直接导致了巴林银行的倒闭。巴林银行事件发生后,人们纷纷从不同角度剖析其前因后果[①]。显然,交易员对市场风险缺乏必要的分析和控制能力是导致该事件的关键原因之一。

诸如此类的金融市场风险案例不胜枚举,究其根源是因为金融市场上汇率、利率以及证券价格的频繁波动,使得各类相关经济主体的收入、利润面临降低的风险。雷克航空公司持有的是美元债务,而英镑与美元的汇率波动则会直接影响其债务的英镑支出数量,所以该公司暴露在汇率风险之中。吸收存款、发放贷款是商业银行的传统业务,因此利率变动必将对银行的净利息收入产生影响,从而容易招致利率风险。目前,证券价格尤其是衍生品价格瞬息万变,经常发生全球性的剧烈波动,因此证券价格风险时常会对各类投资者的安全,甚至生存构成威胁。

最近几十年来,汇率、利率以及证券价格的波动等还呈现出全球同步的特点,而且更加频繁、剧烈,各类市场风险的破坏性也随之加剧。这要求各个相关经济主体必须具有更强的评估、控制市场风险的能力,从而必须首先认清各类市场风险出现上述特点和现象的背景和原因。概括起来,主要有以下五方面:第一,随着布雷顿森林体系的瓦解,各国汇率制度纷纷转向浮动汇率,全球汇率风险随之凸显;第二,20世纪70年代掀起的一股金融自由化浪潮使得许多发展中国家对外开放资本账户的速度过快,放松对利率和汇率的干预和调节过早,从而加剧了利率和汇率的波动性;第三,从全球范围来看,金融管制正在逐步放松,这在某种程度上会加剧金融机构的利率和汇率风险;第四,金融衍生工具的大量使用,在转移、规避金融风险的同时,反而加剧了整个金融市场的动荡;第五,金融一体化程度的加深,强化了各国金融体系的相互依赖性,也由此加剧了市场风险在各国间的扩散和传染,并呈现出在全球同步波动的特点。

一、市场风险的定义与特性

根据前文的案例可以归纳出,金融市场风险(financial market risk)是指由于金融市场变

---

① 后文仍将以此案为例,从另一角度来剖析操作风险。

量的变化或波动而引起的资产组合未来收益的不确定性。其中,金融市场变量也称为市场风险因子(market risk factor),主要包含股票价格、汇率、利率以及衍生品价格,等等。所以,金融市场风险也常被称为金融资产价格风险(price risk of financial assets)。为方便起见,下文一般简称为市场风险。

在应用中,我们通常会用价值函数来刻画资产组合的市场价值,或简称为价值,其中价值函数的因变量表示资产组合的价值,自变量表示影响资产组合价值的各个市场风险因子。我们一般运用定价理论得到上述价值函数的具体表达式,这种在风险因子与资产组合价值之间建立函数表达式的过程称为映射。通过映射,就可以借助市场风险因子的变化描述资产组合的价值变化,这将有助于从市场因子的角度来分析市场风险。关于价值函数或映射,我们将在后文第三章的市场风险度量中用到。

市场风险除了具有前文所述的金融风险共有的特性之外,还具有以下特点。

第一,市场风险主要由证券价格、利率、汇率等市场风险因子的变化引起。

第二,市场风险种类众多、影响广泛、发生频繁,是各个经济主体所面临的最主要的基础性风险。

第三,市场风险常常是其他金融风险的驱动因素,例如,利率风险往往会加大企业按期偿还债务的难度,容易使发行贷款的银行面临信用风险;证券持有者(例如银行)有可能因为证券价格的剧烈波动而产生流动性风险,等等。

第四,相对于其他类型的金融风险而言,市场风险的历史信息和历史数据的易得性较高,从而便于采用各种数理、统计、计算机等方法去研究市场风险,所以我们从后文中也可以看到,目前度量、研究市场风险的方法相对比较成熟,而且还对度量、研究其他类型的金融风险有很大的启示。

二、市场风险的分类

根据金融市场风险不同的驱动因素或者不同类型的市场风险因子,可以把市场风险进一步划分为汇率风险、利率风险、证券价格风险、购买力风险等[①]。

(一)证券价格风险

证券价格风险(securities price risk)是指证券价格的不确定变化而导致行为主体未来收益变化的不确定性。导致证券价格风险的因素很多,包括政治因素、经济因素、社会因素、心理因素,甚至还包括一些偶然因素。

(二)汇率风险

汇率风险(exchange rate risk)是指由于汇率的变动而导致行为主体未来收益变化的不确

---

① 在金融风险管理中,我们不可能完全把金融市场风险类型一一分离出来,现实中影响资产组合的风险因子往往很多,但有些影响因素并非是金融市场中的价格。例如,期权标的资产的波动率就不是金融市场中的一个价格,但我们可以把它当作风险因子来处理。

定性。汇率风险又可细分为交易风险和折算风险,前者指因汇率的变动影响日常交易的收入,后者则指因汇率的变动影响资产负债表中的资产价值和负债成本。

(三) 利率风险

利率风险(interest rate risk)是指由于市场利率水平的变动而引起行为主体未来收益变化的不确定性。一般而言,利率上升会导致证券价格下降,利率下降会导致证券价格上升。在利率水平变动幅度相同的情况下,长期证券比短期证券的价格变动率更大。

(四) 购买力风险

购买力风险(purchasing power risk)又称通货膨胀风险,是指由于一般物价水平的变动而导致行为主体未来收益变化的不确定性。购买力风险会造成单位货币购买力下降,也会导致实际收益率的潜在变动,并对经济主体的经营行为产生影响。

第四节 信 用 风 险

信用风险从金融业诞生之日起就始终存在,因而也是人们认识最早的一类风险。信用风险给银行等金融机构带来了无数的麻烦,甚至切肤之痛,为此,各个金融机构一直在花费很大气力去探讨有关信用风险的问题,尤其是近10多年来在度量和管理信用风险的理论和应用方面皆取得了一些比较大的"突破"。但总体上来说,目前这些"突破"在实际中的应用效果并不十分理想,尚须进一步改进和完善。因此,我们目前仍要不断地了解、把握信用风险。

 引例

基于百富勤倒闭事件对信用风险的认识

作为一个古老的金融风险类型,信用风险导致损失甚至破产的事件自然数不胜数,百富勤倒闭事件就是其中的一个典型案例。百富勤(Deregrine)投资集团公司是香港一家知名度颇高的投资银行。1997年夏,亚洲金融危机引发了亚洲一些国家的货币大幅贬值,在此情况下许多借款者无力偿还外币借款。正是在这场危机中,百富勤公司因为印尼的一家称为PT Steady Safe 的的士公司无法按约偿付贷款而遭受了2.35亿美元的巨大损失,这相当于该银行股权资本的1/4,最终导致百富勤公司于1998年1月13日宣布破产。

客观上,百富勤公司并不受商业银行资本充足率要求的约束;主观上,百富勤公司对自身可能存在的违约事件即信用风险缺乏有效的评估和监控,更为荒谬的是,该公司信用风险管理部主任John Lee都忘记了还有一笔PT Steady Safe 公司的贷款,而该贷款事实上是公司贷款组合中最大的一笔投资。可见,百富勤公司对可能出现的信用风险根本没有给予应有的重视,自然也就缺乏有效防范信用风险的措施和手段,因此,在这种情况下即使没有亚洲金融危机,百富勤公司的破产也是迟早的事情。

百富勤公司因违约而倒闭的事件并非偶然。事实上，1998年亚洲金融危机中大批类似的金融机构因各种违约事件而无力承受信用风险损失，并最终导致破产。这凸显出了信用风险的凶险以及相关机构在信用风险管理方面广泛存在的不足和隐患。

一、信用风险的概念

从上面的例子中不难理解信用风险的定义，信用风险（credit risk）是指由于借款人或交易对手不能或不愿履行合约而给另一方带来损失的可能性，以及由于借款人的信用评级变动或履约能力变化导致其债务市场价值的变动而引发损失的可能性。

信用风险主要取决于交易对手的财务状况与风险状况。从狭义的角度看，信用风险主要指信贷风险，即在信贷过程中由于各种不确定性使借款人不能按时偿还贷款而造成另一方本息损失的可能性。从广义的角度看，参与经济活动的各方根据需要签订经济合约以后，由于一方当事人不履约而给对方带来的风险皆可视为信用风险。因此，信用风险不仅仅包含传统的信贷风险，实际上可以将存在于诸如贷款、承诺、证券投资、金融衍生工具等各种表内和表外业务中所有与违约或信用有关的风险都包含在内。

与市场风险相比，信用风险的突出特征是难以量化和转移。尽管存在资产证券化等方法，但是由于债务和贷款等信用工具的非标准化，信用风险规避方式仍然非常有限。另外，一旦信用风险发生，就只能产生损失，而不能产生收益，所以对信用风险的管理只能降低或消除有可能的损失，但不能增加收益，这是信用风险有别于其他风险的又一典型特征。

二、信用风险的分类

从不同的角度出发，可以将信用风险进一步分为以下类型。

（1）按照信用风险的性质，可将信用风险分为违约风险、信用等级降级风险和信用价差①增大风险。违约风险是指借款人或交易对手违约给金融机构带来的风险。信用等级降级风险是指由于借款人信用等级的变动造成的债务市场价值变化的不确定性。信用价差增大风险，是指由于资产收益率波动、市场利率等因素变化导致信用价差增大所带来的风险。

（2）按照信用风险所涉及的业务种类，可将信用风险分为表内风险与表外风险。源于表内业务的信用风险称为表内风险，如传统的信贷风险；而源于表外业务的信用风险称为表外风险，如商业票据承兑可能带来的风险。

（3）按照信用风险所产生的部位，可将信用风险分为本金风险和重置风险。当交易对手不按约足额交付资产或价款时，金融机构有可能收不到或不能全部收到应得的资产或价款而面临损失的可能性，这称为本金风险；当交易对手违约而造成交易不能实现时，未违约方为购得金融资产或进行变现就需要再次交易，这将有可能遭受因市场价格不利变化而带来损失的可能性，这就是重置风险。

---

① 信用价差的具体概念请参见本书第四章第二节。

（4）按照信用风险是否可以分散，又可以分为系统性信用风险和非系统性信用风险。系统性信用风险源于系统性风险因素，如经济危机导致借款人无力偿还贷款；非系统性信用风险是指特定行业或公司的特殊因素导致借款人不愿或无法履行合同给金融机构带来的信用风险。

三、信用风险与市场风险的区别与联系

信用风险与市场风险并非完全割裂，而是有着千丝万缕的联系，主要表现在以下三个方面。

（1）市场风险的发生有可能导致信用风险。很多金融机构的信用风险，常常是由于交易对方面临严峻的市场风险，使其资产的市场价值发生大幅度贬值，从而无力偿还到期债务而引致的。

（2）信用风险的发生也有可能加剧市场风险。如果金融机构发生了信用风险，不论该机构是债权方还是债务方，往往会引起市场对其资产价值的预期水平下降，从而导致价格波动幅度变大，使其遭受市场风险的可能性加大。

（3）市场风险度量方法的改进为信用风险的度量提供了许多启示。例如，最早用以度量市场风险的 VaR 方法，也成功地被用来度量信用风险；反过来，信用风险度量方法的发展又必然会丰富和推进市场风险的度量方法。

尽管如此，信用风险与市场风险之间仍然存在着显著区别，主要表现在以下四个方面。

（1）风险的驱动因素存在差异。市场风险的驱动因素是资产的价格、利率或汇率等市场因素，而信用风险的驱动因素则主要是金融机构资产价值的波动性、宏观因素的变化、预期违约率等等。驱动因素的不同决定了两种风险在度量方法上的差异。

（2）历史信息和数据的可得性不同。市场风险的测度对象主要是市场上的可交易性金融资产组合，影响可交易性金融资产组合价值的市场风险因子（例如股票价格和利率等）变化的历史数据和信息可以直接通过市场观测到，通常这些历史数据和信息都对外公开而且比较完备、客观，于是，就可以借助前文所提及的映射关系，从市场风险因子的变化中观测到金融资产组合价值的变化，最后完成对市场风险的测度。而与市场风险不同的是，信用风险的测度对象主要是非交易性资产组合，而有关非交易性资产组合的相关数据通常很少，而且即使存在少量数据，也往往会由于存在下列问题而无法使用：有可能因为涉及数据提供者的隐私等问题而难以获得；或者因为数据提供者在知识、素养、诚信等方面有可能存在的不足而不能保证数据的客观性、真实性；因为数据太少而干脆无法应用，等等。因此，信用风险通常无法像市场风险一样可以获得足够、公开、准确的数据进行量化或模型化，因而对信用风险的度量更加困难。

（3）损失分布的对称程度不同。与信用风险相比，尽管常常存在厚尾现象，但市场风险的损失分布相对对称。而信用风险的损失分布则一般呈现出左偏的形态，这是因为信用风险类似于期权空头方，在最好的情况下对方支付所有应付款，此时没有损失；而在最坏的情况下将可能损失掉所有款项。

（4）风险持续的时间跨度存在差异。市场风险的时间跨度较小，可以是几天，甚至几小时、几分钟；而信用风险的时间跨度一般较长，可以是几个月、几年，甚至几十年。

第五节 操作风险

由于在与操作风险有关的整个风险事件发生过程中，人们往往只关注最靠近风险结果的那些诸如市场风险、信用风险等风险驱动因素，而对于常常处于整个风险事件源头的操作风险则明显重视不够，再加上涉及操作风险的诸种因素零散、细碎、繁多、交叉，而难以辨析。所以长期以来，人们对市场风险和信用风险一直给予了极大关注，目前对这两种风险的认识、研究和把握也相对比较充分；相比之下，人们在相当长的时间内并没有对操作风险给予足够重视，因而到目前为止，人们对操作风险的认识、管理还不够成熟、系统、完整，有待于进一步完善。

引例

基于巴林银行事件对操作风险的认识

20 世纪 90 年代以来，因操作风险而导致世界许多著名公司遭受巨额损失甚至倒闭的事件不断发生，其中最为著名的案例就是巴林银行倒闭事件。前文在介绍市场风险时曾从衍生品价格风险的角度分析过巴林银行倒闭事件，我们这里仍以此案为例，只不过是换一个角度去认识另外一种风险——操作风险，并进一步考察该事件。

我们回顾一下巴林银行事件的基本过程：巴林银行的首席交易员 Nicholas Leeson 在一开始就购进了大量的日经 225 股指期货，其名义头寸曾一度高达惊人的 70 亿美元。在 1995 年的头两个月里，日本股票市场下跌了 15%，巴林期货遭受重创。为挽回损失，Leeson 又卖出期权，将赌注压在日本未来股市的稳定上面，但事情并没有朝向 Leeson 所期望的方向发展，反而进一步加大了损失。此时的 Leeson 不仅没有醒悟，反而仍然顽固地坚持自己错误的投资操作方式，不断增加投资头寸，直到没有资金来支付交易所要求的保证金为止。于是，Leeson 选择了出逃，此刻巴林银行的高管才发现了事情的严重性。然而，为时已晚。巴林银行的股票价格跌至零，高达 10 亿美元的股票市值总额顿时化为乌有，股东和债权人都损失惨重，最终被破产清算。

从外在因素看，衍生品价格风险是导致巴林银行倒闭的导火索。若问题仅限于此，那么巴林银行的倒闭可视为偶然事件，然而事实远非如此。再次回味该事件的全过程，我们发现，在日本股市下行趋势非常明显的时候，在"赌徒心理"的驱动下，Leeson 仍然不断增加头寸，而没有采取准确的应对措施。更令人不解的是，Leeson 反复的操作失误持续了很长时间，竟然没有任何人员、任何部门发现、提醒和阻止他。我们不禁要问：一个交易员为什么在未经授权或检查的情况下就能够持有如此巨大的风险头寸？风险管理部门为什么对连续发生的操作失误一直"视而不见"？难以想象也难以令人置信，一家历史悠久、世界著名的大银行，竟然在操作风险控制方面犯下了如此幼稚却很致命的错误。这至少表明，操作风险潜在的巨大杀伤力在相当长的时间内被巴林银行所忽视了，因此该行的倒闭绝非偶然，期货市场的巨亏只是轻轻推倒巴林银行大厦的一根手指而已。

一、操作风险的概念

巴林银行事件的惨痛教训充分显示了做好操作风险管理工作的极端重要性。显然，这首先需要对操作风险的含义进行明确的界定。目前，对操作风险的界定出现了大量不同的版本，尽管这往往会让初涉者感到茫然无措，但平心而论，我们从中不无启发。所以，下面还是尽量将主要定义版本列出。

定义 1 广义的定义是将操作风险定义为除市场风险和信用风险以外的一切金融风险。部分金融机构采用此种定义的初衷是期望能够了解和掌握在已经计量出的市场风险和信用风险之外所有潜在损失对其成本和利润的影响。但由于该定义过于宽泛，而且在实际中也很难准确区分三种风险对机构的影响，因此该定义的缺点是很难对风险进行确认、测度和管理。

定义 2 狭义的定义是将操作风险定义为仅由于操作不当而引发的风险，与交易过程和系统失灵有关。尽管这些风险容易控制，但在一定程度上遗漏了内外欺诈行为所产生的重大风险。

定义 3 操作风险是指金融机构所有可以控制的风险，包括内部欺诈，但不包括外部事件，如监管者或自然灾害等的影响。该定义首先将可控事件和由于外部实体（如监管机构、竞争对手）的影响而难以控制的事件进行了区分，并把可控事件的风险定义为操作风险，不可控制事件定义为"战略性风险"。显然，该定义只包括可控风险。相当多的银行采纳了此种观点，即仅对内部可控事件进行风险管理。

定义 4 操作风险是由于错误或不完善的过程使得系统和人员或外部事件所造成的直接或间接损失的可能性。这一定义包括外部事件，如政治和监管风险、灾难风险、交易对手风险、证券违约风险等。根据该定义，可以将操作风险分为操作失败风险和操作战略风险。操作失败风险来源于内部的操作业务过程中发生失败的可能，包括由人、过程或技术的失败导致的风险；操作战略风险来自外部的因素，例如政治制度、监管环境等发生变化而导致的风险。

定义 5 操作风险是指由于客户、设计不当的控制体系、控制体系失灵及不可控制的事件导致的各类风险。该定义起源于1998年5月由IBM公司发起设立的第一个行业先进管理思想论坛——操作风险论坛。在该论坛的第一次会议上，一个主要由银行构成的小组针对操作风险提出了上述定义。

定义 6 新巴塞尔协议将操作风险定义为"由于内部流程、人员、技术和外部事件的不完善或故障造成损失的风险"。新巴塞尔协议将操作风险事件按照导致损失的原因归纳为以下7种。

（1）内部欺诈(internal fraud)：有机构内部人员参与的诈骗、盗用资产、违犯法律以及公司的规章制度的行为。

（2）外部欺诈(external fraud)：由机构外部人员所导致的诈骗行为。

（3）雇佣及工作现场安全性(employ practices & workspace safety)：由于不履行合同，或

者不符合劳动健康、安全法规所引起的赔偿要求。

（4）客户、产品以及经营行为（client，products & business practices）：有意或无意造成的无法满足某一顾客的特定需求，或者是由于产品的性能、设计问题造成的失误。

（5）有形资产损失（damage to physical assets）：由于灾难性事件或其他事件引起的有形资产的损坏或损失。

（6）经营中断和系统出错（business disruption & system failure）。

（7）执行、交割以及交易过程管理（execution delivery & process management）：交易失败，过程管理出错，与合作伙伴、卖方的合作失败。

同时，新巴塞尔协议将金融机构的业务类型分为以下 8 种。

（1）公司金融（corporate finance）：合并与收购、股份承销、资产证券化、IPO、政府债券和高收益债券等。

（2）交易与销售（trading & sales）：固定收益债券、股权、商品期货、信用产品、自有证券、租赁与赎回等。

（3）零售银行业务（retail banking）：零售的存贷款业务、私人的存贷款业务、委托理财、咨询等。

（4）商业银行业务（commercial banking）：项目融资、房地产、出口融资、交易融资、租赁、担保、贷款。

（5）支付与清算（payment & settlement）：支付、转账、清算。

（6）代理服务（agency services）：契约、存款收据、证券借贷、发行和支付代理。

（7）资产管理（asset management）。

（8）零售经纪（retail brokerage）。

根据上述划分方法，每种业务类型都对应 8 种导致操作风险的原因，于是金融领域的操作风险就被划分成 $7 \times 8 = 56$ 个风险单元。通过对每个风险单元的分析和管理，就可以很具体、明确地理解和把握操作风险了。

由于在有关操作风险定义的诸多版本中，巴塞尔委员会给出的定义相对比较权威和全面，并且有关操作风险度量的主要方法大致也都以该定义为基础而展开，所以本书基本认同新巴塞尔协议定义操作风险的方式，即将由于内部流程、人员、技术和外部事件的不完善或故障造成损失的风险称为操作风险（operation risk），其中定义中所涉及的内部流程、人员、技术和外部事件等概念的具体解析，请见后文的操作风险分类。

二、操作风险的基本特性[①]

作为金融机构日常面临的三大风险之一，操作风险除了具有前文已提到的所有金融风险的一些共性之外，还在很多方面都表现出了自己所独有的特点。

第一，操作风险成因具有明显的内生性。市场风险、信用风险一般是由外部不确定因素而引发的风险，所以为外生性风险。而操作风险则主要来源于机构内部的因素，虽然也会受自然

---

① 因为相对于市场风险和信用风险，人们对操作风险比较陌生，所以我们这里对操作风险的独有特点给予详细阐述。

灾害、外部冲击等一些不可预测的外部因素的影响，但内部因素引发的风险是主要的。这些内部因素主要涉及人、流程、管理和设备等部分。

第二，操作风险具有较强的人为性。由于操作风险主要来自商业银行的日常营运，只要是与人员相关的业务，都会存在操作风险。因此，人为因素在操作风险的形成原因中占了绝大部分。在上文提到的新巴塞尔协议所列举的导致操作风险的七大类原因中，其中有六类与人为操作有关，这从另一个侧面也证实了绝大多数操作风险都来自人为因素。

第三，操作风险与预期收益具有明显的不对称性。诸如利率风险、汇率风险等一些风险既可能带来损失，也可能带来巨额收益，这已为广大的金融机构所普遍认识。所以，目前的风险管理者不仅将风险视为损失的可能性而加以控制，同时也将风险视为盈利增加的机会而加以充分利用，从而会保持适度的风险承担能力，以获取更大的收益。但是，上述认识和管理方式并不适用于操作风险，操作风险主要是关于成本的控制或增加，在很多情况下与利润并不直接相关，很少会因为操作风险低而提高当年的利润水平，相反为降低操作风险而加强操作风险的控制力度将增加监控成本，尽管这种成本的增加对利润的增加有可能会起到一定的促进作用，但这种作用并不明显，成本和利润的增加也不相称。总之，市场风险的管理会受金融机构追求利润的驱动，而操作风险则不受此影响。

第四，操作风险具有广泛存在性。导致操作风险的因素众多，几乎覆盖了金融机构日常经营管理的每一个方面，所以操作风险几乎天天都会在金融机构发生。从业务流程来看，后台业务、中间业务以及前台和客户面对面的服务等都可能存在操作风险；从业务种类来看，操作风险不仅涉及模型、信息流动或管理等技术问题，也涵盖了文件制作、实物传送等实际操作问题；从风险的严重程度看，操作风险既包括工作疏忽、计算失误等小问题，也包括计算机系统的整体崩溃等极端事件以及欺诈、盗用等犯罪事件；从风险的主体来看，不论是一般操作人员的日常运作失误还是高级管理层的决策失误都会导致操作风险。

第五，操作风险与其他风险具有很强的关联性。操作风险是商业银行日益复杂的业务经营管理活动中不可避免的产物，是商业银行为产生利润而承担的风险中不可分割的一部分，因而操作风险常常与商业银行各项业务经营活动中的诸类风险紧密相连，有时还会出现"此消彼长"的情况。例如，化解信用风险和市场风险的复杂技术有可能在进行抵押、对冲、信贷资产证券化的风险转化过程中产生操作风险；日益复杂的套利交易活动，在减少市场风险的同时，也有可能增加操作风险。

第六，操作风险的表现形式具有很强的个体特性或独特性。由于每个单位及其下属的每个部门都具有独特而且相对独立的操作环境，同时每个单位和下属部门经营范围和管理模式也往往差别很大，因此操作风险的表现形式也常常具有显著的个性特征，从而所采取的防范与管理措施也有所不同。

第七，操作风险具有高频率低损失和高损失低频率的特点[①]。金融机构经常发生的操作风险大多属于高频率低损失一类风险，这类风险往往防不胜防，频繁发生，但危害不大，易于纠正。而如果碰到低频率高损失的操作风险恐怕就不会那么幸运了，这类风险尽管发生概率小，但往往发生突然，危害极大，一般会给金融机构带来重大损失甚至致命打击。例如，大宗的金

---

① 可结合后文的图1-2来理解。

融衍生交易、内部人员长期从事非法交易所带来的巨额经济损失有可能给金融机构带来毁灭性打击,前文提到的巴林银行事件就是典型案例。另外,一些高频率低损失操作风险的日积月累容易对银行声誉造成损害,并有可能最终导致类似于低频率高损失操作风险那样的危害。因为严谨细致、审慎规范、诚信可靠一直是现代商业银行的公众形象,所以如果同一类操作风险反复出现,即使是高频率低损失一类的操作风险,也有可能使得社会各界对银行信誉产生很大疑虑,进而给银行声誉带来损害。当发展到客户对银行信心不足时,就可能发生存款挤兑。进一步地,声誉上的严重损害还可能引发上市银行的股价下跌。麦肯锡的三位研究人员通过对在北美和欧洲上市的350家金融机构的持续跟踪和分析也得出了类似结论。

第八,操作风险具有不可预测性和突发性。操作风险的不可预测性和突发性主要表现在五个方面。一是涉及的领域宽广。操作风险发生的范围广,涵盖了商业银行业务经营的方方面面,相当分散。二是形成原因复杂。操作风险的成因既有外部事件的影响,更大部分是"银行内部制造的",其表现形式和形成原因依赖于前后关联的事件,而这些事件又往往不易辨别。三是损失具有不确定性。操作风险既包括发生频率很高、损失小或无损失的操作失误性风险,也包括发生频率很低、损失巨大的意外风险。同时,操作风险造成的损失有时会以信用风险、市场风险等其他风险的形式表现出来,难以清晰界定。四是前文已提到的操作风险具有较强的人为性。人的行为特征的不可控性使得操作风险的发生具有突发性、偶发性和难以捉摸等特点。五是操作风险的表现形式不断变化。这主要由于计算机、金融分析等技术水平的不断提高给金融业务带来的巨大冲击所造成的,主要表现在:金融业务操作系统的不断改进,自动化操作代替了手工作业,互联网系统代替了原来独立的系统;金融服务流程的不断变化;金融产品不断创新,各种衍生金融产品的不断推出等等。

第九,操作风险的管理责任具有共担性。与市场风险、信用风险不同,操作风险的控制和管理不只是风险管理部门的责任,整个金融服务企业内部所有人员包括业务主管、程序负责人、会计主管、高级管理人员等都要担负操作风险管理的责任。例如,对金融工具的不熟悉,可能导致对金融工具的滥用,从而增加错误定价和错误对冲的机会;风险管理人员输入数据和信息时的失误可能扭曲自身对风险的评估或处理。

操作风险的上述特征表明,操作风险具有难以识别、难以计量、难以控制、难以转移、难以管理的复杂性。尽管如此,金融机构仍必须把操作风险管理作为日常管理工作中最重要的组成部分加以重视,并针对业务经营中不同的具体情况在同操作风险的日常战争中学会取胜的办法。另外,从操作风险的上述特征中还可获得如下启示:操作风险管理的关键是过程,而非结果。

三、操作风险的分类

为进一步认识操作风险,我们将根据不同标准对操作风险进行分类。

(一) 按导致操作风险的因素分类

按照导致操作风险的因素不同,可以将操作风险分为操作失败风险和操作战略风险。操作失败风险又称为内部操作风险,主要由人员、流程、技术等内部风险因素引起,更进一步的详细内容列于图1-1中;操作战略风险又称为外部操作风险,主要由政治、监管、政府、社会、竞争、外部欺诈等外部风险因素引起。

导致操作风险的内部因素	
1. 人员	不能胜任、内部欺诈
2. 流程风险	
A. 模型风险	模型/方法错误、逐日盯市错误
B. 交易风险	执行错误、产品的复杂性、记账错误、结算错误、文档/契约风险
C. 操作控制风险	突破限制、安全性风险、容量风险
3. 技术风险	系统崩溃风险、错误程序、信息风险、通讯失败

图 1-1　导致操作风险的内部因素[①]

（二）按会计学分类法分类

1. 估值风险

由于交易收益是根据合同条款和市场价值确定的，对于一个基于条款和相应市场价值的合同，计算其价值的模型还受限于合同的具体条款及其具体解释。由于模型不一定能反映合同的真实价值，可能会在重新估值时造成损失。

2. 对账风险

由于大的金融机构一般都有数以百万计的账户，因此必须考虑每一笔借和贷是否记入了正确的账户。如果不能及时改正，很可能会导致损失。

3. 合规风险

金融机构处理交易的程序可能产生误差。例如，金融服务合同的制定和管理受到来自内外部相关法规和监管条例的制约。如果程序违背了相关的监管条例，就会给公司造成损失，如罚金、争议等。

4. 时效风险

由于货币具有时间价值，如果交易过程被延误，就可能导致损失，主要包括持有费用，而市场的波动则会加剧合同处理延误所造成的损失。

（三）按操作风险损失事件分类

操作风险不仅与操作系统相关，如后台支持、信息系统出现故障、业务流程上的问题等，而且与业务操作以外的领域相关，如模型风险、报告和会计体系出现问题等。根据新巴塞尔协议，可将操作风险根据损失事件分为七类：内部欺诈，外部欺诈[②]，雇佣及工作现场安全性，客户、产品以及经营行为，有形资产损失，经营中断和系统出错，执行、交割以及交易过程管理。

（四）按人为因素造成的损失分类

按照人为因素造成的损失分类，可以分为管理人员或员工因疏忽、操作不规范而造成的操

[①] 该图借鉴于科罗赫等（2005）。
[②] 内部欺诈与外部欺诈，也就是后文的诈骗风险。

作风险,以及内部或外部人员采用蓄意违法违规的欺诈行为而使金融机构遭受损失的风险,该风险也称为诈骗风险(swindling risk)。例如,银行信贷人员与企业中的一些不法人员勾结骗取银行贷款、银行会计人员通过伪造账目截取或划走客户资金以及通过信用卡和网络进行金融诈骗等等,都属于典型的诈骗风险。

（五）按照发生频率和严重程度分类

（1）低频低危操作风险（对应于图 1-2 中的区域 A）,该类风险造成的损失一般属于预期内损失,金融机构可以通过预先提留风险准备金的方式降低损失。

（2）高频低危操作风险（对应于图 1-2 中的区域 B）,该类风险一般由计算差错、交易误差等人为过失造成。这类操作风险可以通过直接观察的客观数据,建立统计模型进行评估。

（3）低频高危操作风险（对应于图 1-2 中的区域 C）,该类风险一般是由预期外的事件如自然灾害、政治危机等造成。

（4）高频高危操作风险（对应于图 1-2 中的区域 D）,该类风险需要引起高度关注,因为一旦发生将会造成巨大损失,应及时采取措施进行规避和控制。

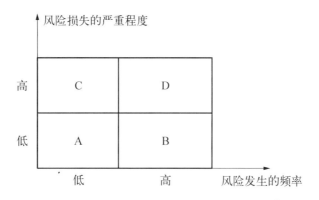

图 1-2 操作风险损失的频率和严重程度矩阵[②]

另外,还有按照价值层次结构进行分类的方式,这里不再一一列举。

第六节 流动性风险

作为金融机构经营管理一直遵循的安全性、流动性及盈利性的"三性"原则之一,流动性是金融机构的生命线。没有流动性,金融机构就会面临流动性风险甚至流动性危机,从而遭受极大损失甚至破产。那么,什么是流动性? 流动性风险又是什么？下面我们就以美国大陆伊利诺银行的流动性危机为例来了解流动性及流动性风险的概念、特征和类型。

---

① 该图取自科罗赫等(2005)。

引例

基于美国大陆伊利诺银行流动性危机对流动性风险的认识

早在20世纪70年代末80年代初,作为美国十大银行之一的大陆伊利诺银行的最高管理层就制定了一系列雄心勃勃的信贷扩张计划。该计划允许信贷员发放大额贷款,为赢得顾客,信贷员给出的贷款利率往往低于其他竞争对手。于是,该银行的贷款总额迅速膨胀,从1977至1981年的5年间,大陆伊利诺银行的贷款额以每年19.8%的速度增长,而同期美国其他16家最大银行的平均贷款增长率仅为14.7%。在利润率方面,大陆伊利诺银行也高于其他竞争银行的平均数。然而,急剧的资产扩张却蕴含着潜在危机。至1984年初,大陆伊利诺银行因坏账过多以及资金无保险的存款人和一般债权人的挤兑而出现了严重的流动性危机。同年5月,该银行不得不从美国联邦储备银行借入36亿美元来填补流失的存款,以维持必要的流动性。与此同时,联邦存款保险公司也向公众保证该行的所有存款户和债权人的利益将得到完全保护,并宣布将和其他几家大银行一起向该银行注入资金。但是,上述措施并没有立即化解大陆伊利诺银行的流动性危机,存款还在继续流失,该银行在短短的两个月内共损失了150亿美元的存款。1984年7月,联邦存款保险公司开始接管该银行,并采取了一系列措施,才得以帮助大陆伊利诺银行渡过危机。

回顾上述事件的全过程可以发现,大陆伊利诺银行的流动性危机主要源于急剧的信贷扩张与资金来源的不稳定性之间的矛盾激化。与其他大银行不同,大陆伊利诺银行并没有稳定的核心存款来源,其贷款主要由出售短期可转让大额定期存单、吸收欧洲美元和工商企业及金融机构的隔夜存款来支持。一方面,该行的资金来源很不稳定;另一方面,该行的信贷规模却迅速扩张,同时向一些有问题企业发放的问题贷款份额也越来越大。两方面矛盾力量的交叉作用使得银行的流动性状况日趋恶化。当公众逐渐意识到问题的严重性时,就出现了疯狂的挤兑行为,并导致后续的流动性危机。美国大陆伊利诺银行是幸运的,总算在有关金融监管当局的帮助下最终脱险。但是,对于许多银行特别是中小银行来说就不那么幸运了,流动性危机常常会置其于死地,如1998年6月,我国刚刚诞生2年零10个月的海南发展银行就是因为流动性危机而倒闭的。

一、流动性风险的概念

从美国大陆伊利诺银行流动性危机的案例中可以发现,流动性和流动性风险是联系紧密但又有区别的概念,流动性风险或流动性危机首先源于流动性出现问题。于是,我们先考察一下流动性。

关于流动性(liquidity),主要有两种不同理解①:一是筹资流动性(fund liquidity),也称为现金流或负债流动性,或资金流动性,或机构流动性,主要用来描述金融机构满足资金流动需要的能力。某一业务具有流动性是指其产生的现金流可以满足其支付要求,某机构具有流动

---

① 把流动性分为筹资和资产流动性两种,主要依据菲利普·乔瑞(2005)的分法。

性则是指机构经营所产生的现金流可以满足机构的支付要求,其中现金流既包括资产的收益,也包括从金融市场借入的资金。二是市场流动性,也称为产品或者资产流动性,主要指金融资产在市场上的变现能力,也就是在市场上金融资产与现金之间转换的难易程度,经常用广度或宽度、深度、即时性、弹性等四维概念①来刻画。如果交易者能够按有利的价格迅速完成一定量的某种资产的交易,就表明市场的流动性较好。筹资流动性和市场流动性既相互独立也相互影响:相互独立是因为筹资流动性和机构本身的流动性管理有关,主要涉及资产和负债的匹配问题;市场流动性与机构持有资产的所在市场有关,更多地是由外在市场决定。同时,两者又相互影响,筹资流动性不足时,金融机构往往需要变现自己的资产来获得现金,这样良好的市场流动性可弥补筹资流动性的不足;反之,如果筹资流动性充足,机构往往可以有更多的余地选择交易时间和交易策略,使得市场流动性更大。

流动性风险是指由于流动性不足而导致资产价值在未来产生损失的可能性。由定义可知,流动性风险产生的原因是流动性不足,表现为资产价值在未来的可能损失,这种可能损失既可以是资产价格的降低,也可以是资产收益率的减少。与流动性的两种含义相对应,流动性风险主要有筹资流动性风险和市场流动性风险:筹资流动性风险是指金融机构缺乏足够现金流而没有能力筹集资金偿还到期债务而在未来产生损失的可能性,前文列举的美国大陆伊利诺银行所面临的流动性风险就属于该情况;市场流动性风险是指由于交易的头寸规模相对于市场正常交易量过大,而不能以当时的有利价格完成该笔交易而在未来产生损失的可能性。

二、流动性风险的成因与特性分析

根据定义,流动性风险源于流动性的不足。那么,又是什么因素导致流动性不足呢?

(一) 资产与负债的不匹配

这主要表现为两个方面。一是资产负债的期限不匹配:银行"借短贷长"的经营行为可以给银行带来利润,但同时也可能带来债权人大量提取资金时银行无法满足提款需求的危险。这是银行流动性风险产生的最直接的原因。二是资产负债的规模不匹配:如果银行在无法保证获得稳定资金来源的情况下,盲目扩大资产规模特别是长期资产规模,则会导致风险资产权重过大而增加发生流动性危机的可能性,大陆伊利诺银行流动性危机就是典型案例。同样,如果把大量的短期资金来源用于长期投资,也会加重流动性风险。

(二) 各种风险的间接影响

流动性风险是一种综合性风险,是机构最终经营结果的综合反映。从流动性风险生成机理来看,尽管流动性风险是金融机构破产、倒闭、兼并和接管的直接原因,但实际上也是其他各类风险如市场风险、信用风险长期隐藏、积累的结果。与资产负债间的不匹配相比,这些风险

---

① 所谓的广度或宽度,在做市商市场上主要指买卖价差,在自由竞价市场上则指最优买卖价差;所谓深度,在做市商市场上指在一个给出的价位上可以交易的数量,在自由竞价市场上则指在某特定的价格水平上、且不影响该价格的条件下可以交易的数量;所谓即时性,是指投资者一旦有交易愿望时总能立即得到变现的特性;所谓弹性,是指由一定量的交易引起的价格波动消失的速度,或者说价格调整的速度。

是导致流动性风险的间接原因,其实也是根本原因。例如,在市场利率大幅波动时,如果存在资产负债期限结构不匹配的问题,银行可能会由于经营亏损巨大而无法满足客户的提现要求,这样就会出现由利率风险而引发的流动性风险。

(三)其他因素

这主要包括中央银行政策、金融市场发育程度和技术因素。关于中央银行政策:当中央银行采取扩张的货币政策时,银根放松,有望降低发生流动性风险的可能性;相反,当中央银行采取紧缩的货币政策时,银根紧缩,银行的信贷资金呈紧张趋势,发生流动性风险的可能性变大。关于金融市场发育程度:金融市场发育的程度直接关系着商业银行资产变现和主动负债的能力,从而影响流动性。关于技术因素:一些技术性因素也可能导致金融机构失去偿付能力,例如,时间引起的偿付危机,即本应进入中央银行账户的资金未能及时到账,导致没有足够的资金进行下一轮的支付;外币兑换的现金流不匹配导致的偿付危机;支付系统引起的偿付危机,通常指一个支付系统中有盈余资金,却由于系统间不能轧差而无法弥补另一支付系统的资金短缺。

流动性风险除了具有前文所述的与其他金融风险一样共有的特性之外,还具有以下特点。

第一,流动性风险往往是其他各种风险的最终表现形式。例如,不论是贷款资产质量低下、投资失败还是利率与汇率发生变化,银行危机最终都表现为银行流动性的丧失。

第二,流动性风险具有联动效应。若某银行遭遇流动性风险,不能满足贷款、存款提取和债务清偿的需求,就会动摇客户对该银行的信心。如果不采取果断措施,则会出现支付不足、挤提存款的现象,进而导致银行业的信任危机。客户对该银行的信任危机不仅导致对该银行的挤兑,造成该行倒闭,也可能会殃及其他银行甚至整个金融业。

第三,流动性风险常常与信用风险等其他风险交织在一起,再加上控制手段有限,从而增加了流动性风险管理的难度。

三、流动性风险的分类

我们可以从风险承载物和风险来源两个角度对流动性风险进行分类。

首先,前文已经做出解释,即按照风险承载物可将流动性风险分为机构或筹资流动性风险和市场流动性风险。

其次,按照风险来源可将流动性风险分为外生流动性风险和内生流动性风险。外生流动性风险是指由于金融风险因素的外部冲击而造成流动性的不确定性。外生流动性风险主要来源于国家的经济政策、政府的监管行为等因素的不确定性。这样的外部冲击是影响整个资本市场的事件,其结果是使所有资产的流动性降低,从而增加持有者的变现成本。外生流动性风险类似于系统性风险,不易度量,也难以控制。内生流动性风险是指由于内在原因导致流动性的不确定性。内生流动风险的来源主要有资产配置的不合理性、资金需求的变化、债务期限的不当安排,等等。因此,内生流动风险是部分可控的,可控程度取决于流动性风险的驱动因素。

第七节 其他类型的金融风险

前文介绍的金融市场风险、信用风险、操作风险和流动性风险是金融机构面临的主要风险类型,除此之外,还有经营风险、决策风险、财务风险、道德风险、国家风险(政治风险、经济风险)和关联风险。下面予以简单介绍。

一、经营风险

所谓经营风险(managing risk)是指企业在运营过程中,由于某些因素的不确定性变化导致经营管理出现失误而造成损失的可能性。应该说,经营风险是所有企业在运营过程中都会面临的风险,因而不是一个纯粹意义上的金融风险,但本书主要从金融机构的角度讨论金融风险,而金融机构的经营风险实质上与各类金融风险紧紧交织在一起,难以分清。为完整起见,本书还是给出了经营风险的上述定义,并从金融机构的角度列出经营风险中所包含的主要金融风险类型。经营风险除了包含前文已详细介绍过的操作风险之外,还应包括以下金融风险。

(一)决策风险

决策风险(decision-making risk)是指金融机构由于经营方针不明确,或者对业务发展趋势的把握不准等原因,在业务经营方向和业务范围的认识和选择上出现偏差,造成决策失误,并因此导致未来损失的可能性。

(二)财务风险

财务风险(financing risk)是指财务制度不合理、融资不当使金融机构可能丧失偿债能力而导致投资者预期收益下降的风险。财务风险主要来自融资而产生的财务杠杆作用。股份公司在营运中所需要的资金一般都来自发行股票和债务两个方面,其中债务的利息负担是一定的,如果公司资金总量中债务比重过大,或是公司的资金利润率低于利息率,就会使股东的可分配盈利减少,股息下降,股票投资的财务风险增加;反之,当公司的资金利润率高于债务的利息率时,会给股东带来收益增长效应,所以说财务杠杆作用犹如一把双刃剑。

(三)道德风险

道德风险(moral risk)是20世纪80年代西方经济学家提出的一个经济哲学范畴的概念,即指在合约条件下,拥有私人信息优势的一方可能采取"隐瞒信息"、"隐瞒行为"的方式,在最大限度地增进自身效用的同时做出不利于他人的自私行为从而给另一方带来损失的可能性。严格说来,道德风险也不是纯粹的金融风险,但道德风险是在市场关系中存在合约的条件下发生的,因而也是金融活动中最为常见的风险之一,所以我们在此给予较为详细的介绍。

要正确理解道德风险应把握住以下几点。

（1）道德风险是在合约条件下产生的，因为不存在合约，就不存在转嫁风险的可能性。

（2）道德风险是在合约签订后，在履行过程中发生的，否则，如果发生在合约签订时，即签订合约的一方知道另一方有"隐瞒信息"和"隐瞒行为"的事实，那么签约的情况就会发生变化。

（3）道德风险源于拥有私人信息优势的一方，主要由于信息不透明、行为不公开所致，而信息不透明、行为不公开是出于拥有私人信息优势一方的主观意识而不是客观因素，或者说这一概念中的"道德"含义具有主观意识诱发的成分，所以，也可以说道德风险是在签约后履行过程中源于人们主观意识的风险。

（4）道德风险是在信息不透明、行为不公开的条件下，合约的一方给另一方带来损失的可能性，而不是造成损失的现实性。

（5）道德风险是与人的品德有关的无形风险，这与金融领域中的其他金融风险有很大不同。

二、国家风险

国家风险（country risk）是指在跨国金融活动中，由于外国政府行为的不确定变化而导致经济主体未来收益变化的不确定性。

与其他金融风险相比，国家风险的一个突出特点就是，国家风险发生在跨国的金融活动中，一国范围内的金融活动则不会发生国家风险。另外，根据性质的差异，还可将国家风险进一步分为政治风险和经济风险。

（一）政治风险

政治风险是指由于他国内部政治环境或国际关系等因素的不确定性变化而导致本国经济主体发生损失的可能性。产生政治风险的具体风险因素较多，如政局动荡、罢工事件、社会暴乱、政府政策的突然变化等。

（二）经济风险

经济风险是指他国各种经济因素的不确定性变化而导致本国经济主体遭受损失的可能性。导致经济风险的因素包括他国的恶性通货膨胀、股市崩盘、货币的过度贬值，等等。

三、关联风险

关联风险是指因相关产业或相关市场的变化而导致经济主体未来收益变化的不确定性。关联风险源于金融机构与相关产业或相关市场之间的相互依赖性。经济全球化和金融全球化的不断深入尽管有助于提高金融资源的配置效率，但也使金融机构暴露在一连串难以预料的风险因素之中。相关产业或市场上的风险事件，通常可以通过种种传导机制，引起金融机构未来收益的不确定性变化，当演变为金融危机时，往往就会表现出典型的多米诺骨牌效应。

本章小结

本章首先对金融风险的概念及特点、风险分类、风险诱因、风险发生时所可能导致的经济结果等进行了全面、系统、深入的分析和阐述。然后，经过讨论指出，市场风险、信用风险、操作风险、流动性风险是金融机构目前所面临的最主要的四类金融风险，并结合实例分别对上述四类风险的定义、基本特性、相互间的联系和区别进行了详细介绍与阐释。本章内容为本书的后续学习奠定了基础。

 重要概念

不确定性　金融风险　未预期损失　经济资本　监管资本　市场风险　信用风险　操作风险　流动性风险　经营风险　国家风险　关联风险

 思考题

1. 简述金融风险的含义、特点和主要类型。
2. 试对金融风险的诱因和有可能导致的经济结果进行阐释和分析。
3. 辨析金融风险与预期损失、未预期损失、经济资本、监管资本之间的关系。
4. 试比较市场风险、信用风险、操作风险、流动性风险的异同之处。
5. 试从金融风险管理的角度阐述金融风险度量的重要性。
6. 通过本章学习，结合现实事件谈谈您对金融风险和金融风险管理的认识。

第二章 金融风险辨识

JIN RONG FENG XIAN GUAN LI

金融风险辨识是金融风险度量的前提和基础。只有通过金融风险辨识才能准确把握风险的类型和风险源,进而选择或采用准确可靠的风险度量方法,为进一步有效实施风险管理措施打好基础。因此,对风险度量与风险管理而言,金融风险辨识极为重要。本章主要介绍金融风险辨识的基本内容和方法。

学习目标

通过本章学习,您可以了解或掌握:
◆ 金融风险辨识的概念及原则;
◆ 如何从金融机构运营过程、业务特征、财务报表、运作能力等角度识别金融风险的类型和受险部位;
◆ 对金融风险诱因和严重程度进行辨识的方法;
◆ 几种主要的金融风险辨识方法。

第一节 金融风险辨识的概念和原则

为更好地掌握和运用金融风险辨识的方法,我们首先需要深入了解金融风险辨识的概念和基本原则。

一、金融风险辨识的概念

金融风险辨识是指通过运用相关的知识、技术和方法,对处于经济活动中的经济主体所面临的金融风险的类型、受险部位、风险源、严重程度等进行连续、系统、全面的识别、判断和分析,从而为度量金融风险和选择合理的管理策略提供依据的动态行为或过程。我们可从以下两方面进一步理解。

(1) 金融风险辨识的根本任务在于辨识金融风险的类型和风险源,即导致金融风险的根源和驱动因素。风险的产生是各类风险因素不断积聚的结果,往往有一个从量变到质变的过程,只有全面、准确地辨识风险类型,找出风险源,才能准确度量风险大小和选择合理的风险管理策略。

(2) 金融风险辨识是一项连续、复杂的系统工程。我们不妨先从金融机构的角度来观察以下三种状况。

一是金融机构所面临风险的复杂性。金融机构从局部到整体的各个层面上往往都面临着不同的风险类型和风险源,不同层次上的各类风险又纵横交错,异常复杂。

二是金融机构各个部门所面临风险的普遍性。由于金融风险存在于金融机构各个部门的普遍性,所以金融风险辨识不仅仅是风险管理部门的任务,甚至还需要几乎所有部门的参与和配合。

三是金融机构所面临风险的动态变化性。经济主体的运作环境时刻都在变化,导致金融风险的各类驱动因素也随之变化。在经济主体的发展过程中,新风险不断产生,而旧风险则或消失、或存续、或转化产生新的特征。这一切都要求金融风险辨识应当是一个不间断、实时的动态过程，并需要根据风险环境的变化调整风险辨识的相关技术和方法。

上述每种状况的存在，都会加剧风险辨识的复杂性和难度；而在现实中，上述三种状况通常同时存在，因而风险辨识的复杂性和难度就更可想而知了，这无疑是一项庞大的系统工程。

二、金融风险辨识的原则

为确保金融风险辨识活动的有效性和可靠性，金融风险辨识应遵循以下四个基本原则。

（一）实时性原则

经济主体的财务状况、市场环境等各种可能导致风险的驱动因素时常处于变化之中，随着风险环境的变化，经济主体面临的金融风险的类型、受险部位、严重程度等都可能发生改变。因此，风险管理部门应当根据实时信息随时关注金融风险的变化，连续地辨识金融风险，并及时调整金融风险管理策略。否则，滞后的金融风险管理系统将难以适应风险环境的瞬息万变。

（二）准确性原则

对金融风险的辨识，首先应准确识别各个风险类型、风险的存在部位和风险源，否则，就有可能将风险辨识的后续工作引入歧途；其次，应对金融风险的严重性作出初步估计，过分高估金融风险的严重性有可能会提高金融风险管理的成本，从而会造成管理过度，带来新的金融风险，而过分低估则又有可能导致管理不足，导致更大的潜在风险。

（三）系统性原则

经济主体经济活动的每一环节、每一项业务都可能带来一种或多种金融风险。有的金融风险容易识别，有的则不易被察觉，对其中任何一个环节的忽视都可能导致金融风险管理的失败。除了对经济主体经济活动的每一环节、每一项业务进行独立分析外，还应特别注意各个环节、各项业务之间的紧密联系。经济主体面临的整体金融风险可能大于也可能小于其单个金融风险的总和。风险管理部门应根据实际情况及时调整资产结构，以充分分散风险，将整体风险控制在可接受的范围之内。

（四）成本效益原则

金融风险的辨识和分析需要花费人力、物力和时间等，金融风险管理收益的大小则取决于因风险管理而避免或减少的损失大小。一般来说，随着金融风险辨识活动的进行，辨识的边际成本会越来越大，而边际收益会越来越小，所以需要权衡成本和收益，以选择和确定最佳的辨识程度和辨识方法。

三、金融风险辨识的作用

作为金融风险管理的前提和基础，金融风险辨识直接关系到金融风险管理的成败。因此，金融风险辨识对于金融风险管理具有重要的意义和价值。主要体现在以下三个方面。

（1）通过辨识金融风险，可以确定金融风险的类型和受险部位。只有针对不同类型的金融风险和受险部位采取不同的措施，才能有的放矢，确保金融风险管理的有效性。另外，只有把握金融风险的受险部位，才能确定金融风险管理的范围。

（2）通过辨识金融风险，可以确定金融风险的诱因。通过对诱因的分析，可以确定哪些金融风险是系统性的、不能分散的，哪些金融风险是非系统性的、可分散的；哪些风险是主观造成的，哪些风险是客观的；哪些风险可以避免，哪些风险可以转嫁或进行套期保值。

（3）通过辨识金融风险，可以对各类金融风险的性质、状况、严重程度等作出初步估计，以确定下一步处理各类金融风险的顺序、路径和方式。作为继金融风险辨识以后金融风险管理过程中的下一个核心步骤，金融风险度量一般具有很大难度，而且往往需要花费很大的人力、物力等成本，因此，通过风险辨识判定是否需要进一步对相关风险进行度量和考察就显得相当重要。

第二节　金融风险辨识的基本内容

关于金融风险辨识的基本内容，我们可以从主客体的角度来理解：金融风险辨识的主体主要为金融机构、非金融企业（一般为工商企业）、政府和个人。本文只重点考察金融机构的情况，对其他金融风险辨识主体的情况可按照类似的程序分析。金融风险辨识的客体主要是金融风险辨识主体拟要识别的金融风险类型、受险部位、风险源等。简单来说，金融风险辨识实质上就是金融风险辨识的主体如何识别客体的过程。金融风险辨识的不同主体识别相关客体的角度、思路、方式、步骤等，构成了金融风险辨识的内容，其中，对金融风险类型与受险部位的辨识以及对金融风险诱因与严重程度的辨识是金融风险辨识的两大基本内容，下面给予详细介绍。

一、金融风险类型和受险部位的识别

识别金融风险类型和受险部位是金融风险辨识的基本内容之一，本文主要通过对金融机构的运营过程、业务流程、财务报表等方面的分析展开。

（一）从运营过程和业务特征的角度识别

金融风险是伴随着金融机构的运营活动而产生的，自然地，各类风险和受险部位也蕴藏在金融机构的运营过程之中，所以我们可以从运营过程中的资金来源、资金运用、资金管理等方面考察。

1. 从资金来源的角度考察

金融机构的资金来源主要有存款负债、借入负债、发行证券、通过提供金融服务获得资金等。

与定期存款业务相比，支票存款和储蓄存款业务由于客户可以随时取款会给存款性金融机构带来较大的流动性风险，但支票存款支付的利息较低甚至不支付利息，因此，支票存款业务带来的利率风险较小。而固定利率存款业务可能因为市场利率下降使得机构融资成本高于以市场利率重新融资的成本，从而带来利率风险；在其他条件不变的情况下，期限越长，固定利率存款业务面临的利率风险越大。浮动利率存款业务则可能因为市场利率上升使机构融资成本上升，从而带来利率风险。另外，外币存款业务还可能带来汇率风险。

借入负债也会由于还本付息给金融机构带来流动性风险和利率风险。具体而言，同业拆借大多为隔夜融资，因而利率风险较小；通过国际金融市场借款会带来汇率风险；回购协议本质上也属于借入负债，由于在到期日作为担保的证券价格可能上升，使证券购买商产生违约可能性，因此，回购协议还具有信用风险。

金融机构为了筹资而发行股票、债券等证券时，也将面临风险。具体分为以下五种情况。

(1) 不同融资方式的融资成本不同，机构承担的义务也有所差异，从而不同的融资方式会带来不同的经营风险①。通过比较发行附息债券与发行普通股票两种融资方式可以看出：一方面，附息债券要定期支付利息、到期要偿还本金，而普通股股票则不需要偿还本金，股息的支付由股票发行主体视经营状况而定，并不固定；另一方面，股票的发行成本通常要高于债券，显然，两种融资方式都会带来经营风险，特别是财务风险，但风险的存在部位、特征、严重程度不同。需要指出的是，经营风险经常会诱发其他风险的产生，比如流动性风险、市场风险等。

(2) 为发行的股票和债券进行定价的行为有可能导致经营风险。

(3) 在销售股票、债券的过程中市场利率可能上升，从而导致股票、债券的价格下跌，甚至无法实现融资的预期目标，因此，这一过程将面临利率风险，甚至还可能引致流动性风险。

(4) 由于市场利率上升会使已经销售出去的浮动利率债券的利息支付上升，而市场利率下降又会使已经销售出去的固定利率债券的利息支付高于重新按市场利率融资的利息支付，所以金融机构在外流通的债券会给机构带来利率风险。

(5) 如果涉及跨国融资，金融机构还会面临汇率风险和国家风险等。

提供金融服务是金融机构获得资源的又一个渠道。金融机构的金融服务主要包括为客户发行证券、证券承销、证券经纪、代收、结算业务(包括汇款、托收、信用证)、信托、租赁、信息咨询等。具体而言，金融机构为顾客发行证券的成败将会影响机构的声誉，进而影响机构吸收资金的能力，因此，为顾客提供发行证券的服务会给金融机构带来经营风险和流动性风险。在提供包销或备用包销业务时，可能有多种情形会使金融机构面临金融风险，例如，顾客信用等级下降或市场因子发生不利波动将会引起金融产品价值下降，导致金融机构的收益下降；金融产品交易不足将可能导致承销的证券无法及时按照当前市场价格进行交易并转换为现金；对该包销或备用包销业务的风险认识不足会导致对该项业务的错误选择；金融机构承销的债券到期时，可能出现发行人不按时将兑付资金拨入机构账户的情形，而投资者却要求机构还本付息，此时机构不得不代为垫付，等等。上述情形将使金融机构暴露在信用风险、市场风险、操作风险和流动性风险等各类风险之中。金融机构提供证券经纪业务时可能会面临操作风险和道德风险等经营风险。代收、汇款、托收、信息咨询是金融机构提供的可收取手续费但不承担风

---

① 其中主要是财务风险。

险的服务。信用证、租赁业务会带来信用风险和流动性风险。此外,具有国际结算功能的信用证还会带来汇率风险和国家风险。信托业务也可能使机构面临经营风险,例如,由于管理不善,金融机构可能会丢失顾客委托其保管的物品。

金融机构还有一种称为资产管理业务或称"打包"业务的融资方式。这类业务主要指将个别金融资产汇集在一起,将它们的现金流重新分解并组合成不同类型的新型金融产品。这种融资方式的最主要特点是可以改变原有资产的流动性,使得重新组合后的新型产品的流动性更好,但同样有可能给金融机构带来风险,我们以投资银行的资产证券化融资业务为例加以说明。投资银行的资产证券化融资业务是指投资银行把某一公司的一定资产作为担保发行新的金融工具。如果投资银行通过购买抵押资产进行证券化,那么就可能会因为证券不能以合理的价格及时变现而给金融机构带来流动性风险;抵押资产的选择活动本身可能会带来信用风险;另外,为新证券定价的活动则会使金融机构面临经营风险。

2. 从资金运用的角度考察

金融机构的资金运用主要是现金资产、证券投资和发放贷款,少数金融机构也会通过金融衍生工具投资进行风险套利。

现金资产的多寡直接影响金融机构的流动性:若保留的现金资产过少,金融机构会面临流动性风险;过多则可能会因为市场利率上升而面临利率风险。

金融机构选择投资于何种证券的活动将面临操作风险。实施投资决策之后,若市场利率上升,则将导致金融工具市场价格下降、固定利率债券利息收入低于按市场利率重新投资的收入,从而遭受损失;若市场利率下降,可能使浮动利率债券利息收入的减少幅度大于债券价格的上升幅度,从而使金融机构面临利率风险。另外,如果金融资产发行者的信用等级下降,就可能引起资产价值下降,进而使得金融机构暴露在信用风险之中。

金融机构的贷款业务可能会由于借款人违约使金融机构面临信用风险,也可能由于利率波动而遭遇市场风险。此外,贷款还可能由于资产流动性较差带来流动性风险。

由于金融衍生工具的交易额一般都很大,价格的微小变化都可能造成重大损失,因此,投资于金融衍生工具可能会带来巨大的金融市场风险①,巴林银行的倒闭就源于此。

3. 从风险暴露和业务特征的角度考察

具有不同风险暴露和不同特征的具体业务往往蕴涵着不同的风险类型和受险部位,所以我们还可以从风险暴露和业务特征的角度识别金融风险。

为清楚起见,以商业银行的存款负债业务为例给予说明。商业银行所有存款负债都会因为客户取款的不确定性而带来流动性风险,也会因为利率的不利波动而带来利率风险。但是,不同种类的存款业务所带来的金融风险又会因业务的风险暴露和具体特征的差异而有所不同。在其他因素不变的情况下,存款金额(即暴露)越大,银行面临的流动性风险越大;顾客的取款请求所受限制越小,该存款给银行带来的流动性风险越大;存款的期限越短流动性风险越大;固定利率存款面临市场利率下降的利率风险,浮动利率存款会面临市场利率上升的利率风险;外汇存款还可能带来汇率风险;此外,由于不同的存款业务还会面临不同的法律管制,所以银行承担的融资成本也就有所差异,在这种情况下银行还会面临不同程

---

① 这里主要是证券价格风险。

度的流动性风险。

4. 从资金管理的角度考察

金融机构用于套期保值的远期、期货交易可能会由于未来金融市场因子的反向波动而面临金融市场风险,同时,远期合约还可能因价格的不利变动而给金融机构带来信用风险。另外,金融机构为了合理搭配资产负债、减少风险暴露而通过买进卖出调整金融资产头寸时,将可能产生流动性风险。

(二) 从财务报表的角度识别——以商业银行为例

财务报表可以反映经营者在特定经营期间或时点上的资产状况、经营成果、现金流状况以及运营情况,因而可以从财务报表中观测、挖掘有关金融风险类型和受险部位的大量信息。我们下面以商业银行为例予以详细介绍。

商业银行的财务比率指标主要分为安全性指标、流动性指标和盈利性指标三大类。银行的安全性是指银行的资产、收入、信誉以及所有经营活动生存、发展并免遭损失的可靠性程度。银行的流动性是指在不损失资产价值情况下的变现能力以及可满足各种支付的资金可用能力。银行的盈利性是指在正常状态下银行经营的盈利能力,而非正常经营状态下银行经营的收益或损失一般不能准确反映银行的盈亏情况。此处将以中国人民银行制定的《商业银行资产负债比例管理控制、监测指标》中包含的安全性指标和流动性指标为例,通过观察银行的安全性、流动性来对商业银行所面临的各类金融风险进行辨识(见表2-1)。关于盈利性指标的分析,将在后文的"运作能力分析"部分给出。

表2-1 流动性指标、安全性指标与金融风险识别

第一层指标	第二层指标	指标计算公式	指标含义刻画
流动性指标	存贷款比率	各项贷款期末余额/各项存款期末余额	一般地,该指标值越高,表明负债支撑的贷款资产越多,银行随时偿付取款的能力越差,面临的流动性风险越大;指标值过低则表明银行放款不足,资产盈利性低,而且如果利率上升,利息收入增长幅度将小于利息支出增长幅度,使得银行的利率风险变大
	中长期贷款比率	a) 人民币逾期1年以上(含1年)中长期贷款期末余额/人民币逾期1年以上(含一年)中长期存款期末余额 b) 外汇逾期1年以上(含1年)中长期贷款期末余额/外汇逾期一年以上(含1年)中长期存款期末余额	该比率超过1,表明银行资金可能存在短存长贷的情况,银行将面临较大的流动性风险和利率风险。外币中长期贷款比率过高还意味着银行将面临较大的汇率风险
	流动性比率	流动性资产期末余额/流动性负债期末余额	该比率越高,表明变现能力强的资产越充足,偿付能力越强,银行的流动性风险越小。同时也意味着流动性资产与流动性负债可能不匹配,银行面临较大的利率风险

续 表

第一层指标	第二层指标	指标计算公式	指标含义刻画
流动性指标	备付金比率	超额准备金期末余额/各项存款期末余额	指标值越高表明银行的流动性风险越小。但若该指标过高,则当利率上升时银行可能无法及时找到超额准备金的投资机会,所以银行将面临较大的利率风险
安全性指标	单个贷款比率	a) 对同一借款客户贷款期末余额/资本净额 b) 对最大十家客户发放的贷款期末余额/资本净额	该指标值过高,表明放贷过于集中,银行面临的流动性风险和信用风险较大
	贷款质量指标	a) 逾期贷款期末平均余额/各项贷款期末平均余额 b) 呆账贷款期末平均余额/各项贷款期末平均余额 c) 呆滞贷款期末平均余额/各项贷款期末平均余额	该指标值过高,表明银行面临的流动性风险和信用风险较大

(三)从运作能力的角度识别——以商业银行为例

经济主体的运作能力可以为预防与抵御未来各类风险、保持经济主体稳健运营提供可持续的再生动力。经济主体的运作能力越强,经济主体抵御未来内外风险的能力就越强,经营也就越具有稳健性和持续增长性,反之类似。前文曾指出,各类风险和受险部位蕴藏在金融机构的运营过程之中,而运作能力可以从更深的层次上反映经济主体的运营状况,所以我们选择从运作能力的角度对运营过程中的各类金融风险和受险部位进行更深刻辨识。下面仍以商业银行为例予以阐述。

1. 从资本充足率的角度考察

经济主体自身所拥有的资本金是经营者承担日常经营风险、保持清偿能力、体现综合经济实力的基础性力量,在实际工作中,一些来源稳定的长期资金也被当作资本金的一部分。

众所周知,衡量商业银行资本充足率的公式为

$$资本充足率 = 资本量 / 风险资产总额$$

一般来说,资本充足率太低,意味着银行的资本实力较差,银行承担损失和偿债能力弱,面临的流动性风险、经营风险较大。但是,资本充足率过高,则反映银行资本相对于资产来说过多,当利率上升时,银行可能无法立即按市场利率获利,从而不得不丧失投资机会,并面临利率风险。

2. 从盈利能力的角度考察

盈利不仅可以直接弥补经营损失,而且盈利能力的大小还可反映商业银行的资产管理能力、经营能力以及利润分配和债务偿还能力,并可能对银行自身声誉和资金吸收能力产生深远影响。盈利能力越强,商业银行抵御各类风险的能力就越强;反之,就可能面临着较大的经营风险和流动性风险。为此,我们结合损益表计算出商业银行的盈利能力比率指标(见

表2-2）。透过这些指标,我们可以更深入、甚至有预见性地辨识出商业银行所面临的潜在风险。

表 2-2 商业银行的主要盈利能力比率与分析

资产收益率	净利润/资产总额	该指标值越高,表明银行运用资产获取盈利的能力越强
资本收益率	净利润/资本总额	该指标值越高,表明银行运用资本获取盈利的能力越强。另外,该指标还反映了银行发行的股票的价值
银行利润率	净利润/营业收入总额	该指标值考虑了净利润在营业收入中所占的比重,更能反映银行盈利能力高低
银行利差率	净利息收入/盈利资产总额	该指标值越高,表明银行盈利能力越强
资产使用率	总收入/资产总额	该指标值越高,表明银行盈利能力越强

3. 从管理水平的角度考察

类似于前文,通过考察商业银行的管理水平,我们同样可以辨识相关风险。首先,管理水平的高低直接决定了经营风险的大小。其次,管理水平高的商业银行可以树立良好的对外形象,从而有利于确保资金来源的稳定性,降低收益的不确定性,进而降低流动性风险。再次,管理水平高的上市商业银行的股票价值也较稳定,从而商业银行所面临的金融市场风险较小。可用于衡量经营管理水平的主要定量指标有资产总额/职工人数、非利息支出/资产总额、占用费用支出/经营支出总额,等等。对管理水平的定性判断,则主要通过考察信息系统、计划系统、操作系统和控制系统等商业银行管理系统的构成和运转效率来进行。

二、金融风险诱因和严重程度的辨识

对金融风险诱因和严重程度的辨识,是在对金融风险类型和受险部位进行辨识基础上的更进一步辨识活动①,而且也都是为下一步如何有效处理所辨识出的各类金融风险服务的,但两者的作用和侧重点有差异。对金融风险诱因的辨识,是为了进一步分清楚已辨识出的各类金融风险的诱因特性,为下一步采取有效的金融风险处理策略提供可靠依据。例如,由诸如国家经济政策、经济周期等系统因素引起的金融风险只能规避,而无法通过分散化投资来降低,只有因与某特定行业或经济主体相关的因素而引起的金融风险才可以通过分散化投资来缓解。又如,为降低或消除贷款的信用风险,金融机构可通过对贷款者的深入调查和分析对可能引发信用风险的诱因特性进行识别,以确定是否需要贷款抵押或贷款担保。另外,对金融风险诱因的辨识,也有助于对金融风险严重程度的辨识。而辨识金融风险严重程度旨在对是否需要对各类风险采取进一步的行动、采取行动的次序和方式等做出准确判定。下面分别予以介绍。

---

① 在实际应用中,对金融风险诱因的辨识未必一定要在对金融风险类型和受险部位辨识之后进行。事实上,在许多情况下,通过金融风险诱因辨识也可以识别出金融风险类型和受险部位。在实际过程中如何操作,应视具体情况而定。

(一) 金融风险诱因的辨识

金融风险是由经济活动中的一些不确定性因素引起的，不同种类的金融风险的诱因可能不同，同一种金融风险可能有多个诱因。例如，商业银行的经营活动的不确定性可以带来经营风险，利率或汇率变动的不确定性可以引起利率或汇率风险，贷款违约的不确定性则会带来信用风险。同时，商业银行经营活动、利率或汇率变动以及贷款违约等的不确定性都有可能导致流动性风险。但是，经营活动、利率或汇率变动以及贷款违约的不确定性还只是引起相应风险、但容易被观察到的表层诱因，在这些表层诱因背后，还可能隐藏着更深刻的、越来越不容易被观测到的第二层、第三层、第四层等多层诱因。第二层诱因既是表层诱因的制造者，又是第三层诱因引发的结果，如此类推，我们就可以找到导致风险的最深层次的诱因和各个层次的诱因。

下面仅以金融机构中几类常见的金融风险为例作简要说明。金融产品价格风险源于产品价格变动的不确定性，产品价格变动的不确定性则源于产品供求关系变动的不确定性，而产品供求关系变动的不确定性又与国家的宏微观经济金融政策、国家的经济状况、金融机构的经营水平、金融投资模式与渠道、居民的收入水平和风险偏好等因素的变化有关。利率风险源于利率变动的不确定性，利率变动则取决于市场上资金供求关系的变动，而这又与货币政策、财政政策、通货膨胀率、经济周期、汇率水平、利润水平（技术革新和成本变化等）等因素有关。汇率风险源于汇率变动的不确定性，而汇率变动的直接原因是国际金融市场上货币供求关系变动的不确定性，这又与一国国际收支水平、利率水平、物价水平、汇率制度等因素有关。信用风险的大小则主要取决于授信对象的经营管理水平、盈利能力、管理人员的道德品行等因素。其他风险也可类似讨论。

(二) 金融风险严重程度的辨识

关于金融风险严重程度的辨识，顾名思义，主要是对已经辨识出的各类金融风险的严重程度即损失的可能性大小和潜在损失大小作出进一步分析和识别。以市场风险为例，对市场风险严重程度的辨识，首先需要对金融风险类型、受险部位、风险暴露、业务特征、风险诱因特性进行辨识，然后再利用表 2-3 给出的市场风险严重程度判别矩阵，初步识别出各类风险可能造成的损失大小和发生的可能性大小。

表 2-3 市场风险严重程度判别矩阵[①]

发生的可能性大小 \ 影响程度	不显著	较小	中等	较大	灾难性
基本上肯定	高	高	高	高	高
很有可能	中等	显著	显著	高	高

---

① 本表引自王春峰 (2003)。

续　表

发生的可能性大小＼影响程度	不显著	较　小	中　等	较　大	灾难性
中等概率	低	中等	显著	高	高
可能性较小	低	低	中等	显著	高
极少发生	低	低	中等	显著	显著

其中,"发生的可能性大小"是指市场风险造成损失的可能性大小,"影响程度"是指该市场风险可能造成的损失大小。

第三节　风险辨识的基本方法

在确定了金融风险辨识的基本内容后,接下来的问题自然就是采用何种方法和技术来完成上述辨识工作。由于现实中金融风险辨识的客体差异很大,而且还会随着时间的推移发生变化,这就决定了金融风险辨识主体必须采用不同的风险辨识方法,并随着金融风险辨识客体的变化对所运用的辨识方法做出及时、合理、动态的调整。

我们将在本节中对一些主要的金融风险辨识方法和技术的原理、使用步骤、适用范围和优缺点等进行系统介绍。

一、现场调查法

现场调查法(method of scene investigation),是指金融风险辨识主体[①]对有可能存在或遭遇金融风险的各个机构、部门和所有经营活动进行详尽的现场调查来识别金融风险的方法。现场调查法是金融风险辨识的常用方法,在金融风险管理实务中有广泛应用。

现场调查法一般包括以下内容和步骤。

1. 调查前的准备工作

首先,应查阅、了解以往相关的各种背景、资料等,确定调查目标、调查地点、调查对象;编制现场调查表,以确定调查内容,特别应明确需要重点调查的项目,以防在调查过程中遗漏或者忽视某些重要的项目;根据前述内容确定调查的步骤和方法;应视调查内容的复杂性和时效性等情况确定调查需要花费的时间以及调查开始的时间,这主要因为,现场调查需要花费时间,所以必须确保在使用数据之前完成调查,同时,现场调查的信息一般只反映调查时点左右的情况,因而具有一定的时效性。

调查前的准备工作是确保现场调查成功的前提和基础,其中关键是确定调查需要花费的

---

① 例如风险管理部门、研究机构、有关咨询机构等。

时间以及调查的开始时间,而核心则是确定现场调查的内容,这可以通过编制一个现场调查表完全反映出来,我们以某银行发放贷款过程中的风险辨识为例说明(见表2-4)。

表2-4 中国农业银行某市支行对企业发放贷款的现场调查表

贷款合法合规性认定	借款人部分	借款人主体是否合法合规		贷款用途是否合法		购销合同编号	
		贷款证号码		贷款证年检时间		进出口批文是否有效	
		其他认定					
	担保合法性认定	担保人全称		法定代表人	姓 名		
					身份证号		
		营业执照号码		有效期限		年检时间	有无授权委托
		是否具有保证担保资格		有否董事会同意保证的证明文件			有否法定代表人证明书
		若是法人分支机构的担保,是否有担保授权				贷款证号码	
		贷款证年审时间		其他			
		抵押形式	最高额抵押	是否有抵押物的所有权人书面同意抵押意见书		抵押物是否合法合规	
			逐笔抵押				
		抵押物是否重复抵押		是否附有抵押物清单		抵押物是否参加保险	
		抵押物能否办理登记		抵押物是否出租		出租期限	
		质物所有人是否书面同意质押			出质人主体是否合法		
		是否附有合规质物清单			质物是否合规合法		

2. 现场调查

在现场调查实施过程中,风险管理人员可以通过座谈、访问、查阅相关文件档案、实地观察业务活动等方式完成先期编制的现场调查表所列举的项目,同时又不应完全限于此,还需要根据现场调查中发现的新信息适时调整需要调查的项目和关注的重点,以期为尽可能成功地完成风险辨识等后续工作获得准确、全面的第一手资料和信息。

3. 调查报告

现场调查后,风险管理人员应立即对现场调查的资料和信息进行整理、研究和分析,在此基础上根据现场调查的目的撰写调查报告。调查报告主要包括以下三大部分。

一是根据调查目的,对调查资料和信息去伪存真、进行梳理和总结后撰写的全面、系统、完整、规范的调查资料与信息处理报告。

二是依据调查目的以及调查资料与信息处理报告所作出的初步结论、对策和建议。

三是后附包括现场调查表在内的现场调查的原始资料。

我们以通过贷前现场调查来判断贷款者的信用状况为例。贷款的现场调查报告第一部分中的"调查资料与信息处理报告"通常包括客户基本情况及主体资格;申贷金额、用途、期限、种类、利率、还款方式及限制性条款;客户财务状况、经营效益和市场分析;担保情况。第二部分中的"初步结论、对策和建议"应包括本次信贷业务的综合效益分析;信贷风险状况的基本判定;对是否发放贷款的意见和建议,等等。

现场调查法所以能够在金融风险辨识中得到广泛应用,除了该法简单、实用、经济以外,还具有其他优点:一是通过现场调查法可以直接获得进行金融风险辨识的第一手资料,从而达到眼见为实的效果,在某种程度上可以确保所得资料和信息的可靠性;二是现场调查活动还能加深风险管理人员与基层人员之间的相互沟通、了解和联系,既可以使得基层人员获得更多有关风险辨识和风险处理的经验和知识,又可以使得风险管理人员在现在和未来可及时获得所需要的相关资料和信息;三是通过现场调查法容易发现潜在风险,有助于将风险控制在萌芽阶段。

当然,现场调查法也有一些缺陷,主要体现在:一是进行现场调查需要花费大量的人力和物力,过于频繁的调查活动还会使得被调查人员疲于应付,甚至有可能影响正常的生产、经营活动;二是现场调查一方面要求调查者必须深入了解被调查对象的可能很复杂的运转机制和组织结构等,能准确地把握调查的重点和难点,另一方面,现场调查没有固定的方法可循,因而需要调查人员具有敏锐的观察力以及很强的创造力和灵活性等,这对调查人员来说都是很大的挑战。正由于存在上述缺陷,所以并不是所有业务活动的金融风险辨识都适于采用现场调查法。例如,对于资金运用于衍生证券投资的情况,金融机构在投资前一般不可能也没有必要花费大量时间对每一个投资对象进行现场调查;对于资金管理的情况,风险管理人员大多采用后文要讲述的主观风险测定法和客观风险测定法来辨识金融风险。

二、问卷调查法

问卷调查法(method of questionnaire survey),又称审核表调查法(method of application form survey),也可以看作是现场调查法的一种替代方法,是指调查人员不进行现场调查而是通过发放审核表或其他形式的调查表让现场人员填写来识别金融风险的方法。

正确运用问卷调查法的核心和关键主要取决于:问卷调查表编制的科学、合理、有效和适用性,被调查者所具有的与问卷调查表的编制水平相适应的知识、素养、态度、责任心,等等。由于为不同的目的而编制的问卷调查表千差万别,所以我们在此很难一一说清楚。因此,这里仅举两个例子加以说明:一个是某金融机构风险管理人员为评价分支机构的管理水平而向分支机构员工发放的调查问卷(见表2-5);另一个是某市住房公积金中心在向消费者发放住房

表 2-5 管理水平调查表

调 查 的 内 容	是	否
机构各级领导人是否充满精力		
机构管理人员平均年龄是不是太年轻		
机构管理人员平均年龄是不是太老		
机构管理人员是不是缺乏经验		
机构的主要领导人是否刚愎自用、压制他人		
机构领导人与政府有关机构有沟通的能力		
机构管理人员有采用最新管理方法的能力、培训员工的能力		
机构是否有一支较好的中层管理人员队伍		
机构的业务对象是否局限于少数大客户		

抵押贷款时要求消费者填写的审核表(见表 2-6)。

与现场调查法相比，问卷调查法的主要优点为：可以节省人力、物力和时间，有助于降低风险管理成本，而且同样可获得大量信息。但是，问卷调查法的缺陷也非常明显：同进行现场调查一样，审核表的制定也要求调查者具有很强的认识、发现风险的能力，对被调查对象的运转机制和组织结构等有深入了解，能准确把握调查重点；问卷调查表所存在的微小漏洞都可能导致调查资料和信息的不可靠性。例如，如果问卷调查表对某些细节或问题描述得不清楚或不明确，那么填表者的回答就可能出现很大偏差；另外，问卷调查的真实性还受到被调查者的知识、素养、态度、责任心等的影响，其实这在现实中最难得到保证。由于存在上述缺陷，金融机构较少单独使用问卷调查法来识别金融风险，而通常需要结合其他识别方法来进行。

三、组织结构图示法

组织结构图示法(organization diagramming method)，是用图形来描绘经济主体的组织结构并据此辨识金融风险的方法。

组织结构图示法主要包括以下几个步骤。

(1) 对经济主体的组织结构的整体及其各个组成部分进行识别与分析。

(2) 绘制出经济主体的组织结构图。当要分析的对象涉及多个子组织结构时，可以先绘制出各个子组织结构图，再组合成总的组织结构图。

(3) 对组织结构图进行解释与剖析。

(4) 通过组织结构图识别金融风险。

表 2-6　某市住房公积金中心对消费者发放住房抵押贷款的审核表

填表日期：_____年_____月_____日　　编号：_____

以下内容由申请人填写							
申请人	姓　名		性　别		年龄		职称	
	身份证号码					职务		健康状况	
	政治面貌		文化程度			单位电话	
	工作单位				月工资收入	
	供养人数		住宅电话			手机	
	现住房建筑面积		现住房性质　1. 自有□　2. 共有□　3. 租赁□　4. 其他□
	通讯地址					邮编	
	现住址	市(县)_____区(镇)_____路(街)_____号_____座(栋)_____号
配偶	姓　名		性　别		年龄		职称	
	身份证号码					文化程度		健康状况	
	工作单位						
	政治面貌		职务			单位电话	
	月工资收入					手机	

家庭其他情况		姓名	性别	年龄	与借款人关系	工作单位	月工资收入	联系电话
	共同居住的其他家庭成员情况							
	在中心机构或其他金融机构贷款情况	借款人		贷款日期		贷款数额		期限	
		贷款经办行(处)				还款情况		

购房情况	地　址	市(县)_____区(镇)_____路(街)_____号_____座(栋)_____号
	建筑面积		房价总金额	
	售房单位名称		电话	
	首付款金额		房龄	
	房屋现况	1. 期房□　2. 初次交易现房□　3. 多次交易现房□

建房情况	地　址	市(县)_____区(镇)_____路(街)_____号_____座(栋)_____号
	面　积		造价	
	计划开工日期		竣工日期		土地使用证号	

担保情况	质物名称		质物总价值	
	抵押物品类别名称		抵押物总面积(价值)		房龄	
	抵押物地址	市(县)_____区(镇)_____路(街)_____号_____座(栋)_____号
	抵(质)押产权人姓名		抵(质)押产权共有人姓名	
	抵(质)押产权人单位电话		抵(质)押产权人住宅电话	

申请人申明	本人自愿向贵中心提出借款申请，保证向贵中心提供的所有资料都是真实、有效的，并愿意承担相应的法律责任
	申请人签名(章)：

通过运用组织结构图示法,风险管理部门可以分析、判断经济主体组织结构的设置是否合理,能否适应经济环境的变化,能否提高经营效率,进而识别出由于组织结构设置的不足而导致的潜在金融风险,尤其是经营风险。通常情况下,要考察某经济主体组织结构的设置是否存在不足,首先需要判别组织结构的设置是否遵循以下四个基本原则。

(1) 合理分工、相互协调原则。各部门应该各司其职、各负其责,尽量避免由于各部门职责划分不明确而造成相互推卸责任的情况。同时,各个部门之间又不能完全独立,组织结构的设置应该有利于各部门之间的相互协调。

(2) 统一指挥原则。一般地,一个下级部门只能执行来自一个上级部门的命令。如果有多个上级部门发出不同指令,则可能使下级部门无所适从,造成经营、管理活动的混乱。

(3) 权责一致原则。应该赋予各部门与其职责相称的权利,有职无权,就无法承担相应的责任,有权无责就有可能导致滥用权利。

(4) 效率原则。经济主体内部的组织结构设置应该精干有效,避免出现过多重复的现象。如果组织结构的设置有违上述四个原则,就可能面临金融风险。这是组织结构图示法运用过程需要重点关注的地方。

图 2-1 给出的是某银行在改制上市前的内部组织结构图,我们可据此辨识该银行可能存在的金融风险:首先,信贷业务等部门的职能划分过细,有违合理分工、相互协调原则。其次,在银行的内部结构设置中,上级行的多个部门均有权给下级行的同一部门下发文件和指令,这有违统一指挥原则,并导致下级部门有责无权的情况出现。再次,非经营性部门设置太多,有违效率原则。

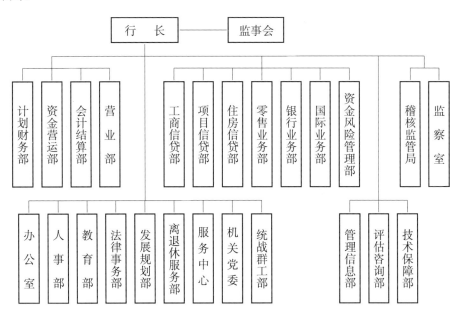

图 2-1 中国某银行在改制上市前的内部组织结构图示

从上文分析中容易看出,应用组织结构图示法的最大特点是简捷、明了,但也存在着一些不利因素:一是要求绘制组织结构图的人员必须对研究对象的运转机制、活动有深入了解;二是要求绘制的组织结构图必须简捷而又不遗漏任何重要信息;三是要求对组织结构图的解释要准确到位,否则,通过组织结构图示法对金融风险的辨识就会出现偏差。上述要求对使用者来说都是很大的挑战。

四、流程图法

流程图法(flow charts method),是按照业务活动的内在逻辑关系将整个业务活动过程绘制成流程图,并借此辨识金融风险的方法。根据业务活动的不同内容、不同特征及其复杂程度,可以将风险主体的业务活动绘制成不同类型的流程图,例如按照业务内容可以绘成生产流程图、销售流程图、会计流程图、放贷流程图,等等。一般地,风险主体的规模越大、业务活动越复杂,流程图分析就越具有优势。

概括地说,流程图法的应用步骤主要包括以下四个方面。

(1) 分析业务活动之间的逻辑关系。

(2) 绘制流程图。当分析对象涉及多个子流程时,可以先绘制各个子流程,再组成综合流程图。

(3) 对流程图作出解释。流程图本身只能反映生产、经营过程的逻辑关系,在实际应用时还需要对流程图做进一步的解释、剖析,并编制流程图解释表。

(4) 风险辨识。风险管理部门通过察看流程图及其解释表,识别流程中各个环节可能发生的风险以及导致风险的原因和后果。

流程图法的最大优点是能把一个复杂问题分解成若干个较为简单明了、易于识别和分析的单元。以金融机构为例,风险管理人员可以借助于流程图法将较为复杂的财务会计流程、放贷流程分解成一个个简单、易于分析和识别金融风险及其影响范围的单元。当然,流程图法在金融风险辨识方面同样存在缺陷:首先,绘制流程图往往需要耗费大量的人力、物力和时间;其次,要准确绘制流程图,需要绘图人员充分了解和把握业务活动之间的逻辑关系以及业务流程的各个阶段,并具有抽象、概括、提炼主要流程的能力,这对绘图人员来说其实并非想象的那样简单;再次,由于一些业务流程非常复杂,这可能导致流程图的绘制很难把握或顾及所有细节,而流程图绘制过程中的任何疏漏和错误又有可能导致金融风险辨识时出现不准确、不全面的情况。

图2-2是中国农业银行某市支行绘制的放贷流程图。从图中可看出,放贷流程中任一环节如果出现调查数据不真实或分析不准确等情况,都可能导致之后的程序分析结果出现差错。例如,如果对企业所在行业前景分析失误[①],那么后续工作都将无效,这既耗费了风险管理成本,又使得银行面临决策风险和信贷风险。

五、专家调查法

专家调查法(method of specialist investigation),主要是利用专家的集体智慧辨识金融风险的方法。专家调查法包括头脑风暴法(brainstorming method)、德尔菲法(Delphi method)

---

① 比如,将本来是国家即将禁止的行业判断为国家允许发展的行业。

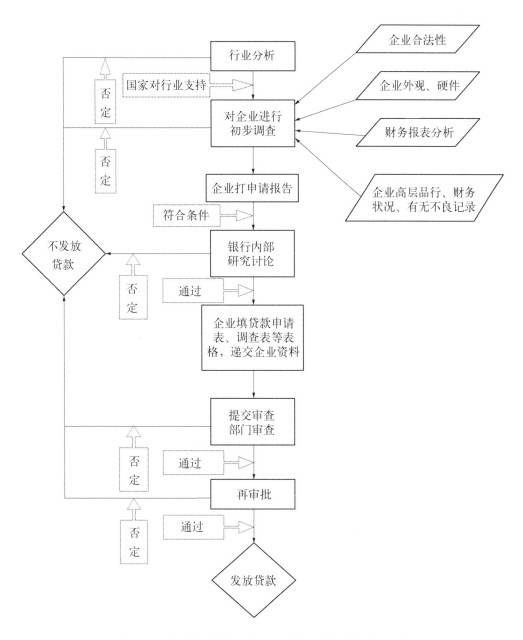

图 2-2　中国农业银行某市支行对企业发放贷款的流程图

等十多种方法。我们这里主要介绍最常用的头脑风暴法和德尔菲法。

（一）头脑风暴法

头脑风暴法最早由 Alex F. Osborn 于 1939 年提出，是一种刺激创造性、产生新思想的技术。应用头脑风暴法的一般步骤是：先召集有关人员构成一个小组，然后以会议的方式展开讨论。该法的理论依据是群体智慧多于个体智慧，最主要的特点是尽量避免成员间的批评，最大限度地展现智慧以及相互刺激和启发，以提出创造性的想法、主意和方案。

一般情况下,头脑风暴法小组开会的人数不宜太多,少则五六人,多则十来人,以便让与会者都有充分发表意见的机会,如果想多听意见也可以分组讨论。会议时间不要太长,以免令人疲倦、厌烦而不能实现预期效果。

头脑风暴法适合于问题单纯、目标明确的情况。如果问题牵扯面太广、包含的因素太多,可先将问题分解,再实施头脑风暴法。

头脑风暴法的优点是比较容易获得结果,而且节省时间,所以运用广泛。但与此同时,目前也有大量研究表明,头脑风暴法可能由于某些原因反而会阻碍一些创造性的思考,从而导致"生产力损失①"。Diehl等人(1987)指出有三个原因可能导致"生产力损失":一是"评价焦虑",小组参与者可能由于担心别人的评价而不能充分表达自己的想法;二是"搭便车",由于在集体工作中每个人的责任比起单独工作时小,所以就会付出更小的努力;三是"产出阻碍",倾听别人发言会妨碍自己的思考,从而阻碍了想法的产生。Mullen等人(1991)的研究表明,权威人物在场会进一步加大"生产力损失"。

(二)德尔菲法

德尔菲法由美国著名的咨询机构兰德公司发明,最早用于军事领域的预测。当时美国空军委托该公司研究一个典型的风险辨识课题:若苏联对美国发动核袭击,其袭击的目标会选择在什么地方?后果会怎样?由于这种问题很难用数学模型进行精确计算,于是兰德公司提出了一种规定程序的专家调查法,当时为了保密而以古希腊阿波罗神殿所在地德尔菲命名,即称为德尔菲法。

应用德尔菲法的一般程序是:

(1) 把一组具有特别形式、非常明确、用笔和纸可以回答的问题以通讯的方式寄给专家,或在某会议上发给专家,问题的条目可由组织者、参加者或双方共同确定。

(2) 对专家进行多轮反复问询,每一次问询后都要对每个问题的专家反馈意见进行统计汇总,包括计量中位值②和一些离散度数值,甚至需要给出全部回答的概率分布,等等。

(3) 根据统计结果及时调整前述问题中不合理的成分,把调整后的问题和汇总意见匿名发给各位专家,对于偏离大多数人意见一定程度的回答者,将被请求更正其回答或陈述理由。

(4) 随着对每个问题一次又一次的反复问询、反馈、更正等过程,从专家处可获得的信息量将越来越少,组织者可视具体情况确定何时停止反复。

德尔菲法用于风险辨识和分析时,需要注意下列问题。

(1) 采取匿名制,避免所邀请的专家相互知道对方。

(2) 避免个人权威、资历、压力,尤其是主持人或组织者的倾向性意见等因素的影响。

(3) 应按合理的次序和方式将问题集中列好,以引起专家的兴趣和注意力。

(4) 尽量避免所提问题出现交叉和组合的情况,例如,如果一个问题包含两方面内容,一方面是专家同意的,而另一方面是专家不同意的,这时专家就难以作出正确判断和

---

① 面对面的头脑风暴法不如单独工作能产生更多的想法,这就是所谓的"生产力损失"。
② 即大多数人的意见。

回答。

（5）应控制问题的数量，一般认为 20—25 个为宜，过多的问题不仅排列困难，也容易引起交叉和组合。

（6）应对结论进行反复分析、验证，这是因为若问题提问、排列、回答的方式不同①，对专家反馈意见的统计整理方法有差异，则对应的结论就会有所不同。

与传统的圆桌会议、头脑风暴法或仅遵循某一个人的意见相比，运用德尔菲法所得结论的准确度和可信度会更高一些，而且既可以避免各个专家之间的直接冲突或相互影响，又能引导他们进行独立思考，从而有助于逐渐形成一种统一意见。如果实验的目的是量化估计，即使开始时各个专家的意见不一，但随着实验的反复进行，专家们的意见也将由于经过反复表格化、符号化、数字化的科学处理而逐渐达到统一，并便于统计分析。但是，德尔菲法也存在很多缺点：首先，选择合适的专家是准确运用德尔菲法的关键，但这并不容易解决。其次，正如 Mehr（1970）等人指出的一样，德尔菲方法不能完全消除问题陈述的模糊性、专家经验的不确定性以及专家可能下意识或故意给出带偏见的答案等等。再次，田军（2004）等人的观点也值得注意：一是德尔菲法通过"专家意见形成—统计反馈—意见调整"这样一个多次与专家交互的循环过程可能会使专家将自己的意见调整到有利于统计分析的方向，从而削弱了专家原有见解的独立性；二是德尔菲法对群体意见的一致性缺乏判断标准；三是对集成结果缺乏可信的测度，从而难以检测集成结果的可靠度；四是应用德尔菲法时一般需要经过四到五轮的调查统计，过程繁杂，所以存在最后结论不收敛的风险。

六、主观风险测定法

主观风险测定法，主要依赖于风险管理者的主观努力、个人经验及判断力来进行。具体而言，主观风险测定法主要包括以下四类。

（1）财务报表透视法，即通过观察财务报表上的相关科目推测、辨识金融风险。

（2）直接观察法，即根据客户表现出的各种表象推测、辨识金融风险。

（3）连锁推测法，即根据客户身上已发生的典型事件来推测、辨识金融风险。

（4）证券市场追踪法，即通过追踪上市公司在证券市场中的表现推测、辨识金融风险。

主观风险测定法主要适用于可得数据较少的情形。该法的主要优点是方法简单、直接；主要缺陷是受风险管理者的主观意识、个人经验及判断力的影响较大，容易出现偏差。

七、客观风险测定法

客观风险测定法是一种以反映经营活动的实际数据为依据进行金融风险辨识的方法。传统的客观风险测定法主要利用单一的财务分析指标，如流动比率、资产周转率等来分析财务状况，进而识别金融风险。随着金融风险管理活动的深入，人们认识到，单一分析指标已不能满足风险辨识的需要。为此，人们建立了多种综合评判指标体系，试图对金融风险进行更加准

---

① 如对错选择、排列可能方案或回答某个数字等。

确、更加高级的综合识别。

总的说来,根据客观风险测定法得到的结论比主观风险测定法更具有说服力。客观风险测定法的关键在于准确选择与确定综合评判指标体系。然而,正确选择风险测定指标相当困难。

沃尔评分法(Wall grading method),是目前经常用于评价企业信用水平的一种客观风险测定法。该法通过确定所选定的各个财务比率指标的比重,将所有财务比率指标表示成线性关系式,然后通过与标准比率进行比较,确定各项指标的得分及总体指标的累计分数,从而对企业的信用水平作出评价的方法。沃尔评分法的基本步骤包括:

(1) 选择评价指标并分配指标权重;
(2) 确定各项评价指标的标准值;
(3) 对各项评价指标计分并计算综合分数;
(4) 形成评价结果。

八、幕景分析法

幕景分析法(method of scenarios analysis),也称为情景分析法,是一种辨识引致风险的关键因素及其影响程度的方法。一个幕景就是对拟要考察的风险主体未来某种状态的描绘,这种描绘可通过图表或曲线等形式表现出来。幕景分析的结果大致可分为两类:一类是对未来某种状态的描述;另一类是对未来某个发展过程或者说未来若干年某种情况变化链的描述。

幕景分析方法的操作过程为:先利用有关数据、曲线与图表等资料对未来状态进行描述,以便于考察引起有关风险的关键因素及其影响程度,然后再研究当某些因素发生变化时,又将出现何种风险以及将导致何种损失与后果。

幕景分析主要包括情景构造和情景评估。情景构造是情景分析的基础,主要方法包括历史模拟情景法、典型情景法和假设特殊事件法。情景评估是指完成情景构造后,评估该情景的发生对资产组合价值变化的影响和后果。在具体应用幕景分析法进行风险辨识时通常需要经历筛选、监测和诊断过程。筛选是依据某种程序将具有潜在危险的产品、过程、现象或个人进行分类选择的风险辨识过程;监测是针对于某种险情及其后果,对产品、过程、现象或个人进行观测、记录和分析的显示过程;而诊断则是根据症状或其后果与可能的起因之间的关系进行观测、评价和判断,以发现可疑的起因并对症下药。在实际应用中,筛选、监测和诊断是紧密相连的。

幕景分析法可以扩展决策者的视野,使决策者能充分考虑不利情景的影响,重视评估偶然事件,特别是极端事件的危害。在金融风险管理中,压力试验方法就是常用的一种可测定极端事件风险的幕景分析法。

幕景分析的主要优点在于可以识别和测定资产组合所面临的最大可能损失。主要缺陷可从幕景分析的操作过程和结果来观察:从操作过程来看,该方法的实施效果很大程度上依赖于有效情景的构造和选择,而有效情景的构造和选择需要良好的判断能力、丰富的经验和技巧,这在面临多变量和复杂情况时尤为突出,所以有效情景的构造和选择通常比较困难;从结果来看,情景分析不能给出不同情景实际发生的可能性,只是指出了特定情景产生的损失大小。另外,一些学者还对该法指出了其他方面的一些不足:马克·洛尔(2002)等指出,情景分析法一般只能揭露整个潜在市场扰动的一个非常小的部分,并且"下一个危机将可能完全不同";童志鸣(1996)认为,这种方法存在着所谓的"隧道眼光"现象,即所有幕景分析都是围绕着分析者目前的考察角度、价值观和信息水平进行,容易产生偏差。

九、模糊集合分析法

模糊集合分析法(method of fuzzy set analysis),是一种以模糊数学为理论基础、可以解决有关模糊事物问题的分析工具。所谓模糊事物是指很难给出精确或客观的定义或判断标准且具有亦此亦彼的特性的事物。在金融风险辨识过程中会经常遇到模糊事物。例如,考察放款对象的信用水平时,很难对信用水平的高低进行精确评估;又如,模型很难对金融机构所面临的流动性风险给出精确的估计值。模糊集合分析法主要包括模糊模式识别法、模糊聚类分析法、模糊综合评判法,等等。在这里,我们以考察放款对象的信用水平为例只介绍最常用的模糊综合评判法[①]。

所谓综合评判,是指对某模糊事物进行评价时若涉及多个影响因子,就需要综合考虑诸多因素的影响和作用,而不能只根据某一因素对该事物进行评价。例如,放款对象的信用水平通常受放款对象的品格、能力、资本、担保、环境诸因素的影响,所以评价放款对象的信用水平时要综合考虑所有这些因素。在进行综合评判时,若各因素对被评价事物的影响或作用不同,则须根据现实情况引入不同的因子权重来区分各因素对被评价事物影响程度的差异性,而不能简单采用等权重的方式来平均考察诸因素。

为清楚介绍模糊综合评判法,我们需要先给出四个基础性的定义。

定义 1 论域是指被讨论的全部对象的集合。通常用大写字母表示。如果被讨论对象的数目有限,那么该论域被称为有限论域。

例如,在评价放款对象的信用水平高低时,影响放款对象信用水平的主要因素即是我们的讨论对象,于是可以选择论域为

$$U = \{品格\ x_1,能力\ x_2,资本\ x_3,担保\ x_4,环境\ x_5\}.$$

定义 2 给定论域 U,称 U 到 $[0, 1]$ 上的任一映射 $\mu_{\tilde{A}}: U \rightarrow [0, 1]$ 确定了一个 U 上的模糊集 $\tilde{A}$;对于任意的 $x \in U$,称 $\mu_{\tilde{A}}(x)$ 为 x 关于 $\tilde{A}$ 的隶属度,表示 x 属于 $\tilde{A}$ 的程度;称映射 $\mu_{\tilde{A}}$ 为模糊集 $\tilde{A}$ 的隶属函数。当 U 为有限论域时,$U = \{x_1, x_2, \cdots, x_n\}$,通常用 $(\mu_{\tilde{A}}(x_1), \mu_{\tilde{A}}(x_2), \cdots, \mu_{\tilde{A}}(x_n))$ 来表示模糊集 $\tilde{A}$。

例如,在评价放款对象的信用水平高低时,若选择论域为 $U = \{品格\ x_1,能力\ x_2,资本\ x_3,担保\ x_4,环境\ x_5\}$,因素 x_i 的权重用 a_i 表示,其中 $a_i \geq 0$, $\sum_{i=1}^{5} a_i = 1$, $i = 1, 2, \cdots, 5$,则 $\mu_{\tilde{A}}(x_i) = a_i$ 表示隶属函数,$(a_1, a_2, a_3, a_4, a_5)$ 是 U 上的一个模糊集。

[①] 关于模糊集合分析其他方法的内容,可以参阅谌红(1994)。本小节我们也主要参考了该书。

定义 3　$U = \{x_1, x_2, \cdots, x_n\}$，$V = \{y_1, y_2, \cdots, y_m\}$ 是两个有限论域，定义 $U \times V = \{(x_i, y_j) \mid x_i \in U, y_j \in V, i = 1, 2, \cdots, n, j = 1, 2, \cdots, m\}$。

定义 4　若矩阵 $\boldsymbol{R} = \begin{pmatrix} r_{11} & r_{12} & \cdots & r_{1m} \\ r_{21} & r_{22} & \cdots & r_{2m} \\ \cdots & \cdots & \cdots & \cdots \\ r_{n1} & r_{n2} & \cdots & r_{nm} \end{pmatrix}$ 的任一元 $r_{ij} \in [0, 1]$，$i = 1, 2, \cdots, n$，$j = 1, 2, \cdots, m$，则称该矩阵为模糊矩阵。

模糊综合评判法主要有以下六个步骤。

第一，确立影响被评判事物的各种主要因素。以影响被评判事物的各种主要因素为元素的集合称为因素集，亦即为一个论域，记为 $U = \{x_1, x_2, \cdots, x_n\}$。

第二，根据因素集 U 中不同因素 x_i 影响被评判事物的相对重要程度对各因素赋予相应权重 a_i，$a_i \geqslant 0$，$\sum_{i=1}^{n} a_i = 1$，$i = 1, 2, \cdots, n$。则 $\widetilde{A} = (a_1, a_2, \cdots, a_n)$ 是 U 上的一个模糊集合。

须指出的是，权重的确定很大程度上需要依赖于人的主观经验和判断，所以不同人所确定的权重可能有很大差异。确定权重的常用方法有统计法、模糊协调决策法、模糊关系方程法等①。

第三，建立对被评判事物进行评判的等级集 $V = \{y_1, y_2, \cdots, y_m\}$，称为评判集。$V$ 也是一个论域。

不同的人所确定的评判集也常常不同，评判集的确定也主要依赖于人的主观经验和判断。

第四，进行单因素评判。利用评判集 V 独立评判每一因素对被评判事物的影响程度，用 r_{ij} 表示将因素 x_i 对被评判事物的影响被评判为第 y_j 等级时的影响程度，$i = 1, 2, \cdots, n$，$j = 1, 2, \cdots, m$。由此可以建立模糊矩阵为

$$\widetilde{\boldsymbol{R}} = \begin{pmatrix} r_{11} & r_{12} & \cdots & r_{1m} \\ r_{21} & r_{22} & \cdots & r_{2m} \\ \cdots & \cdots & \cdots & \cdots \\ r_{n1} & r_{n2} & \cdots & r_{nm} \end{pmatrix}。$$

单因素评判可以采取以下具体方式：成立一个由 l 位专家组成的评判组，每位专家根据因素 x_i 影响被评判事物的水平对被评判事物进行单因素评价，评价结果只能唯一对应于 y_1，y_2，$\cdots$，y_m 中的一个等级。若用 l_{ij} 表示 l 个专家中将因素 x_i 对被评判事物的影响评判为 y_j 等级的人数，则 $\sum_{j=1}^{m} l_{ij} = l$，于是可以取 $r_{ij} = l_{ij}/l$，$i = 1, 2, \cdots, n$，$j = 1, 2, \cdots, m$。

第五，进行模糊综合评判。可以通过计算

---

① 这些方法的详细内容，可参阅谌红(1994)。

$$\widetilde{B} = \widetilde{A}\,\widetilde{R} = (a_1, a_2, \cdots, a_n) \begin{bmatrix} r_{11} & r_{12} & \cdots & r_{1m} \\ r_{21} & r_{22} & \cdots & r_{2m} \\ \cdots & \cdots & \cdots & \cdots \\ r_{n1} & r_{n2} & \cdots & r_{nm} \end{bmatrix} = (b_1, b_2, \cdots, b_m)$$

来进行，其中，$b_j = \bigvee\limits_{i=1}^{n}(a_i \cdot r_{ij})$，"$\vee$"表示取最大值；$b_j$ 表示在综合考虑 U 中所有因素对被评判事物的不同影响并突出主要因素的影响时属于评判集 V 中 y_j 等级的程度。

另外，还有很多其他计算 b_j 的方法，例如 $b_j = \bigvee\limits_{i=1}^{n}(a_i \wedge r_{ij})$ 等等，其中"$\wedge$"表示取最小值。

第六，模糊综合评判的最后结论。若 $b_k = \bigvee\limits_{i=1}^{m} b_j$，则可综合评判 U 中所有因素对被评判事物的影响为 y_k 等级。须指出的是，若在 $\widetilde{B}$ 中有两个或两个以上的分量相等，则该法将失效。此时需要采用其他方法，例如加权平均法、模糊分布法等。

我们继续以评价放款对象的信用水平为例，来说明如何运用模糊综合评判法辨识、评判放款对象的信用水平。

第一，我们选取影响放贷对象信用水平的因素集，亦即论域为 $U = \{$品格 x_1，能力 x_2，资本 x_3，担保 x_4，环境 $x_5\}$。

第二，根据所选取的因素对放贷对象的信用水平的影响情况，可确定模糊集为 $\widetilde{A} = (a_1 = 0.35, a_2 = 0.2, a_3 = 0.2, a_4 = 0.15, a_5 = 0.1)$，例如，$a_1 = 0.35$ 意味着品格因素对信用水平影响的相对重要程度为 0.35。

第三，根据经验和偏好，可选取评价等级集为 $V = \{$好 y_1，一般 y_2，差 y_3，极差 $y_4\}$。

第四，为对放贷对象的信用水平进行评级，假定聘请了 20 名有关专家及银行风险管理人员，分别以无记名的形式对影响放贷对象信用水平的 5 个因素进行评判，评判结果如表 2-7 所示。

表 2-7 单因素评判结果

评价因素 \ 级别	好		一般		差		极差	
	评判人数	%	评判人数	%	评判人数	%	评判人数	%
品 格	10	50	6	30	2	10	2	10
能 力	8	40	6	30	4	20	2	10
资 本	8	40	8	40	2	10	2	10
担 保	10	50	8	40	1	5	1	5
环 境	4	20	6	30	6	30	4	20

于是，根据表 2-7 可得到模糊矩阵为

$$\widetilde{R} = \begin{pmatrix} 0.5 & 0.3 & 0.1 & 0.1 \\ 0.4 & 0.3 & 0.2 & 0.1 \\ 0.4 & 0.4 & 0.1 & 0.1 \\ 0.5 & 0.4 & 0.05 & 0.05 \\ 0.2 & 0.3 & 0.3 & 0.2 \end{pmatrix}。$$

第五，采用 $b_j = \bigvee_{i=1}^{n}(a_i \cdot r_{ij})$ 对放贷对象的信用水平进行模糊综合评判，可计算出 $\widetilde{B} = \widetilde{A}\widetilde{R} = (0.175, 0.105, 0.04, 0.035)$。

第六，得到模糊综合评判的最后结论。由于 $b_1 = \bigvee_{i=1}^{4} b_i$，所以可判定放款对象的信用水平为 y_1 等级，即为"好"。

十、故障树分析法

故障树分析法(method of fault tree analysis)，是利用图解的形式将可能出现的、比较庞大复杂的故障分解成不同层次的小故障，或者对各种引起故障的原因进行不同层次分解的方法。

我们以担保贷款风险的分解为例来说明如何绘制故障树。我们用长方形节点表示所关注的不同层次的大故障、小故障或故障原因；将故障树按照树状结构绘制，把最关注的故障风险放在最上层或树的顶端，然后按照不同的因果关系依次向下绘制出不同层次的树的分支用以表示各种小故障或故障原因；对于同一层次的小故障或故障原因，当只要其中有一个发生就会引起上一层较大的故障发生时，我们就用"∪"将它们连接起来，当只有每个故障或故障原因都发生才会引起上一层较大的故障发生时，我们就用"∩"将它们连接起来；长方形节点与"∪"和"∩"节点之间用直线段连接。图2-3是担保贷款风险的故障树，但图2-3仅仅是示意图，并不全面，对于各种小故障或故障原因还可以做进一步分解。

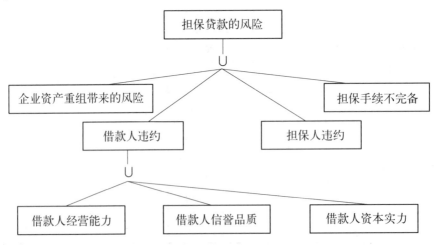

图 2-3　用故障树法辨识担保贷款的风险

当直接经验很少时,可考虑运用故障树法进行风险辨识。另外,故障树法还有更深入的用途:我们可以运用故障树法来计算故障风险的总概率,这时须找出所有引起故障的原因及原因之间的相互联系,标出各种原因发生的概率,然后进行汇总计算;我们还可以应用故障树法考察故障风险对小故障或引起故障原因变化的敏感性,以确定出哪些小故障或原因对金融风险的影响最大,从而对金融风险采取更加有针对性的控制措施。

故障树法适用于对复杂系统的风险描述和风险辨识,而且该法由于基于客观事实而具有很大的可靠性。同样,该法也存在缺陷,主要在于对该法的掌握和使用需要花费大量的时间,而且一旦对某个环节或层次上的小故障或原因的辨识存在偏差,就有可能导致最后结论出现"差之毫厘,谬以千里"的境况。

十一、其他方法简述

除了前述几种常见的金融风险辨识方法以外,还有预期净现值法(method of expected net present value)、平衡点法(method of break-even analysis)、决策树法(method of decision tree analysis)等辨识方法。这里限于篇幅只作简单介绍。

预期净现值法的基本思想是:认为金融工具的内在价值等于该金融工具预期的未来所有现金流按某个合适的贴现率进行贴现的现值之和。金融工具的预期净现值可以表示为内在价值与当前市场价格之差。若预期净现值小于零,则说明该金融工具被高估,面临未来价格下跌的风险;相反,如果该金融工具的预期净现值大于零,则说明该金融工具被低估,面临未来价格上升的风险。

平衡点法主要是指盈亏平衡点法,即通过寻找、分析收益成本的平衡点辨识金融风险的方法。金融风险管理的主要目的在于:如何在控制风险的前提下实现收益最大化。因此,金融风险辨识和金融风险管理成功与否的关键是如何找到风险与收益之间的平衡点及其变化。这表明,平衡点法在金融风险辨识中具有重要地位。

决策树法是进行风险量化的有效方法,它把所有可供选择的决策方案用树形图表示出来,逐项计算各决策方案后果的期望值(例如损益的期望值),然后进行决策方案的比较和选择。决策树法既可以用来解决单阶段的决策问题,也可以用来讨论多阶段的决策问题。该法具有层次清晰、不易遗漏的优点。

十二、金融风险辨识方法评述

为了便于读者理解和应用,我们对前文介绍的十多种常用的金融风险辨识方法进行简要的归纳和评述。

(1) 从定性和定量的角度看,现场调查法、审核表调查法、组织结构图示法、流程图法、头脑风暴法、德尔菲法、主观风险测定法都属于定性分析方法,而客观风险测定法、幕景分析法、故障树法、模糊集合分析法则属于定性与定量方法的结合,但偏重于定量分析。在金融风险辨识阶段,由于受各种条件和因素的制约,在很多情况下很难用统计、实验分析、数学模型等方法来辨识金融风险,所以在风险辨识方面使用定性分析方法的情况更为普遍一些。但是,有时仅满足于定性的风险辨识还是不够的,还要应用定量方法对风险的严重程度作进一步估计。在实际操作中,到底选用何种辨识方法应视具体情况而定。

(2) 审核表调查法和现场调查法是两种以调查资料为依据辨识金融风险的方法。在可以避免填表人道德风险、风险管理人员能清楚描述被调查的问题并对答案有明确衡量标准的情况下,审核表调查法通常可以代替现场调查法。但是,审核表的制定往往要借助于现场调查资料进行,也就是说,如果是首次调查相关问题,先进行现场调查获得相关资料和信息是必要的。

(3) 组织结构图示法和流程图法,都是建立在对调查对象进行有效抽象的基础上并可以很好地发现潜在金融风险的方法。组织结构图和流程图的绘制都要花费大量的时间,且要求绘制人员对调查对象的组织结构、业务流程有深入的了解。一般来说,组织结构图示法只适于分析经营风险,而流程图法的适用范围则比较广。

(4) 头脑风暴法和德尔菲法都是在试图充分发挥专家集体智慧的基础上而建立的方法,但头脑风暴法可能存在"生产力损失"的缺陷,而德尔菲法可以有效避免。尽管如此,头脑风暴法由于简便、实用,所以应用极为广泛。

(5) 头脑风暴法和主观风险测定法都比较容易获得分析结果,应用也比较简便,但一般不适于直接用于识别过于复杂的问题。

(6) 与其他方法相比,幕景分析法、故障树法、模糊集合分析法是更为深刻的风险辨识方法。例如,除了要识别金融风险类型和风险源以外,还要进一步对各类风险的严重程度作出初步估计时,幕景分析法、故障树法、模糊集合分析法将更有用武之地。三种方法相比,又各有特点:幕景分析法比较适用于考察极端事件;故障树法对考察复杂系统更具有优势;而对于涉及模糊事件的问题,则比较适合应用模糊集合分析法。

总之,本章所介绍的各种风险辨识方法各具特点,各有优势和不足。在具体应用时应根据具体情况选择最为合适的辨识方法。

本章小结

本章较为系统、详细地介绍了金融风险管理的首要步骤——金融风险辨识的概念、金融风险辨识的主要方法与技术及其使用步骤、适用范围和优缺点。金融风险辨识的根本任务在于辨识金融风险的类型、风险源,对金融风险的严重程度作出初步判断,从而为后续的及时、有效的金融风险管理行为提供可靠依据。

重要概念

金融风险辨识　受险部位　风险暴露　风险诱因　风险严重程度　现场调查法　问卷调查法　组织结构图示法　流程图法　专家调查法　主观风险测定法　客观风险测定法　幕景分析法　模糊集合分析法　故障树分析法

思考题

1. 简述金融风险辨识的含义及其原则。
2. 阐述金融风险辨识对金融风险管理的必要性。
3. 简述如何从资金来源、资金运用、资金管理、运作能力的角度识别金融风险的类型和受险部位。
4. 试结合第一章的内容阐述金融风险诱因及风险严重程度的识别应包含的主要内容。
5. 请介绍金融风险辨识的主要方法,并对各种方法的应用步骤、适用范围以及相互间的互补关系进行辨析。
6. 试选择某家金融机构及相关信息,运用本章提供的金融风险辨识方法对该机构的风险状况进行初步判断,并对不同方法下的结果进行比较。

第三章

JIN RONG FENG XIAN GUAN LI

金融市场风险的度量

通过金融风险辨识确定了需要进一步考察的金融风险以后，自然会涉及金融风险的度量。金融风险度量是金融风险管理过程中的核心和难点，也是进一步正确选择、设计、实施金融风险管理策略的前提和基础。

本章将专门从狭义[①]的角度去探讨金融风险度量问题。若无特别说明，下文所言的金融风险度量，例如市场风险度量、信用风险度量等，皆是狭义上的。

---

① 关于如何从狭义和广义的角度去理解金融风险，我们已在本书前言中介绍过。

学习目标

通过本章的学习,您可以了解或掌握:
◆ 金融市场风险度量方法的发展与演变;
◆ 灵敏度方法的基本原理及应用;
◆ 波动性方法的基本原理及应用;
◆ VaR 方法的基本原理及应用;
◆ 基于历史模拟法的 VaR 计算方法;
◆ 基于 Monte Carlo 模拟法的 VaR 计算方法;
◆ 基于 Delta,Gamma 灵敏度指标的 VaR 计算方法;
◆ 压力试验和极值理论。

与信用风险、操作风险等其他类型的金融风险相比,有关金融市场风险的信息、数据比较容易获得,所以目前关于度量金融市场风险的方法最为精确、系统、成熟,尤其是金融市场风险度量的思想和方法,还为其他类型的金融风险度量提供了大量的启示和思路。因此,金融市场风险度量的内容在金融风险度量乃至于整个金融风险管理过程都具有十分重要的地位。本章将全面、系统地介绍金融市场风险度量的主要方法。

第一节 金融市场风险度量方法的演变

与各种理论和方法的演变规律一样,金融市场风险度量法也经历了从简单到复杂、由粗糙到精确这样一个演变过程。最初的金融市场风险度量方法,即名义值度量法非常简单和粗略,是直接用资产组合①的价值作为该组合的市场风险值。随着计算机、网络等高新技术在金融领域的广泛应用,各种金融创新产品不断涌现,金融市场规模和金融交易频率迅速扩张,金融市场和金融交易的波动更加迅猛和复杂,在这种情况下,名义值度量法无法满足实践的需要,为此人们需要不断地开发和引入更加精准的市场风险度量方法,这些方法主要包括灵敏度方法、波动性方法、VaR 方法、压力试验或压力测试、极值理论等。

本节将按照金融市场风险度量法的演变过程,对各种主要度量法进行简要介绍,以便于读者能先对金融市场风险度量的思想、思路、本质等有一个大体的认识和了解,为快速、熟练地掌握各种市场风险度量方法打下基础。

---

① 由于我们可以把单项资产看作是资产组合的特殊情况,而且在现实中含有多种金融资产的组合也最为常见,所以除非特别说明,本文所言的资产组合既可以指单项资产,也可以指含有多项资产的资产组合。

一、名义值度量法

由于人们有可能损失掉市场交易活动中资产组合的全部价值,所以人们最初选用了名义值(notional amounts)度量法来测度市场风险,即用资产组合的价值作为该组合的市场风险值。显然,损失掉资产组合的全部价值仅仅是市场风险的极端情形,在大多数情况下只会损失资产组合的部分价值。因此,名义值度量法仅仅是对资产组合市场风险的一个很粗糙的估计,而且该法一般会高估市场风险的大小。如果资产组合持有者具有极高的风险厌恶,则可以选用这种谨慎的方法来估量市场风险。当然,这种方法也有优点,即使用起来十分方便简单,不需要进行复杂计算。

二、灵敏度方法

灵敏度方法(sensitivity measures)最早应用在利率风险的度量上,主要用于利率敏感性分析。灵敏度方法的基本思想可以归结如下。

我们可以根据定价理论和方法先将资产组合的价值映射为一些市场风险因子的函数,并给出函数的具体表达形式。于是,假设资产组合的价值为 P,受到 n 个市场风险因子 $x_i(i=1,\cdots,n)$ 的影响,利用定价理论可得到的资产组合价值关于市场风险因子的映射关系为 $P=P(t,x_1,\cdots,x_n)$,再利用 Taylor 展式近似地得到资产组合价值随市场因子变化的二阶形式,即

$$\Delta P \approx \frac{\partial P}{\partial t}\Delta t + \sum_{i=1}^{n}\frac{\partial P}{\partial x_i}\Delta x_i + \frac{1}{2}\sum_{i,j=1}^{n}\frac{\partial^2 P}{\partial x_i \cdot \partial x_j}\Delta x_i \cdot \Delta x_j \tag{3.1.1}$$

其中,$\Delta P = P(t+\Delta t, x_1+\Delta x_1, x_2+\Delta x_2, \cdots, x_n+\Delta x_n) - P(t, x_1, x_2, \cdots, x_n)$,$\Delta x_i$ 表示市场风险因子 x_i 的变化,$\frac{\partial P}{\partial t}$ 表示资产组合对时间 t 的灵敏度系数,$\frac{\partial P}{\partial x_i}$ 和 $\frac{\partial^2 P}{\partial x_i^2}$ 分别表示资产组合对风险因子 x_i 的一阶和二阶灵敏度,$i=1,\cdots,n$。

可见,资产组合的市场风险来自市场风险因子未来变动的方向和幅度的不确定性。(3.1.1)式表明,资产组合所面临的市场风险的大小实际上取决于两个因素:一是资产组合的价值对风险因子变动的敏感性;二是市场风险因子本身变动的方向和幅度。对于不同的金融工具和不同的市场风险因子,我们可以运用(3.1.1)式定义不同的灵敏度指标。

常见的灵敏度指标主要是久期、凸性、β 值以及主要应用于金融衍生工具风险度量的 Delta,Gamma,Theta,Vega,Rho 等等。对上述灵敏度指标,我们将在下节中给予详细介绍。

三、波动性方法

波动性方法(volatility measure),是用因市场风险因子的变化而导致的资产组合收益的波

动程度来度量资产组合的市场风险。实际上,波动性方法就是统计学中方差或标准差的概念在风险度量中的应用,而方差或标准差描述的是随机变量的取值偏离其数学期望的程度。该法是 Markowitz(1952) 在其经典的资产组合选择理论中提出的,我们将在第三节中予以详细介绍。

四、VaR 方法

针对灵敏度方法、波动性方法的不足[①],J. P. Morgan 的风险管理人员于 1994 年提出了著名的 VaR 方法。VaR 是英文"value at risk"的缩写,其字面的含义为处在风险之中的价值,也常常被简称为"在险价值",具体含义就是指市场处于正常波动的状态下,对应于给定的置信度水平,投资组合或资产组合[②]在未来特定的一段时间内所遭受的最大可能损失。VaR 方法可以把不同风险因子及不同风险因子之间相互作用而引致的组合的整体市场风险用一个对应于给定置信水平的最大可能损失值反映出来,因此,该法比较直观,易于理解,同时简便、实用、有效。

VaR 方法在金融风险度量、确定内部经济资本需求、设定风险限额、绩效评估以及金融监管等方面中都有着广泛应用,目前已成为金融风险度量特别是市场风险度量的主流方法。因此,我们将把 VaR 方法作为本章的重点内容进行详细介绍。

五、压力试验和极值理论

VaR 方法只能用来考察市场风险因子处于正常波动的情形,而对于厚尾分布的情形或极端情形往往无能为力。而现实中的金融市场常常会出现剧烈波动的状况,例如金融资产的收益率的变化分布经常表现出厚尾分布的特征。为此,作为 VaR 方法的有效补充,压力试验和极值理论应运而生了。

压力试验(stress testing)的核心思想是通过构造、模拟一些极端情景,度量资产组合在极端情景发生时的可能损失大小。

极值理论(extreme value theory)实际上是应用极值统计方法来刻画资产组合价值变化的尾部统计特征,进而估计资产组合所面临的最大可能损失。这种方法实际上可以看作是极值统计在 VaR 计算和风险管理中的应用。

我们将在本章第八节中详细、深入地介绍压力试验和极值理论。

[①] 关于灵敏度方法、波动性方法的不足的详细情况,请参见第三章第二节和第三节。
[②] 投资组合与资产组合的含义有所不同:假设投资者投资于第 i 种资产的价值为 N_i,则称 $(N_1, N_2, \cdots, N_n)$ 为投资组合。令 $w_i = N_i / \sum_{i=1}^{n} N_i$,则称 $(w_1, w_2, \cdots, w_n)$ 为资产组合,显然,$\sum_{i=1}^{n} w_i = 1$。VaR 的定义对于投资组合或资产组合都成立,所以下文提到的组合泛指两者,只是需要注意计算出的 VaR 有差别。投资组合的 VaR 值比资产组合的 VaR 值多一个常数乘因子——即投资组合的初始值 $P_0 = \sum_{i=1}^{n} N_i$,见公式(3.4.6)和(3.4.7)。

六、集成风险或综合风险度量

随着金融全球化、自由化程度的不断深入,金融机构经常同时面临市场风险、信用风险、操作风险等多种风险的威胁,而且这些风险相互关联、交叉、渗透、交织在一起,并共同作用于金融机构,对金融机构所面临的整体风险具有叠加、放大的效应,因此,如何在各种风险"共同作用"下准确度量金融机构所面临的整体风险,也称为集成风险或综合风险[1],是目前金融风险管理过程中亟待解决的前沿课题。

由于已有的风险度量方法主要集中于诸如市场风险、信用风险、操作风险等由单种类型的风险因子所驱动的风险度量上,而由不同类型的风险因子共同作用所产生的风险与单种风险因子所驱动的风险有着本质的差别,所以由单种风险因子所驱动的风险的度量法,例如各种市场风险度量法、信用风险度量法等,一般都不适用于集成风险的度量。

目前,通过引入 Copula 函数度量集成风险的方法相对比较成熟。Copula 函数法本质上就是用随机向量的边缘分布函数去计算该向量联合分布函数的方法。我们简单介绍一下基于 Copula 函数度量集成风险的基本思想:首先,将引致集成风险的所有不同类型的风险驱动因子组成一个联合随机向量,尽管我们很难直接求出风险驱动因子的联合分布函数,但我们可以比较容易地得到单个风险因子的分布函数,即边缘分布函数;然后,引入 Copula 函数,利用边缘分布函数计算出随机向量的联合分布函数;最后,基于联合分布函数,就可以运用 VaR 等方法去度量集成风险[2]。

目前,在充分吸取已有方法优点的基础上,VaR 方法逐渐把上述一些金融市场风险度量方法(例如灵敏度方法、波动性方法、极值理论等等)都融合到同一风险度量框架之下。因此,从目前金融风险度量的现状和发展趋势来看,VaR 方法及其相关指标[3]已成为度量金融市场风险的最普遍、最主流的方法。

第二节 灵敏度方法

由于最初用于度量市场风险的名义值度量法存在明显的缺陷,人们开发出更加精确的市场风险度量方法,灵敏度方法是其中较早提出的方法之一。本节将具体介绍各种常用的灵敏度方法。

一、简单缺口模型

简单缺口模型(simple gap model)主要考察经营者所持有的各种金融产品的缺口或净暴

---

[1] 也可以定义为,由不同类型的风险因子共同作用所产生的风险称为整体风险,或集成风险。
[2] 有关 Copula 函数的定义和性质,可参见 Nelsen(1999)。因篇幅所限,本书不作介绍。
[3] VaR 的相关指标是指由 VaR 衍生出来的风险管理指标,如条件 VaR 等。

露情况[①]以及市场因子变动的幅度。一般地，当某种市场因子发生变动时，可以将经营者一定时期内持有的全部金融产品大体分为两类：一类是有可能获得额外收益的产品，该类产品的暴露称为正暴露；另一类是有可能遭受损失的产品，该类产品的暴露称为负暴露。正暴露与负暴露之差的绝对值就是所谓的金融产品缺口，也称为金融产品的净暴露。与仅用正暴露或负暴露相比，用缺口或者净暴露考察金融风险更为全面些。例如，某经营者同时持有两笔数额、期限、定价方式完全相同的资产和负债，当某市场因子（例如利率）发生变动时，资产或负债各自都存在风险，但两者的反向等度变化则可以将风险抵消，也就是说，持有者不会因市场因子的变动而面临风险。所以，我们考察经营者持有金融产品的风险时，不能只片面地看正暴露或负暴露，而需要观察缺口或者净暴露的情况。缺口或者净暴露越大，意味着经营者面临的风险越大，反之则反是。

简单缺口模型主要适用于汇率、利率、证券与衍生品等风险的度量。当人们只需要粗略地估计金融风险时，会经常应用简单缺口模型。但是，该模型没有考虑期限对风险的影响，或者说没有考虑正暴露和负暴露的期限结构对风险的影响。于是，人们又进一步提出了利率敏感性缺口（rate-sensitive gap）模型或到期日（maturity date）缺口模型。

二、到期日缺口模型或利率敏感性缺口模型

经营者可能有许多种资产或负债，在给定时期内，有些资产和负债会到期，有些可能需要重新定价，我们将其称为对应于该给定时期的敏感性资产组合 RSA（rate-sensitive assets）或敏感性负债 RSL（rate-sensitive liabilities）。各个金融机构对时间区间的认定可能存在差别，产品少、规模小的机构一般取 1 年为标准，而产品多、规模大的机构往往需要根据产品的数量、类型、交易频度、期限等实际情况设计出一系列的时间区，例如可将 1 年划分为 1 至 5 天、5 至 10 天、10 天至 1 个月、1 至 3 个月、3 至 6 个月、6 至 12 个月等时间区间，再确定每个时间区间内到期或需要重新定价的资产和负债的数额。每个时间区间敏感性资产组合和敏感性负债之差，称为敏感性缺口 RSG（rate-sensitive gap）。

所谓到期日缺口模型，就是先根据资产负债的结构情况，将考察期划分成相应的时间区间，在每个时间区间上得到敏感性缺口，加总考察期内所有时间区间的敏感性缺口，就可得到敏感性总缺口 GRSG（general rate-sensitive gap）；再根据某市场因子的变动幅度 ΔR，我们可以得到经营者所面临的收入变化，即 $GRSG \times \Delta R$，并据此度量经营者所面临的金融风险。

由于到期日缺口模型多应用于利率分析，所以也常称之为利率敏感性到期日缺口模型。可以看出，市场因子（例如利率）变动对经营者收入的影响取决于敏感性总缺口 GRSG 和市场因子（例如利率）变化 ΔR 这两个因素。由于市场因子（例如利率）变化 ΔR 一般是经营者无法控制的，所以人们习惯于把敏感性缺口看作是一个度量市场（例如利率）风险暴露的主要指标。例如，银行可以通过调整其资产负债的规模和结构来改变其利率敏感性缺口 RSG 的大小，从而达到控制利率风险的目的。如果银行能够准确预测利率变化的方向和幅度，那么银行还可以通过调整利率敏感性缺口从利率变化中获利。

---

① 暴露以资产组合的价值或资产负债表中的数值衡量。

缺口模型的原理和计算等都非常简单,而且便于实施。但是,这种方法也存在着很多缺陷:首先,仅仅度量了市场因子变动对经营者收入的影响,而没有考虑资产和负债的市场价值所面临的市场风险;其次,这种方法仍然比较粗糙,无论将考察期划分得多么短和细,总存在着误差;再次,缺口分析往往以经营者的资产负债表为基础,不能体现表外项目的市场风险。

三、久期、凸性与缺口模型

到期日缺口模型尽管考虑了期限的影响,但只考虑了资产和负债名义到期日的本息偿还情况,而忽视了到期前可能需要支付的现金流。1938年,F. R. Macaulay(1938)提出的久期(duration)概念更好地解决了上述问题,Macaulay用债券的平均到期时间来研究债券的时间结构。下面通过考察利率变动对固定收入证券价值的影响,引出久期概念和久期公式,进而给出久期缺口模型。

（一）久期

1. 久期的概念——以息票债券为例

考察面值为 F、息票率为 i、到期日为 T、第 t 期末现金流为 C_t 的息票债券,根据现金流贴现的基本原理,我们给出其定价公式

$$P = \sum_{t=1}^{T} \frac{C_t}{(1+y)^t} \tag{3.2.1}$$

其中: $C_t = F \times i (t<T)$,$C_T = F \times (1+i)$;y 是贴现率。这里我们实际上假设收益率曲线是水平的,即不同时期的贴现率都是相同的。

从(3.2.1)这个定价公式我们可以看出,债券的到期期限 T 以及债券的现金流都是事先确定的,贴现率 y 是可变化的,从而是引起债券价格 P 变化的市场风险因子,即固定收入债券存在着利率风险。在公式(3.2.1)中,我们把债券的价值 P 看作是贴现率 y 的函数,不妨设为 $P = P(y)$。假设各期的贴现率均从 y 变化为 $y + \mathrm{d}y$,根据Taylor展式可以得到债券价格变化的一阶近似值为

$$\mathrm{d}P = P(y+\mathrm{d}y) - P(y) \approx \frac{\mathrm{d}P}{\mathrm{d}y} \cdot \mathrm{d}y \tag{3.2.2}$$

于是,利用(3.2.1)式求出 $\frac{\mathrm{d}P}{\mathrm{d}y}$ 的表达式并代入(3.2.2)式,可得到当贴现率变化 $\mathrm{d}y$ 时债券价值的变化为

$$\mathrm{d}P = -\sum_{t=1}^{T} \frac{tC_t}{(1+y)^{t+1}} \cdot \mathrm{d}y = -\left(\sum_{t=1}^{T} t \cdot \frac{C_t}{(1+y)^t} \middle/ \sum_{t=1}^{T} \frac{C_t}{(1+y)^t} \right) \cdot \frac{P \cdot \mathrm{d}y}{1+y}$$

$$= -\frac{D}{1+y} \cdot P \cdot \mathrm{d}y \tag{3.2.3}$$

其中

$$D = -\frac{1+y}{P}\frac{\mathrm{d}P}{\mathrm{d}y} = \sum_{t=1}^{T} t \cdot \frac{C_t}{(1+y)^t} \Big/ \sum_{t=1}^{T} \frac{C_t}{(1+y)^t} \qquad (3.2.4)$$

称为 Macaulay 久期，简称为久期。下文的久期方法就是指利用(3.2.3)式计算债券价格关于贴现率的变化值的方法。

(3.2.4)式是连续形式的久期公式，同理，我们也可以得到久期的离散形式

$$D = -\frac{1+y}{P}\frac{\Delta P}{\Delta y} = \sum_{k=1}^{n} k \cdot \frac{C_k}{(1+y)^k} \Big/ \sum_{k=1}^{n} \frac{C_k}{(1+y)^k} \qquad (3.2.5)$$

(3.2.4)式或(3.2.5)式右边第二个式子表明，久期实质上是考虑了债券产生的所有现金流的现值因素后债券的实际到期日，或者说是债券支付的加权到期日，其中权重为每次支付现金流现值在总现金流现值中的比重；(3.2.4)式或(3.2.5)式右边第一个式子可以分别变形为

$$D = -\frac{\mathrm{d}P}{P}\Big/\frac{\mathrm{d}y}{1+y}, \quad D = -\frac{\Delta P}{P}\Big/\frac{\Delta y}{1+y}$$

上式表明，久期也可以看作是固定收入债券价格 P 对贴现因子 $1+y$ 的弹性，表示贴现因子变化 1% 时固定收入证券价格 P 将反向变化 $D\%$，从而久期也反映了债券价格对利率或贴现率的敏感性。

从(3.2.3)式中可以看出，在 $\mathrm{d}y$ 确定的情况下，债券价格变化的大小取决于久期 D，债券久期则反映了债券价值随贴现率或利率变化的情况，或者说久期是债券价格对贴现率或利率敏感性的线性度量，从而是度量债券利率风险的灵敏度指标。在应用时可对(3.2.3)式作进一步简化，为此定义调整久期或修正久期为

$$D^* = -\frac{1}{P}\frac{\mathrm{d}P}{\mathrm{d}y} = \frac{D}{1+y} \qquad (3.2.6)$$

修正久期表示的是收益率曲线平移一个单位引起的债券价格变化的百分比。于是(3.2.3)式变为更简单的形式

$$\frac{\mathrm{d}P}{P} = -D^* \mathrm{d}y \qquad (3.2.7)$$

为更加直观地反映债券价格变动与贴现率波动之间的关系，也可以把(3.2.7)式写成波动性的形式

$$\sigma\left(\frac{\mathrm{d}P}{P}\right) = D^* \sigma(\mathrm{d}y) \qquad (3.2.8)$$

在上述债券久期的定义之中，我们实际上总是假定未来的现金流是完全确定的[①]，仅仅考察利率或贴现率变化所引起的债券价格的变动。然而，许多利率衍生产品的利息支付时间具有不确定性，现金流本身也会随着利率的变动而具有不确定性，债券的到期期限也不是固定的。这些债券往往内含一个期权，因此债券的现金流以及风险特征发生了本质变化。一

---

① 现金流发生的时间以及现金流的数量都是事先确定的。

个典型的例子就是可赎回债券(callable bond)。这种债券规定,债券发行者有权在债券价格超过某个约定的水平之后能够以约定的价格水平赎回发行在外的债券。因此,当市场利率下降到一定程度时,债券发行者就会执行债券内含的期权,从而结束债券的生命期,并改变债券的现金流结构。对于这些结构更加复杂的产品,(3.2.1)式给出的定价公式不再适用,从而此时的久期也就失去了意义。于是,我们给出有效久期(effective duration)的概念。

假设当前情形下债券的价格为 P,当收益率曲线向上平移 Δy 后债券的价格下降到 P_+,而当收益率曲线向下平移 Δy 后债券的价格上升为 P_-,于是我们定义债券的有效久期 D_E 为

$$D_E = \frac{P_- - P_+}{2P \cdot \Delta y}$$

其中,债券的价格 P_+ 和 P_- 不能再用(3.2.1)所给出的定价公式来计算,对于结构复杂的债券,我们可以采用蒙特卡罗模拟等数值方法给出其价格。这些内容超出本书的讨论范围,读者可以参考安东尼(1999)。

2. 久期的性质

作为度量固定收入证券利率风险的灵敏度指标,久期具有许多良好的性质。我们根据久期公式(3.2.4)为例来说明久期的性质。所有性质都可以根据久期的定义以及息票债券的定价公式进行严格的数学证明,具体推导过程留给读者。

性质 1 息票债券的久期一般小于债券的到期期限,而零息债券的久期就是其到期期限,息票债券久期的上限是相应的永久债券的久期 $\frac{1+y}{y}$ ①。

性质 2 息票债券的久期与息票率 i 之间呈反向关系:息票率越大,早期支付现金流的价值占债券总价值的比重就越大,从而债券的加权到期日即久期就越小,即 $\frac{\partial D}{\partial i} < 0$。

性质 3 久期与贴现率 y 之间呈反向关系:贴现率越低,远期支付现金流的价值占债券总价值的权重就越大,从而债券的加权到期日即久期就越大,即 $\frac{\partial D}{\partial y} < 0$。

性质 4 债券到期日与久期之间呈正向关系:在通常情形下,债券的久期会随着债券到期日的增加而增加,但增加的幅度逐渐减小,即 $\frac{\partial D}{\partial T} > 0, \frac{\partial^2 D}{\partial T^2} < 0$。

性质 5 债券组合的久期是该组合中各债券久期的加权平均,其中的权重 w_j 就是第 j 种债券的价值占债券组合总价值的比重,即

$$D_P = \sum_{j=1}^{N} w_j D_j$$

其中:D_P 表示债券组合的久期;D_j 表示组合中第 j 种债券的久期。

---

① 零息债券是到期之前不支付任何利息,到期时一次性支付债券面值的债券,这种债券一般折价发行。永久债券是一种不偿还本金、但需无限期支付利息的债券。此时,债券的利息就以永续年金的形式支付给债券的持有者。现存唯一的、著名的永久债券是由英国财政部发行的统一公债,用于筹资偿还拿破仑战争(1814)时期发行的小额债券。

3. 久期的缺陷

首先,利用(3.2.4)式计算久期时,我们实际上对不同期限的现金流采用了相同贴现率,这与实际常常不符。其次,久期仅仅考虑了收益率曲线平移对债券价格的影响,事实上,不同期限的贴现率的变动不可能完全同步。再者,久期仅仅考虑了债券价格变化和贴现率变化之间的线性关系,只适用于贴现率变化很小的情况,而当贴现率变化幅度比较大时,久期难以准确描述债券价格的变化情况,从而就不能比较准确地度量债券所面临的利率风险。为纠正这一缺陷,人们又进一步提出债券凸性的概念,来度量债券面临的利率风险的非线性部分,我们将在下一部分中介绍。

(二)久期缺口模型

设某经营者(例如银行)资产和负债的价值分别为 P_A 和 P_L,于是由(3.2.3)式可得资产和负债的价值随贴现率变化的表达式分别为 $\frac{\Delta P_A}{P_A} = -\frac{D_A}{1+y}\Delta y$,$\frac{\Delta P_L}{P_L} = -\frac{D_L}{1+y}\Delta y$,其中 D_A 和 D_L 分别为资产和负债的久期,于是可得到该经营者的资产负债净现值的变化与贴现率或利率 y 变化之间的关系,即

$$\Delta P_A - \Delta P_L = -\left(D_A - \frac{P_L}{P_A} \cdot D_L\right)\frac{P_A \cdot \Delta y}{1+y} = -DG\frac{P_A \cdot \Delta y}{1+y} \quad (3.2.9)$$

其中:$DG = D_A - \frac{P_L}{P_A}D_L$ 称为久期缺口(duration gap);$\frac{P_L}{P_A}$ 为资产负债率。从(3.2.9)式中可以看出,经营者的净现值的变化同时受到资产价值、久期缺口以及利率变化三个因素的影响。在其他两个因素不变的前提下,若久期缺口为正值,则净现值与贴现率或利率呈反向变化;反之则呈同向变化。久期缺口的绝对值越大,则经营者所面临的利率风险就越大。因此,久期缺口是度量经营者(例如银行)利率风险的一个重要指标。为免受利率波动的影响,经营者应该尽可能使得久期缺口 DG 保持在 0 的附近。同时,如果能够准确地预测利率风险因子变动的方向和幅度,经营者还可以通过调节久期缺口,使得资产在利率变动之后升值。

由于久期缺口模型考虑了每笔现金流量的时间价值,避免了到期日缺口模型中因时间区间划分不当而有可能带来的误差,从而比到期日缺口模型更加精确。但是,该模型计算较为复杂,对小规模的金融机构可能不够经济;另外,我们上文也已经提到了久期还存在着一些不足,因此,久期缺口模型在应用中具有一定的局限性。

(三)凸性

1. 凸性的定义

再次观察(3.2.2)式,(3.2.2)式表示的是贴现率均从 y 变化为 $y+dy$ 时债券价格变化的一阶近似估计值。显然,当 dy 较大时,一阶近似估计值的误差一般比较大。为此,我们利用 Taylor 展式将(3.2.2)式变为更加精确的形式,即债券价格变化关于利率变动的二阶估计值

$$dP = P(y+dy) - P(y) \approx \frac{dP}{dy} \cdot dy + \frac{1}{2}\frac{d^2P}{dy^2} \cdot (dy)^2 \quad (3.2.10)$$

利用式(3.2.1)计算债券价格 P 对贴现率的二阶导数,同时将久期 D 的公式(3.2.4)代入式(3.2.10)得

$$dP = \left(\frac{1}{P}\frac{dP}{dy} + \frac{1}{2P}\frac{d^2P}{dy^2} \cdot dy\right) \cdot P \cdot dy = -\left(\frac{D}{1+y} - \frac{1}{2}C \cdot dy\right) \cdot P \cdot dy \tag{3.2.11}$$

其中

$$C = \frac{1}{P}\frac{d^2P}{dy^2} = \frac{1}{P}\frac{1}{(1+y)^2}\sum_{t=1}^{T}\frac{t(t+1)C_t}{(1+y)^t} \tag{3.2.12}$$

称为凸性(convexity)。下文的凸性方法就是指利用(3.2.11)式计算债券价格关于贴现率变化值的方法。

关于(3.2.12)式给出的凸性定义,可以分别从几何和经济学两个角度来理解:从几何角度看,凸性实质上是债券价格关于贴现率曲线的弯曲程度的度量,所以被称为凸性,而且债券价格关于贴现率曲线的弯曲程度越大,债券的凸性就越大;从经济学角度看,凸性是债券价格对贴现率或利率敏感性的二阶估计。(3.2.11)式表明,凸性可以度量债券面临的利率风险的非线性部分,因而能够对久期估计的误差进行有效的校正。特别当贴现率波动比较大时,凸性的校正作用较明显。当然,当贴现率变化较小时,凸性的作用就不明显了。

同有效久期一样,对于内含期权以及其他现金流不确定的利率衍生产品,还可以定义其有效凸性(effective convexity),用公式表示有效凸性 C_E 为

$$C_E = \left(\frac{P_- - P}{P\Delta y} - \frac{P - P_+}{P\Delta y}\right)\bigg/\Delta y$$

其中各个变量的含义与有效久期定义中对应变量的含义完全一致。

2. 凸性的性质

我们利用(3.2.12)式来说明凸性的性质。和久期一样,凸性的性质也都可以用严格的数学推导得到,此处仍然省略这一过程。

性质 1 对于息票债券而言,凸性 C 总是正的,于是从(3.2.11)第二个式子可以看出:贴现率增加会使得债券价格减少的幅度比久期的线性估计值要小,而贴现率减少会使得债券价格增加的幅度比久期值估计值要大;而且凸性越大,上述效应越明显。

性质 2 收益率和久期给定时,息票率 i 越大,债券的凸性越大,即 $\frac{\partial C}{\partial i} > 0$,从而零息债券的凸性最小。

性质 3 通常债券的到期期限越长,债券的凸性越大,并且债券凸性增加的速度随到期期限的增加越来越快,即 $\frac{\partial C}{\partial T} > 0, \frac{\partial^2 C}{\partial T^2} > 0$。

性质 4 债券组合的凸性是组合内各种债券凸性的加权平均,即

$$C_P = \sum_{j=1}^{N} w_j C_j$$

其中：权重 w_j 是第 j 种债券的价值占债券组合总价值的比重；C_P 和 C_j 分别是债券组合的凸性和组合中第 j 种债券的凸性。

（四）应用举例

为了使读者更加深入地理解上述概念，我们通过一个具体的例子来计算债券久期和凸性，然后，根据(3.2.3)和(3.2.11)两个公式，把分别用久期和凸性的方法所得到的债券价格变化估计值进行比较。

假设息票债券的面值为100元，年息票利率为8%，到期期限为10年，每年支付一次利息。假设收益率曲线是水平的并且仅仅发生平行移动。我们考虑收益率曲线由原来的8%水平向上平移1%到达9%，经过计算我们得到债券的价值在收益率变化前后分别为100元和93.582 34元。下表给出的是计算债券修正久期和凸性的具体过程，同时我们给出了分别利用(3.2.3)式和(3.2.11)式计算的债券价值的变化值。

表 3-1　久期、凸性的计算及其在债券价格变化中的运用[①]

时期(年)	现金流	贴现因子	现　值	久期计算	凸性计算
1	8	0.925 925 926	7.407 407 407	0.074 074 074	0.148 148 148
2	8	0.857 338 82	6.858 710 562	0.137 174 211	0.411 522 634
3	8	0.793 832 241	6.350 657 928	0.190 519 738	0.762 078 951
4	8	0.735 029 853	5.880 238 822	0.235 209 553	1.176 047 764
5	8	0.680 583 197	5.444 665 576	0.272 233 279	1.633 399 673
6	8	0.630 169 627	5.041 357 015	0.302 481 421	2.117 369 946
7	8	0.583 490 395	4.667 923 162	0.326 754 621	2.614 036 971
8	8	0.540 268 885	4.322 151 076	0.345 772 086	3.111 948 775
9	8	0.500 248 967	4.001 991 737	0.360 179 256	3.601 792 563
10	108	0.463 193 488	50.024 896 71	5.002 489 671	55.027 386 38
合　计			100	7.246 887 911	70.603 731 81
修正久期/凸性				6.710 081 399	60.531 320 14

债券价格的变化值		
完全变化值 dP[②]	基于久期的变化值 $(\mathrm{d}P)_1$	基于凸性的变化值 $(\mathrm{d}P)_2$
−6.417 66	−6.710 081 399	−6.407 424 798

[①] 在表 3-1 的计算中，我们采用的贴现率是8%。
[②] 所谓的完全变化值是直接利用公式 $\mathrm{d}P = P(y+\mathrm{d}y) - P(y)$ 计算得到的。

由表 3-1 可以看出，基于凸性得到的证券价格变化值$(dP)_2$比基于久期得到的证券价格变化值$(dP)_1$更加接近于真实值dP。因此，在计算证券价格变化值时凸性方法比久期方法更加精确。

四、β系数和风险因子敏感系数

久期和凸性主要用以测度债券价格对利率变化的敏感程度。β系数（beta coefficient）和风险因子敏感系数，主要反映证券收益率对证券所在市场以及其他因素变化的敏感程度，我们下面分别予以介绍。

（一）β系数与资本资产定价模型

β系数是由 Sharpe(1964) 等人提出的资本资产定价模型（CAPM）[①]中给出的。CAPM 模型表明，在证券市场处于均衡状态时，单个证券的超额期望收益率（也称为风险升水）等于市场组合的超额期望收益率的β倍，即

$$E(r_i) - r_f = \beta_i (E(r_M) - r_f) \tag{3.2.13}$$

其中：$E(r_i)$表示证券i的期望收益率；$E(r_M)$表示市场组合的期望收益率；r_f是无风险利率。

$$\beta_i = \frac{\text{Cov}(r_i, r_M)}{\text{Var}(r_M)} \text{[②]} \tag{3.2.14}$$

由于证券市场处于均衡状态时市场组合的非系统风险为 0，所以β_i度量的是证券i的系统性风险。(3.2.13)式表明，β系数实际上反映了证券i的超额期望收益率对市场组合超额期望收益率的敏感性，因而是度量证券i系统性风险的灵敏度指标。

β系数具有一些很重要的特点：首先，β系数既可以取正值，也可以取负值，当β系数取正值时，说明所考察的证券与市场组合的走势刚好一致。其次，当β系数的绝对值大于 1 时，说明所考察的证券的系统风险大于市场组合；当β系数的绝对值等于 1 时，说明其系统风险与市场组合相同；当β系数的绝对值小于 1 时，说明其系统风险小于市场组合；当β系数为 0 时，说明该证券的系统风险为 0。再次，β系数也满足可加性，也就是说证券组合的β系数等于组合中每种证券β系数的加权平均，即$\beta_P = \sum_{i=1}^{n} w_i \beta_i$，其中：$\beta_P$是证券组合的$\beta$系数；$\beta_i$是组合中第$i$个证券的$\beta$系数；$w_i$是第$i$个证券的价值占整个证券组合价值的比重。

（二）风险因子敏感系数和套利定价模型

风险因子敏感系数来源于 Ross 于 1976 年提出的套利定价理论（APT），套利定价理论把单因素 CAPM 模型扩展成为多因素模型，因而是对 CAPM 模型的改进和推广。Ross 认

[①] CAPM 模型和下文的 APT 理论都可以很容易地在大多数微观金融学的教科书中找到，所以这里不作详细介绍，有兴趣的读者可参阅蒋殿春(2001)。

[②] 可以利用这个公式，结合证券或证券组合收益率的历史数据以及一些统计量来估计出β系数，也可以利用(3.2.13)式进行线性回归分析得到β系数。

为,证券收益率不会只受市场组合的影响,而可能会受诸如通货膨胀率、证券市场综合指数等许多因素的共同影响,并可以表示为这些"共同影响因素"的线性组合,即套利定价理论的一般形式为

$$E(r_i) - r_f = \sum_{k=1}^{K} b_{ik} \lambda_k \tag{3.2.15}$$

(3.2.15)式表明,证券 i 的超额收益率同时受到 K 个风险溢价因子 $\lambda_k(k=1,\cdots,K)$ 的影响,系数 b_{ik} 就称为第 k 个风险溢价因子 λ_k 的风险因子敏感系数,表示证券 i 的超额收益率对风险溢价因子 λ_k 的灵敏度。风险因子敏感系数反映了某证券的收益率随其对应的影响因素变化的情况,因而可以度量出因"共同影响因素"变动而给该证券带来的风险。

五、金融衍生品的灵敏度测量

上文介绍了用以度量证券市场风险的灵敏度方法,本节将介绍可以度量金融衍生品市场风险的灵敏度方法。根据金融衍生品定价公式,金融衍生品的价格 F 总可以表示成下面的形式

$$F = F(S, t, r, \sigma) \tag{3.2.16}$$

其中:S 表示标的资产的当前价格;t 表示当前时间;r 表示无风险利率;σ 表示标的资产价格的波动率。根据多元函数的 Taylor 展式,期权的价格变化可以近似地表示为

$$\Delta F \approx \frac{\partial F}{\partial S} \Delta S + \frac{1}{2} \cdot \frac{\partial^2 F}{\partial S^2} \cdot (\Delta S)^2 + \frac{\partial F}{\partial t} \Delta t + \frac{\partial F}{\partial r} \Delta r + \frac{\partial F}{\partial \sigma} \Delta \sigma \tag{3.2.17}$$

上式中的 $\frac{\partial F}{\partial S}, \frac{\partial F}{\partial t}, \frac{\partial F}{\partial r}, \frac{\partial F}{\partial \sigma}$ 分别表示金融衍生品价格 F 对标的资产价格 S、时间 t、无风险利率 r 和标的资产价格波动率 σ 的敏感系数,并依次称为 δ(Delta),θ(Theta),ρ(Rho),Λ(Lambda);$\frac{\partial^2 F}{\partial S^2}$ 是金融衍生品价格 F 对标的资产价格 S 的二阶导数,表示灵敏度系数 δ 对标的资产价格 S 的灵敏度,记为 γ(Gamma)。下面分别予以简单介绍。

(一)金融衍生品灵敏度指标的含义解析

1. δ(Delta)

$\delta = \frac{\partial F}{\partial S}$,是金融衍生品价格关于其标的资产价格的一阶导数,表示金融衍生品价格对其标的资产价格的线性或一阶敏感性。

2. γ(Gamma)

$\gamma = \frac{\partial^2 F}{\partial S^2} = \frac{\partial \delta}{\partial S}$,是金融衍生品价格关于其标的资产价格的二阶导数,也是金融衍生品的灵敏度系数 δ 关于标的资产价格的一阶导数,反映了灵敏度系数 δ 对标的资产价格 S 的灵敏性,或者说 γ 度量了金融衍生品价格变化对标的资产价格变化的非线性敏感性。

3. θ(Theta)

$\theta = \dfrac{\partial F}{\partial t}$，又称为时间耗损，是金融衍生品价格关于时间的一阶导数，反映金融衍生品价格随着时间的推移而发生的变化，该系数度量了金融衍生品价格对时间变化的敏感性。

4. Λ(Lambda)

$\Lambda = \dfrac{\partial F}{\partial \sigma}$，是金融衍生品价格关于标的资产价格波动率的一阶导数，用以测量衍生证券价格对其标的资产价格波动率的线性或一阶敏感性。

5. ρ(Rho)

$\rho = \dfrac{\partial F}{\partial r}$，是金融衍生品价格关于利率的一阶导数，用以测量金融衍生品价格关于利率的线性或一阶敏感性。

根据(3.2.17)式，金融衍生品价格的变化可用各个影响因子的变化量及其灵敏度指标表示出来，即

$$\Delta F \approx \delta \cdot \Delta S + \dfrac{1}{2} \cdot \Gamma \cdot (\Delta S)^2 + \theta \cdot \Delta t + \rho \cdot \Delta r + \Lambda \cdot \Delta \sigma \text{①} \quad (3.2.18)$$

(二) 远期合约和期权的灵敏度指标

为加深对金融衍生工具灵敏度指标的理解，我们以远期合约和期权为例计算其相应的灵敏度指标。对于无收益资产组合远期合约，其定价公式②为

$$F_{Forward} = S(t) - Ke^{-r(T-t)} \quad (3.2.19)$$

其中：$F_{Forward}$ 表示远期合约在 t 时刻的价值；$S(t)$ 表示标的资产在 t 时刻的价格；K 表示远期合约的交割价格；r 表示无风险利率；T 表示远期合约的到期时间；t 表示当前的时间。再根据 Black-Scholes 期权定价公式可得不付红利的欧式看涨期权的价格为

$$c = S\Phi(d_1) - Xe^{-r(T-t)}\Phi(d_2) \quad (3.2.20)$$

其中

$$d_1 = \dfrac{\ln(S/X) + (r + \sigma^2/2)(T-t)}{\sigma\sqrt{T-t}},\ d_2 = d_1 - \sigma\sqrt{T-t}$$

c 表示期权的价格；S, r, T, t 的含义类似于远期合约；X 表示期权的执行价格；σ 表示标的资产价格的波动率；$\Phi(\cdot)$ 表示标准正态分布的概率分布函数③。

---

① 利用(3.2.18)式可以构造 delta 对冲、gamma 对冲等许多套期保值策略。
② 关于远期合约和下文给出的 Black-Scholes 期权定价公式，在一般的教科书中都很容易见到，故此处略去详细推导过程。
③ 即 $\Phi(d_1) = \int_{-\infty}^{d_1} \dfrac{1}{\sqrt{2\pi}} \exp\left(-\dfrac{t_1^2}{2}\right) dt$，下文同。

利用(3.2.19)式和(3.2.20)式,我们可计算出远期合约和期权的灵敏度指标,见表3-2。

表3-2 远期合约和欧式看涨期权的灵敏度指标

灵敏度指标	无收益资产组合的远期合约	不付红利的欧式看涨期权
Delta	1	$\Phi(d_1)>0$
Gamma	0	$\dfrac{\Phi'(d_1)}{S\sigma\sqrt{T-t}}>0$
Theta	$S'(t)-rK\mathrm{e}^{-r(T-t)}$	$-\dfrac{S\sigma\Phi'(d_1)}{2\sqrt{T-t}}-rX\mathrm{e}^{-r(T-t)}\Phi(d_2)<0$
Vega	0	$S\Phi'(d_1)\sqrt{T-t}>0$
Rho	$(T-t)K\mathrm{e}^{-r(T-t)}>0$	$X(T-t)\mathrm{e}^{-r(T-t)}\Phi(d_2)>0$
相互关系		$\theta+rS\delta+\dfrac{\sigma^2 S^2}{2}\Gamma=rc$

在表3-2中,欧式看涨期权灵敏度指标的相互关系式是由用以推导Black-Scholes期权定价公式的偏微分方程 $\dfrac{\partial c}{\partial t}+rS\dfrac{\partial c}{\partial S}+\dfrac{\sigma^2 S^2}{2}\cdot\dfrac{\partial^2 c}{\partial S^2}=rc$ [1]得到,即把上面定义的灵敏度指标代入到这个微分方程中即可。

六、灵敏度度量法评述

灵敏度方法的主要特点是简明直观、应用方便,最适合于由单个市场风险因子驱动的金融工具且市场因子变化很小的情形。同时,灵敏度方法也存在着不足,概括起来主要有以下四方面。一是可靠性难以保证。由于灵敏度方法本质上是局部估值法,即用资产组合价值变化的一阶近似或二阶近似来估计资产组合价值的变化,所以只有当市场风险因子的变动幅度很小时该法才比较可靠。二是应用局限性较大。由于对于不同的市场风险因子以及由不同市场风险因子驱动的各种金融工具,我们需要定义不同的灵敏度指标,所以对包含各种不同金融工具同时受多个不同市场风险因子影响的资产组合,我们难以定义资产组合的灵敏度指标;另外,采用灵敏度方法也无法对由不同市场因子驱动的市场风险的大小进行比较,因此,灵敏度方法对资产组合中的金融工具类型具有很高的依赖性,这也限制了该方法的实际应用。三是灵敏度方法不能给出资产组合价值损失的具体数值,因为这还需要依赖于市场风险因子本身变动的方向和幅度。四是一阶灵敏度方法一般不考虑风险因子之间的相关性,这是因为根据Taylor公式对多变量价值函数即(3.1.1)式进行线性展开时没有考虑不同风险因子之间的相关关系。

---

[1] 该微分方程的详细推导过程,可参见John Hull(2003)。

第三节 波动性方法

波动性方法最早是由 Markowitz(1952)提出的一种运用方差(或标准差)度量风险的定量分析方法。本节将给予系统介绍。

一、单种资产风险的度量

假设某种金融资产收益率 r 为随机变量,其预期收益率即数学期望为 μ,标准差为 σ。σ 也称为波动系数,可反映资产收益率 r 偏离于其预期收益率即数学期望 μ 的幅度,所以我们可用标准差 σ 来度量该资产的风险。σ 越大,说明该资产收益率的波动性越大,从而该资产面临的市场风险就越大;反之,就说明该资产面临的市场风险越小。

当我们不能准确知道资产收益率的概率分布时,也常常利用随机变量 r 的若干个历史样本观测值来估计 r 的数学期望和标准差。假设 r 有 m 个样本观测值,分别为 $r_1,\cdots,r_m$,则 r 的数学期望 μ 的估计值为

$$\hat{\mu} = \frac{1}{m}\sum_{i=1}^{m} r_i \tag{3.3.1}$$

而标准差 σ 的无偏估计公式为

$$\hat{\sigma} = \sqrt{\frac{1}{m-1}\sum_{i=1}^{m}(r_i - \hat{\mu})^2} \tag{3.3.2}$$

二、资产组合风险的度量

和单种资产风险度量的思想一样,我们也可用资产组合收益率的方差或者是标准差来度量资产组合的风险。下面给出求资产组合收益率的方差或者是标准差的方法。

假设资产组合 $w = (w_1, w_2, \cdots, w_n)^T$,$w_i$ 为第 i 项资产在资产组合中所占的比重,且满足 $\sum_{i=1}^{n} w_i = 1$;r_i 为随机变量,是第 i 项资产的收益率,$i = 1,\cdots,n$。于是,资产组合的收益率为 $r_P = \sum_{i=1}^{n} w_i r_i$,资产组合收益率的预期收益率即数学期望和方差分别为

$$\mu_P = E(r_P) = \sum_{i=1}^{n} w_i \mu_i \tag{3.3.3}$$

$$\sigma_P^2 = \sum_{i=1}^{n}\sum_{j=1}^{n} w_i w_j \, \text{Cov}(r_i, r_j) = \sum_{i=1}^{n}\sum_{j=1}^{n} w_i w_j \, \rho_{ij} \, \sigma_i \sigma_j \tag{3.3.4}$$

其中:μ_i 和 σ_i 分别是 r_i 的数学期望和标准差;$\text{Cov}(r_i, r_j)$ 和 ρ_{ij} 分别是 r_i 和 r_j 的协方差和相关系数,$i, j = 1,\cdots,n$。

在实际应用中,当我们不能准确知道资产组合收益率的概率分布时,就很难确定 μ_i, σ_i 以及 ρ_{ij}, $i,j=1,\cdots,n$。此时,可利用 r_i 的历史数据来估计这些变量。关于 μ_i 和 σ_i 的估计,可直接利用公式(3.3.1)和(3.3.2);关于相关系数 ρ_{ij} 的估计,需要运用无偏估计公式

$$\hat{\rho}_{ij} = \frac{\frac{1}{m-1}\sum_{k=1}^{m}(r_{i,k}-\hat{\mu}_i)(r_{j,k}-\hat{\mu}_j)}{\hat{\sigma}_i \hat{\sigma}_j} \tag{3.3.5}$$

其中:$\hat{\mu}_i$ 和 $\hat{\sigma}_i$ 就是采用(3.3.1)式和(3.3.2)式得到的关于 μ_i 和 σ_i 的估计值;$r_{i,k}$ 为第 i 种资产的第 k 个样本观测值,$k=1,\cdots,m$。

三、特征风险、系统性风险与风险分散化

若不考虑交易成本等因素,投资者进行分散化(diversification)投资常常可以在保证一定期望收益率的条件下降低投资的风险,这就是所谓的"不要把所有的鸡蛋放在同一个篮子里"的道理。我们进一步观察一下资产组合分散风险的一些特点。

令 $w_i = 1/n$,并假设所有单个资产的风险相同,皆为 σ,于是由(3.3.4)式可得到资产组合收益率的方差为

$$\sigma_P^2 = \sum_{i=1}^{n}\sum_{j=1}^{n}\frac{1}{n^2}\rho_{ij}\sigma_i\sigma_j = \sum_{i=1}^{n}\sum_{j=1}^{n}\frac{1}{n^2}\rho_{ij}\sigma^2 = \frac{\sigma^2}{n^2}\sum_{i=1}^{n}\sum_{j=1}^{n}\rho_{ij} \tag{3.3.6}$$

若假设资产组合 w 中任意两个不同资产的收益率不相关,即 $\rho_{ij}=0 (i \neq j)$,则资产组合的方差为 $\sigma_P^2 = \frac{\sigma^2}{n}$,从而 $\lim_{n\to\infty}\sigma_P^2 = 0$。这说明,当组合中资产收益率两两不相关时,通过分散化投资可以降低投资组合的风险。

再考察更一般的情形,假设组合中任意两个资产收益率的相关系数都为 ρ,并假设所有单个资产的风险皆为 σ,则组合的方差为

$$\sigma_P^2 = \frac{\sigma^2}{n} + \frac{\sigma^2}{n^2}\sum_{i\neq j}\rho_{ij} = \frac{\sigma^2}{n} + \frac{n(n-1)}{n^2}\rho\sigma^2 \to \rho\sigma^2, \ n\to\infty$$

上式表明,当投资充分分散化后,此时资产组合的风险仅由组合中资产收益率的相关性导致的那部分风险即 $\frac{\sigma^2}{n^2}\sum_{i\neq j}\rho_{ij}$ 或 $\frac{n(n-1)}{n^2}\rho\sigma^2$ 所决定,而不会受组合中各资产自身的风险(也称为特征风险)即 $\frac{\sigma^2}{n}$ 的影响。也就是说,组合中各资产的特征风险可以通过充分分散化最终减小为0,而由组合中各项资产之间的相关性导致的风险则无法通过分散化消除掉,这部分不能通过分散化消除掉的风险即为系统风险。系统风险的度量可以通过上节给出的计量公式(3.2.14)来进行。

通常情况下,组合内各项资产之间的相关性是由各资产都与一些共同的风险因子相关联而导致的。以股票市场为例,如果某个行业的发展不景气,市场需求不足,则行业内每个公司的业绩都会因此而出现下滑,从而每个公司的股票收益率都会受到影响,甚至整个行业板块都

可能处于低迷的状态,此时若仅在行业内分散投资,则难以避免资产组合收益率下滑甚至亏损的风险。但是,如果在行业外更大的范围内进行分散化投资,结果有可能得到改善。

四、波动性方法的优缺点评述

波动性方法的含义清楚,应用也比较简单,但也存在着明显的问题:一是对资产组合未来收益概率分布的准确估计比较困难,普遍使用的正态分布常常偏离实际;二是波动性方法仅仅描述了资产组合未来收益的波动程度,并不能说明资产组合价值变化的方向;三是同灵敏度方法一样,波动性方法也不能给出资产组合价值变化的具体数值。

第四节 VaR 方 法

一、VaR 方法的基本概念

(一) VaR 的定义

前文已经提到,所谓的 VaR 就是指市场处于正常波动的状态下,对应于给定的置信度水平,投资组合或资产组合在未来特定的一段时间内所遭受的最大可能损失,用数学语言可以表示成为

$$\text{Prob}(\Delta P < -VaR) = 1 - c \tag{3.4.1}$$

其中:Prob 表示概率测度;$\Delta P = P(t+\Delta t) - P(t)$ 表示组合在未来持有期 Δt 内的损失;$P(t)$ 表示组合在当前时刻 t 的价值(下文常记为 P_0);c 为置信水平;VaR 为置信水平 c 下组合的在险价值[①]。

关于 VaR 和公式(3.4.1),有两点须说明:其一,VaR 值既可以像式(3.4.1)一样用价值量表示,也可以用收益率来表示,这取决于 ΔP 的含义;其二,为最大限度地确保随机序列的平稳性及其一阶矩、二阶矩的存在性,ΔP 的概率分布一般用组合收益率的概率分布来获得,所以,若下文没有特别说明,利用式(3.4.1)计算 VaR 的概率分布都是指组合收益率的概率分布。

(二) VaR 的基本特点

(1) 计算 VaR 的基本公式(3.4.1)仅在市场处于正常波动的状态下才有效,而无法准确度量极端情形时的风险。

(2) VaR 是在某个综合框架下考虑了所有可能的市场风险来源后得到的一个概括性的风险度量值,而且在置信度和持有期给定的条件下,VaR 值越大说明组合面临的风险就越大,反

---

① 为不引起混淆,本文恒取 VaR 为正值。另外,VaR 的定义对于投资组合或资产组合都成立,所以下文提到的组合可以是两者中的任一种,只是计算出的 VaR 相差一个常数,即相差投资组合的初始值 P_0,见公式(3.4.6)和(3.4.7)。

之则说明组合面临的风险越小。

（3）由于 VaR 可以用来比较分析由不同的市场风险因子引起的、不同资产组合之间的风险大小，所以 VaR 是一种具有可比性（comparable）的风险度量指标。

（4）在市场处于正常波动的状态下，时间跨度越短，收益率就越接近于正态分布。此时，假定收益率服从正态分布计算的 VaR 比较准确、有效。

（5）置信度和持有期是影响 VaR 值的两个基本参数。

（三）置信度和持有期的选择和设定

运用（3.4.1）式所计算的 VaR 值，实质上可以看作是置信度 c 和持有期 Δt 的函数，而且，置信度越大、持有期越长，此时计算出来的 VaR 也就越大；反之则反是。因此，在其他因素不变的情况下，VaR 值完全依赖于置信度和持有期这两个参数，或者说，要得到组合的 VaR 的确定值，就必须首先确定置信度和持有期这两个基本的参数。

那么，应如何正确地选择和设定置信度和持有期呢？目前，关于置信度和持有期的选择和设定，尚无大家所普遍认可的、统一规范的客观规则和方式，已有规则和方式也大都依赖于使用者的主观偏好和判断，因而带有鲜明的个体主观特征，并具有很大随意性。事实上，我们现在也很难提供统一而又客观的选择方式和标准，只能试图较全面地给出选择和设定置信度和持有期时应考虑的基本因素和须注意的问题，以期减少人们在选择过程中有可能出现的片面性和随意性。

1. 持有期的选择和设定

一般来说，在其他因素不变的情形下，持有期越长，组合面临的风险就越大，从而计算出的 VaR 值就越大。事实上，持有期的选择不仅对 VaR 值的大小而且对 VaR 值的可靠性都可能有很大影响，所以持有期的选择和设定非常重要。

首先，持有期的选择和设定，须考虑组合收益率分布的确定方式。根据（3.4.1）式，要计算 VaR，应先确定组合收益率的概率分布。概率分布的确定一般有两种方式。一是直接假定收益率服从某一概率分布。为了便于计算和操作，人们通常假定收益率服从正态分布，但正态分布往往并不符合实际分布。但幸运的是，持有期越短，在正态分布假设下计算的 VaR 值就越有效、可靠。因此，在正态假设下应选择较短的持有期。二是用组合的历史样本数据来模拟收益率的概率分布。此时，持有期的选择和设定应考虑数据的充分性和有效性。持有期越长，需要考察的历史数据的时间跨度就越长，出现的问题和困难就越多。例如，长时间的历史数据常常难以获得；大量历史数据的处理、计算、模拟会比较复杂，并有可能引起操作成本的大幅度增加；越是早期的历史数据所包含的有效信息越少，等等。而较短的持有期则可以有效避免上述问题和困难。所以，此时也应选择较短持有期。

其次，持有期的选择和设定，还须考虑组合所处市场的流动性和所持组合头寸交易的频繁性。由于计算 VaR 时一般都假定持有期内组合的头寸保持不变，所以无视持有期内组合头寸的变化而得到的 VaR 值并不可靠。为此，持有期的选择必须考察交易头寸的变动情况。市场流动性越强，交易就越容易实现，投资者越容易适时调整资产组合，头寸变化的可能性也就越大。此时，为保证 VaR 值的可靠性，应选择较短的持有期。若市场流动性较差，投资者调整头寸的频率和可能性比较小，则宜选择较长的持有期。另外，金融机构一般会在很多不同的市场上持有资产头寸,而不同市场的流动性差异很大,此时,金融机构应根据组合中比重较大的头寸的流动性来设定持有期。根据银行资产的流动性和头寸交易情况,1997年底生效的巴塞尔委员会的资本充足性条款,将内部模型使用的持有期设定为10个交易日。

2. 置信度 c 的选择和设定

首先,置信度 c 的选择和设置,须考虑历史数据的可得性、充分性。在实际应用中,我们常常要以历史数据为基础来计算 VaR。置信度设置越高,意味着 VaR 值就越大,为保证 VaR 计算的可靠性、稳定性,所需要的历史样本数据就越多。然而,过高的置信度使损失超过 VaR 的事件发生的可能性很小,因而损失超过 VaR 的历史数据就很少,此时计算的 VaR 的有效性和可靠性无法得到保证,甚至没有足够的历史数据来计算 VaR。例如,以1 000个损益数据为例,将所有损益数据由大到小排列,99%置信度下的 VaR 就是倒数第10个损失数据;99.9%置信度下的 VaR 就是最后一个损失数据,即所有损益数据中的最大损失;而在大于99.9%的置信度下我们已经没有可计算 VaR 的历史数据了。因此,为保证 VaR 的可靠性、有效性、可计算性,必须根据历史样本数据的可得性、充分性等情况选取一个合适有效的置信度。

其次,置信度 c 的选择和设置,还须考虑 VaR 的用途。如果只是将 VaR 值作为比较不同部门或公司所面临的市场风险,或者同一部门或公司所面临的不同市场风险的尺度,那么所选择的置信度是大还是小本身并不重要,重要的是所选择的置信度能否确保 VaR 模型的有效性和准确性。根据前文的讨论,这取决于历史样本数据的可得性、充分性等情况,所以此时置信度不宜选得太高。如果金融机构是以 VaR 为基础确定经济资本需求,则置信水平的选择和设定极为重要,这主要依赖于金融机构对风险的厌恶程度和损失超过 VaR 的成本。风险厌恶程度越高,损失成本越大,则弥补损失所需要的经济资本量越多,因而所选择的置信水平也应越高;反之则可以选择较低的置信度。金融监管机构为了保持金融体系的稳定性,一般会要求金融机构选择较高的置信度,例如巴塞尔委员会要求选择99%的置信水平。

再次,置信度 c 的选择和设置,还应考虑比较的方便。由于人们经常要利用 VaR 对不同金融机构的风险进行比较分析,而不同置信度下的 VaR 值的比较没有意义,所以置信度 c 的取舍,还需要考虑比较的方便。当然,如果存在着标准的转换方式[①],可以方便地将不同置信度下的 VaR 值转换成同一置信度下的 VaR 值,则置信度 c 的选择就变得不那么重要了。

二、VaR 的计算

(一) VaR 的计算方法概括

从(3.4.1)式中可以看出,计算 VaR 值的核心问题就是组合未来损益 ΔP 的概率分布或统计分布的估计。若某组合在未来持有期内的损益 ΔP 服从概率密度函数为 $f(r)$ 的连续分布,则由(3.4.1)式知

$$1-c = \text{Prob}(\Delta P \leqslant -VaR) = \int_{-\infty}^{-VaR} f(r)\mathrm{d}r \qquad (3.4.2)$$

[①] 例如,在资产组合的收益率服从正态分布的假设下,不同置信度下的 VaR 值就可以很容易地转换成同一置信度下的 VaR 值。

下面考察一下 ΔP 分布的确定方法,主要有两种:一是根据公式(3.4.2)直接应用组合或组合中资产的投资收益率来确定 ΔP 分布的方法,即所谓的收益率映射估值法。该法是 ΔP 分布的确定方法中最经典、最基本也是最简单的方法。由于资产组合包含的金融工具的种类和数量往往较多,而且也很难得到所有金融工具的历史数据,所以当组合中资产数量较多时,根据(3.4.2)式直接运用收益率映射估值法确定未来损益 ΔP 的概率分布或统计分布通常比较困难。为此,一般使用映射将组合未来的价值表示成风险因子的函数,然后,通过风险因子的变化来估计组合的未来损益分布,这就是另外一种方法——所谓的风险因子映射估值法。运用上述方法估计出组合的未来损益分布以后,就可依据置信度获得组合在未来给定时间内的 VaR。

风险因子映射估值法可进一步分为风险因子映射估值模拟法(或称为全部估值法)以及风险因子映射估值分析法(或称为局部估值法)。风险因子映射估值模拟法,是首先模拟风险因子未来变化的不同情景,然后运用风险因子与组合价值之间的映射关系(即定价公式),在不同情景下分别对组合中的不同金融工具进行定价,在此基础上计算出组合的价值变化,同时给出组合未来的损益分布。这种方法主要包含历史模拟法、Monte Carlo 模拟方法、情景分析法等。风险因子映射估值分析法,主要是通过风险因子与组合价值之间的映射关系,应用灵敏度系数近似估计组合的价值变化,然后给出组合的损益分布。最常应用的是基于 Delta,Gamma 等灵敏度系数的方法。风险因子映射估值分析法具有计算简单、操作方便等优点。不过,由于该法仅仅是对组合价值变化的近似估计,而且常常不能把握组合价值变化的非线性风险特征,所以只有当风险因子的变化幅度较小时该法才适用,否则计算结果不够精确。风险因子映射估值模拟法能够解决分析法存在的不精确问题,但该法要收集和处理大量的历史数据,计算复杂且成本较高。

本节将首先考察最为简单的基于收益率映射估值法计算 VaR 的方法。关于风险因子映射估值法,我们将在本章后面几节中详细介绍。

(二)基于收益率映射估值法的 VaR 计算

由于金融资产价格序列,例如股票价格序列,常常缺乏平稳性,而收益率序列则一般满足平稳性,所以人们普遍使用收益率的概率分布来考察组合的未来损益变化。

考察一个初始价值为 P_0、在持有期 Δt 内投资收益率为 R 的组合,假设 R 的概率分布已知,其期望收益率(记作 $E(R)$)与波动率分别为 μ 和 σ,于是该组合期末价值为 $P = P_0(1+R)$,P 的预期价值(记作 $E(P)$)为

$$E(P) = P_0(1+E(R)) = P_0(1+\mu)$$

组合价值的确定方式主要有两种:一是以组合的初始值为基点考察持有期内组合的价值变化,即

$$\Delta P_A = P - P_0 = P_0 R \tag{3.4.3}$$

此时利用(3.4.1)式求得的 VaR 称为绝对 VaR,记为 VaR_A;二是以持有期内组合的预期收益为基点考察持有期内组合的价值变化,即

$$\Delta P_R = P - E(P) = P_0(R - \mu) \tag{3.4.4}$$

此时利用(3.4.1)式求得的 VaR 称为相对 VaR,记为 VaR_R。

在实际计算中,最常用的是正态分布,为此,我们将在这里详细介绍正态分布下的 VaR 计算。为简单和清楚起见,我们假设持有期 $\Delta t = 1$,即求日 VaR。我们分以下几种情况进行计算。

(1) 组合的投资收益率服从正态分布的日 VaR 的计算。

考察初始价值为 P_0、日投资收益率为 R 的组合,假设 R 服从正态分布 $N(\mu, \sigma^2)$,我们先考虑绝对 VaR 的求法,根据(3.4.1)式和(3.4.3)式可知

$$\text{Prob}(\Delta P_A < -VaR_A) = \text{Prob}\left(\frac{R-\mu}{\sigma} < -\frac{\frac{VaR_A}{P_0} + \mu}{\sigma}\right)$$

$$= \int_{-\infty}^{-\frac{VaR_A}{P_0} + \mu}{\sigma}} \frac{1}{\sqrt{2\pi}} \exp\left(-\frac{x^2}{2}\right) dx = \Phi\left(-\frac{\frac{VaR_A}{P_0} + \mu}{\sigma}\right) = 1 - c \tag{3.4.5}$$

其中,$\Phi(\cdot)$ 为标准正态分布的分布函数。再将(3.4.5)式变形为 $\Phi\left(\frac{\frac{VaR_A}{P_0} + \mu}{\sigma}\right) = c$,于是在置信度 c 下得到日绝对 VaR,

$$VaR_A = P_0(\Phi^{-1}(c)\sigma - \mu) \tag{3.4.6}$$

其中,$\Phi^{-1}(c)$ 表示标准正态分布下对应于置信度 c 的分位数。类似地可求出置信度 c 下的日相对 VaR,即

$$VaR_R = P_0 \cdot \Phi^{-1}(c)\sigma \tag{3.4.7}$$

(2) 组合中资产的投资收益率服从正态分布的日 VaR 的计算。

假设 n 种资产构成的组合为 $(P_{0,1}, P_{0,2}, \cdots, P_{0,n})^T$,$P_{0,i}$ 为资产 i 的初始价值,于是组合的初始价值为 $P_0 = \sum_{i=1}^{n} P_{0,i}$;组合中 n 种资产的日投资收益率向量 $R_p = (R_1, R_2, \cdots, R_n)^T$ 服从 n 维正态分布 $N(\mu, \Sigma)$,其中:R_i 为组合中资产 i 的日投资收益率;$\mu = (\mu_1, \mu_2, \cdots, \mu_n)^T$ 和 Σ 分别为日投资收益率向量 R_p 的均值向量和协方差矩阵;μ_i 和 σ_i 分别为 R_i 的日预期收益率和标准差;ρ_{ij} 表示 R_i 和 R_j 的相关系数,$i, j = 1, 2, \cdots, n$。我们计算置信度 c 下该资产组合的 VaR。

当以组合的初始值为基点考察组合的日价值变化时,根据(3.4.3)式可得资产 i 的日损益 $\Delta P_{A,i} = P_{0,i} R_i$,于是组合的日损益率为 $R = \frac{\Delta P_A}{P_0} = \frac{1}{P_0} \sum_{i=1}^{n} P_{0,i} \frac{\Delta P_{A,i}}{P_{0,i}} = \frac{1}{P_0} \sum_{i=1}^{n} P_{0,i} \cdot R_i$。根据正态分布的可加性得 R 服从正态分布 $N(\mu_A, \sigma_A^2)$,其中

$$\mu_A = \frac{1}{P_0} \sum_{i=1}^{n} P_{0,i} \cdot \mu_i \tag{3.4.8}$$

$$\sigma_A^2 = \mathrm{var}(R) = \frac{1}{P_0^2}\sum_{i=1}^n \sum_{j=1}^n P_{0,i} P_{0,j} \rho_{ij} \sigma_i \sigma_j \qquad (3.4.9)$$

于是,根据(3.4.6)式可以得到给定置信度 c 下该组合的日绝对 $VaR_A = P_0[\Phi^{-1}(c)\sigma_A - \mu_A]$,其中 μ_A 和 σ_A 分别由(3.4.8)式和(3.4.9)式求得。

当以组合中资产的日预期价值为基点考察组合的日价值变化时,根据(3.4.4)式可得资产 i 的日损益 $\Delta P_{R,i} = P_{0,i}(R_i - \mu_i)$,于是组合的日损益为

$$\Delta P_R = \sum_{i=1}^n \Delta P_{R,i} = \sum_{i=1}^n P_{0,i} \cdot (R_i - \mu_i)$$

根据正态分布的可加性得 ΔP_R 服从正态分布 $N(0, \sigma_R^2)$,而且直接验证可知 $\sigma_R^2 = P_0^2 \sigma_A^2$,其中 σ_A 由(3.4.9)式给出。

(3) 关于资产组合的 VaR 计算。

要计算满足 $\sum_{i=1}^n w_i = 1$ 的资产组合 $w = (w_1, w_2, \cdots, w_n)^T$ 的 VaR,就相当于考察初始价值为 1 的资产组合 w 的 VaR,即取资产 i 的初始价值为 $P_{0,i} = w_i$,其他假设与前面相同即可。显然,资产组合 w 的初始价值 $P_0 = \sum_{i=1}^n P_{0,i} = \sum_{i=1}^n w_i = 1$。于是,由(3.4.6)式和(3.4.7)式得到的置信度 c 下资产组合 w 的日绝对 VaR 和日相对 VaR 分别为 $VaR_A = \Phi^{-1}(c)\sigma - \mu$,$VaR_R = \Phi^{-1}(c)\sigma$;类似地,(3.4.8)式和(3.4.9)式分别变为

$$\mu = \sum_{i=1}^n w_i \cdot \mu_i \qquad (3.4.10)$$

$$\sigma^2 = \sum_{i=1}^n \sum_{j=1}^n w_i w_j \rho_{ij} \sigma_i \sigma_j \qquad (3.4.11)$$

(4) 关于 VaR 的时间加总问题。

我们前面计算 VaR 时选择的持有期的单位是日,其实也可以选择小时、周、月、季度、年等,应视具体情况而定。当我们求出 1 单位(例如 1 日或 1 周,等等)的 VaR,再求持有期为 Δt 的 VaR 时,可以直接利用时间加总公式,而无须重复复杂的计算。

假设已知持有期为 1 日的 VaR,下面求持有期为 Δt 日的 VaR。假设组合的日投资收益率服从正态分布 $N(\mu, \sigma^2)$,并且在持有期 Δt 日内组合的日投资收益率都是独立同分布的。根据独立同分布随机变量和的分布特征可知,组合在 Δt 日的投资收益率服从正态分布 $N(\Delta t \cdot \mu, \Delta t \cdot \sigma^2)$,即该组合在 Δt 日的预期投资收益率为 $\Delta t \cdot \mu$,标准差为 $\sqrt{\Delta t} \cdot \sigma$。于是,由(3.4.6)式和(3.4.7)式可得到置信度 c 下该组合 Δt 日的绝对 VaR 和相对 VaR,分别为

$$VaR_A = P_0(\Phi^{-1}(c)\sigma\sqrt{\Delta t} - \mu \cdot \Delta t) \qquad (3.4.12)$$

$$VaR_R = P_0 \cdot \Phi^{-1}(c)\sigma\sqrt{\Delta t} \qquad (3.4.13)$$

(5) 收益率映射估值法优缺点评述。

收益率映射估值法原理简单,尤其在正态分布假设下应用更加方便。但该法也有明显缺陷:一是组合中不同类型金融工具之间的相关系数的确定常常比较困难,而且随着组合中金融

工具的增多，计算量也将大幅度增加，例如，对一个含有 n 项金融工具的组合，需要计算 $\dfrac{n(n+1)}{2}$ 个相关系数和标准差；二是正态分布的假设常常与实际中的尖峰厚尾现象不符合。对于第一个缺陷，有两种解决方法：第一种是采用风险因子映射估值法，该法的基本思想是，不同的金融工具往往受共同的风险因子影响，利用定价理论和方法找到共同的风险因子与金融工具的映射关系，再借助于映射关系观测组合价值的变化和分布，而共同的风险因子数量一般远远少于组合中金融工具的数量，从而计算量大幅度减少；第二种是采用主成分分析方法，找到引起资产组合中众多资产价格变化的主要影响因素（即进行主成分分析），然后通过各主成分因素计算风险值。对于第二个缺陷，可用极值理论来解决，我们也将在后文中予以介绍。

（三）计算 VaR 的一般步骤

我们再回顾一下本书前言的一段话：任何金融风险的度量都须解决两个基本问题：金融风险因子变化分布的估计以及在金融风险因子影响下的资产组合价值变化分布的估计。这段话也同样适用于 VaR 的计算。计算 VaR 的所有方法，实质上都是围绕着如何估计金融风险因子的变化分布以及在金融风险因子变化影响下资产组合的未来损益分布而展开的，不同之处主要在于采用的估计方法不同。更为具体一点，我们可把计算 VaR 的步骤细分如下。

第一，建立映射关系。把组合中每一项资产头寸的价值表示为投资收益率或风险因子的函数表达式。

第二，建模。例如，可根据需要建立投资收益率或风险因子的波动性和相关性模型，用于预测投资收益率或风险因子未来的波动性和相关性，或者用于生成投资收益率或风险因子未来可能的不同结果。此时，我们通常要利用投资收益率或风险因子的历史数据，结合统计的方法刻画出投资收益率或风险因子的分布特征或者动态变化规律。

第三，给出估值模型和 VaR 值。根据投资收益率或风险因子的波动性或相关性，或者投资收益率或风险因子未来可能的不同结果，结合第一步的映射关系估计出组合未来的价值变化及其分布特征，在此基础上得到组合的 VaR 值。

三、边际 VaR、增量 VaR 和成分 VaR

尽管 VaR 可以有效地描述组合的整体风险状况，但对投资者或组合管理者来说可能还远远不够，因为实际中的投资者或组合管理者经常要根据市场情况不断地对组合中各资产的头寸进行调整。这就需要投资者或组合管理者进一步了解构成组合的每项资产头寸以及每项资产头寸的调整变化对整个组合风险的影响。于是我们引入边际 VaR（marginal VaR，以下简记为 M-VaR）、增量 VaR（incremental VaR，以下简记为 I-VaR）、成分 VaR（component VaR，以下简记为 C-VaR）等概念。

（一）M-VaR

设资产组合 $w = (w_1, w_2, \cdots, w_n)^T$，所谓的边际 VaR 是指资产组合中资产 i 的头寸变

化而导致的组合 VaR 的变化,即

$$M-VaR_i = \frac{\partial VaR(w)}{\partial w_i} \quad (3.4.14)$$

假设资产组合的 n 维收益率向量 R 服从 n 维正态分布 $N(\mu, \Sigma)$,根据(3.4.11)式和(3.4.13)式得到资产组合 w 在置信水平 c 下的相对 VaR,即

$$VaR(w) = \Phi^{-1}(c)\sqrt{w^T \sum w} \sqrt{\Delta t} = \alpha \sigma_p \sqrt{\Delta t}$$

其中,上式(包括本节下文)中各符号的含义与前文相同。于是,由(3.4.14)式得

$$\frac{\partial VaR(w)}{\partial w_i} = \Phi^{-1}(c)\left(\frac{Cov(R_i, R)}{\sigma}\right)\sqrt{\Delta t} = \beta_i VaR \quad (3.4.15)$$

其中:$\beta_i = \frac{Cov(R_i, R)}{\sigma^2}$;$Cov(R_i, R) = (\sigma_{i1}, \sigma_{i2}, \cdots, \sigma_{in})w$;$(\sigma_{i1}, \sigma_{i2}, \cdots, \sigma_{in})$ 表示协方差矩阵 Σ 中第 i 行元素构成的行向量,也可以将边际 VaR 表示成向量的形式,即

$$\left(\frac{\partial VaR}{\partial w_1}, \frac{\partial VaR}{\partial w_2}, \cdots, \frac{\partial VaR}{\partial w_n}\right)^T$$

称为 VaR 的梯度向量,记作 ∇VaR,或 $DeltaVaR$,或 $gradVaR$。由(3.4.15)式可得

$$\nabla VaR = VaR \cdot (\beta_1, \beta_2, \cdots, \beta_n)^T \quad (3.4.16)$$

(二) I-VaR

投资者或者是组合管理者通常都需要考虑是否在原来的资产组合中增加或者剔除一项或几项资产,这就要考虑增加或者剔除资产后资产组合风险状况的变化,为此,我们引入增量 VaR 的概念。

假设在原来资产组合 $w = (w_1, w_2, \cdots, w_n)^T$ 的基础上,新增加另一个资产组合 $dw = (dw_1, dw_2, \cdots, dw_n)^T$,我们把调整后的资产组合的 VaR 记为 $VaR(w+dw)$。资产组合 dw 中的各个分量 dw_i 可以取正值,表示买入该项资产;可以取 0,表示没有调整该项资产;当然也可以取负值,表示卖出该项资产①。于是,dw 的 VaR,即增量 VaR 为

$$I\text{-}VaR(dw) = VaR(w+dw) - VaR(w) \quad (3.4.17)$$

为计算 $I\text{-}VaR(dw)$,我们可以分别求出资产组合调整之前的 VaR(即 $VaR(w)$)和调整之后的 VaR(即 $VaR(w+dw)$),然后把两者相减。但是,这种看似简单的方法在实际中却并不一定可行,因为对于一个金融机构而言,其资产组合一般包含成千上万个不同的资产头寸,而且有些资产头寸的结构还相当复杂,所以对这些头寸重新估值往往须耗费大量的精力和时间。事实上,当头寸调整很小时,对(3.4.17)式可用 Taylor 公式展开来近似得到,即有

---

① 如果新增加的资产组合是原资产组合 w 中所没有的,则将原资产组合 w 调整成为 $n+1$ 维向量,只是将新增加资产组合的数量取为 0。这纯粹属于一个技术性调整,所以,不失一般性,我们仍然把原资产组合记为 n 维向量 w。

$$I\text{-}VaR(\mathrm{d}w) \approx \sum_{i=1}^{n} \frac{\partial VaR(w)}{\partial w_i} \cdot \mathrm{d}w_i = \nabla VaR(w)^T \cdot \mathrm{d}w \qquad (3.4.18)$$

其中 $\nabla VaR(w)$ 是资产组合 w 的梯度向量。

根据(3.4.18)式,我们不要再计算调整之后的资产组合的 VaR,只要得到当前资产组合的 VaR 及其梯度向量 $\nabla VaR(w)$ 即可,从而使计算大大简化。

我们仍然以资产组合的 n 维收益率向量 R 服从 n 维正态分布 $N(\mu, \Sigma)$ 为例计算 I-VaR。对于资产组合 w 在置信水平 c 下的相对 $VaR(w) = \Phi^{-1}(c)\sqrt{w^T \sum w}\sqrt{\Delta t}$,根据(3.4.16)式和(3.4.18)式可有

$$I\text{-}VaR(\mathrm{d}w) \approx \nabla VaR(w)^T \cdot \mathrm{d}w = VaR \cdot (\beta_1, \beta_2, \cdots, \beta_n) \cdot \mathrm{d}w$$

于是,第 i 种资产的增量 VaR 为

$$I\text{-}VaR(\mathrm{d}w_i) \approx \beta_i \cdot \mathrm{d}w_i \cdot VaR$$

实践表明,对于多数金融机构而言,在大部分时间里仅需要对资产组合微调,此时,上式的近似效果不错。若需要对资产组合进行较大幅度调整时,可在近似公式(3.4.18)中引入 Taylor 展开式的二阶项或者更高阶项,以便更加准确地估计增量 VaR。

(三) C-VaR

若资产组合 $w = (w_1, w_2, \cdots, w_n)^T$ 中资产 i 的 VaR(记为 $C\text{-}VaR_i$)满足

$$VaR(w) = \sum_{i=1}^{n} C\text{-}VaR_i \qquad (3.4.19)$$

则称 $C\text{-}VaR_i$ 为组合中资产 i 的成分 VaR。(3.4.19)式表明成分 VaR 具有以下四个特性。

第一,资产组合中所有资产的成分 VaR 之和恰好等于资产组合的 VaR,这也相当于整个资产组合的 VaR 可以分解为各项资产的成分 VaR 之和。

第二,资产 i 的成分 VaR 恰好为资产 i 对组合 VaR 的贡献份额,即当一项新的资产被加入到资产组合中之后,其成分 VaR 应该等于该项资产的增量 VaR;反之,当从资产组合中剔除一项资产之后,资产组合 VaR 减少的部分即为该项资产在原来资产组合中的成分 VaR。

第三,若某资产的成分 VaR 为负,则该资产可对冲组合其余部分的风险,且对冲量为成分 VaR。

第四,当资产组合的 n 维收益率向量 R 服从 n 维正态分布 $N(\mu, \Sigma)$ 时,有

$$VaR(w) = \sum_{i=1}^{n} w_i \frac{\partial VaR(w)}{\partial w_i} = \nabla VaR(w)^T \cdot w$$

从而资产 i 的成分 VaR 为

$$C\text{-}VaR_i = w_i \frac{\partial VaR(w)}{\partial w_i} = w_i \cdot M\text{-}VaR_i = w_i \cdot \beta_i \cdot VaR \qquad (3.4.20)$$

很容易证明(3.4.20)式,即

$$\sigma_p^2 = w'\sum w = w_1 \text{Cov}(R_1, R_p) + \cdots + w_N \text{Cov}(R_N, R_p) = \sum_{i=1}^{N} w_i \beta_i \sigma_p^2$$

从而 $\sum w_i \beta_i = 1$。当期望收益为 0 时，有

$$VaR = \alpha\sigma_p \sqrt{\Delta t} = \alpha\sigma_p \sqrt{\Delta t} \cdot \sum_{i=1}^{N} w_i \beta_i = \sum_{i=1}^{N} w_i \beta_i \cdot \alpha\sigma_p \sqrt{\Delta t} = \sum_{i=1}^{N} C\text{-}VaR_i$$

于是，立即推出 $C\text{-}VaR_i = w_i \beta_i VaR$，即(3.4.20)式成立。

四、VaR 方法的优缺点评述

VaR 方法具有许多诸如灵敏度方法、波动性方法等风险度量方法所无法比拟的优点，目前已经成为风险度量的主流方法，并被广泛应用于各种不同的领域。概括起来，VaR 方法的优点主要体现在以下三方面。

第一，由于 VaR 方法可以测量不同风险因子、不同金融工具构成的复杂资产组合以及不同业务部门所面临的总体风险，所以适用范围更加广泛。

第二，由于 VaR 方法不仅提供了一个概括性的风险度量值及其发生的概率，而且所提供的风险度量值还具有可比性，所以 VaR 方法容易为高层管理人员理解、认可、接受和使用，从而使得该法在对不同部门的风险比较、绩效评估、经济资本配置、风险限额确定、投资决策以及风险监管等诸多方面都能得到不断推广和应用。

第三，VaR 方法在一定程度上考虑了决定组合价值变化的不同风险因子之间的相关性，从而能更加体现出投资组合分散化对降低风险的作用。

当然，VaR 方法也有许多局限性，这些局限性主要集中在 VaR 方法本身内在的局限性和计算 VaR 所使用的统计方法的局限性两方面。具体表现为：

一是 VaR 方法本质上是一种向后看的方法，即对组合未来价值变化的估计是基于历史数据做出的，这就相当于假定了决定组合价值变化的风险因子在未来的发展变化及其相互关系同过去的行为完全一致，这显然与实际不符。

二是对风险因子行为经常使用的正态性假设不能准确刻画资产收益率分布所经常出现的尖峰、厚尾、非对称等分布特征。

三是基于同样的历史数据，但运用不同方法（例如历史模拟、Monte Carlo 模拟等等[①]）所计算的 VaR 值往往差异较大，这容易使人们对 VaR 方法的可靠性产生怀疑。

四是 VaR 方法不能准确度量金融市场处于极端情形时的风险。

五是 VaR 方法可能不满足次可加性(sub-additive)，即以 VaR 作为风险度量指标，资产组合整体的风险可能会大于组合内各项资产风险的总和，这容易引致逻辑矛盾。

六是 VaR 方法对组合损益的尾部特征的描述并不充分，从而对风险的刻画也不完全。以置信度为 95％的 VaR 为例，该值只给出了组合在 95％的概率内有可能发生的最大损失。但对于另外 5％的可能性发生时，组合损失超过 VaR 的那部分到底可能有多大，没有给予任何说

---

① 见本章第五节和第六节的内容。

明,所以 VaR 方法并不完善。

七是 VaR 方法得到的是统计意义上的结论,而统计意义上的经济结论主要用于揭示由大量的不确定性个体组成的群体所呈现出的一般规律,对单独一次的个体经济现象的预测和决策没有多少说服力,从而对个体所得结论(例如预测和决策)并不确定。

八是计算 VaR 时对历史数据的搜集、处理一般比较繁杂,而且有时还无法获得相应的历史数据;同时,VaR 的计算有时比较复杂,计算量也比较大。

第五节　基于历史模拟法的 VaR 计算

本节将介绍用以计算 VaR 的风险因子映射估值模拟法(或全部估值法)的第一种方法——历史模拟法(historical simulation,有时简记为 HS)。用以计算 VaR 的历史模拟法的种类很多,主要有标准历史模拟方法(standard historical simulation,简记为 SHS)、加权历史模拟法(weighted historical simulation)、滤波历史模拟法(filtered historical simulation)等等。加权历史模拟法和滤波历史模拟法是对标准历史模拟方法的修正和扩展。无论何种形式的历史模拟法,其基本思想都是类似的。本节先从最简单的标准历史模拟法入手,对几种主要的历史模拟法进行介绍。

一、基于标准历史模拟法计算 VaR 的基本原理和实施步骤

(一)基本原理

我们再回顾一下前文对计算 VaR 的高度概括:计算 VaR 的所有方法,实质上都是围绕着如何估计金融风险因子的变化分布以及在金融风险因子变化影响下资产组合的未来损益分布而展开的,不同之处主要在于采用的估计方法不同。标准历史模拟法当然也不例外:基于标准历史模拟法计算 VaR 的基本原理,就是将各个风险因子在过去某一时期上的变化分布或变化情景准确刻画出来,作为该风险因子未来的变化分布或变化情景,在此基础上通过建立风险因子与资产组合价值之间的映射表达式模拟出资产组合未来可能的损益①分布,进而计算出给定置信度下的 VaR。

显然,标准历史模拟法不需要假设市场风险因子服从某种概率分布,而是直接用风险因子过去的变化分布表示未来的变化分布,所以标准历史模拟法不需要进行参数估计,因而是一种非参数全值估计法。

(二)一般计算步骤

问题描述:假设某证券组合的价值为 $V(t)$,受 n 个风险变量因子 $f_i(t)$ 的影响,其中 $i=1,2,\cdots,n$;$t<0$ 表示过去时刻,$t=0$ 表示当前时刻,$t>0$ 表示将来时刻,下面就介绍如何利用

---

① 资产组合的损益可以取正值,也可以取负值。

标准历史模拟法计算置信度 c 下资产组合的日 VaR。

第一，识别风险因子变量，建立证券组合价值与风险因子变量之间的映射关系。

首先识别出影响证券组合价值的风险因子变量，不妨仍记为 $f_i(t)$，$i=1,2,\cdots,n$。借助于相应的证券定价理论和公式，用 n 个风险因子变量 $f_i(t)$ 表示出的证券组合价值公式为

$$V_t = V(f_1(t), f_2(t), \cdots, f_n(t)) \tag{3.5.1}$$

于是，证券组合在当前时刻的价值为

$$V_0 = V(f_1(0), f_2(0), \cdots, f_n(0)) \tag{3.5.2}$$

第二，选取历史数据，模拟风险因子变量未来的可能取值。

论证并确定选取历史数据的时间区间①，该区间应很好地反映未来时期风险因子变化。为讨论方便，此处不妨设为从现在到过去 $T+1$ 个交易日；搜集并列出每个风险因子 f_i 从现在到过去 $T+1$ 个连续交易日的历史数据，记为 $f_i(-t)$，其中 $i=1,2,\cdots,n$；$t=0,1,\cdots,T$；$-t<0$ 表示过去时刻，$t=0$ 表示当前时刻。然后，计算每个风险因子变量时间序列 $\{f_i(-t): t=0,1,\cdots,T\}$ 的一阶差分，得到风险因子变量 f_i 过去 T 个变化量为

$$\Delta f_i(-t) = f_i(-t+1) - f_i(-t),\ i=1,2,\cdots,n;\ t=1,2,\cdots,T \tag{3.5.3}$$

根据标准历史模拟法的假定，即风险因子变量的未来变化完全等同于过去，于是可以用风险因子变量过去已经发生的 T 种变化作为风险因子未来可能出现的 T 种变化，从而风险因子变量 f_i 未来的可能取值为

$$f_i(t) = f_i(0) + \Delta f_i(-t),\ i=1,2,\cdots,n;\ t=1,2,\cdots,T \tag{3.5.4}$$

第三，计算证券组合未来的可能价值水平或损益分布。

利用第二步的模拟结果以及证券组合价值与风险因子之间的映射公式(3.5.1)，可计算证券组合在未来的 T 种可能价值水平为

$$V_t = V(f_1(t), f_2(t), \cdots, f_n(t)),\ t=1,2,\cdots,T \tag{3.5.5}$$

从而得到证券组合在未来的 T 种可能价值变化量，下文也常称为损益值，即

$$\Delta V_t = V_t - V_0,\ t=1,2,\cdots,T \tag{3.5.6}$$

对 $t=1,2,\cdots,T$，将 ΔV_t 从大到小排序，即可找到对应于 $1,2,\cdots,T$ 的一个排列，不妨设为 $k_1,k_2,\cdots,k_T$，使

$$\Delta V(k_1) \geqslant \Delta V(k_2) \geqslant \cdots \geqslant \Delta V(k_{t-1}) \geqslant \Delta V(k_t) \geqslant \cdots \geqslant \Delta V(k_{T-1}) \geqslant \Delta V(k_T)$$

这就是证券组合未来的损益分布。

第四，基于损益分布计算置信度 c 下的 VaR。

计算给定置信度 c 下的分位数为 $[Tc]$，其中 $[Tc]$ 表示取 Tc 的整数部分，则根据分位数和证券组合未来的损益分布即可求得置信度 c 下的 VaR 值为 $\Delta V(k_{[Tc]+1})$。

---

① 为简单和清楚起见，本节特别把采用历史模拟法而选取的风险因子历史数据的时间区间简称为历史数据选用区间。

引例

基于标准历史模拟法的 VaR 计算举例[1]

假设某美国公司于 1998 年 12 月 31 日持有一份 3 个月后到期、以 16.5 百万美元交换 10 百万英镑的远期合约。我们期望应用标准历史模拟法计算这家美国公司于 1998 年 12 月 31 日持有该合约在 $c=95\%$ 置信度下的日 VaR 值。

为清楚起见,我们先定义一些下文要用到的符号:定义 S 为以美元表示的英镑的即期价格,即英镑对美元的即期汇率;K 表示货币远期合约中的约定价格,在本例中 $K=1.65$;f 表示远期合约的市场价值;r 为用年化的百分率表示的 3 个月的美元利率;r^* 为用年化的百分率表示的 3 个月的英镑利率;τ 为合约的到期期限,在本例中为 3 个月共 92 天,于是 $\tau=92/365$ 年;$P=\dfrac{1}{1+r\tau}$ 为 3 个月的美元折现因子;$P^*=\dfrac{1}{1+r^*\tau}$ 表示 3 个月的英镑折现因子。

根据标准历史模拟法计算 VaR 的步骤,我们分以下四步进行。

第一,确定影响公司持有的远期合约市场价值的风险因子,分别为即期汇率 S、美元利率 r 以及英镑利率 r^*;再利用远期合约的定价理论[2],建立远期合约的市场价值与上述市场风险因子之间的函数表达式,即

$$f = S\frac{1}{1+r^*\tau} - K\frac{1}{1+r\tau} = SP^* - KP \tag{3.5.7}$$

可见,公司所持有的货币远期合约的价值受到即期汇率 S、美元利率 r 以及英镑利率 r^* 这三个市场风险因子的影响。

第二,对于三个市场风险因子 S,r 和 r^*,分别选取从 1998 年 8 月 10 日至拟考察的日期 12 月 31 日之间 101 个交易日的连续历史数据,并对应地计算出下面要用到的即期汇率 S 的值,见表 3-3。

表 3-3 各个风险因子在 1998 年 8 月 10 日至 12 月 31 日之间 101 个交易日的历史数据

t[3]	日期(1998 年)[4]	r(%/年)	r^*(%/年)	S(美元/英镑)
0	12 月 31 日	4.937 5	5.968 8	1.663 7
-1	12 月 30 日	4.968 0	6.967 0	1.610 8
-2	12 月 29 日	5.007 0	6.989 0	1.608 7
-3	12 月 28 日	4.994 0	7.016 0	1.608 6
-4	12 月 25 日	4.974 0	6.982 0	1.610 1

---

[1] 这个例子改自于 Philippe Jorion(2004)。本文将分别把标准历史模拟法、Monte Carlo 模拟法、Delta-正态方法、Delta-加权正态方法以及 Cornish-Fisher 方法应用于上述同一个例子中,以便于考察、比较运用不同方法计算 VaR 的异同性和有效性。

[2] 关于远期、期货、期权等金融工具的定价问题,可以参考 John Hull(2003)。

[3] $t=0$ 表示当前日期 1998 年 12 月 30 日,$t=-i$ 表示从现在日期开始往前推算的第 i 个交易日,下同。

[4] 日期的不连续是因为剔除了非交易日的缘故。

续 表

t	日期(1998年)	r(%/年)	r^*(%/年)	S(美元/英镑)
−5	12月24日	4.9740	7.0020	1.6106
−6	12月23日	4.9670	7.0390	1.6118
−7	12月22日	5.0180	7.0240	1.6129
−8	12月21日	5.0020	6.980	1.6095
−9	12月20日	5.0420	6.9710	1.6104
⋮	⋮	⋮	⋮	⋮
−91	8月21日	4.9920	7.0170	1.6111
−92	8月20日	4.9950	7.0360	1.6109
−93	8月19日	5.0410	6.9860	1.6092
−94	8月18日	4.9920	6.9950	1.6106
−95	8月17日	4.9560	7.0270	1.6113
−96	8月14日	4.9540	6.9750	1.6099
−97	8月13日	4.9910	7.0060	1.6115
−98	8月12日	4.9930	7.0110	1.6102
−99	8月11日	4.9990	6.9680	1.6108
−100	8月10日	4.9770	6.9820	1.6087

第三,利用公式(3.5.3)和(3.5.4),对应于表3-3的次序,可分别得到三个市场风险因子 S, r 和 r^* 在1999年1月4日①的100个可能取值,此时 $T=100$;再利用公式(3.5.5)至公式(3.5.7),并对应于 S, r 和 r^* 的100个可能取值计算出远期合约价值和损益值在1999年1月4日的100个可能取值,具体的计算结果见表3-4。

表3-4 远期合约的三个风险因子及其对应价值在
1999年1月4日的100个可能取值

	风 险 因 子			远期合约价值的 可能取值(美元)	远期合约损益值的 可能取值(美元)
	r(%/年)	r^*(%/年)	S(美元/英镑)		
1	4.9070	4.9706	1.7166	655 265.635 3	561 684.635 3
2	4.8985	5.9468	1.6658	113 592.003	20 011.003

---

① 假定1999年1月4日为下一个交易日。

续表

	风险因子			远期合约价值的可能取值(美元)	远期合约损益值的可能取值(美元)
	r(%/年)	r^*(%/年)	S(美元/英镑)		
3	4.950 5	5.941 8	1.663 7	96 672.741 76	3 091.741 755
4	4.957 5	6.002 8	1.662 2	78 235.159 27	−15 345.840 7
5	4.937 5	5.948 8	1.663 2	88 969.377 13	−4 611.622 87
6	4.944 5	5.931 8	1.662 5	83 532.409 95	−10 048.59
7	4.886 5	5.983 8	1.662 7	80 577.257 8	−13 003.742 2
8	4.953 5	6.012 8	1.667 1	125 945.169 9	32 364.169 95
9	4.897 5	5.977 8	1.662 8	82 740.126 25	−10 840.873 8
10	4.969 5	5.950 8	1.663 5	93 625.237 47	44.237 470 68
⋮	⋮	⋮	⋮	⋮	⋮
91	4.936 5	5.952 8	1.662 6	83 348.302 86	−10 232.697 1
92	4.934 5	5.949 8	1.663 9	95 705.661 24	2 124.661 24
93	4.891 5	6.018 8	1.665 5	106 951.358 7	13 370.358 66
94	4.986 5	5.959 8	1.662 3	81 629.476 84	−11 951.523 2
95	4.973 5	5.936 8	1.663 1	89 917.323 44	−3 663.676 56
96	4.939 5	6.020 8	1.665 1	104 862.071 4	11 281.071 4
97	4.900 5	5.937 8	1.662 1	77 577.643 27	−16 003.356 7
98	4.935 5	5.963 8	1.665 0	106 511.588 7	12 930.588 74
99	4.931 5	6.011 8	1.663 2	86 185.014 8	−7 395.985 2
100	4.959 5	5.954 8	1.665 8	115 231.238	21 650.237 97

第四,将表3-4中远期合约在1999年1月4日的100个损益值的可能取值从大到小排列,可得到远期合约在1999年1月4日的损益分布,具体结果见表3-5;计算出95%置信度下的分位数为$[Tc]=[100×95\%]=95$,则在表3-5的最后1列"远期合约损益值的可能取值"中的第$[Tc]+1=96$个数值−26 408.297 7美元,即为美国公司持有该合约在95%置信度下的日VaR值。也就是说,某美国公司于1999年1月4日持有的那份远期合约,在下个交易日、即1999年1月4日进行交易的最大可能损失有95%的可能性不超过26 408.297 7美元。

表3-5 远期合约价值及其变化值在1999年1月4日的100个可能取值从大到小排序

	风险因子			远期合约价值的可能取值(美元)	远期合约损益值的可能取值(美元)
	$r(\%/年)$	$r^*(\%/年)$	$S(美元/英镑)$		
1	4.907 0	4.970 6	1.716 6	655 265.635 3	561 684.635 3
2	4.943 5	5.987 8	1.667 5	130 495.062 4	36 914.062 41
3	4.953 5	6.012 8	1.667 1	125 945.169 9	32 364.169 95
4	4.923 5	5.989 8	1.666 9	123 697.630 7	30 116.630 74
5	4.944 5	5.952 8	1.666 4	121 113.076 2	27 532.076 21
6	5.006 5	6.031 8	1.666 4	119 920.842 6	26 339.842 57
7	4.934 5	5.950 8	1.666 3	119 313.461 4	25 732.461 4
8	5.017 5	5.945 8	1.665 7	117 436.371 5	23 855.371 54
9	4.951 5	5.948 8	1.665 95	117 122.546 5	23 541.546 51
10	4.961 5	5.903 8	1.665 7	116 881.241 5	23 300.241 55
⋮	⋮	⋮	⋮	⋮	⋮
91	4.915 5	5.932 8	1.661 7	74 441.676 41	−19 139.323 6
92	4.948 5	5.933 8	1.661 5	73 266.175 95	−20 314.824
93	4.876 5	5.907 8	1.661 6	72 894.640 51	−20 686.359 5
94	4.934 5	5.995 8	1.661 6	71 680.404 46	−21 900.595 5
95	4.918 5	6.055 8	1.661 9	71 572.655 37	−22 008.344 6
96	4.908 5	5.922 8	1.661 0	67 172.702 34	−26 408.297 7
97	4.861 5	5.982 8	1.661 4	66 802.613 06	−26 778.386 9
98	4.994 5	5.941 8	1.660 4	64 448.423 08	−29 132.576 9
99	4.976 5	5.958 8	1.660 3	61 560.974 28	−32 020.025 7
100	4.989 5	6.014 8	1.659 7	54 409.283 14	−39 171.716 9

二、计算 VaR 的标准历史模拟法的评述

为便于读者全面、准确地认识、理解和应用标准历史模拟法,我们特将此法在计算 VaR 时

的优缺点归纳如下。

(一) 关于计算 VaR 的标准历史模拟法的优点

第一,标准历史模拟法直观、简单、便于理解,计算过程也比较容易为人们掌握和实施,也就容易为人们所接受。

第二,由于标准历史模拟法是一种非参数估计方法,不需要对市场风险因子等变量建立数学模型,自然也就不需要估计诸如波动性和相关性等有关风险因子参数,同时也不需要利用数学模型去假设或模拟市场风险因子未来的分布形式或动态行为特征,所以可以减少参数估计风险和模型风险。

第三,由于不需要假定市场风险因子未来变化服从诸如正态分布等某种特定的概率分布①,所以该法可以处理一些非对称和尖峰厚尾等问题。

第四,作为一种非参数完全估值法,标准历史模拟法自然也能够用以处理市场风险度量过程中的一些非线性问题。

第五,由于标准历史模拟法原理简单而实用,所以容易与计算 VaR 的其他方法(例如灵敏度法)相融合,从而也容易被改进和推广。

(二) 关于计算 VaR 的标准历史模拟法的不足

第一,标准历史模拟法隐含着一个基本假设,即风险因子的未来变化完全等同于在历史数据选用区间中的变化,这决定了标准历史模拟法在应用时具有天生缺陷。由于现实中风险因子的变化状况是国内外各种宏微观因素共同作用的结果,而国内外各种宏微观因素相互交叉、相互作用,其中任何一个环节、一个因素的变动都可能招致整个宏微观环境的极大变化,从而国内外宏微观环境处于经常性的变动中,受制于上述因素的各类风险因子自然也处于不断变化之中,所以,很难确保风险因子的未来变化完全复制过去,在此种情况下,上文所列举的关于计算 VaR 的标准历史模拟法的第二至第四条优点也就不复存在了。可见,标准历史模拟法的可靠性取决于风险因子在历史数据选用区间的变化状况与未来变化的近似程度。例如,如果风险因子历史变化中不包含极端情形或包含过少,那么基于上述数据所计算的 VaR 就可能低估风险,更不能很好地反映未来可能发生的突发事件或者极端事件的状况;另一方面,如果风险因子历史变化中包含了过多的极端波动,那么基于上述数据所计算的 VaR 往往又会高估风险。

第二,标准历史模拟法所隐含的另外一个假设,即风险因子在历史数据选用区间内的每个值在未来时刻都以相同的概率(下文称为等同概率,即等于 $1/T$)出现,与现实也经常不符。这个假设忽视了许多普遍存在的事实和现象。

(1) 在一般情况下,风险因子发生在过去的变化情景越久远,在未来的可用价值就可能越小,所以标准历史模拟法的等同概率假设不能反映这种情形。

---

① 前文已提及过,人们在计算 VaR 时习惯于假设风险因子服从正态分布等某些容易处理的特定分布,这往往与风险因子在实际变化过程中所表现出的非对称性、尖峰厚尾等特征不相符合,此时容易低估所考察的资产组合的实际风险。关于风险因子变化的尖峰厚尾等问题,我们将在本章第八节中予以介绍。

（2）等同概率假设也没有考虑风险因子历史数据发生的特定时期、数据的波动性以及数据的特殊取值等因素对未来再次出现同样情景的可能性所产生的影响。例如，股票价格在周初与周末常常表现出不同的变化规律，在不同月份的变化差异也往往很大；再如，若风险因子历史变化数据中包含极端取值，而这种极端值在未来再次出现的概率可能很小，甚至远远小于等同概率 $1/T$，则等同概率假设将会放大未来的风险。

第三，为了得到风险因子未来的变化分布特征，标准历史模拟法往往需要大量的连续历史数据。通常，这并非是一件容易的事情，而对于发展时间短、还不成熟、不规范的新兴金融市场而言将更加困难。另外，搜集、处理大量的历史数据，还需要花费很大的时间、人力、物力成本。

第四，采用标准历史模拟法计算的 VaR 值，对不同的风险因子的历史数据选用区间及其长度（即 T 的大小）、历史数据的质量等都非常敏感，特别对极端历史数据更加敏感，所以，基于标准历史模拟法而得到的 VaR 值的波动性比较大，从而稳健性也比较差。

第五，我们在本章第三节所言的有关 VaR 方法的一些缺陷，在利用标准历史模拟法计算 VaR 时仍不可避免，这里不再赘述。

三、计算 VaR 的标准历史模拟法的修正及扩展[①]

针对于上述缺陷，人们对标准历史模拟法提出了许多修正和扩展。其中，在突破标准历史模拟法等权重假设的缺陷方面具有相对比较成熟和完善的修正和扩展模型，本文称为加权历史模拟法，而时间加权历史模拟法（age-weighted historical simulation）和波动率加权历史模拟法（volatility-weighted historical simulation）又是加权历史模拟法中最为主要和常用的方法，我们在这里将予以详细介绍。

（一）时间加权历史模拟法

时间加权历史模拟法最早由 Boudoukh, Richardson 和 Whitelaw(1998) 三人提出，他们针对标准历史模拟法不切实际的等权重假设，提出了给风险因子不同时期的历史数据赋予不同权重，以减少等权重假设在描述风险因子未来变化分布时所存在的不合理成分。时间加权历史模拟法对离当前越近的历史数据赋予的权重越大，以此来反映这样一个具有普遍性的事实：风险因子已经发生的离现在越近的行为在未来再次重复发生的可能性就越大，或者说，风险因子离现在越近的变化情景可为预测其未来的变化分布提供越多的信息。显然，从理论上来说，时间加权历史模拟法比标准历史模拟法更加合理一些。

除了根据历史数据离现在的远近而采用不同的权重以外，运用时间加权历史模拟法计算 VaR 的基本原理和步骤，都完全类似于标准历史模拟法。我们仍采用上节中的问题描述方式和符号。标准历史模拟法假设风险因子在过去第 t 期的变化值 $\Delta f_i(-t)$ 在未来将以 $1/T$ 的概率出现；而时间加权历史模拟法对这一点进行了修正，即假设风险因子在过去第 t 期的变化值 $\Delta f_i(-t)$ 在未来出现的可能性是

[①] 除了上述方法以外，比较常见的还有考虑了风险因子条件波动率（conditional volatility）的滤波历史模拟法（filtered historical simulation, FHS）。因为篇幅原因，这里略去，有兴趣的读者可参考 Barone-Adesi 和 Giannopoulos(2001)。

$$p_t = \frac{(1-\eta)\eta^{t-1}}{1-\eta^T} \tag{3.5.8}$$

其中：常数 $\eta \in (0, 1)$ 称为衰减因子；$t = 1, 2, \cdots, T$。(3.5.8)式表明，随着历史的向前推移，该时期内风险因子变化的观测值在未来再次出现的概率以指数形式衰减，衰减的速度取决于衰减因子 η 的大小。关于衰减因子 η 的确定，可以根据历史数据并运用常规的时间序列分析方法去模拟解决，这里不再赘述。

根据时间加权历史模拟法所确定的权重结构(3.5.8)以及公式(3.5.5)、(3.5.6)，可得到资产组合在未来时刻的可能价值和可能损益值分别为 $V(t)$、$\Delta V(t)$，两者在未来时刻出现的可能性都为 p_t，其中 $t = 1, 2, \cdots, T$。然后，将 ΔV_t 从大到小排序，显然可找到对应于 $1, 2, \cdots, T$ 的一个排列，不妨仍设为 $k_1, k_2, \cdots, k_T$，使

$$\Delta V(k_{j-1}) \geqslant \Delta V(k_j)$$

再计算

$$\{(\Delta V(k_j), p_{k_j}) : j = 1, 2, \cdots, T\}$$

并在二维坐标系中作出由上述 T 个点组成的散点图，这个散点图实际上就是资产组合在未来时刻的损益分布。

最后，就可以根据资产组合的损益分布来计算资产组合在给定置信度 c 下的 VaR：先根据置信度 c 计算分位数，即求满足 $\sum_{j=m}^{T} p_{k_j} \geqslant 1-c$ 的最大值 m；于是损益分布中所对应的第 m 个值 $\Delta V(k_m)$ 即为置信度 c 下的 VaR。但在实际操作中，正好满足 $\sum_{j=m}^{T} p_{k_j} = 1-c$ 的 m 很少，此时用损益分布中第 m 个值作为置信度 c 下的 VaR 可能会有很大误差。为此，也可以采用线性插值方法在给定置信度 c 下得到资产组合更为精确的 VaR。

令时间加权历史模拟法中的权重发生零衰减，即在(3.5.8)式中令 η 无限趋近于 1，时间加权历史模拟法就可无限接近于标准历史模拟法。可见，标准历史模拟法是时间加权历史模拟法的一个特例。尽管时间加权历史模拟法对标准历史模拟法的"等概率假设"的缺陷做了改进，事实上 Boudoukh, Richardson 和 Whitelaw(1998)的经验研究也表明，采用时间加权历史模拟法的确可以得到比采用标准历史模拟法更好的 VaR 值，但是时间加权历史模拟法仍没有考虑市场风险因子波动性在不同时期的差异对市场风险因子的影响。为此，波动率加权历史模拟法针对这个缺陷对标准历史模拟法和时间加权历史模拟法做出了进一步的修正和改进。

(二) 波动率加权历史模拟法

针对于市场风险因子在不同时期的波动率所表现出的极大差异性，Hull 和 White 于 1998 年提出了波动率加权历史模拟法。该法的基本思想就是，先根据风险因子的历史数据[①]和有

[①] 影响资产组合价值的市场风险因子(常简称为风险因子)变量通常以用某种货币表示的价格或基于该种价格计算的变化率两种形式刻画。由于风险因子的价格时间序列往往缺乏平稳性，而其变化率时间序列则正好相反，所以在建立时间序列模型时一般采用风险因子的变化率序列。为此，此处的风险因子都以变化率来刻画，所谓的风险因子时间序列(模型)也是指风险因子变化率的时间序列(模型)。另外，本文的风险因子波动率也是用风险因子变化率的标准差表示。市场上一般不存在风险因子波动率的实际数据，因此需要建立一个风险因子变化率的时间序列模型来描述资产组合波动率的动态行为。常用模型有指数加权移动平均模型(EWMA)、广义自回归条件异方差模型(GARCH)以及各类 GARCH 模型等。我们在本章第七节中将会涉及其中的某些模型。

关时间序列分析方法,建立风险因子时间序列模型,以此来刻画风险因子波动率的动态行为;然后,用新建立的风险因子时间序列模型,分别模拟风险因子在历史数据选用区间中的波动率以及未来时期的波动率;若由新建模型模拟出的风险因子在历史数据选用区间的波动率与未来时期的波动率具有明显差异,则需要对历史数据选用区间中的历史数据赋予相应权重加以调整,再选择经过权重调整的历史数据以及标准历史模拟法或者时间加权历史模拟法计算VaR。下面给予具体介绍。

为清楚起见,这里只对受单个风险因子影响的资产组合的投资风险进行考察,对于多风险因子的状况可类似讨论。假设投资于某资产组合的初始金额为 w;同时用 r_t 表示市场风险因子,其中 $t<0$ 表示过去时刻,$t=0$ 表示当前时刻,$t=1$ 表示拟考察的未来时刻,$t>0$ 时 r_t 是随机变量。于是,所确定的历史数据选用区间的历史数据可以用一个时间序列

$$R = \{r_{-t}: t = 0, 1, \cdots, T\} \tag{3.5.9}$$

来表示,r_{-t} 表示风险因子从当前时刻开始往前推算的第 t 个历史数据。

首先,建立 r_t 的时间序列模型。为了模拟随机变量 r_t 的分布特征,波动率加权历史模拟法并不直接采用(3.5.9)式所给出的历史数据,而是选用更早期的数据。根据所选用的风险因子更早期的历史数据的基本特征,确定应采用的时间序列建模方法,完成 r_t 的时间序列建模工作,最后可用(3.5.9)式给出的历史数据选用区间的数据对模型进行准确性检验和校正。

其次,运用新建模型对(3.5.9)式给出的历史数据选用区间的数据进行权重调整。运用新建模型依次估计出风险因子在历史数据选用区间与未来时刻的波动率,分别设为 $\sigma_{-t}(t=1,2,\cdots,T)$ 和 σ_1;再利用 $\sigma_{-t}(t=1,2,\cdots,T)$ 和 σ_1 对历史数据选用区间的数据(3.5.9)进行调整,从而得到波动率调整后的风险因子的历史数据:

$$R^* = \left\{ r_{-t}^*: r_{-t}^* = r_{-t}\frac{\sigma_1}{\sigma_{-t}},\ t=1,2,\cdots,T \right\} \tag{3.5.10}$$

最后,根据(3.5.10)给出的波动率调整后的风险因子的历史数据序列,再选择标准历史模拟法或时间加权历史模拟法就可以计算 VaR 了。

显然,波动率加权历史模拟法的主要改进在于通过建立风险因子时间序列模型来判别是否需要对选定的历史数据进行调整并提出调整方法。同时,可以看出,如果用模型模拟出的风险因子在历史数据选用区间的波动率明显高于或低于未来时期风险因子的波动率,那么,借助于标准历史模拟法或者时间加权历史模拟法,不加调整地直接用历史数据选用区间的数据计算得到的 VaR 将会高估或低估资产组合未来的实际风险。因此,与标准历史模拟法和时间加权历史模拟法相比,改进后的波动率加权历史模拟法更充分考虑到了风险因子变化对资产组合风险的影响,特别在处理极端数据方面更具有优势。例如,当由新模型预测的未来波动率值大于历史数据选用区间的波动率值时,利用 σ_1/σ_{-t} 调整后的数据显然会放大原始数据,因为 $\sigma_1/\sigma_{-t}>1$,此时就不会因为在历史数据选用区间中缺少极端历史数据而极大地低估未来风险,反之则反是。Hull 和 White(1998)的实证研究也证明了采用波动率加权历史模拟法计算 VaR 值时所具有的上述优势。

除了上述方法以外,基于风险因子条件波动率(conditional volatility)的滤波历史模拟法(filtered historical simulation,FHS)也较常见。因篇幅所限,这里略去,有兴趣的读者可参考

Barone-Adesi 和 Giannopoulos(2000)。

第六节　基于 Monte Carlo 模拟法的 VaR 计算

Monte Carlo 模拟法(Monte Carlo simulation)，是继本章第五节介绍的历史模拟法以后本节将要介绍的又一种用以计算 VaR 的风险因子映射估值模拟法，或称为全部估值法。基于历史模拟法计算 VaR，实质上是利用风险因子的历史数据序列模拟出资产组合的未来损益分布，进而得到给定置信度下的 VaR。不同于历史模拟法，采用 Monte Carlo 模拟法计算 VaR 不再借助于风险因子的历史数据，而是通过选择或建立适当的随机模型模拟风险因子的未来变化路径，并利用估值公式计算出对应路径的资产组合价值；反复重复上述模拟过程，最大限度地获得风险因子的未来变化路径及其对应的资产组合价值在未来的可能取值，以期更加准确地描绘出资产组合的未来损益分布，进而求得 VaR。显然，Monte Carlo 模拟法可以有效避免采用历史模拟法计算 VaR 的一些不足。

一、Monte Carlo 模拟法

（一）Monte Carlo 模拟法的基本原理与实施步骤

我们先看一个标准的统计问题：总体未知，我们期望通过从总体中随机抽取样本并根据计算的样本均值 $\overline{X}$ 去推断总体的均值 μ。那么，如何用 $\overline{X}$ 去估计 μ 呢？可靠度又如何呢？这可以通过从总体中一次又一次地重复模拟抽取样本，同时每次都对应地计算出一个新的样本均值 $\overline{X}$，进而建立均值 $\overline{X}$ 的分布得到，上述方法就是所谓的随机抽样统计分析方法。随机抽样统计分析方法的基本特点是对实际数据进行抽样分析。例如，本节开头的例子就是通过从实际数据中随机抽取样本、并计算样本的数学特征，去估计总体的数学特征，也就是通过局部认识总体。

20 世纪 40 年代中期，一些科学家在执行美国研制原子弹的"曼哈顿计划"时碰到了一些用常规方法无法解决的难题。例如，在核反应或核武器爆炸中，中子进入反应堆屏障的运动具有随机性，那么如何精确模拟、计算这种随机性运动呢？受随机抽样统计分析方法的启发，科学家们认识到，只要有足够多的抽样，便可能获得精确解。但立即又出现了新的困难：没有实际数据，如何进行随机抽样统计分析呢？于是，科学家们首次提出了运用计算机产生随机数的方法，然后，借助于随机数成功模仿和计算出了中子的随机游走路径。由于借助于计算机对中子的随机运动所进行的一次又一次的重复模拟试验，就如同赌场中不断重复的轮盘赌的随机旋转一样，所以"曼哈顿计划"的主持人之一、大科学家冯·诺伊曼(Von Neumann)饶有兴趣地借用闻名于世界的赌城——Monte Carlo[①] 来为这种基于随机数的数值模拟方法命名，称为 Monte Carlo 模拟法。不同于随机抽样统计分析方法，Monte Carlo 模拟法是从计算机随机模

---

① Monte Carlo 位于法国南部，是摩纳哥(Monaco)于 1862 年建立的著名赌城。

拟出的而非实际存在的数据中进行抽样、统计,所以该法也称为随机模拟方法。另外,尽管抽样的数据来源不同,但采用 Monte Carlo 模拟法与随机抽样统计分析方法的重复抽样的原理相同,所以人们在很多情况下并不对两者加以区分,而常常把这种一次又一次不断重复的随机抽样方法,统称为 Monte Carlo 模拟法。

目前,Monte Carlo 模拟法几乎在所有的科学研究领域中都有用武之地,而且可以同时用于求解确定性问题和随机性问题。我们下面分别给予简单介绍。

关于确定性问题,主要指对那些已经存在的事实或现象进行研究的问题。例如,上文中借助于实际数据的抽样去估计总体的例子,不同领域中各类积分的数值计算与各类方程的求解问题等等,这类问题往往很难直接求解而借助于 Monte Carlo 模拟法对已经存在的事实或现象进行模拟、观测、求解,具体求解的思路和步骤为:首先,针对所要研究的确定性问题中已经存在的事实或现象,建立一个概率模型或随机过程,使模型或过程的参数等于问题的解;然后,通过对模型或过程的反复观察或抽样试验来计算所求参数的统计特征;最后,输出所求解的近似值,并估计解的精度[①]。仍以通过抽样估计总体的均值 μ 为例,根据概率论的定理,只要每次抽样或模拟都遵循随机性原则以保证所得样本均值 $\overline{X}$ 序列的相互独立性,同时保证抽样或模拟次数 N 足够大,则样本均值 $\overline{X}$ 的数学期望值就会近似于总体的均值 μ,抽样的标准差为 $\dfrac{\sigma}{\sqrt{N}}$,其中 σ 为总体的标准差。可见,N 越大,所求得解就越准确。这就决定了只有借助于计算机才能取到足够大的 N,从而确保该法应用的有效性。

关于随机性问题,是指拟要研究的问题中含有还未发生的随机性成分。例如,上文提到的核反应时中子的随机性运动问题、运筹学中的库存问题、随机服务系统中的排队问题、金融资产价格的变化问题等等,这类问题一般须借助于随机数来对一些还没有发生的随机现象进行模拟,最后的求解结果也常常是对拟要研究的随机问题的未来变化分布的预测。由于求解随机性问题时需要对一些还没有发生的随机现象进行模拟,这不同于求解确定性问题,所以采用 Monte Carlo 模拟法求解随机性问题自然也与求解确定性问题有所不同。为此,我们也将求解随机性问题的具体思路和步骤概括如下:首先,针对待求解问题中的随机现象建立相应的随机模型;然后,对随机模型中的随机变量确定抽样方法,再通过计算机的模拟试验产生所需要的随机数,得到模型中随机变量的有关特征数字;最后,根据随机模型所确定的解和相关随机变量的某些特征数字之间的函数关系,计算出所求问题的近似解。

由于本文通过 Monte Carlo 模拟法计算资产组合 VaR 所涉及的有关金融问题几乎都是随机性的,所以下文的讨论只围绕着随机性问题而展开。从上面的讨论中可以看出,求解随机性问题的 Monte Carlo 模拟法的成功实施主要取决于三个基本要素:用以模拟随机变量未来变化路径的随机模型的准确性、每次模拟的独立性和足够多的模拟次数。每次模拟的独立性可以确保每次模拟的有效性,这主要通过计算机进行模拟试验、并抽取足够多的随机数来实现;而足够多的模拟次数则用以保证能将随机变量在未来变化的绝大多数路径都模拟出,但到底需要模拟多少次,应视实际情况而定。

[①] 一般地,解的精度可以用估计值的标准误差来表示。

下面就以金融资产价格的随机性变化为例,来说明如何采用 Monte Carlo 模拟法来模拟资产价格的随机性变化路径以及如何产生随机数。

(二) 单变量资产价格的随机模拟与随机数的产生

1. 单变量资产价格的随机模拟

在 Monte Carlo 模拟中,几何 Brown 运动是最常见的用以描述股票价格未来走势的随机模型,同时该模型也是著名的 Black-Scholes 期权定价理论的基础。于是,我们就以几何 Brown 运动为例,介绍在 Monte Carlo 模拟中如何采用离散化方法模拟出股票价格未来变化的一条样本轨道或路径,具体步骤如下。

第一,将连续型的几何 Brown 运动方程离散化。用 t 和 T 分别表示初始时刻和到期时刻;取任意的正整数 n,将区间 $[t, T]$ 均匀地分割为 n 等份,则每个小区间的长度为 $\Delta t = \dfrac{T-t}{n}$。于是,可以将连续型的几何 Brown 运动方程①

$$dS_t = \mu S_t \, dt + \sigma S_t \, dz_t, \, t \in [0, T] \tag{3.6.1}$$

转变成离散化的形式为

$$S_{t+(i+1)\Delta t} - S_{t+i\Delta t} = \mu S_{t+i\Delta t} \Delta t + \sigma S_{t+i\Delta t} \varepsilon \sqrt{\Delta t}, \, i = 0, 1, 2, \cdots, n-1 \tag{3.6.2}$$

其中:S_t 是 t 时刻的股票价格;μ 与 σ②分别表示股票在 t 时刻变化的数学期望和标准差;$dz_t = \varepsilon \sqrt{dt}$ 是一个标准 Brown 运动过程;ε 是一个均值为 0、方差为 1 的正态随机变量。

第二,确定股票初始价格 S_t;借助于股票价格的历史数据并采用合适的时间序列分析方法估计出参数 μ 和 σ。

第三,利用计算机生成 n 个相互独立的标准正态随机数③,不妨记为 $\{\varepsilon_i : i = 0, 1, 2, \cdots, n-1\}$,于是由(3.6.2)式可得

$$S_{t+(i+1)\Delta t} = S_{t+i\Delta t} + \mu S_{t+i\Delta t} \Delta t + \sigma S_{t+i\Delta t} \varepsilon_i \sqrt{\Delta t}, \, i = 0, 1, 2, \cdots, n-1 \tag{3.6.3}$$

第四,先在迭代方程(3.6.3)中令 $i = 0$,于是由股票价格的初始值 S_t 得到 $S_{t+\Delta t}$,再由 $S_{t+\Delta t}$ 生成 $S_{t+2\Delta t}$,依次递推,直到 $S_{t+n\Delta t} = S_T$,于是可生成股票价格离散时间序列 $\{S_{t+i\Delta t} : i = 1, 2, \cdots, n\}$,在二维平面上绘出集合 $\{(t+i\Delta t, S_{t+i\Delta t}) : i = 0, 1, \cdots, n\}$ 中的各点即可得到一个散点图,用线段依次将这些点连接起来就得到几何 Brown 运动方程(3.6.1)的一条近似的样本轨道,也可以说得到股票价格未来变化的一条样本轨道。

例如,考察某股票价格服从均值 μ 为 0.005、波动率 σ 为 0.05 的几何 Brown 运动。假定该股票的初始价格为 $S_t = 15$ 元,未来时刻 $T = t + 100$,将时间区间 $[t, T]$ 分为 100 等份,于是 $\Delta t = 1$,$n = 100$。随机选取 100 个独立的标准正态随机数序列 $\{\varepsilon_i \mid i = 0, 1, \cdots, 99\}$,并代入离散形式的几何 Brown 运动方程(3.6.2)中,就可以依次得到该股票从初始时刻 t 到未来 T

---

① 有关标准 Brown 运动过程和下面的几何 Brown 运动过程的详细介绍,请参见本书附录。
② μ 与 σ 可以是时间 t 的函数,为清楚起见,这里假设 μ 和 σ 为常数。
③ 下文将详细介绍随机数的产生。

时刻的 101 个模拟价格 $S_t, S_{t+1}, \cdots, S_{t+100} = S_T$。在二维坐标系中作关于 $\{(t+i, S_{t+i}) \mid i = 0, 1, \cdots, 100\}$ 的散点图,并用线段连接相邻的点就得到图 3-1 所示的该股票价格的一条模拟样本轨道。

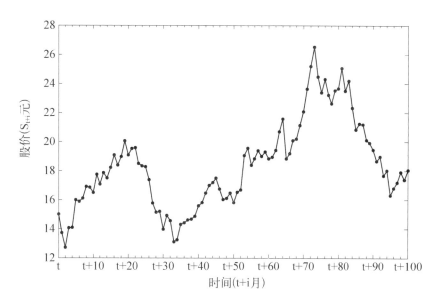

图 3-1 某股票价格在 $[t, t+100]$ 时间区间变化的一条模拟样本轨道

第五,不断重复模拟第三、第四步 N 次,就可得到股票价格未来变化的 N 条样本轨道以及股票价格在到期时刻 T 的变化分布 $S_T^{(i)} : i = 1, 2, \cdots, N$,$S_T^{(i)}$ 表示第 i 次模拟的股票在到期时刻的价格。

须说明的是,在利用 Monte Carlo 模拟方法对资产价格未来变化进行模拟时,选定随机模型以后的模拟结果的可靠性通常取决于两个因素:时间区间分割的次数 n 和样本轨道的模拟次数 N。分割次数 n 越多,时间间隔 Δt 就越小,股票价格就越符合几何 Brown 运动过程,从而利用(3.6.2)式模拟得到的样本轨道就越符合实际;对样本轨道的模拟次数 N 越多,所获得的股票价格在未来的可能变化路径就越多,对股票价格未来变化分布的模拟就越全面、越准确。上述结论和理由成立的依据来自概率论中的大数定律、中心极限定理等原理,我们前文也论及过,例如,Monte Carlo 模拟结果的可靠性与模拟次数或抽样数 N 的平方根成正比等等。

此外,采用 Monte Carlo 模拟法对各类金融资产价格进行模拟时,还可以根据实际情况应用随机游走模型、自回归模型、ARCH 类模型、各类利率期限结构模型等等[①],模拟的方法和步骤完全类似于上文,这里不再赘述。

2. 单变量随机数的产生

从上节资产价格的随机模拟中可以看出,产生随机数实质上就是对资产价格未来变化中所包含的不确定成分的模拟,这是 Monte Carlo 模拟法中运用随机模型所不可或缺的步骤。显然,随机数产生的质量,或者说所选用的随机数的独立性,或者随机数的真伪,直接关系到

---

① 期望对各类随机模型了解更多的读者,可参见本书附录。

Monte Carlo 模拟的有效性和全面性,如何产生高质量的随机数就显得极为重要。Monte Carlo 模拟是以服从特定概率分布[①]的随机变量的随机抽样为基础的,一般有以下两个基本步骤。

第一步,[0,1]区间上均匀分布的随机数的产生。我们把[0,1]上均匀分布随机变量的抽样值称为随机数。目前,生成随机数的有代表性的方法主要有两种:一种是借助于在计算机上设立的所谓"随机数发生器"来实现,"随机数发生器"是应用某类物理现象的随机性在计算机上设计而成的一种专门附件,这种发生器尽管可以产生大量"真"的随机数,但缺点是过程一去不复返,不能进行重复检查,而且设备昂贵,目前很少被使用;另一种是目前广泛使用的数学方法,即从服从[0,1]上均匀分布的某个随机变量 x 出发,按照某种事先确定的迭代运算规则,依次产生一系列[0,1]上均匀分布的随机数。由于这些随机数的产生源于同一"祖先"或者同一"根"数,而且运算规则事先确定,所以不是真正的随机数,从而常被称为"伪随机数"。但大量事实表明,只要所产生的随机数能通过一系列局部随机性检验,将其作为随机数来使用还是可靠的。另外,由于只要在计算机中储存几个[0,1]上均匀分布的随机变量作为初值,就很容易通过迭代算法生成大量的"伪随机数",而且速度快、费用低,在计算机上容易实现,还可以不断重复,所以这种产生随机数的方法目前被广泛应用。

第二步,通过累积密度函数(或分布函数)的逆函数,把第一步产生的[0,1]上均匀分布的随机数转化为特定概率分布的随机数。假设服从某特定概率分布的随机变量 X 的分布函数为 $F(x)$,且 $F(x)$ 可逆,则对于[0,1]上均匀分布的随机数 x,从 $x=F(y)$ 计算出的 $y=F^{-1}(x)$ 就是随机变量 X 的一个随机数,依次计算下去,就可得到大量的服从某特定概率分布的随机数序列。

在实际应用中,对于正态分布等一些常用概率分布的随机数,可使用 MATLAB 软件中的随机数生成器很方便地得到。对于更为复杂分布的随机变量的模拟,读者可以参考 Barraquand(1995),Sobol(1967)。

(三) 基于 Cholesky 因子分解法的多变量资产价格的随机模拟与随机数的产生

在现实市场中,影响投资组合价值的风险因子往往不止一个,例如,本章第五节的举例中,远期合约的价值就取决于美元利率、英镑利率以及汇率三个市场风险因子的变化。为叙述问题的方便,我们不妨假设某投资组合价值受 m 个风险因子 $S_{j,t}$ 的影响,$S_{j,t}$ 仍服从几何 Brown 运动过程,$j=1,2,\cdots,m$。如果 m 个风险因子不相关,那么我们按照上文的单变量资产价格随机模拟的步骤和方法分别独立地对每个风险因子变量进行模拟:

$$S_{j,t+(i+1)\Delta t} = S_{j,t+i\Delta t} + \mu_j S_{j,t+i\Delta t}\Delta t + \sigma_j S_{j,t+i\Delta t}\varepsilon_{j,i}\sqrt{\Delta t},$$
$$j=1,2,\cdots,m;\ i=0,1,2,\cdots,n-1$$

其中,对于 $j=1,2,\cdots,m$,ε_j 的取值相互独立,与时间次序也没有关系。

[①] 例如,均匀分布、正态分布、t-分布、χ^2-分布、F-分布、Gamma-分布、Beta-分布以及指数分布等,都可以作为特定的概率分布。

遗憾的是，m 个风险因子相关的情况更为多见。那么，如何处理风险因子相关的情况呢？我们以均值向量为 $\mathbf{0}$[①]、协方差矩阵为 $\mathbf{R}$ 的 m 维正态随机向量 $\boldsymbol{\xi}$ 为例，说明产生多变量随机数的方法，基本原理和具体步骤如下。

首先，产生一个 m 维相互独立的标准正态随机向量 $\boldsymbol{\varepsilon}$。

然后，假设协方差矩阵 $\mathbf{R}$ 是正定的，则可用 Cholesky 因子分解法把矩阵 $\mathbf{R}$ 表示为 $\mathbf{R} = \mathbf{T}\mathbf{T}'$，其中 $\mathbf{T}$ 是下三角矩阵，$\mathbf{T}'$ 是 $\mathbf{T}$ 的转置矩阵。

最后，由 m 维相互独立的标准正态随机向量 $\boldsymbol{\varepsilon}$ 和下三角矩阵 $\mathbf{T}$，可构造出随机向量为

$$\boldsymbol{\eta} = \mathbf{T}\boldsymbol{\varepsilon} \tag{3.6.4}$$

根据正态分布随机变量的性质可知，$\boldsymbol{\eta}$ 是均值向量为 $\mathbf{0}$ 的 m 维正态随机向量，并且其协方差矩阵为

$$E[(\mathbf{T}\boldsymbol{\varepsilon})(\mathbf{T}\boldsymbol{\varepsilon})'] = \mathbf{T}E[\boldsymbol{\varepsilon}\boldsymbol{\varepsilon}']\mathbf{T}' = \mathbf{R}$$

由于新构造的随机向量 $\boldsymbol{\eta}$ 和随机向量 $\boldsymbol{\xi}$ 具有相同的均值和协方差矩阵，而且都是正态随机向量，所以这两个向量必具有相同的联合分布函数，从而就可以把随机向量 $\boldsymbol{\eta}$ 的模拟样本作为 $\boldsymbol{\xi}$ 的模拟样本。而要模拟随机向量 $\boldsymbol{\eta}$ 的样本，只需要首先独立地生成一个 N 维的标准正态随机向量再乘以下三角矩阵 $\mathbf{T}$ 即可。于是，问题就变成了：如何将协方差矩阵 $\mathbf{R}$ 进行 Cholesky 因子分解以确定矩阵 $\mathbf{T}$。

下文仅以 $m = 2$ 时的情况为例介绍 Cholesky 因子分解法。假设二维协方差矩阵 $\mathbf{R} = \begin{bmatrix} 1 & \rho \\ \rho & 1 \end{bmatrix}$，满足 $\mathbf{R} = \mathbf{T}\mathbf{T}'$ 的下三角矩阵 $\mathbf{T} = \begin{bmatrix} a_{11} & 0 \\ a_{12} & a_{22} \end{bmatrix}$，其中 ρ 为两个服从均值为 0 的正态随机向量的相关系数。于是，根据 Cholesky 因子分解法，二维协方差矩阵 $\mathbf{R}$ 可以按照如下形式分解。

$$\mathbf{R} = \begin{bmatrix} 1 & \rho \\ \rho & 1 \end{bmatrix} = \mathbf{T}\mathbf{T}' = \begin{bmatrix} a_{11} & 0 \\ a_{12} & a_{22} \end{bmatrix} \begin{bmatrix} a_{11} & a_{12} \\ 0 & a_{22} \end{bmatrix} = \begin{bmatrix} a_{11}^2 & a_{11}a_{22} \\ a_{11}a_{22} & a_{12}^2 + a_{22}^2 \end{bmatrix}$$

根据上式可得方程组

$$\begin{cases} a_{11}^2 = 1 \\ a_{11}a_{22} = \rho \\ a_{12}^2 + a_{22}^2 = 1 \end{cases}$$

由此求得 $\mathbf{T} = \begin{bmatrix} 1 & 0 \\ (1-\rho^2)^{\frac{1}{2}} & \rho \end{bmatrix}$。于是，根据(3.6.4)式由二维相互独立的标准正态随机向量 $\boldsymbol{\varepsilon}$ 和下三角矩阵 $\mathbf{T}$ 构造出的二维正态随机向量为

[①] 如果 $\boldsymbol{\xi}$ 的均值向量 $\boldsymbol{\mu}$ 不是 $\mathbf{0}$ 向量，可以先把 $\boldsymbol{\mu}$ 从 $\boldsymbol{\xi}$ 中减去，从而模拟均值向量为 $\mathbf{0}$ 的随机向量 $(\boldsymbol{\xi}-\boldsymbol{\mu})$，最后再把 $\boldsymbol{\mu}$ 加到模拟的结果之中。

$$\boldsymbol{\eta} = \begin{bmatrix} \eta_1 \\ \eta_2 \end{bmatrix} = \boldsymbol{T\varepsilon} = \begin{bmatrix} 1 & 0 \\ \rho & (1-\rho^2)^{\frac{1}{2}} \end{bmatrix} \begin{bmatrix} \varepsilon_1 \\ \varepsilon_2 \end{bmatrix}$$

在实际运用中,我们可以直接借助于 MATLAB 软件完成上述过程的模拟。

二、基于 Monte Carlo 模拟法的计算 VaR 的基本步骤

为避免将问题复杂化、甚至走入歧路,我们总是期望人们不要忘记我们在前文为计算 VaR 而提出的那句概括性总结:计算 VaR 的所有方法,实质上都是围绕着如何估计金融风险因子的变化分布以及在金融风险因子变化影响下资产组合的未来损益分布而展开的,不同之处主要在于采用的估计方法不同。其实,对于如何采用 Monte Carlo 模拟方法估计资产组合未来损益分布的问题,我们已在前文将其中的核心内容和难点基本解决了,余下的问题只是针对于 VaR 的计算将具体实施步骤系统地总结、概括出来即可。

第一,识别风险因子变量 $S_{j,t}$,其中 $j=1,2,\cdots,m$;建立资产组合价值 V 与风险因子变量 $S_{j,t}$ 之间的映射关系,不妨设为 $V_t = V(S_{1,t}, S_{2,t}, \cdots, S_{m,t})$。

第二,对风险因子未来变化进行随机模拟,得到各个风险因子变量 $S_{j,t}$ 未来变化的一条样本轨道,并计算出 $S_{j,t}$,$S_{j,t+\Delta t}$,$\cdots$,$S_{j,t+i\Delta t}$,$S_{j,t+(i+1)\Delta t}$,$\cdots$,$S_{j,t+n\Delta t} = S_{j,T}$,其中 $j=1,2,\cdots,m$。

第三,利用第一步给出的估值公式计算组合价值 $V_T = V(S_{1,T}, S_{2,T}, \cdots, S_{m,T})$ 与 $\Delta V_T = V_T - V_t$。

第四,不断重复第二与第三步,直至达到模拟要求的次数,不妨设为 N。于是就得到了资产组合的损益分布 $\Delta V_T^{(1)}$,$\Delta V_T^{(2)}$,$\cdots$,$\Delta V_T^{(N)}$。

第五,基于损益分布计算置信度 c 下的 VaR。这与标准历史模拟法相同。

三、基于 Monte Carlo 模拟法计算 VaR 的应用举例

为清楚、详细地了解基于 Monte Carlo 模拟法计算 VaR 的基本原理、思路和步骤,我们分单风险因子和多风险因子两种情形来举例说明。

(一) 单风险因子的情形

问题描述:假设一个投资者在 t 时刻持有一份以某股票为标的资产、执行价格为 X、到期期限为 $T(0<t<T)$ 的欧式看涨期权,其中标的资产股票价格遵循(3.6.1)式所示的几何 Brown 运动过程,我们拟采用 Monte Carlo 模拟法计算 t 时刻持有这样一份欧式看涨期权在置信度 c 下的 VaR 值。

我们将按照上述基于 Monte Carlo 模拟法计算 VaR 的步骤,详细介绍计算过程如下。

第一,建立一份欧式看涨期权价值 V_t 与风险因子变量 S_t 之间的映射关系。

运用 Black-Scholes 期权定价公式可直接得到期权在 t 时刻的价值为

$$V_t = S_t \Phi(d_1) - X e^{-r(T-t)} \Phi(d_2) \tag{3.6.5}$$

其中：$d_1 = \dfrac{\ln(S_t/X) + (r+\sigma^2/2)(T-t)}{\sigma\sqrt{T-t}}$；$d_2 = d_1 - \sigma\sqrt{T-t}$。

第二，对股票价格未来变化进行随机模拟，得到股票价格 S_t 未来变化的一条样本轨道。

由于已经假设了股票价格遵循几何 Brown 运动，所以现在的问题就是如何从股票价格历史数据中估计出漂移率 μ 和波动率 σ。假设已经搜集到过去(此时 $t<0$)$M+1$ 个关于股票价格 S 时间间隔为 Δt 的历史数据，不妨记为

$$\{S_{-i\Delta t}: i=1, 2, \cdots, M, M+1\}$$

由于股票价格遵循几何 Brown 运动，因此根据(3.6.2)式可知股票收益率 R_t 满足①

$$R_t = \frac{S_{t+\Delta t} - S_t}{S_t} = \mu\Delta t + \sigma\sqrt{\Delta t}\varepsilon \sim N(\mu\Delta t, \sigma^2\Delta t)$$

根据历史数据可得到股票收益率 R_t 的 M 个样本，即

$$R_i = \frac{S_{-i\Delta t} - S_{-(i+1)\Delta t}}{S_{-(i+1)\Delta t}}, \quad i=1, 2, \cdots, M$$

利用参数估计的矩估计方法可知，估计漂移率 μ 和波动率 σ 的统计量分别是

$$\hat{\mu} = \frac{\overline{R}}{\Delta t}, \quad \hat{\sigma} = \left(\frac{1}{(M-1)\Delta t}\sum_{i=1}^{M}(R_i - \overline{R})^2\right)^{\frac{1}{2}} \quad (3.6.6)$$

其中，$\overline{R} = \dfrac{1}{M}\sum_{i=1}^{M}R_i$ 是 R_i 的样本均值。将由(3.6.6)式估计出的参数 μ 和 σ 代入(3.6.3)式中，并完全仿照上文方法可生成股票价格的离散时间序列 $\{S_{t+i\Delta t}: i=1, 2, \cdots, n\}$ 和一条样本轨道 $\{(t+i\Delta t, S_{t+i\Delta t}): i=0, 1, \cdots, n\}$。

第三，利用模拟出的 T 时刻的股票价格 $S_T = S_{t+n\Delta t}$ 和公式(3.6.5)，很容易估计出期权的价值 $V_T = V(S_T)$ 与损益 $\Delta V_T = V_T - V_t$。

第四，重复第二与第三步 N 次，即可依次得到期权的价值分布 $V_T^{(1)}, V_T^{(2)}, \cdots, V_T^{(N)}$ 和损益分布 $\Delta V_T^{(1)}, \Delta V_T^{(2)}, \cdots, \Delta V_T^{(N)}$。

第五，基于期权损益分布可计算出置信度 c 下的 VaR。

(二) 多风险因子的情形

对于多变量风险因子的情形，我们仍然以本章第五节中计算远期合约的 VaR 为例，说明采用 Monte Carlo 模拟法计算 VaR 的具体过程，同时也方便与前文采用标准历史模拟法时所得的结果进行比较。

我们需要对影响合约价值的三个市场风险因子的日变化 Δr、Δr^* 以及 ΔS 进行随机模拟。假设 Δr、Δr^* 以及 ΔS 服从三元正态分布，根据三个风险因子历史数据可估计出三元正态

---

① 实际上，这仅仅是股票收益率分布的近似，时间间隔 Δt 越小，近似的效果就越好。

分布中的均值参数和协方差矩阵①,见表 3-6。

利用前文介绍的 Cholesky 分解方法,可以把 Δr、Δr^* 以及 ΔS 的协方差矩阵分解为一个下三角矩阵与其转置矩阵的乘积,借助于多元正态分布假设和公式(3.6.4)即可模拟生成关于 Δr、Δr^* 以及 ΔS 的 100 组可能取值②,再依次分别与三个风险因子的当前价值相加,就得到了即期汇率 S、本国利率 r 以及外国利率 r^* 在未来一天内的 100 种可能出现的结果。利用远期合约价值与三个风险因子 S, r, r^* 之间的映射表达式(3.5.7),对应于上面模拟出的风险因子 100 种可能取值可依次计算出远期合约价值在未来 1 天内可能出现的 100 种取值,进而得到远期合约价值变化的 100 种可能结果,即远期合约在未来 1 天的损益分布。最后,基于远期合约的未来损益分布,可以计算出 95% 置信度下远期合约的 $VaR_{MC} = \$104\,734.01$。具体的计算过程以及计算结果见表 3-6。

表 3-6 基于 Monte Carlo 模拟方法计算 VaR 的步骤

第一步 以历史数据估计风险因子的分布特征				第二步 风险因子协方差矩阵的 Cholesky 分解		
风险因子协方差矩阵 Σ				a	0.005 495 453	下三角矩阵 T
	ΔS(美元/英镑)	Δr(%/年)	Δr^*(%/年)	b	$-3.44E-03$	
ΔS	3.02E-05	$-1.89E-05$	$-0.000\,515$	d	$-9.37E-02$	$T = \begin{bmatrix} a & 0 & 0 \\ b & c & 0 \\ d & e & f \end{bmatrix}$
Δr	$-1.89E-05$	0.001 305	0.000 145	c	0.035 960 699	
Δr^*	$-0.000\,515$	0.000 145	0.011 152	e	$-0.004\,930\,42$	
风险因子样本均值				f	0.048 429 394	
	ΔS	Δr	Δr^*			
	0.000 55	$-0.000\,395$	$-0.010\,132$			

第三步 利用 Monte Carlo 模拟方法生成三个风险因子的样本							第四、第五步 估值并计算 VaR	
风险因子的随机数			风险因子未来变化的可能取值			远期合约价值和损益的可能取值③		
	$e1$	$e2$	$e3$	S(美元/英镑)	r(%/年)	r^*(%/年)	$V_T^{(i)}$	$\Delta V_T^{(i)}$(美元)
1	2.35	-0.51	0.35	1.677 164 315	4.91E+00	5.757 937 795	233 680.367 7	140 099.367 7
2	1.71	1.42	-0.37	1.673 647 225	4.98E+00	5.773 520 937	201 256.987 5	107 675.987 5
3	1.76	0.76	0.55	1.673 921 997	4.96E+00	5.816 645 037	201 250.058 6	107 669.058 6

---

① Δr、Δr^* 以及 ΔS 均值的估计结果表明,在统计意义上都不能拒绝它们都为 0 的原假设。因此,在模拟这三个风险因子的样本时,不要再通过均值进行调整。
② 这里为了和前面的方法一致,我们仅仅模拟了 100 组取值,实际上我们能够模拟更多的取值。
③ 表 3-6 中第 3—5 步中的各个数据次序,是按照最后计算出的远期合约未来损益的可能取值大小重新排序得到的。

续 表

	第三步 利用 Monte Carlo 模拟方法生成三个风险因子的样本						第四、第五步 估值并计算 VaR	
	风险因子的随机数			风险因子未来变化的可能取值			远期合约价值和损益的可能取值	
	$e1$	$e2$	$e3$	S(美元/英镑)	r(%/年)	r^*(%/年)	$V_T^{(i)}$	$\Delta V_T^{(i)}$(美元)
4	1.68	−0.44	−1.15	1.673 482 361	4.91E+00	5.747 727 604	197 992.573 8	104 411.573 8
5	1.63	−0.18	1.01	1.673 207 588	4.92E+00	5.855 738 143	191 277.225 9	97 696.225 9
6	1.43	0.84	−0.05	1.672 108 498	4.96E+00	5.818 113 979	183 476.807 2	89 895.807 22
7	1.52	−1.26	1.57	1.672 603 089	4.88E+00	5.898 490 445	182 034.907 1	88 453.907 09
8	1.36	−0.22	−0.06	1.671 723 816	4.92E+00	5.829 414 93	177 701.750 6	84 120.750 56
9	1.35	−1.16	1.01	1.671 668 862	4.89E+00	5.886 805 954	173 470.960 6	79 889.960 62
10	1.14	−0.1	−1.44	1.670 514 816	4.93E+00	5.782 604 743	167 888.97	74 307.970 04
⋮	⋮	⋮	⋮	⋮	⋮	⋮	⋮	⋮
91	−1.52	−0.58	−0.35	1.655 896 911	4.92E+00	6.087 001 362	11 231.095 5	−82 349.904 5
92	−1.72	−1.35	−0.89	1.654 797 821	4.89E+00	6.083 385 923	−536.935 189	−94 117.935 2
93	−1.77	−1.01	1.19	1.654 523 048	4.91E+00	6.187 127 678	−6 906.767 9	−100 487.768
94	−1.86	0.24	0.16	1.654 028 457	4.95E+00	6.139 515 399	−8 046.003 81	−101 627.004
95	−1.79	−1.63	1.44	1.654 413 139	4.88E+00	6.204 165 882	−9 567.315 7	−103 148.316
96	**−1.99**	**2.36**	**−0.31**	**1.653 314 049**	**5.03E+00**	**6.118 482 105**	**−11 153.012**	**−104 734.012**
97	−2.04	−0.04	−0.37	1.653 039 276	4.94E+00	6.132 094 348	−17 871.142 2	−111 452.142
98	−1.96	−0.3	1.89	1.653 478 912	4.93E+00	6.235 330 643	−18 067.099	−111 648.099
99	−2.13	0.34	0.81	1.652 544 685	4.95E+00	6.195 800 45	−24 732.569 9	−118 313.57
100	−2.39	−0.77	0.34	1.651 115 867	4.92E+00	6.202 873 41	−40 656.578 8	−134 237.579

四、基于 Monte Carlo 模拟法 VaR 计算的评述

作为一种计算 VaR 的重要方法，Monte Carlo 模拟法在应用中具有许多独特的优势，主要体现在：

第一，采用 Monte Carlo 模拟法可以产生大量的关于风险因子未来取值的模拟样本，最大

限度地将风险因子未来变化的各种可能情景模拟出来,而且不必受到历史数据在数量与质量等方面所存在的种种制约。因此,与历史模拟法相比,基于该法所得到的结果往往更加精确可靠。

第二,Monte Carlo 模拟法是一种完全估值法,可以处理非线性、非正态问题。

第三,Monte Carlo 模拟法通过选择和建立随机模型,既可以模拟风险因子未来变化的不同分布和不同行为特征,还可以深入、充分地挖掘风险因子的历史数据中所包含的各种有益信息,并通过对模型中相关参数的估计和修正反映到模型中去,从而使得随机模型对风险因子变化的模拟更加贴近于现实。

第四,Monte Carlo 模拟都可以借助于计算机来完成,从而可以大大提高 Monte Carlo 模拟法的有效性和精确性。

世界上从来就不存在十全十美的模拟方法,Monte Carlo 模拟法自然也不例外,该法的不足主要包括以下五个方面。

第一,基于 Monte Carlo 模拟法的计算结果严重依赖于所选择或建立的随机模型以及估计模型参数的历史数据,因此这种方法容易存在模型风险和参数估计误差。

第二,在模拟过程中所使用的随机数序列一般地都是伪随机数,容易出现循环和群聚效应,从而可能导致模拟错误和模拟失效。

第三,由于一般的 Monte Carlo 模拟法的收敛速度与 $1/\sqrt{n}$ 收敛于 0 的速度相当[①],所以 Monte Carlo 模拟法的收敛速度慢、计算效率低,再加上该法本身的计算量一般较大,往往需要花费大量时间,特别当风险因子数量很多时,这种情况更为严重。

第四,如果由于收敛速度慢、花费时间多等原因而导致随机模拟的次数不够多时,那么模拟样本的方差就会比较大,从而会降低该法的计算精确度。

第五,采用 Monte Carlo 模拟方法时,为将风险因子随机模型离散化需要把时间区间分割成若干小区间,由于离散化后的风险因子随机模型在每个小区间上不再随时间的变化而变化,或者说风险因子在每个小区间上服从的分布或者遵循的随机过程不再随时间的变化而变化,这显然与实际金融市场中风险因子的时变特征不符合,所以上述这种用静态方法处理时变量的方式必然会产生相应偏差,而且如果时间区间的分割数过少,将会大大加剧上述偏差。

五、Monte Carlo 模拟法的改进与扩展介绍

为避免出现混淆,下文有时会根据需要将前文介绍的 Monte Carlo 模拟法,称为传统 Monte Carlo 模拟法。针对传统 Monte Carlo 模拟法的诸多不足,人们做了大量改进和修正,其中最主要的改进和修正体现在以下三方面。

一是降低伪随机数的集聚性,合理减少风险因子数量,以提高计算效率和收敛速度。

二是降低传统 Monte Carlo 模拟样本的方差,以提高计算的准确性。

---

① 这依据于大数定律和中心极限定理。

三是引入 Markov 过程,以降低用静态方法处理变量时所产生的偏差。下面分别予以简单介绍①。

(一) 对 Monte Carlo 模拟法收敛速度和计算效率的改进

在提高传统 Monte Carlo 模拟法的计算效率和收敛速度方面的改进和扩展,主要包含拟 Monte Carlo 方法(quasi-Monte Carlo simulation)和情景 Monte Carlo 模拟法(quasi-Monte Carlo scene simulation)两种方法,两者分别通过降低伪随机数集聚效应的出现和合理减少风险因子数来实现。

拟 Monte Carlo 方法的基本原理是,用预先设定的确定性方法在空间中产生一些低偏差(low discrepancy)的点,称为拟随机数,以此替代传统 Monte Carlo 模拟法所模拟出的伪随机数。采用这种方法产生的拟随机数能够更加均匀地分布在间隔域中,从而可以有效避免伪随机数的集聚效应。大量的实证研究也表明,拟 Monte Carlo 方法比传统 Monte Carlo 模拟法的收敛速度更快,从而计算精度也更高。在采用拟 Monte Carlo 模拟法计算 VaR 时,只要把传统 Monte Carlo 模拟法中的伪随机数抽样改为拟 Monte Carlo 模拟法中的拟随机数抽样,其他程序都仿传统 Monte Carlo 模拟法进行操作即可。

针对于金融实务中经常出现的风险因子数目较多的情况②,Jamshidian 和 Zhu(1997)提出了比传统 Monte Carlo 模拟方法更有计算效率的方法——情景 Monte Carlo 模拟法。情景 Monte Carlo 模拟法的基本原理就是先采用主成分分析方法从众多风险因子中提取少数几个主成分,再进行下一步的模拟活动。然而,有时候对这些主成分风险因子的随机模拟同样也需要大量计算,为此情景 Monte Carlo 模拟法把每一个主成分的取值范围限定在有限的几个可能结果或情景之中,并且根据多项式分布给每一个可能结果或情景赋予相应概率:假设某一个主成分有 $m+1$ 种不同的可能情景,则可以对第 i 个情景赋予如下概率:

$$P(i) = 2^{-m} \frac{m!}{i!(m-i)!}, i = 0, 1, \cdots, m$$

由于每一个主成分的所有可能情景都是有限的,所以能够将各个主成分的所有可能不同组合列出来并构成一个集合,记为 S。由于情景 Monte Carlo 模拟法会假设所提取的那少数几个主成分相互独立,因此可以很容易地计算出集合 S 中的每一种组合可能出现的概率。余下的工作就是对 S 中的元素进行大量重复抽样即可。由于 S 中的元素个数有限,所以即使抽样次数很大,实际模拟得到的结果也是有限的。正因为如此,情景 Monte Carlo 模拟方法会提高计算的速度和效率。

(二) 对降低 Monte Carlo 模拟法模拟样本方差的改进

在降低传统 Monte Carlo 模拟样本的方差以提高计算的准确性方面,各种改进和扩展,主

---

① 对于下面介绍的 Monte Carlo 模拟法的诸多改进和扩展更加详细的内容,可参阅 Jamshidian, F. and Zhu Y. (1997), Hereford Shuetrim(2000),Paolo Brandimarte(2002)。

② 例如,J. P. Morgan 公司 RiskMetrics 系统的市场风险因子包括 15 个国家 150—200 个不同期限的利率、各国的股票指数以及商品价格指数。

要围绕着传统 Monte Carlo 模拟方法中的抽样过程并以降低 Monte Carlo 模拟结果的波动性或方差为目标而进行的。下面对其中的五种主要方法进行简单介绍。

1. 镜像变量法

我们以采用 Monte Carlo 模拟方法对金融衍生工具进行数值模拟定价为例来说明镜像变量法(antithetic variables)。在数值模拟定价过程中需要抽取服从标准正态分布的随机变量的大量样本。假设从中抽取到一个样本 ε，则其相反数 $-\varepsilon$ 自然也是其中的一个样本。类似地，对于遵循特定规律的随机过程，在模拟得到其中一条样本轨道的同时，实际上也就得到了另一条与之紧密相连的样本轨道。假设我们分别用这两种模拟结果去计算该金融衍生工具的价格，可依次得到两个价格，不妨记为 V^+ 和 V^-。由于 V^+ 和 V^- 都是符合条件的金融衍生工具价格的模拟结果，并且两者之间存在一种对称的关系，所以 $V^* = (V^+ + V^-)/2$ 应该比 V^+ 和 V^- 更加接近于金融衍生工具的理论价格。显然，因为 V^* 会从一定程度上抵消 V^+ 和 V^- 对金融衍生工具理论价格的偏离。因此，相对于 V^+ 或 V^- 而言，V^* 的样本数据更加具有稳定性，其样本方差更小，从而采用 V^* 的样本均值去近似金融衍生工具的理论价格将更趋于合理、准确，在此基础上计算得到的 VaR 自然也将更趋于稳定和准确。

2. 控制变量法

仍以利用 Monte Carlo 模拟法对金融衍生工具的数值模拟定价为例。假设有两种金融衍生工具 A 和 B，采用 Monte Carlo 模拟方法对 A，B 的定价结果分别为 V_A^{MCS} 和 V_B^{MCS} [①]，两者之间的相关系数为 ρ，所对应的方差分别为 σ_A^2 和 σ_B^2。但与工具 A 不同的是，工具 B 存在着封闭的定价公式，并可据此计算得到 B 的理论价值 V_B 以及 B 的定价误差 $V_B^{MCS} - V_B$。

控制变量法(control variates)认为，利用 Monte Carlo 模拟方法给金融衍生工具 B 定价时产生的误差和利用该方法给工具 A 定价时所产生的误差相等，即 $\sigma_A^2 = \sigma_B^2$。于是，可以利用工具 B 的定价误差来对工具 A 的定价结果进行调整。用 V_A 表示经过控制变量调整后 A 的估计价格，则

$$V_A = V_A^{MCS} - V_B^{MCS} + V_B \tag{3.6.7}$$

但是，要确保上述的控制变量法能起到降低模拟结果样本方差的作用，还需要一定的前提条件。根据(3.6.7)式得到的经过控制变量调整后工具 A 的估计价格 V_A 的方差为

$$\sigma_{control}^2 = \sigma_A^2 + \sigma_B^2 - 2\rho\sigma_A\sigma_B$$

注意到控制变量方法的假设 $\sigma_A^2 = \sigma_B^2$，则

$$\sigma_{control}^2 = 2\sigma_A^2(1-\rho) \tag{3.6.8}$$

由(3.6.8)式知，如果 V_A^{MCS} 和 V_B^{MCS} 高度正相关以至于 ρ 和 1 充分接近，则经过控制变量调整后 A 的估计价格 V_A 的方差几乎为 0，明显小于调整之前的方差 σ_A^2。正因为如此，控制变量的应用大大提高了 Monte Carlo 模拟结果的稳定性，从而使得采用这种方法计算得到的金融衍生工具定价更接近于理论价格。

---

① 由于每一次抽样就可以计算得到衍生金融工具的一个价值，因此为了理解上的方便，这里把数值定价结果看作是随机变量。

显然,成功运用控制变量法的关键是控制变量选择的适当性、正确性。例如,在上面的例子中,对金融衍生工具 B 的选择,既要求工具 B 有封闭的定价公式,又需要工具 B 的数值定价结果必须和所要定价的金融衍生工具 A 的数值定价结果具有很强的正相关性,这一般取决于 A、B 这两个金融工具自身的特征。

3. 重要抽样法

在实施传统 Monte Carlo 模拟方法的过程中所进行的随机抽样,有可能会出现以下的情形:出现概率较大的样本未必对所研究的问题产生重要影响,此时直接进行随机抽样有可能会浪费大量时间,并导致 Monte Carlo 模拟方法的计算效率不高。例如,使用 Monte Carlo 模拟方法对一个处于深度虚值状态的期权进行数值定价时,对于大部分模拟得到的样本轨道,期权对应的最终支付都是零,而这样的样本轨道对定价问题所产生的影响很小,因此模拟这些样本轨道没有多少实际意义和价值。

重要抽样法(importance sampling)就是为较好地处理上述问题而提出的,其本质就是通过变换随机样本的概率测度,以适当加大对我们所研究的问题具有重要影响的样本出现的可能性。于是,借助于重要抽样法,可根据不同样本轨道对所研究问题的影响程度来变换不同样本轨道出现的概率,以提高计算的有效性。对于前面的例子而言,利用重要抽样法,就可以有效避免处于虚值状态的样本轨道而仅模拟那些处于实值状态的样本轨道。

对于计算 VaR 而言,最重要的是资产组合价值变化分布的尾部特征。因此,利用重要抽样方法估计资产组合的 VaR 时,首先需要估计出资产组合的一个比较大的损失 L;然后,通过适当变换不同样本的概率测度,以使抽样时能抽取更多的资产组合损失超过 L 的样本,从而提高 VaR 计算的可靠性。特别地,对于要求置信度很高的情况,使用重要抽样法会使得提高 VaR 计算的精确度的效果更加显著。

4. 分层抽样法

按照传统 Monte Carlo 模拟法直接根据某个概率分布进行抽样时,很可能会发生一种极端的情形:不能抽取到随机变量在某些取值范围内的样本,或者是不能抽取到随机变量所服从的特定分布的尾部样本。为避免上述情形的发生,可以设法将拟要抽取的样本比较均匀地分布在随机变量的取值空间中,以保证没有地方被空缺掉,从而对传统 Monte Carlo 模拟法进行了改进,这就是所谓的分层抽样法(stratified sampling)。下面将介绍这种方法的基本思想。

假设 F 为某随机变量的分布函数,要抽取该随机变量 n 个随机样本。为使得这些样本比较均匀地分布在随机变量的取值空间中,需要采取以下步骤:首先,抽取 $[0,1]$ 上均匀分布的 n 个简单样本,记为 $U_j, j=1,2,\cdots,n$。然后,构造

$$V_j = \frac{(j-1)+U_j}{n}, j = 1, 2, \cdots, n$$

显然,$V_j \in [(j-1)/n, j/n], j=1,2,\cdots,n$,即 V_j 是 $[0,1]$ 区间中第 j 个百分之一区间上均匀分布随机变量的一个抽样。最后,构造出我们所需要的样本 Z_j,即

$$Z_j = F^{-1}(V_j), j = 1, 2, \cdots, n$$

其中 F^{-1} 是分布函数 F 的反函数。根据前文随机变量生成的逆变换方法可知，Z_j 是 F 分布的随机抽样，并且这些样本也比较均匀地分布在随机变量的取值空间中，即每一个百分之一区间内都保证能抽取到一个样本。

5. 矩匹配法

矩匹配法（moment matching）首先由 Barraquand（1995）提出，也是一种可降低传统 Monte Carlo 模拟法模拟结果方差的方法，该法的基本思想是：在模拟生成某个分布的样本时，可以对已经生成的样本进行一个变换，使得变换之后样本的某些矩与被模拟分布理论上的矩保持一致；然后，再将变换后的样本运用到定价或者是 VaR 估计中去。由于对样本进行了矩匹配调整，所以采用矩匹配法计算的结果应该具有更好的精确度。

以正态分布 $N(\mu, \sigma^2)$ 的抽样为例，假设已经采用简单抽样法抽取了 T 个样本，记为 X_t，$t=1, 2, \cdots, T$。简单的计算表明，这 T 个样本数据的样本均值为 m，而样本方差为 s^2。通常，m 与 s^2 不会和理论分布（此处为正态分布）上的 μ 与 σ^2 刚好相等。为此，矩匹配方法对这些样本数据进行调整，以使得调整后的样本均值和方差与理论分布的数学期望和方差完全相匹配。我们采用如下变换对样本数据 X_t 进行调整。

$$\hat{X}_t = \frac{X_t - m}{s}\sigma + \mu, \quad t = 1, 2, \cdots, T$$

显然，调整后的样本 $\hat{X}_t(t = 1, 2, \cdots, T)$ 的均值和方差与理论分布上的数学期望 μ 和方差 σ^2 完全匹配。

须指出的是，对于正态分布而言，拥有了前两阶矩就足够了，因为凭借前两阶矩能完全确定正态分布函数。而对于其他类型的分布，同样可以根据需要通过变换使得样本数据的高阶矩和该分布对应的理论矩相匹配，例如可以使得偏度和峰度保持一致。

虽然矩匹配方法可能会提高传统 Monte Carlo 模拟结果的精确性，但由于该法对每一个数据都进行了完全相同的变换，这有可能使得原来独立的抽样在变换之后失去了独立性。因此，在应用时应特别注意。

（三）马尔可夫链 Monte Carlo 模拟法

在减小传统 Monte Carlo 模拟法中存在的用静态方法处理时变量而产生偏差方面也有重要的改进和扩展，即 Markov 链 Monte Carlo 模拟法（MCMC simulation）。该法的基本思想是将 Markov 过程引入到传统 Monte Carlo 模拟法之中，从而实现动态模拟的目的，即抽样分布能够随着模拟的进行而不断改变。除了这一关键性的改进之外，该法和传统 Monte Carlo 模拟方法的其他应用程序都一样。

第七节　基于 Delta, Gamma 灵敏度指标的 VaR 计算

我们在前文已经不厌其烦地多次提到计算 VaR 的那句总结性概括：计算 VaR 的所有方法，

实质上都是围绕着如何估计金融风险因子的变化分布以及在金融风险因子变化影响下资产组合的未来损益分布而展开的,不同之处主要在于具体的估计方法不同。本节要介绍的基于 Delta, Gamma 灵敏度指标的 VaR 计算法提供了一种新的估计资产组合未来损益分布的方法,即通过风险因子与资产组合价值之间的映射关系,应用本章第三节介绍的 Delta, Gamma 等灵敏度系数来近似估计组合的价值变化,然后得到组合的近似损益分布以及基于近似损益分布的组合 VaR。

不同于前文介绍的历史模拟法、Monte Carlo 模拟法,基于 Delta, Gamma 灵敏度指标的 VaR 计算,本质上是借助于 Taylor 展开式中所涉及的灵敏度指标对资产组合未来损益分布进行一阶或二阶近似,其缺点是往往不能很好地模拟非线性分布,因而是一种局部估值法,也称为风险因子映射估值分析法;而从理论上来看,历史模拟法、Monte Carlo 模拟法是一类借助于风险因子的模拟值和风险因子与资产组合价值之间的映射函数关系全面准确地估计资产组合未来损益分布的全部估值法,也称为风险因子映射估值模拟法,因而也是目前处理非线性、非正态的常用武器,但缺点是该类方法实施复杂,人力、物力、时间的花费往往较高。可以看出,两类方法的优势和缺点正好相反:基于 Delta, Gamma 灵敏度指标计算 VaR 的方法的计算量小,操作方便,易于实施,但处理非线性问题时容易产生很大偏差。其实这种状况并非一成不变:大量实践表明,当风险因子的变化幅度较小时,采用上述两类方法所得到的计算结果并无很大差异,此时,基于 Delta, Gamma 灵敏度指标计算 VaR 的优势就显现出来了。

本节将介绍计算 VaR 的风险因子映射估值分析法中的两类主要方法——Delta 类方法和 Delta-Gamma 类方法。这两类方法也存在着显著不同:Delta 类方法是用资产组合价值的 Taylor 一阶展开式对市场风险因子变化的一阶线性近似;而 Delta-Gamma 类方法则是在资产组合价值的 Taylor 一阶展开式中增加二阶非线性项,用资产组合价值的 Taylor 二阶展开式来对市场风险因子变化进行二阶近似。显然,采用 Delta-Gamma 类方法可以捕捉到资产组合的部分非线性风险,从而在处理非线性问题时比采用 Delta 类方法更加准确。

一、基于 Delta 类方法的 VaR 计算

Delta 类方法主要包含 Delta-正态方法、Delta-加权正态方法、Delta-混合正态方法、Delta-GARCH 方法等等,下面分别予以介绍。

(一) 基于 Delta-正态方法的 VaR 计算

我们曾在第四节中指出,当资产组合中所包含的金融工具的种类和数量比较多时,采用风险因子映射估值计算 VaR 更为简便一些。我们在下文的讨论中可以观测到,作为一种颇具代表性的风险因子映射估值分析法,Delta-正态类方法将会充分展现上述优势。

1. 基于 Delta-正态方法计算 VaR 的基本原理与实施步骤

Delta-正态模型描述:不妨仍采用公式(3.1.1)中的符号,设某资产组合的价值 P 受 n 维市场风险因子向量 x 影响的映射关系为

$$P = P(t, \boldsymbol{x}) \tag{3.7.1}$$

其中：向量 $\boldsymbol{x} = (x_1, x_2, \cdots, x_n)'$；$x_i$ 是用价格表示的市场风险因子，$i=1,2,\cdots,n$；假设市场风险因子的收益率向量 r[①] 服从均值为 0、协方差矩阵为 $\boldsymbol{\Sigma}$ 的多元正态分布，即 $rN(0, \boldsymbol{\Sigma})$，其中

$$r_i = \frac{x_{i,t+\Delta t} - x_{i,t}}{x_{i,t}}, \ i = 1, 2, \cdots, n$$

表示风险因子 x_i 在 Δt 时间内的收益率，目的是基于 Delta-正态方法计算资产组合在置信度 c 下的 VaR。

利用 Delta-正态方法解决上述问题的基本原理和思路是：根据一阶 Taylor 展开式采用局部估值方法对资产组合进行近似估值，即根据公式(3.7.1)用资产组合价值变化(即损益)关于风险因子变化的一阶近似

$$\Delta P \approx \sum_{i=1}^{n} \frac{\partial P}{\partial x_i} \Delta x_i \text{[②]} \tag{3.7.2}$$

来表示资产组合价值变化，其中 $\dfrac{\partial P}{\partial x_i}$ 为前文定义的 Delta 灵敏度系数，表示资产组合价值对第 i 个风险因子的灵敏度。显然，资产组合损益 ΔP 也服从正态分布。然后，根据(3.7.2)式估计损益 ΔP 所服从的正态分布的均值和方差参数，进而得到组合近似损益分布的具体形式，最后基于组合的近似损益分布计算出相应置信度下的组合 VaR。

下面给出利用 Delta-正态方法计算 VaR 的具体步骤。

第一，识别风险因子变量，建立证券组合价值与风险因子变量之间的映射关系。不失一般性，此处的资产组合的价值 P 与风险因子向量 $\boldsymbol{x}$ 之间的映射关系仍假设由(3.7.1)式给出。

第二，风险因子收益率协方差矩阵的估计。假设 $t=0$ 表示当前时刻，对风险因子 i 选取过去 T 期的收益率历史数据 $\{r_{i,-t\cdot\Delta t}\}_{t=1}^{T}$，其中 $i=1,2,\cdots,n$，Δt 表示相邻两期历史数据的时间间隔，也是计算资产组合 VaR 的持有期。在实施 Delta-正态方法的过程中，一般采用下面的简单移动平均方法去估计服从多元正态分布的风险因子收益率的协方差矩阵 $\boldsymbol{\Sigma}$[③]，即用

$$\sigma_{ij} = \frac{1}{T-1} \sum_{t=1}^{T} r_{i,-t\cdot\Delta t} r_{j,-t\cdot\Delta t}, \ i, j = 1, 2, \cdots, n$$

作为协方差矩阵 $\boldsymbol{\Sigma}$ 中第 i 行第 j 列位置的元素的估计值，$r_{i,-t\cdot\Delta t}$ 可以利用风险因子 x_i 对应的历史数据计算得到，即

$$r_{i,-t\cdot\Delta t} = \frac{x_{i,-(t-1)\cdot\Delta t} - x_{i,-t\cdot\Delta t}}{x_{i,-t\cdot\Delta t}}, \ t = 0, 1, 2, \cdots, T \tag{3.7.3}$$

第三，灵敏度系数 Delta 的计算。

[①] 这里所说的市场风险因子的收益率就是指市场风险因子的变化百分比。

[②] 不失一般性，此处假设资产组合价值不受时间因子的灵敏度影响，即 $\dfrac{\partial P}{\partial t} = 0$。

[③] 实际上，不同的 VaR 计算分析方法采用不同的方法估计风险因子收益率的协方差矩阵。虽说这里只是采用收益率的历史数据估计其协方差矩阵，实际上这就相当于利用历史信息预测市场风险因子未来的波动率(volatility forecasting)以及不同风险因子收益率之间的协方差。在以下的方法中，将更加明确地提出关于风险因子波动率的模型。

根据映射关系(3.7.1)式可以计算出资产组合价值 P 对风险因子向量 x 的灵敏度向量，记为 ∇P，即

$$\nabla P = \left(\frac{\partial P}{\partial x_1}, \frac{\partial P}{\partial x_2}, \cdots, \frac{\partial P}{\partial x_n}\right)' \tag{3.7.4}$$

第四，资产组合未来损益分布的估计。

根据公式(3.7.2)和(3.7.4)得

$$\Delta P = P(t+\Delta t, x+\Delta x) - P(t, x) \approx \sum_{i=1}^{n} \frac{\partial P}{\partial x_i} \Delta x_i$$

$$= (\nabla P)' \cdot \Delta x = (\nabla P)' \cdot [diag(x) \cdot r] = \sum_{i=1}^{n} x_i \frac{\partial P}{\partial x_i} r_i \tag{3.7.5}$$

其中：$\Delta x = (\Delta x_1, \Delta x_2, \cdots, \Delta x_n)'$；$diag(x)$ 表示主对角线元素由向量 $x = (x_1, x_2, \cdots, x_n)'$ 中的元素组成、其他元素为 0 的 $n \times n$ 对角矩阵；$r = (r_1, r_2, \cdots, r_n)'$ 表示风险因子的收益率向量。(3.7.5)式表明，资产组合的价值变化 ΔP 可以近似为 n 个正态分布的随机变量 $r_1, r_2, \cdots, r_n$ 的线性组合。所以，ΔP 也服从数学期望为 0 正态分布，而方差为

$$\sigma_P^2 = \text{Var}(\Delta P) = \text{Var}((\nabla P)' \cdot [diag(x) \cdot r])$$

$$= (\nabla P)' \cdot [diag(x) \cdot \Sigma \cdot diag(x)] \nabla P$$

于是，资产组合的损益分布为 $\Delta P \sim N(0, \sigma_P^2)$。

第五，基于资产组合未来损益分布的置信度 c 下的 VaR 计算。

根据本章第四节中在正态分布下 VaR 的计算公式，可得资产组合在持有期 Δt 内对应于置信度 c 的 VaR 为

$$VaR = \Phi^{-1}(c)\sigma_p = \Phi^{-1}(c)\sqrt{(\nabla P)' \cdot [diag(x) \cdot \Sigma \cdot diag(x)] \cdot \nabla P} \tag{3.7.6}$$

其中，$\Phi^{-1}(c)$ 表示标准正态分布下对应于置信度 c 的分位数。

2. 基于 Delta-正态方法的 VaR 计算举例

这里仍以本章第五节中远期合约为例，利用 Delta-正态方法计算持有该份远期合约在 95% 置信度下的 VaR。

首先，根据(3.5.7)式可得远期合约在未来一天内的价值变化的一阶近似，即

$$\Delta f \approx P^* \Delta S + S \Delta P^* - K \Delta P = (SP^*)\frac{\Delta S}{S} + (SP^*)\frac{\Delta P^*}{P^*} - (KP)\frac{\Delta P}{P} \tag{3.7.7}$$

由(3.7.7)式可以看出，持有远期合约的多头 f 实际上相当于即期外汇 SP^* 上的多头、外国现金 SP^* 的多头以及本国现金 KP 空头三种资产头寸构成的资产组合。

根据 Delta-正态方法的原理，假设三个风险因子的收益率 $\Delta S/S$，$\Delta P^*/P^*$ 以及 $\Delta P/P$ 服从多元正态分布。首先，利用风险因子的历史数据，估计出三个风险因子收益率的协方差矩阵，见表 3-7。然后，结合风险因子 S，P^* 以及 P 的历史取值计算出风险因子的协方差矩阵；再根据资产组合价值对每个风险因子的 Delta 值计算出组合价值变化的标准差；最后利用公式(3.7.6)计算得到在 95% 的置信度下持有该远期合约的 VaR 为 \$98 150.135。具体计算过程见表 3-7。

表 3-7 基于 Delta-正态方法的远期合约的 VaR 计算

		$\Delta S/S$	$\Delta P^*/P^*$	$\Delta P/P$
风险因子收益率协方差矩阵	$\Delta S/S$	1.17E-05	7.88E-07	2.90E-08
	$\Delta P^*/P^*$	7.88E-07	6.76E-08	8.83E-10
	$\Delta P/P$	2.90E-08	8.83E-10	7.96E-09
风险因子暴露向量		SP^*	SP^*	$(-KP)$
		16 392 392.72	16 392 392.72	-16 298 811.5
组合损益的方差			3.56E+09	
组合损益的标准差			59 665.735 56	
VaR(95%置信度)			$98 150.135	

3. Delta 正态方法的评述

我们已经在前文指出,计算 VaR 的 Delta-正态方法的最大优点就是计算简单、操作方便,而且当风险因子变化很小时,计算误差较小。该法的缺陷主要包括:首先,该方法是资产组合价值对市场风险因子变化的一阶线性近似,因此,当风险因子在未来持有期内发生大幅度变化时,由于不能反映非线性风险使得所计算的 VaR 可能会低估资产组合面临的实际风险。其次,要求市场风险因子的收益率服从多元正态分布的假设不尽合理。大量实证研究表明,对资产组合收益率分布的典型特征是尖峰、厚尾、有偏度,而非正态分布。最后,利用简单移动平均方法估计风险因子收益率协方差矩阵 Σ 也欠妥,容易导致预测结果失真。这其实类似于本章第五节中关于标准历史模拟法的第二条缺陷,即在简单移动平均方法中,用来预测风险因子下一期波动率以及不同风险因子收益率之间的协方差的每一个历史数据所产生的影响都相同,即权重都是 $1/T$,这与现实严重不符。另外,历史数据的长度 T 的确定,对所估计的不同风险因子收益率之间协方差的可靠性也会产生影响。如果历史数据取得太多,不仅计算十分麻烦,而且还使得预测的风险因子的波动率以及风险因子收益率之间的协方差对市场刚刚发生的波动不够敏感;历史数据窗口如果确定得太短,显然又不能准确描绘出市场风险因子的波动性和相关性。在实际运用中,通常需要根据解决问题的目标、风险因子历史数据的可获得性等诸多因素来确定。

(二)基于 Delta-加权正态方法的 VaR 计算

为解决上文指出的采用简单移动平均方法估计协方差矩阵时容易出现失真的问题,J. P. Morgan 公司又提出了 Delta-加权正态模型,又称为"RiskMetrics"方法,该法的基本思想就是通过改进 Delta-正态模型中估计风险因子收益率协方差矩阵的方法,尽量避免失真现象,以提高对风险因子波动率以及风险因子收益率协方差预测的准确性。

1. 基于 Delta-加权正态方法计算 VaR 的基本原理与实施步骤

Delta-加权正态方法除了利用历史数据对风险因子收益率向量 r 的协方差矩阵 Σ 进行估

计的方法以外,其他的假设、基本原理、思路和计算步骤完全与 Delta-正态方法相同,因此,我们在此处只讨论如何采用 Delta-加权正态方法估计风险因子收益率向量 r 的协方差矩阵 Σ。

利用 Delta-加权正态估计 r 的协方差矩阵 Σ 的基本原理是:对最靠近现在的历史数据赋予最大的权重,随着时间的前移,对应时期的历史数据被赋予的权重以指数规律逐渐衰减,即在估计 r 的协方差矩阵时采用指数加权移动平均方法(EWMA),下面就具体介绍这个方法。

类似前文的 Delta-正态方法,假设对于每一个风险因子 x_i,已获得该因子当前及过去 T 期的历史数据 $x_{i,-t\cdot\Delta t}$,Δt 表示相邻两期历史数据的时间间隔,于是根据(3.7.3)式得到该因子过去 T 期的收益率历史数据 $r_{i,-t\cdot\Delta t}$,其中:$i=1,2,\cdots,n;t=0,1,\cdots,T$。

在估计收益率向量 r 的协方差矩阵时,Delta-加权正态方法给 t 期之前的收益率历史数据赋予权重

$$w_t = \frac{(1-\lambda)\lambda^{t-1}}{1-\lambda^T}, t=1,2,\cdots,T$$

其中,$\lambda \in (0,1)$ 为常数,称为衰减因子。于是,利用风险因子收益率的历史数据和公式

$$\sigma_{ij} = \sum_{t=1}^{T} w_t r_{i,-t\cdot\Delta t} r_{j,-t\cdot\Delta t}, i,j=1,2,\cdots,n$$

这里假设了 $E(r_i)=0, i=1,2,\cdots,n$。上式估计出的数据值作为未来持有期内风险因子收益率 r 的协方差矩阵 Σ 第 i 行第 j 列位置的元素。

2. 基于 Delta-加权正态方法的 VaR 计算举例

仍以本章第五节中远期合约为例,说明如何使用 Delta-加权正态方法计算资产组合的 VaR。计算的假设、所采用的历史数据、基本步骤等和前文的 Delta-正态方法相同,差异仅仅在于这里是利用 EWMA 方法而非简单移动平均方法来估计市场风险因子收益率 $\Delta S/S$,$\Delta P^*/P^*$ 以及 $\Delta P/P$ 在未来持有期内的协方差矩阵。我们取衰减因子为 0.94,得到 95% 的置信度下持有该份远期合约的 VaR 为 \$227 520.66。具体计算数值见表 3-8。

表 3-8 基于 Delta-加权正态方法的远期合约的 VaR 计算

		$\Delta S/S$	$\Delta P^*/P^*$	$\Delta P/P$
风险因子收益率协方差矩阵	$\Delta S/S$	6.21E-05	4.54E-06	1.44E-07
	$\Delta P^*/P^*$	4.54E-06	3.48E-07	9.52E-09
	$\Delta P/P$	1.44E-07	9.52E-09	6.88E-09
风险因子暴露向量		SP^*	SP^*	$(-KP)$
		16 392 392.72	16 392 392.72	-16 298 811.5
组合损益的方差		1.91E+10		
组合损益的标准差		138 310.429 6		
VaR(95% 置信度)		\$227 520.66		

3. 对 Delta-加权正态方法的几点说明

除了在估计风险因子收益率的协方差矩阵方面所做的改进以外,Delta-加权正态方法继承了 Delta-正态方法其他各方面的优缺点,这里不再赘述。此处只对指数加权移动平均(EWMA)法作几点说明。

首先,指数加权移动平均相对于简单移动平均而言在预测市场风险因子的波动性时效果更好。这是因为指数加权移动平均对近期的数据赋予更大的权重,因此该法能够对市场风险因子刚刚发生的冲击做出迅速、充分的反应;而随着时间的不断前移,风险因子的波动对未来波动率预测的影响会逐步减小。

其次,如何确定指数加权移动平均法中的衰减因子 λ 呢?衰减因子 λ 一般依赖于历史数据的反复模拟而得到。在衰减因子 λ 的确定过程中,还应注意衰减因子 λ 的大小对预测结果的影响。以波动率预测为例,当风险因子发生一次大幅度的波动之后,衰减因子 λ 越大,预测的波动率越不容易发生突发性的增加,但是以后各期预测的波动率下降的速度越慢。在 RiskMetrics 系统中,日数据的衰减因子被确定为 0.94,而月度数据的衰减因子则是 0.97。

最后,指数加权移动平均实际上是下文将要介绍的 GARCH 模型的一个特例。在上文的波动率预测模型中,如果以过去无限期的历史数据为基础预测风险因子未来收益率的方差,则

$$\sigma_t^2 = \sum_{i=1}^{\infty}(1-\lambda)\lambda^{i-1}r_{t-i}^2 = (1-\lambda)r_{t-1}^2 + \sum_{i=2}^{\infty}(1-\lambda)\lambda^{i-1}r_{t-i}^2$$

$$= (1-\lambda)r_{t-1}^2 + \lambda\sum_{i=1}^{\infty}(1-\lambda)\lambda^{i-1}r_{t-1-i}^2 = (1-\lambda)r_{t-1}^2 + \lambda\sigma_{t-1}^2 \quad (3.7.8)$$

这恰是下文要介绍的 GARCH 模型,可见,GARCH 模型实际上是 EWMA 的一个推广,该模型能够更好地刻画风险因子收益率的各种特征,例如波动性集聚现象以及收益率分布的厚尾特征等等。

(三) 基于 Delta-GARCH 方法的 VaR 计算

在刻画金融时间序列经常表现出的厚尾分布、波动性聚集等特征等方面,Delta-正态类模型往往无能为力,而这却是 GARCH 类模型擅长的领地,所以我们在这里试图用 GARCH 类模型来预测风险因子收益率在未来持有期内的波动率。有关 GARCH 模型的详细内容请参阅本书附录。

1. 基于 Delta-GARCH 方法计算 VaR 的基本原理和实施步骤

Delta-GARCH 方法除了利用 GARCH 模型来估计风险因子收益率向量 r 的协方差矩阵 Σ 以外,该法的基本原理、思路和计算步骤也完全类似于 Delta-正态方法,更具体一点就是:选用多元 GARCH 模型①来描述风险因子的收益率,其中假设多元 GARCH 模型中的冲击向量 a_t 的条件分布服从均值为 0 的正态分布;利用市场风险因子的历史数据估计出多元 GARCH 模型中关于市场风险因子收益率向量的协方差矩阵 $CC' + Aa_ta_t'A' + B\Sigma_tB'$,即附录中的式 (3.21);依然取资产组合的价值变化关于风险因子变化的一阶线性近似来估计资产组合在未

---

① 关于多元 GARCH 模型的具体讨论见本书附录。

来持有期内的损益分布;根据多元 GARCH 模型中的冲击向量 a_t 的条件分布服从正态分布的假设可以判定,资产组合价值在未来持有期内的变化也服从正态分布,于是,下面计算 VaR 的方法和步骤完全仿 Delta-正态方法即可,即用多元 GARCH 模型估计出的协方差矩阵 $CC' + Aa_ta'_tA' + B\Sigma_tB'$ 代替 Delta-正态方法中的协方差矩阵 Σ,从而得到资产组合损益分布的标准差 σ_P^0,再代入(3.7.6)式中就可获得资产组合对应于置信度 c 下的 VaR。

2. 基于 Delta-GARCH 方法计算 VaR 的几点说明

式(3.7.8)表明,由于 GARCH 类模型能够比简单移动平均方法和指数加权移动平均方法更好地刻画风险因子波动率的动态行为,所以 Delta-GARCH 模型是前文 Delta-正态模型和 Delta-加权正态模型的改进。另外,我们还有两点要进一步说明。

第一,在上面的 Delta-GARCH 方法中,由于假设了 GARCH 模型中 a_t 的条件分布是正态分布,从而资产组合价值变化的条件分布也是正态分布。所以,在计算资产组合的 VaR 时,可以直接使用正态分布假设下的公式(3.7.6)。但是,如果 GARCH 模型中的冲击向量 a_t 的条件分布不是正态分布,而是 t-分布、广义误差分布等具有厚尾特征的分布,则未来持有期内资产组合价值变化的条件分布也不再是正态分布,从而也就不能直接使用正态分布假设下的公式(3.7.6)了。此时,可以把多元 GARCH 模型作为刻画风险因子收益率向量未来变化的随机模型,并采用 Monte Carlo 模拟方法来计算 VaR。

第二,上述计算 VaR 的 Delta-GARCH 方法是利用多元 GARCH 模型来描述影响资产组合价值的多个风险因子收益率变化。但是,多元 GARCH 模型一般比较复杂,特别是当假设市场风险因子收益率冲击向量的条件分布不是多元正态分布时,应用多元 GARCH 模型将更加困难。为此,在利用 GARCH 模型计算资产组合的 VaR 时,常常设法直接获得关于资产组合价值的历史数据,这样就可以用一元 GARCH 模型来描述资产组合的收益率变化了,从而大大降低计算的难度。下面拟要介绍的 Delta-EGARCH-GED 方法就采用这种方式。

(四)基于 Delta-EGARCH-GED 方法的 VaR 计算

前文介绍的三个计算 VaR 的 Delta 类方法,都假设市场风险因子收益率的变化服从正态分布,从而使得资产组合的价值变化也服从正态分布。尽管 Delta-GARCH 方法中的风险因子收益率的无条件分布也具有厚尾分布特征,但大量实证结果表明,上述刻画仍有很大偏差。于是,我们在这里试图选择一个具有更厚尾部、也最为常用的广义误差分布(generalized error distribution,GED)[1]来描述资产组合价值的未来变化。同时,由于 GARCH 模型不能刻画出现实市场中资产组合波动率时常出现的"杠杆效应"特征[2],所以我们再进一步引入能解决上述问题的 EGARCH 模型[3]。这就是本小节所要介绍的 VaR 计算的 Delta-EGARCH-GED 方法。

计算 VaR 的 Delta-EGARCH-GED 方法是利用 EGARCH-GED 模型来描述资产组合的收益率 r_t,即

---

[1] 关于广义误差分布的详细内容,请参阅本书附录。
[2] 大量实证研究表明,资产组合的波动率对资产组合大幅度的价格上升和大幅度的价格下跌会做出不同的反应,一般情况下,市场发生的负向冲击(即资产组合价格下跌)对资产组合的波动率影响更大,这就是所谓的"杠杆效应"。
[3] EGARCH 模型是对 GARCH 模型改进的基础上获得的,详细内容请参阅本书附录。

$$r_t = \mu_t + a_t, a_t = \sigma_t \cdot \varepsilon_t$$

$$\ln(\sigma_t^2) = \alpha_0(1-\alpha) + \alpha\ln(\sigma_{t-1}^2) + g(\varepsilon_{t-1}) \tag{3.7.9}$$

其中：μ_t 是资产组合收益率 r_t 的条件均值；$g(\varepsilon_t) = \theta\varepsilon_t + \gamma[|\varepsilon_t| - E(|\varepsilon_t|)]$，而 ε_t 在信息集 F_{t-1} 下的条件分布是本书后面附录中的(3.15)式所定义的广义误差分布。

Delta-EGARCH-GED 方法的实施可按照如下的步骤进行。

首先，建立资产组合价值与资产组合收益率之间的映射关系式；然后，根据资产组合价值的历史数据计算得到资产组合收益率的历史数据，并且利用(3.7.9)式中的 EGARCH-GED 模型来描述资产组合的未来收益率变化，估计出模型中的各个参数。

其次，基于估计出来的 EGARCH-GED 模型，通过 Monte Carlo 模拟的方法生成未来持有期内资产组合收益率的若干个模拟值。

再次，对资产组合的价值变化取其关于资产组合收益率变化的一阶线性近似，并对前面步骤得到的资产组合收益率的每一个模拟值计算资产组合在未来持有期内的价值变化或损益，进而得到损益分布。

最后，基于资产组合在未来持有期内的损益分布计算出资产组合的 VaR。

在上述的 Delta-EGARCH-GED 方法中，也可以用能够描述厚尾分布的 t-分布[①]来替换广义误差分布，其他内容不变，计算 VaR 的原理和步骤亦完全仿 Delta-EGARCH-GED 的方法。

（五）Delta-混合正态模型

除了广义误差分布、t-分布之外，还有混合正态分布以及极值分布[②]等许多具有厚尾分布特征的分布形式。在风险管理中，可以根据实际情况选择不同的厚尾分布来描述风险因子收益率或者是资产组合价值变化的厚尾分布特征。本节将要介绍计算 VaR 的 Delta-混合正态分布。为此，先介绍混合正态分布。

对资产组合或者市场风险因子的收益率 r 的分布特征作如下假设：在市场处于正常波动情况下，r 服从均值为 0、方差为 σ_1^2 的正态分布，在市场处于极端波动情形下，r 服从均值为 0、方差为 σ_2^2 的正态分布，其中 $\sigma_1^2 < \sigma_2^2$；同时假设极端市场波动发生的可能性是一个小概率 p，于是资产组合的收益率 r 可以表示为

$$r = \pi\xi_1 + (1-\pi)\xi_2 \tag{3.7.10}$$

其中：$\xi_i \sim N(0, \sigma_i^2)$，$i = 1, 2$；$\pi$ 服从两点分布，即

$$\text{Prob}(\pi = 1) = 1 - p, \quad \text{Prob}(\pi = 0) = p$$

上述方法所定义的随机变量 r 服从的就是混合正态分布。由于 $\sigma_1^2 < \sigma_2^2$，因此 r 取极端值的可能性明显大于正态分布情况下取极端值的可能性，从而用(3.7.10)式定义的混合正态分布所描

---

① 见本书附录中的(3.14)。
② 仅仅是某些极值分布具有厚尾的特征，不是所有的极值分布都具有厚尾的特征。关于极值分布在风险度量中的运用，本章将在第八节中详细介绍。

述的资产组合收益率的变化分布才会表现出厚尾特征。

一些实证研究也证实了混合正态分布在描述资产收益率变化时所具有的许多优势:首先,混合正态分布中的各个参数具有很好的直观意义,从而便于直观理解;其次,(3.7.10)式所定义的混合正态分布的峰度为

$$\frac{3[(1-p)\sigma_1^4 + p\sigma_2^4]}{[(1-p)\sigma_1^2 + p\sigma_2^2]^2}$$

显然,只要 $\sigma_1^2 \neq \sigma_2^2$,(3.7.10)式所定义的混合正态分布就具有厚尾分布的特征。最后,混合正态分布保持了正态分布的一些便于数学处理的特征和性质。当然,利用混合正态分布描述资产组合的收益率也存在一些不足:首先,混合正态分布模型的参数估计非常复杂,常用的极大似然估计方法并不适用,因为此时的似然函数不存在全局极大值。为此,Zangari 提出了 Gibbs 抽样方法、Venkataraman 提出了拟贝叶斯极大似然估计等方法来解决上述问题,有关这两种方法更为详细的讨论,请参考 Zangari(1996),Venkataraman(1997)。其次,对于多个风险因子的情况,如何估计不同风险因子收益率之间的相关性也是混合正态分布的一个棘手问题。

关于基于 Delta-混合正态方法的 VaR 计算,可以仿照 Delta-EGARCH-GED 方法来进行,只要将 Delta-EGARCH-GED 方法中描述资产组合收益率未来变化的 EGARCH-GED 模型用混合正态分布来替代即可。为此,这里不再赘述。

二、基于 Delta-Gamma 类方法的 VaR 计算

我们已经在前文中指出,计算 VaR 的 Delta 类方法仅仅对资产组合的价值变化取其关于风险因子变化的一阶线性近似,所以尽管可以简化计算,但却无法考察非线性风险。于是,需要在一阶线性近似的基础上引入能够刻画非线性风险的二阶 Gamma 项,这就是所谓的 Delta-Gamma 类方法。

(一)基于 Delta-Gamma 正态方法计算 VaR 的基本原理

这里仍采用与前文相同的符号,根据本章中的公式(3.1.1),某资产组合价值 P 受 n 维市场风险因子向量 $\boldsymbol{x}$ 影响的映射关系 $P = P(t, \boldsymbol{x})$ 写为二阶近似的形式①,即

$$\Delta P = P(t+\Delta t, \boldsymbol{x}+\Delta \boldsymbol{x}) - P(t, \boldsymbol{x}) \approx \sum_{i=1}^{n} \frac{\partial P}{\partial x_i}\Delta x_i + \frac{1}{2}\sum_{i=1}^{n}\sum_{j=1}^{n} \frac{\partial^2 P}{\partial x_i \partial x_j}\Delta x_i \Delta x_j$$

$$= (\nabla \boldsymbol{P})' \cdot \Delta \boldsymbol{x} + \frac{1}{2}(\Delta \boldsymbol{x})' \cdot \boldsymbol{\Gamma_P} \cdot \Delta \boldsymbol{x} \tag{3.7.11}$$

其中:$\Delta \boldsymbol{x} = (\Delta x_1, \Delta x_2, \cdots, \Delta x_n)'$ 表示风险因子在持有期内的变动值构成的向量;$\nabla \boldsymbol{P}$ 的定义仍由(3.7.4)式给出,表示资产组合价值 P 的 Delta 灵敏度向量;$\boldsymbol{\Gamma_P}$ 是由资产组合价值 P 的

---

① 不失一般性,此处仍假设资产组合价值不受时间因子的灵敏度影响,即 $\frac{\partial P}{\partial t} = 0$。

Gamma 灵敏度 $\dfrac{\partial^2 P}{\partial x_i \partial x_j}$ 构成的 Hessen 矩阵，即 $\boldsymbol{\Gamma_P} = \left[\dfrac{\partial^2 P}{\partial x_i \partial x_j}\right]_{n \times n}$。(3.7.11)式就是某资产组合价值变化或损益关于风险因子变化向量 $\Delta \boldsymbol{x}$ 的二阶近似表达式，也是 Delta-Gamma 正态方法中用于模拟资产组合未来损益分布的近似式。

Delta-Gamma 正态方法假设市场风险因子的变化向量 $\Delta \boldsymbol{x}$ 与向量$(\Delta \boldsymbol{x})^2$ 相互独立且都服从均值向量为 **0**、但协方差矩阵可能不同的多元正态分布，其中向量$(\Delta \boldsymbol{x})^2$ 是由乘积$(\Delta x_i)^2$ $(i=1,2,\cdots,n)$ 与 $\Delta x_i \Delta x_j (i,j=1,2,\cdots,n,$ 且 $i \neq j)$ 构成的向量；资产组合在未来持有期内的价值变化或损益通过(3.7.11)式所示的基于 Delta、Gamma 的近似表达式计算得到。在上述假设之下，由(3.7.11)式确定的资产组合在未来持有期内的价值变化还是一个正态分布随机变量。于是，我们可以完全仿照 Delta-正态方法的实施步骤来计算 VaR。

显然，Delta-Gamma 正态方法与 Delta-正态方法主要不同之处在于，Delta-Gamma 正态方法采用的资产组合的价值变化近似公式(3.7.11)比 Delta-正态方法采用的资产组合的价值变化近似公式(3.7.2)多了非线性 Gamma 项 $\dfrac{1}{2}(\Delta \boldsymbol{x})' \cdot \boldsymbol{\Gamma_P} \cdot \Delta \boldsymbol{x}$，从而在计算 VaR 时，前者可能比后者更加准确。

另外，须特别说明的是，Delta-Gamma 正态方法关于向量$(\Delta \boldsymbol{x})^2$ 与市场风险因子的变化向量 $\Delta \boldsymbol{x}$ 相互独立且都服从正态分布的假设，尽管可以简化计算，但并不恰当。因为当 $\Delta \boldsymbol{x}$ 中的变量 Δx_i 服从正态分布时，$(\Delta x_i)^2$ 应服从 Γ 分布或 χ^2 分布，$i=1,2,\cdots,n$。

（二）计算 VaR 的其他一些重要的 Delta-Gamma 类方法

1. 基于 Delta-Gamma-GARCH 方法的 VaR 计算

Delta-Gamma-GARCH 方法假设影响资产组合价值变化的多风险因子的收益率变化服从多元 GARCH 模型，这一点与 Delta-GARCH 方法的假设类似；资产组合在持有期内的价值变化或损益的模拟近似公式，则与 Delta-Gamma 正态方法一样，选用资产组合价值变化关于风险因子变化的二阶近似式(3.7.11)，于是，可以仿照 Delta-GARCH 方法计算 VaR。

2. Delta-Gamma-Wilson 方法

Delta-Gamma-Wilson 方法由 Wilson(1994b,1996)首先提出，该法的基本思路是：从"VaR 是指资产组合在未来持有期内对应于给定置信度下的最大可能损失"这个定义出发，把 VaR 计算问题归结为一个最优化问题来求解。最优化问题必定包含约束条件和目标函数两个基本因素，下面给予详细介绍。

问题描述：假设风险因子的变化向量 $\Delta \boldsymbol{x}$ 在未来持有期 Δt 内服从均值向量为 **0**、协方差矩阵为正定矩阵 $\boldsymbol{\Sigma}$ 的多元正态分布，在未来持有期内的资产价值变化与风险因子之间的关系仍由基于 Delta 与 Gamma 灵敏度系数的(3.7.11)式给出。求资产组合在未来持有期 Δt 内对应于置信度 c 的 VaR。我们分以下步骤来计算。

第一，最优化问题的约束条件的确定——风险因子变化向量 $\Delta \boldsymbol{x}$ 的波动范围确定。我们确定 $\Delta \boldsymbol{x}$ 的波动范围的基本思想来自向量 $\Delta \boldsymbol{x}$ 的正态性假设和置信度 c 以及计算 VaR 的思想，即拟要确定的 $\Delta \boldsymbol{x}$ 的一个波动范围应满足：$\Delta \boldsymbol{x}$ 在其中出现的概率正好等于给定的置信度 c。于是，根据多元正态分布的特性可得

$$\Delta \boldsymbol{x}' \cdot \boldsymbol{\Sigma}^{-1} \cdot \Delta \boldsymbol{x} \leqslant \alpha^2_{\frac{1+c}{2}} \tag{3.7.12}$$

其中，$\alpha_{(1+c)/2}$ 为标准正态分布下对应于 $\frac{1+c}{2}$ 的分位数。(3.7.12)式即为我们所要求的最优化问题的约束条件。

第二，最优化问题的目标函数的确定。依据资产组合价值变化关于风险因子变化的二阶近似式(3.7.11)确定资产组合最大可能损失的函数表达式，即

$$VaR = \max_{\Delta x}\{-[(\nabla \boldsymbol{P})' \cdot \Delta \boldsymbol{x} + \frac{1}{2}(\Delta \boldsymbol{x})' \cdot \boldsymbol{\Gamma}_P \cdot \Delta \boldsymbol{x}]\} \tag{3.7.13}$$

第三，求解由(3.7.12)式与(3.7.13)式构成的最优化问题，即可得到资产组合在置信度 c 下的 VaR。由(3.7.12)式与(3.7.13)式构成的最优化问题是一个二次最优规划模型，该模型的求解纯属数学问题，这里不再详述，有兴趣的读者可参见应玖茜、魏权龄(1994)。

我们这里以持有一份欧式看涨期权为例，说明利用上述方法求 VaR 的思想和方法。假设该份欧式看涨期权的价格 P 只受标的资产的价格 S 的影响，同时假设标的资产价格 S 在未来持有期内的变动 ΔS 服从均值为 0、标准差为 σ_S 的正态分布。根据(3.7.12)式和给定的置信度 c，可以确定的 ΔS 的变动范围为

$$\left[-\Phi^{-1}\left(\frac{1+c}{2}\right)\sigma_S, \Phi^{-1}\left(\frac{1+c}{2}\right)\sigma_S\right]$$

其中，$\Phi^{-1}\left(\frac{1+c}{2}\right)$ 表示标准正态分布的分位数。再根据(3.7.13)式，可得计算对应于置信度 c 的 VaR 的最优化问题如下。

$$VaR = \max_{\Delta S}\{-\Delta P\} = \max\left\{-\left[\frac{dP}{dS} \cdot \Delta S + \frac{1}{2}\frac{d^2P}{dS^2} \cdot (\Delta S)^2\right]\right\}$$

$$s.t. \quad -\Phi^{-1}\left(\frac{1+c}{2}\right)\sigma_S \leqslant \Delta S \leqslant \Phi^{-1}\left(\frac{1+c}{2}\right)\sigma_S$$

在 Delta-Gamma-Wilson 方法中，把资产组合的 VaR 计算问题归结为求解一个最优化问题，是一个全新的思路。但是，这种方法在概念上存在一些明显的不足：正如 Britten-Jones 和 Schaefer(1999)指出的一样，Delta-Gamma-Wilson 方法计算得到的 VaR 和资产组合的"真实"VaR 存在着差别，即资产组合的"真实"VaR 是通过给组合的价值变化设定一个置信区间而得到，但 Delta-Gamma-Wilson 方法却是给风险因子的变动范围设定了一个置信区间。一般情况下，不能通过给风险因子设定一个置信区间来推断风险因子函数(这里就是资产组合的价值变化)的置信区间。Britten-Jones 和 Schaefer(1999)进一步指出，采用 Delta-Gamma-Wilson 方法计算得到的资产组合的 VaR 通常会高于其"真实"VaR，但高估的程度却依赖于资产组合价值变化的分布特征。因此，基于 Delta-Gamma-Wilson 方法计算得到的资产组合的 VaR 并不准确，甚至有时还不如基于 Delta-Gamma 正态方法估算得到的 VaR 更加准确，具体可见 Pritsker(1997)。

3. 基于 Gamma-CF 方法的 VaR 计算

在前文计算 VaR 的 Delta-Gamma 正态方法中，实际上由于引入了风险因子变化的乘积

而导致资产组合的价值变化不再服从正态分布,所以仿照 Delta-正态方法计算资产组合的 VaR 并不妥当。为此,人们又从理论上提出了计算 VaR 的 Gamma-CF 方法。该法的理论依据就是数理统计中的 Cornish-Fisher 展式,即任何一个均值为 0、方差为 1 的概率分布,其 p-分位数都可以近似为标准正态分布 p-分位数的一个函数。

假设资产组合的价值变化 ΔP 的数学期望为 μ,方差为 σ^2,作变换

$$z = (\Delta P - \mu)/\sigma$$

则该资产组合在置信度 $c = 1 - p$ 下的 Cornish-Fisher 在险价值为

$$VaR = -\mu + \sigma CF^{-1}(p) \tag{3.7.14}$$

其中

$$CF^{-1}(p) = z_p + \frac{\gamma_1}{6}(z_p^2 - 1) + \frac{\gamma_2}{24}(z_p^3 - 3z_p) - \frac{\gamma_1^2}{36}(2z_p^3 - 5z_p) \tag{3.7.15}$$

z_p 是标准正态分布的 p-分位数;γ_1 和 γ_2 分别是 z 的偏度和超额峰度,即

$$\gamma_1 = \frac{E(z - E(z))^3}{\sigma_z^3}, \quad \gamma_2 = \frac{E(z - E(z))^4}{\sigma_z^4} - 3 \tag{3.7.16}$$

σ_z 是 z 的标准差,满足 $\sigma_z^2 = E(z - E(z))^2$。(3.7.15)式表明,Cornish-Fisher 展式就是通过非标准正态分布的偏度和峰度对标准正态分布的分位数进行调整,从而得到自身的分位数近似计算公式。

为了实施计算 VaR 的 Gamma-CF 方法,首先根据风险因子的历史数据以及(3.7.11)式,计算出资产组合价值变化 ΔP 的样本数据;其次,利用 ΔP 的样本数据估计得到其样本均值估计 μ 和样本标准差估计 σ,从而就能够得到 z 的样本数据;然后,再以 z 的样本数据为基础,根据(3.7.16)式采用矩估计得到 z 的偏度 γ_1 和超额峰度 γ_2 的估计值;最后,将这些估计结果代入(3.7.14)式中就得到资产组合在险价值的近似计算。

对于本章第五节中远期合约的例子,可以利用(3.7.14)式中的 Cornish-Fisher 展式来计算其 VaR。以历史模拟法得到的组合价值变化为原始数据,然后采用 Cornish-Fisher 方法近似计算组合价值变化分布的分位数,从而得到货币远期合约的 VaR。计算结果表明,用这种方法得到的合约的 VaR 等于 $26 520.21。

在此,把前面用不同方法计算得到的第五节中远期合约对应于置信度 95% 下的 VaR 总结在表 3-9 中。比较各种方法得到的不同结果发现,对于同一个资产组合和相同的历史数据,不同的 VaR 计算方法得到的结果不尽相同,甚至有些还相差很大。由于 Cornish-Fisher 方法是以历史模拟法得到的组合价值变化数据为基础的,所以这两者得到的结果很接近。Delta-正态方法和 Monte Carlo 模拟法计算得到的结果比较接近,而 Delta-加权正态方法得

表 3-9 基于不同方法所计算的 VaR 值

方法	VaR
历史模拟法	$26 408.3
Delta-正态方法	$98 150.14
Monte Carlo 模拟法	$104 734.01
Delta-加权正态方法	$227 520.66
Cornish-Fisher 方法	$26 520.21

到的结果最大。

4. 基于 Gamma-Johnson 方法的 VaR 计算

类似于前文的 Gamma-CF 方法，Gamma-Johnson 方法的基本思想也是利用标准正态分布的分位数来计算资产组合价值变化具有一般分布函数形式时的分布函数的分位数。该法的理论依据来自以下结论：对于某些非正态分布的随机变量，存在一个单调变换，使得变换之后的随机变量服从标准正态分布。

不妨设未来持有期内资产组合价值变化 ΔP 是一个具有任意分布形式的随机变量，Gamma-Johnson 方法的目标是找到合适的参数以及一个单调递增的实函数 $f(x)$，使得

$$z = \gamma + \eta \cdot f\left(\frac{\Delta P - \varepsilon}{\lambda}\right) \tag{3.7.17}$$

是一个标准正态随机变量，其中：参数 $\gamma, \varepsilon \in (-\infty, +\infty)$；$\eta, \lambda \in (0, +\infty)$。显然，如果能够找到满足上述要求的参数以及函数 $f(x)$，则资产组合在置信度 $c(=1-p)$ 下对应于 ΔP 分布的 p-分位数，就可以利用(3.7.17)式表示为标准正态分布 z 的 p-分位数 z_p 的函数。

对于 $f(x)$ 的具体形式，Johnson 提出了三种情形，见表 3-10。对于每一种形式的 $f(x)$，都存在一族分布，使得这些分布通过 $f(x)$ 变换之后可成为标准正态分布，只要对变换公式中的参数进行调整就可以了。

表 3-10 Johnson 分布族及对应的变换

分布族	$f(x)$ 的形式	变量条件	分布族特征描述
S_L	$f\left(\dfrac{\Delta P - \varepsilon}{\lambda}\right) = \ln\left(\dfrac{\Delta P - \varepsilon}{\lambda}\right)$	$\Delta P > \varepsilon$	对数分布族，ΔP 是对数正态分布
S_U	$f\left(\dfrac{\Delta P - \varepsilon}{\lambda}\right) = \sinh^{-1}\left(\dfrac{\Delta P - \varepsilon}{\lambda}\right)$	$-\infty < \Delta P < +\infty$	无界分布族，例如 t-分布等无界分布
S_B	$f\left(\dfrac{\Delta P - \varepsilon}{\lambda}\right) = \ln\left(\dfrac{\Delta P - \varepsilon}{\lambda + \varepsilon - \Delta P}\right)$	$\varepsilon < \Delta P < \varepsilon + \lambda$	有界分布族，例如 Gamma 类分布、Beta 类分布等

在实施 VaR 计算的 Gamma-Johnson 模型时，首先利用市场风险因子的历史数据以及(3.7.11)式，计算出未来持有期内资产组合价值变化 ΔP 的样本数据。显然，此时资产组合价值变化 ΔP 通常不是正态分布。其次，根据 ΔP 的样本数据，确定出公式(3.7.17)中的变换函数 $f(x)$ 以及参数 γ、ε、η 和 λ 的具体数值，详细的方法可以参考 James 和 Samuel(1980)。最后，利用已经确定出的变换式(3.7.17)，就可以计算任意给定置信度下资产组合的 VaR。关于 Johnson 分布族在 VaR 计算中的详细应用，读者还可以参考田新时等(2002)、张维铭等(2000)。

关于 Delta-Gamma 类方法，还有许多其他类型，这里不再一一介绍。总之，相对于 Delta 类方法而言，Delta-Gamma 类方法在近似资产组合价值变化方面更为精确，但是在实际操作时的难度往往也比较大，尤其对于风险因子的变化不服从正态分布的情况。为此，下文要介绍的 Hull-White 正态变换方法提供了一个新的解决思路。

三、基于 Hull-White 正态变换方法的 VaR 计算

Hull-White 正态变换方法（Hull-White transformation-to-normality approach）最早由 Hull 和 White(1998)提出，该法的核心思想是：首先，通过构造一个变换把若干个非正态随机变量分别变换成正态随机变量；其次，采用本章前面介绍的 Cholesky 分解方法，模拟生成大量的关于这些正态分布随机变量的样本；最后，把模拟得到的这些正态分布随机变量抽样逆变换为原始非正态随机变量的样本，从而运用于资产组合的 VaR 计算中去。具体实施步骤如下。

假设资产组合的价值 P 是关于 n 个用价格表示的市场风险因子 $x = (x_1, x_2, \cdots, x_n)'$ 的函数，不妨记为

$$P(x) = P(x_1, x_2, \cdots, x_n)$$

同时，假设 r_{it} 是第 i 个风险因子 x_i 在 t 时的收益率，其分布函数为 G_{it}。Hull-White 正态变换方法通过如下的变换把 r_{it} 变换为标准正态分布随机变量 f_{it}，且

$$f_{it} = \Phi^{-1}[G_{it}(r_{it})] \quad (3.7.18)$$

其中，Φ 是标准正态分布的分布函数。与此对应地，也可以通过如下的逆变换把一个标准正态分布的随机变量变换为一个分布函数为 G_{it} 的随机变量

$$r_{it} = G_{it}^{-1}[\Phi(f_{it})] \quad (3.7.19)$$

上述的变换仅仅是针对单个随机变量而言的，但是影响资产组合价值的风险因子常常不止一个，而且这些因子之间的相关性也会对资产组合的风险产生重要影响。如果采用上述方法逐一地对每一个风险因子进行变换，那么上述变换是否会改变随机向量的相关性结构呢？Malevergne 和 Sornette(2001)对此作出了回答：如果风险因子的收益率是一个具有任意分布形式的随机向量，在其分布满足很弱的条件下，采用上述方法把该随机向量变换为一个多元正态随机向量，则变换后的多元正态随机向量保持原来随机向量之间的相关性结构不变。

借助于 Malevergne 和 Sornette(2001)的结论，就可以将 Hull-White 正态变换方法运用于资产组合的 VaR 计算了。具体做法是：第一，对于每一个风险因子 x_i，根据其历史数据计算得到该风险因子的收益率数据，并确定出风险因子收益率的分布函数 G_{it}。在此过程中，可以直接根据收益率数据采用非参数估计方法，也可以首先假定收益率的分布形式（例如 t-分布、广义误差分布、混合正态分布以及极值分布等厚尾分布），然后利用其历史数据估计出分布函数中的相关参数。第二，利用变换(3.7.18)把风险因子收益率 r_{it} 的历史数据变换为标准正态分布 f_{it} 的样本数据。根据 f_{it} 的样本数据，就可以估计出多元正态随机向量 $(f_{1t}, f_{2t}, \cdots, f_{nt})$ 的协方差矩阵。第三，利用前文介绍的 Cholesky 分解方法，模拟生成关于多元正态随机向量 $(f_{1t}, f_{2t}, \cdots, f_{nt})$ 的样本，再利用逆变换(3.7.19)得到风险因子收益率随机向量 $(r_{1t}, r_{2t}, \cdots, r_{nt})$ 的样本。第四，对于每一个模拟得到的风险因子收益率样本，结合市场风险因子当前的取值，就能够模拟得到市场风险因子未来持有期内的一条变化轨道。于是，借助于资产组合价值与风险因子之间的映射关系就可对应地得到资产组合价值变化或损益在未来持有期内的一条变

化轨道。反复进行上述过程，就可以进一步获得资产组合在未来持有期内的价值变化分布或损益分布。第五，基于资产组合在未来持有期内的价值变化分布或损益分布即可计算出任意给定置信度下资产组合的 VaR。

关于利用 Hull-White 正态变换方法计算 VaR 的几点说明：首先，在得到资产组合价值变化的若干个模拟样本之后，可以采用各种不同的方法计算资产组合 VaR，例如，可以把排在某个位置的损失数据确定为 VaR，也可以采用前面的 Cornish-Fisher 展式方法确定资产组合的 VaR。其次，对于不同风险因子的收益率数据，要保证在时间上的一致性，否则就不能保证变换前后数据之间的相关性结构保持不变。最后，Hull-White 正态变换方法本质上是一种模拟方法，能够较好地处理风险因子变化分布比较复杂情况下的 VaR 计算问题。大量实践表明，在处理非正态性问题方面，该法的应用效果的确不错，Hull 和 White 本人也证实了这一点。

第八节 厚尾分布事件[①]中的市场风险度量
——压力试验和极值理论

对处于正常波动范围的金融市场风险，运用前面介绍的、以正态分布或对数正态分布假设为前提的经典 VaR 方法进行风险估计还是比较可靠的。然而，现实市场中的非正常波动或者极端波动的事件和情景时有发生，金融风险因子或金融资产价值的变化分布往往呈现出明显的"厚尾"特征，此时继续运用经典的 VaR 方法度量厚尾分布事件的风险将有可能产生较大的估计偏差[②]。另外，从纯技术的角度还可以观察到：前文介绍的 VaR 方法只回答了将以 c 的概率在未来某一特定时间段内把最大可能损失控制在某个值（即所计算的 VaR 值）以内，但并没有回答当 $(1-c)$ 的小概率事件发生时将会导致的损失有多大。事实上，当假设市场处于正常情形时，自然也就无须考虑上述小概率事件，因为正常状态的市场假设其实隐含了极端事件几乎不会发生的假设；而对于经常有非正常波动或"厚尾"特征的现实市场而言，小概率事件中有可能包含着厚尾分布事件甚至极端事件，而且一旦这样的事件发生（此时小概率事件必然发生），将有可能导致巨额损失乃至于破产，所以必须认真面对和处理。

须说明的是，对于厚尾分布，通常有两种理解。一种是与正态分布比较，把峰度比正态分布高的分布称为厚尾分布，这是最为常见的一种理解。按此理解，t-分布、对数正态分布、广义误差分布、混合正态分布等都属于厚尾分布。若无特别说明，本文所言的厚尾分布皆是指该意义上的。另一种是 Ramazan Gencay 的定义，即满足 $\int_0^{+\infty} e^{sx} dF(x) = +\infty (\forall s > 0)$ 的分布

[①] 本文将金融风险因子变化或金融资产价值变化呈现出"厚尾分布"特征的事件，称为厚尾分布事件；将由于金融风险因子的极端变化或极端波动而导致出现巨额损失甚至破产的事件，称为极端事件。显然，极端事件一定是厚尾分布事件，反之则未必。另外，下文所言的极端市场风险，是指极端事件发生时的市场风险；极端市场风险度量，是指对极端事件发生时的市场风险进行测度。

[②] 因为在相同的置信水平下，使用正态分布和厚尾分布计算得到的 VaR 存在较大差异。

$F(x)$ 称为厚尾分布。但是,按该定义的标准,上述的 t-分布、对数正态分布、广义误差分布、混合正态分布等都是薄尾的,而且在研究极端事件时,上述分布显然不如之后介绍的广义极值分布更合适。

压力试验和极值理论,是目前度量厚尾分布事件风险的两种基本方法,从厚尾分布事件风险度量的角度可以将这两种方法视作为 VaR 理论和方法的完善和补充,本节将依次给予介绍。

我们在本书前言中已经指出:任何金融风险的度量都要解决金融风险因子的变化状况(例如金融风险因子变化的概率分布)评估和金融风险因子变化对资产组合价值影响的评估这两个基本问题。当然,采用压力试验和极值理论度量厚尾分布事件的风险也不例外。只是两种方法所采用的具体方式有所不同,而且压力试验主要偏重于对极端事件风险的评估。

一、压力试验

压力试验,是在模拟或构造未来可能出现的极端情景的基础上,对极端情景及其影响下的资产组合的价值变化做出评估和判断。为清楚起见,本部分仅以度量极端情景下的市场风险为例,依次介绍压力试验的两种主要方法:情景分析法和系统化压力试验。

(一) 情景分析法

情景分析法是最常用的压力试验方法,主要用于评估一个或几个市场风险因子突然从当前市场情景变化到某些极端情景或事件的过程中对资产组合价值变化的影响程度。情景分析法主要包括典型情景构造法(或标准压力情景法)、历史情景模拟法、VaR 情景构造法、Monte Carlo 情景模拟法、特殊事件假定法等。各种情景分析法的实施主要包含两个关键步骤:情景构造和情景评估。

1. 情景构造

情景构造是情景分析法的基础,其目的在于生成若干个不同的极端情景,并对极端情景下的风险因子进行评估。为便于解释,下面先用数学符号给予刻画。假设 $r_1, r_2, \cdots, r_n$ 是影响资产组合价值 P 的 n 个风险因子,对 n 个市场风险因子依次赋值所得到的一个取值组合,称为一个市场情景,用向量表示为

$$\boldsymbol{r_i} = (r_{i,1}, r_{i,2}, \cdots, r_{i,n})$$

其中,$i=0$ 表示当前时刻,$i>1$ 表示未来第 i 时刻,于是 $\boldsymbol{r_0} = (r_{0,1}, r_{0,2}, \cdots, r_{0,n})$ 表示当前的市场情景。

假设 n 个市场风险因子突然从当前市场情景变化到未来某个极端情景(为简便起见,下面设为 s),选择和采用适当方法(例如典型情景构造、历史情景构造、VaR 情景构造等)对情景 s 下的 n 个风险因子进行评估、赋值,不妨仍记为 $r_{s,1}, r_{s,2}, \cdots, r_{s,n}$,此时的市场情景 $\boldsymbol{r_s} = (r_{s,1}, r_{s,2}, \cdots, r_{s,n})$ 就是我们所构造的极端情景。下文常把通过压力试验所构造的极端情景简称为压力情景。

可以看出,极端情景构造的核心是如何准确地构造、模拟未来可能发生的极端情景或事

件,并对该情景或事件下各个风险因子进行评估和赋值。对应于前文提到的几种情景分析法①的第一步,各个方法的情景构造依次为典型情景、历史情景、VaR 情景、Monte Carlo 模拟情景、特殊事件假定法等的构造,下面依次给予介绍。

(1) 典型情景构造。典型情景构造,是通过对市场风险因子 $r_1, r_2, \cdots, r_n$(例如,利率、汇率、证券价格、商品价格等)的未来变化进行构造模拟,进而生成极端情景。由于典型情景的生成方法通常有一些成熟做法或标准可循,所以典型情景法又称为标准压力情景法。目前,衍生产品政策集团(derivatives policy group, DPG)②针对银行业所提出的标准压力情景法比较全面、系统,也很具影响力,已为许多银行所广泛应用。于是,这里将以此为例,较为详细地说明典型情景法中的第一步:典型情景构造。DPG 建议银行在采用典型情景法实施压力试验时应该包括以下核心风险因子。

① 收益率曲线的平行移动。
② 收益率曲线斜率的变化。
③ 上述两者的综合。
④ 收益率波动率的变化。
⑤ 股票指数的变化。
⑥ 股票指数波动率的变化。
⑦ 主要货币汇率(相对于美元)的变化。
⑧ 汇率波动性的变化。

针对上述核心风险因子,DPG 建议在实施压力试验时采用以下标准构造极端情景。

① 收益率曲线向上或向下平行移动 100 个基点。
② 收益率曲线的斜率增加或者减小 25 个基点(对 2—10 年的成熟期而言)。
③ 上述两种情景的两两组合(共有四种情景,例如,收益率曲线向上平行移动 100 个基点、同时收益率曲线的斜率增加 25 个基点就是其中之一,其他可类似得到)。
④ 所有 3 个月收益率的波动率增加或者降低当前收益率波动率的 20%。
⑤ 股票指数上升或者下降 10%。
⑥ 股票指数的波动率上升或者下降的幅度为当前波动率的 20%。
⑦ 所有主要货币相对于美元的汇率上升或者下降 6%,而其他货币相对于美元的汇率上升或者下降 20%。
⑧ 汇率的波动率上升或者下降的幅度为当前汇率波动率的 20%。

从情景构造的第一步就可以看出,典型情景法的一个显著优势在于可比性:一方面,当不同银行使用相同标准压力情景法实施压力试验时,就可以比较不同银行的实施结果。这使得监管者可对不同银行的风险暴露做出具有可比性的评估和判断。另一方面,利用标准压力情景法,各家银行可以对自身不同时期实施压力试验,进而比较实施结果,从而使得该行对自身

---

① 即为典型情景构造法(或标准压力情景法)、历史情景模拟法、VaR 情景构造法、Monte Carlo 情景模拟法、特殊事件假设法。作为实施上述各种方法的第一步,情景构造既是上述方法中各自的核心和难点,也充分体现出了各个方法的基本特点;而上述方法的第二步情景评估的实施方式则基本类似,因此,此处只重点介绍各个方法的情景构造。

② 衍生产品政策集团(derivatives policy group, DPG)于 1994 年 8 月在证券交易委员会(SEC)的建议下成立。它是由美国主要的银行和投资公司组成的一个非正式机构,其目的在于制定和衍生金融工具交易相关的法律、法规。

的风险暴露状况及发展态势做出评估和判断。

(2) 历史情景构造。为确保下文在介绍历史情景及其他内容时更加清楚、准确,我们先需要对历史观测时段、时间窗口、变化参数等一些概念进行解释。

① 历史观测时段(historical observation period)。历史观测时段是指构造单一风险因子最大幅度变化①所依据的历史观测时间区间,如根据需要可以选择过去 1 年、过去 10 年、1991—1995 年等作为历史观测时段。有时,为了研究特定的市场极端波动的影响,还可以人为确定一个合适的历史观测时段使得该市场极端波动正好处在其中。

② 时间窗口(time window)。时间窗口是度量市场风险因子变化的时间长度,例如 1 天、10 天、20 天等。通常,风险管理部门会根据风险管理目标确定时间窗口,例如,为度量银行资产组合未来 20 天内所面临的极端损失,可将时间窗口就确定为 20 天。相邻的两个时间窗口在历史观测时段中相互重叠,例如,假设历史观测时段是连续的 100 天,而时间窗口是 20 天,则第一个时间窗口就是第 1 天到第 20 天,第二个窗口为第 2 天到第 21 天,总共可得到 81 个时间窗口。

③ 变化参数(change parameter)。变化参数是用来刻画风险因子在给定时间窗口上的历史变化幅度的指标。确定出变化参数之后,就可以把它运用到每一个时间窗口上,从而得到每一个时间窗口上该变化参数的取值。历史观测时段内所有时间窗口的变化参数中最大或者是最小的一个变化参数就被确认为该风险因子的极端变化取值。例如,对于前文中的第 i 个市场风险因子 r_i,可以把它的极端变化取值记为 Δr_i②。

确定变化参数的方法主要有两种:一种方法是将市场风险因子在时间窗口末相对于时间窗口初的变化(start to end, StE)作为变化参数;另一种是将时间窗口内任何两个相邻时段之间风险因子变化绝对值的最大值(也称为"落差")作为变化参数。如果 Δr_i 取所有时间窗口的最小值,则其绝对值度量的就是风险因子 r_i 的最大下降幅度;反之,如果 Δr_i 取所有时间窗口的最大值,则 Δr_i 的绝对值度量的就是风险因子 r_i 的最大上升幅度③。有时,也把 Δr_i 确定为所有时间窗口变化参数绝对值的最大值,此时,它度量的是风险因子 r_i 在历史观测时段的最大变化幅度,而无论这个变化是上升还是下降。另外,变化参数还有相对变化和绝对变化之分。对于股票价格以及汇率的极端变化,通常考虑其相对变化,用百分比的形式表示;而对于利率,一般采用绝对变化,用基点的形式表示。

有了前面的准备工作,我们就可以言归正传了。所谓历史情景构造,主要根据历史上曾发生过的极端事件来模拟、构造未来的极端情景;或者说,选择历史上发生极端事件时风险因子的时间序列数据,来模拟、构造未来的极端情景。历史情景构造的基本程序依次为:确定情景构造所需要的风险因子,例如市场因子波动、市场因子相关性或资产组合损失等;选定历史观测时段、时间窗口、变化参数;对前面选定的风险因子在历史观测时段内的变化数据进行考察,计算变化参数;根据前述工作和所计算的变化参数,论证并给出一个风险因子变化标准(例如股票价格变化标准等),作为识别极端事件的阈值;在历史观测时段内,识别、挑选、考察风险因

---

① 即下文的 Δr_i。
② 这里的 Δr_i 表示的是风险因子变化的最大值或最小值,而非一般意义上的变化值。
③ 如果这个最大值还是负数,则 Δr_i 的绝对值度量的就是风险因子 r_i 的最小下降幅度。

子变化超出阈值的事件,获得对应于超阈值事件的风险因子变化的时间序列;基于上述风险因子变化的历史时间序列构造未来的极端情景。下面结合前文的符号定义和假设,按是否考虑市场风险因子之间相关性的两种情形介绍历史情景构造的实施步骤。

Ⅰ. 不考虑风险因子之间相关性的情形。

对于不考虑风险因子之间相关性的情形,最简单的历史情景构造方法就是首先对每一个风险因子构造出最大的幅度变化,然后把不同风险因子的最大幅度变化组合在一起得到极端情景。主要做法如下。

第一,根据历史观测时段内超阈值事件的风险因子变化的时间序列,计算变化参数,获得单个风险因子 r_i 的最大或极端变化幅度 Δr_i, $i = 1, 2, \cdots, n$。

第二,组合不同风险因子的最大幅度变化以构造极端情景。由于资产组合的价值通常同时受到多个市场风险因子的影响,因此必须构造不同市场风险因子极端变化的一个组合,以得到一个压力情景,主要的组合方法有如下四种。

方法一,若不限制市场风险因子的变化方向,则任意一个风险因子 r_i 既可以向上极端变动,也可以向下极端变动。于是,共有 2^n 种不同的组合方式,对应地可以构造 2^n 个不同的未来可能极端情景:

$$r_s = (r_{0,1} \pm \Delta r_1, r_{0,2} \pm \Delta r_2, \cdots, r_{0,n} \pm \Delta r_n)$$

其中:$(r_{0,1}, r_{0,2}, \cdots, r_{0,n})$ 前文定义的当前市场情景;$\Delta r_i (i = 1, 2, \cdots, n)$ 为第一步中所计算的风险因子 r_i 的最大变化幅度;r_s 表示未来可能的极端情景,下同。

在实际运用中,为了得到可满足不同要求的极端情景,还可采用特定方法对不同风险因子的极端变化进行组合,即下面的三种组合方法。

方法二,让所有风险因子都朝着同一个方向变动,此时给出了两种极端情景:

$$r_s = (r_{0,1} + \Delta r_1, r_{0,2} + \Delta r_2, \cdots, r_{0,n} + \Delta r_n),$$
$$r_s = (r_{0,1} - \Delta r_1, r_{0,2} - \Delta r_2, \cdots, r_{0,n} - \Delta r_n)$$

方法三,把一些明显相关的风险因子(例如,具有很强的内在经济联系、同一区域的不同股票或股票指数)放在一组中,然后让同一组内的风险因子具有相同的变动方向。

方法四,根据需要可以让某些特定的风险因子发生极端变化,而令其他风险因子保持不变。例如,可以让第 i_1, i_2, $\cdots$, i_t 个风险因子发生极端变化,而保持其他的风险因子不变,不妨设 $i_1 < i_2 < \cdots < i_t$,则此时的极端情景为

$$r_s = (r_{0,1}, \cdots, r_{0,i_1} \pm \Delta r_{i_1}, \cdots, r_{0,i_2} \pm \Delta r_{i_2}, \cdots, r_{0,i_t} \pm \Delta r_{i_t}, \cdots, r_{0,n})$$

不考虑风险因子之间的相关性,而只是把不同风险因子的极端变化简单组合在一起构造压力情景的方法,在实施时的确比较简单,但也存在一些问题。

首先,这种方法所构造的极端情景未必就是最坏情景,因为很可能仅仅当某些市场风险因子发生正常变动时,资产组合才遭受最大损失。

其次,把所有风险因子的极端变化组合在一起构造一个压力试验情景,其隐含的假设就是所有风险因子在未来同时发生极端变化。事实上,不同风险因子的极端变化在历史观测时段

内发生的时点并不相同。因此,通过这种方法所构造的压力试验情景有明显的不合理性,在未来发生的可能性极少。特别地,当压力试验情景中风险因子之间的相关性与实际相关性差异很大时,压力试验情景的不合理性将更加严重[①]。

最后,当影响资产组合价值的风险因子数目很大时,通过上述方法构造的压力试验情景的失真程度也将更大,以至于压力试验的结果很可能难以得到风险管理者的认可和重视。

Ⅱ．考虑风险因子之间相关性的情形。

针对忽略风险因子之间相关性的缺陷,Kupiec(1998)提出了另外一种整合不同风险因子极端变化的方法。该法在构造压力试验情景时,将不同风险因子之间的相关性考虑在内。本部分将给予重点介绍。

对于考虑不同风险因子之间相关性的情形,构造极端情景时需要解决的一个关键问题是如何度量各时间窗口内多个风险因子同时发生变动的幅度。因为一旦实现,就可以类似地采用前文方法来确定压力试验情景。目前,解决上述关键问题的方法主要有如下三种。

方法一,以不同风险因子变动的简单平均作为多个风险因子同时变动的度量指标。这种方法给每一个风险因子赋予相等的权重,把多个风险因子的平均变动幅度确定为各风险因子同时变动幅度大小的度量指标。具体实施步骤如下。

首先,选取一个历史观测时段,确定时间窗口以及合适的变化参数。

其次,对于每一个风险因子 r_i,确定其在每一个时间窗口中变化参数的取值。计算各时间窗口中不同风险因子变化参数的简单平均,并以此作为不同风险因子在该时间窗口中同时变动幅度的度量指标。

最后,确定风险因子同时变动幅度指标在所有时间窗口中的最大值。将包含最大同时变动幅度指标的时间窗口中各风险因子的变化参数组成向量 Δr,结合风险因子当前的取值向量 r_0,构造出风险因子的一个压力试验情景就是 $r = r_0 + \Delta r$。在具体实施过程中,可以根据需要选择变化参数的绝对形式或相对形式。

因为考虑到了不同风险因子之间的相关性,所以方法一具有合理性。但是,把不同风险因子变化的简单平均值作为多个风险因子同时发生变动时的变动幅度,仍存在一定缺陷:由于各市场风险因子对资产组合价值的影响通常是不一样的,所以等权重方法可能会扭曲不同风险因子之间的相关性。

方法二,以不同风险因子的敏感度为权重度量多个风险因子的同时变动。

在不同风险因子的变动幅度相同的情况下,资产组合价值变化的幅度取决于它对不同风险因子的敏感度。因此,在构造度量多个风险因子同时发生变动的变动幅度时,敏感度大的风险因子应该占有更大的权重。于是,先根据资产定价理论和映射关系得到资产组合的价值 P 和市场风险因子之间的函数关系为 $P(r_1, r_2, \cdots, r_n)$;再定义资产组合对风险因子 r_i 的敏感度 δ_i 为

$$\delta_i = \frac{\partial P(r_1, r_2, \cdots, r_n)}{\partial r_i}, \ i = 1, 2, \cdots, n$$

[①] 其实也有观点认为,压力试验的目的就是为了告诉风险管理者当小概率事件发生时,资产组合潜在的损失有多大,压力试验并不需要对所使用的压力情景发生的可能性作出数量上的说明。把每个风险因子的极端变动组合在一起构造压力情景,恰恰能够说明当风险因子目前的相关性结构被打破时,资产组合所面临的风险到底有多大。

为避免敏感度受风险因子计量单位的影响,通常会借助于风险因子 i 的波动率 σ_i,构造 $\bar{r}_i$ 来替代风险因子 r_i,即

$$\bar{r}_i = \frac{r_i}{\sigma_i}, \ i = 1, 2, \cdots, n$$

于是,资产组合对风险因子 $\bar{r}_i$ 的敏感度为

$$\bar{\delta}_i = \frac{\partial P(r_1, r_2, \cdots, r_n)}{\partial \bar{r}_i} = \sigma_i \delta_i, \ i = 1, 2, \cdots, n$$

此时,以敏感度 $\sigma_i \delta_i$ 的绝对值为权重,就可以确定多个风险因子的同时变动幅度了。不妨设风险因子 r_i 的变化参数取值为 StE_i,则不同风险因子同时变动幅度的度量指标可表示为

$$\sum_{i=1}^{n} |\delta_i \sigma_i| StE_i \quad \text{或} \quad \sum_{i=1}^{n} \frac{|\delta_i \sigma_i|}{\sum_{i=1}^{n} |\delta_i \sigma_i|} \cdot StE_i$$

在得到多个风险因子同时变动幅度度量指标之后,我们就可以按方法一的思路构造压力试验情景。

与等权重方法相比,因为考虑到了各风险因子对资产组合价值的不同影响,所以方法二更具有合理性。

方法三,该法由 Shaw(1997)提出,是以资产组合价值发生最大损失时各风险因子的变化幅度作为风险因子同时变动的度量指标;再以这个风险因子同时变动幅度为基础,结合风险因子的当前取值向量 r_0,就可构造出压力试验情景。该法不再依赖于风险因子的灵敏度指标,而是首先确定出导致资产组合发生最大价值损失的风险因子变化幅度。本法有些类似于计算 VaR 的历史模拟法,但在压力试验中,通常需要考虑更长的历史观测时段;而在计算 VaR 计算时,只需要最近的历史数据即可。

Ⅲ. 历史情景构造法的评述。

历史情景构造法的显著特点在于该情景曾经发生过,所得到的"严厉"试验结果容易为风险管理者认可和接受。但是,该法也有明显不足,即该法存在一个隐含假设:那就是风险因子未来的极端变动是对历史上曾经发生过的极端变动的完全复制。这样的假设显然不尽合理,我们可以泰铢的变化为例加以说明:如果使用 1987 年 1 月 1 日到 1996 年 12 月 31 日的历史数据,可以计算得到泰铢的 1 天最大变化幅度[①]为 5.9%,10 天最大变化幅度为 7.3%,20 天最大变化幅度为 11.1%。但是,如果加入亚洲金融危机期间 1997 年和 1998 年的历史数据,可以计算得到泰铢的上述三种最大变化幅度依次为 7.2%,26.8% 以及 27.7%。因此,如果以泰铢在 1987 年 1 月 1 日到 1996 年 12 月 31 日期间的历史最大变化幅度作为其在亚洲金融危机期间的最大变化幅度的预测,并在此基础上实施压力试验,显然会大大低估汇率风险。因此,借助于历史情景构造法进行压力试验可能会有很大偏差。

(3) VaR 情景构造。VaR 情景构造的基本思想是构造与持有期相对应的各个风险因子的波动性以及风险因子之间相关性的极端情景。众所周知,决定资产组合 VaR 的重要参

---

① 这里的变化幅度指的是汇率变化的绝对值,包括汇率的升值和贬值。

数主要有各个风险因子的波动率及风险因子之间的相关系数。所以,可以很自然地考虑根据风险因子的波动率及相关系数在极端事件中的取值构造压力情景,这即为 VaR 情景构造。

(4) Monte Carlo 模拟情景构造。Monte Carlo 模拟情景构造法的基本思想就是运用 Monte Carlo 模拟法生成压力情景。具体做法是:首先,假设市场风险因子变化服从特定分布,再通过历史数据估计出分布函数中的参数;然后,模拟生成市场风险因子变化的大量样本;根据事先确定的压力情景的判断标准,在已经生成的大量情景中,筛选出压力情景。例如,对于服从正态分布的风险因子变化而言,可以把与均值的距离超过三倍标准差的风险因子变化取值确认为极端变化。

(5) 特殊事件假定法。特殊事件假定法,主要是通过设想未来可能发生的一次突发性事件(例如可能发生的自然灾害、突发性的政治事件等)对市场风险因子可能产生的影响,进而生成极端情景。该法有一个显著缺点是主观随意性较大,这里不再作详细阐述。

2. 情景评估

在成功构造极端情景的基础上,本部分将对极端情景发生时资产组合价值未来的可能变化进行评估。具体做法是:假设 $r_s = (r_{s1}, r_{s2}, \cdots, r_{sn})$ 是按照上步方法构造的极端情景,根据资产定价理论和映射关系可得到资产组合的价值 P 和市场极端情景 r_s 之间的函数关系

$$P(r_s) = P(r_{s,1}, r_{s,2}, \cdots, r_{s,n})$$

以及资产组合的当前市场价值

$$P_0 = P(r_{0,1}, r_{0,2}, \cdots, r_{0,n})$$

由上面两个式子可立即得到极端情景 r_s 发生时资产组合价值在未来的一个变化量,从而可以估计出当市场风险因子从当前的市场情景突然变化到极端情景时的资产组合价值的可能损失。

可见,情景评估的关键问题是计算极端情景下的资产组合价值 $P(r_s)$。类似于本章前几节所介绍的内容,计算资产组合价值的方法主要有局部估值法和完全估值法。局部估值法是一种基于灵敏度的线性估值法,利用风险因子和资产组合价值之间的线性关系来计算极端情景下的资产组合价值。然而,局部估值法仅适于市场风险因子发生较小变化的情形,由于压力试验考虑的是市场风险因子的极端变动情形,因此基于线性估值法的结果精确性一般较差。实际中,对于复杂的资产组合通常采用完全估值法,即直接将极端情景下的风险因子的取值代入资产组合价值与风险因子之间的函数关系式中,得到压力情景下的资产组合价值,再将其减掉资产组合的当前价值即可。

3. 情景分析法的评价

情景分析法可以用来考察市场风险因子的极端变动对资产组合价值的可能影响,这显然是对不适用于度量极端市场风险的经典 VaR 方法的有效补充。除此之外,VaR 情景分析法还能够用来评估市场风险因子波动率和相关系数发生极端变化时对资产组合价值的可能影响,这也是经典的 VaR 模型所难以实现的;情景分析法可以使得金融机构的高层和风险管理部门能较为准确地评估和把握极端事件的影响,从而将大大提高风险管理策略的有效性和可

靠性。

当然，情景分析法也有一些不足，主要表现在以下几个方面。

（1）情景分析法严重依赖于压力情景的构造，而压力情景的构造又往往具有较大的主观性，从而有可能导致采用情景分析法的压力试验结果出现严重偏差。

（2）不可能考虑到所有可能的压力情景，因此情景分析并不全面。

（3）情景分析法仅能指出压力情景所导致的资产组合价值的损失，而不能给出压力情景发生的可能性。

（4）情景分析法所依赖的压力情景常常会根据风险因子在历史上曾出现的最大变化幅度去构造，而这未必一定是未来的最坏情景。

（5）除了前文介绍的根据资产组合价值对风险因子的敏感度来确定风险因子的同时最大变动幅度和根据资产组合价值的最大损失确定风险因子的同时最大变动幅度的两个方法以外，基于历史数据构造的压力情景几乎没有考虑到资产组合自身的风险特征。

（二）系统化压力试验

情景分析法仅仅考察了特定的压力情景对资产组合价值的影响，而不能保证把所有重要的压力情景都考虑在内。为此，系统化压力试验应运而生了。

1. 系统化压力试验的基本原理

系统化压力试验的基本原理是，在一定条件下，对影响资产组合价值 P 的风险因子 $r_1, r_2, \cdots, r_n$，采用数学或者统计的方法生成大量的市场情景，然后评估这些情景对资产组合价值变化的影响，从中搜寻资产组合的最坏情景，即导致资产组合价值损失最大的压力情景。

系统化压力试验与情景分析法的主要区别在以下三个方面。

（1）系统化压力试验不是针对某一特定的压力情景，而是针对一系列不同的压力情景进行压力试验，因此系统化压力试验更加彻底、系统化。

（2）系统化压力试验既考虑了风险因子在历史上的极端变动，同时又考虑到未来潜在的所有可能压力情景，因而本质上是一种前瞻性的情景分析法。

（3）系统化压力试验考虑了资产组合的风险特征在确定其最坏情景过程中的作用。

从上述的基本原理中可以看出，系统化搜寻最坏情景的实现是系统化压力试验应用成功的关键问题。下面给予具体介绍。

2. 系统化搜寻最坏情景的基本思路和步骤

所谓最坏情景（worst-case scenarios）是指导致资产组合在未来发生最大损失的市场情景。然而，由于资产组合的潜在损失很可能是无限大的，所以描述一个资产组合的最小价值所对应的市场状态有时无法做到。一个简单的例子就是看涨期权的空头头寸，只要标的资产的价格无限上升，期权空头头寸的损失就无限制。因此，在采用系统化压力试验方法来搜寻资产组合的最坏情景时，不可能保证所有市场情景都会被搜寻，所以必须考虑不同市场情景的合理性，即发生的可能性。换言之，系统化搜寻最坏情景是在一些合理性条件下，搜寻资产组合最小价值所对应的市场情景。将合理性条件记为 C，满足合理性条件 C 的所有市场情景的集合，称为允许域（admissibility domain），记为 D。由此，系统化搜寻最坏情景就转化为下面的一个最优化问题：

$$r^* = \arg\min_{r \in D}\{P(r_1, r_2, \cdots, r_n)\}$$

其中：$P(r_1, r_2, \cdots, r_n)$ 是资产组合的价值函数；$r = (r_1, r_2, \cdots, r_n)$ 表示允许域 D 中的一个市场情景；r^* 指的是该资产组合在给定的合理性条件 C 下的最坏情景。

根据上述基本原理，系统化搜寻最坏情景的一般步骤可以归纳为两个：一是确定合理性条件和允许域；二是搜寻最坏情景。下面将予以分别介绍。系统化搜寻最坏情景的基本原理和基本步骤也可以用图 3-2 表示。

图 3-2 系统方法搜寻资产组合的最坏情景

（1）合理性条件以及允许域的确定。搜寻最坏情景的关键步骤就在于根据合理性条件 C 确定市场情景的允许域 D，并求解上述最优化问题。允许域 D 的确定又可分为是否考虑风险因子之间的相关性两种情形。

Ⅰ. 不考虑风险因子之间相关性的情形。

在确定风险因子的允许域之前，首先定义风险因子的相对变化，即

$$\frac{r_i - r_{0,i}}{r_{0,i}}, i = 1, 2, \cdots, n$$

同时，假设相对变化服从均值为 0[①]、标准差为 σ_i 的正态分布，其中标准差 σ_i 可以根据风险因子相对变化的历史数据估计得到。于是，确定风险因子允许域的具体步骤为：

第一，确定一个置信度 c，这实质上就是合理性条件 C。

第二，根据正态分布的分位数表，确定一个合适的 k 值使得下列条件成立。

$$\text{Prob}\left(-k\sigma_i \leqslant \frac{r_i - r_{0,i}}{r_{0,i}} \leqslant k\sigma_i\right) = c, i = 1, 2, \cdots, n \tag{3.8.1}$$

从而得到第 i 个风险因子 r_i 的变化范围是 $-k\sigma_i \leqslant \frac{r_i - r_{0,i}}{r_{0,i}} \leqslant k\sigma_i$，即

$$r_{0,i}(1 - k\sigma_i) \leqslant r_i \leqslant r_{0,i}(1 + k\sigma_i), i = 1, 2, \cdots, n$$

第三，把第二步计算出的每一个风险因子的变化范围组合在一起，就可确定压力情景的允许域

$$D = \{(r_1, r_2, \cdots, r_n): r_{0,i}(1 - k\sigma_i) \leqslant r_i \leqslant r_{0,i}(1 + k\sigma_i), i = 1, 2, \cdots, n\}$$

可以看出，第三步所计算的允许域 D 实际上就是以当前的市场情景 r_0 为中心、边长为

---

① 如果均值不为 0，则只要用它对下文给出的允许域进行适当的调整就可以了。

$2r_{0,i}k\sigma_i$ 的 n 维空间中的长方体。c 值越大，合理性条件越宽松，k 值也就越大，此时更多的情景将被包括在允许域 D 中。当 $n=2$ 时，可以得到如图 3-3 所示的长方形。

为了确保风险因子的取值不为负数，可采用两种修正方法。一种方法是把前面第三步所计算的允许域 D 修正为

$D = \{(r_1, r_2, \cdots, r_n): \max(0, r_{0,i}(1-k\sigma_i))$
$\leqslant r_i \leqslant r_{0,i}(1+k\sigma_i), i=1,2,\cdots,n\}$

另一种方法是利用历史数据估计 $\ln(r_i/r_{0,i})$ 的样本标准差 σ_i，然后使得 $\ln(r_i/r_{0,i})$ 的变化范围是 σ_i 的 k 倍，即

$$-k\sigma_i \leqslant \ln\left(\frac{r_i}{r_{0,i}}\right) \leqslant k\sigma_i$$

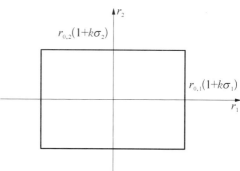

图 3-3 不考虑相关性条件下的允许域 ($n=2$)

即有

$$r_{0,i}\mathrm{e}^{-k\sigma_i} \leqslant r_i \leqslant r_{0,i}\mathrm{e}^{k\sigma_i}, i=1,2,\cdots,n$$

Ⅱ. 考虑风险因子之间相关性的情形。

根据前文讨论，若不考虑相关性，可得到"长方形（或体）"的允许域。该法的缺陷也很明显，主要表现在以下两个方面。

(1) 在"长方形（或体）"角落处的压力情景要比该情景中对应于单个风险因子同一位置上的情景在未来发生的可能性小。

(2) "长方形（或体）"的允许域忽略了风险因子之间的相关性，这有可能导致压力试验结果失真。例如，对于长方形允许域，若两个风险因子之间正相关，则长方形不同角落处的情景出现的可能性是不同的，右上角和左下角处的压力情景发生的可能性应该比右下角和左上角的可能性更大。这显然不同于如图 3-3 所示的不考虑相关性的情形。因此，在定义合理性条件、确定压力情景的允许域时，需要考虑不同风险因子之间的相关性。

假设影响资产组合价值的 n 个风险因子 $r=(r_1, r_2, \cdots, r_n)$ 相对于当前市场情景 r_0 的变化

$$r - r_0 = (\Delta r_1, \Delta r_2, \cdots, \Delta r_n)$$

服从均值为 0、协方差矩阵为 $\boldsymbol{\Sigma}$ 的多元正态分布，其中协方差矩阵为

$$\boldsymbol{\Sigma} = \begin{pmatrix} \sigma_1^2 & \sigma_{12} & \cdots & \sigma_{1n} \\ \sigma_{21} & \sigma_2^2 & \cdots & \sigma_{2n} \\ \cdots & \cdots & \cdots & \cdots \\ \sigma_{n1} & \sigma_{n2} & \cdots & \sigma_n^2 \end{pmatrix}$$

从而 $r - r_0$ 的概率密度函数为

$$f(\Delta r_1, \Delta r_2, \cdots, \Delta r_n) = const \cdot \exp\left\{-\frac{(\Delta r_1, \Delta r_2, \cdots, \Delta r_n) \cdot \boldsymbol{\Sigma}^{-1} \cdot (\Delta r_1, \Delta r_2, \cdots, \Delta r_n)^T}{2}\right\}$$

其中，$const$ 表示常数项，上式使得 $f(\Delta r_1, \Delta r_2, \cdots, \Delta r_n)$ 取值相同的所有风险因子变化向量

$$(\Delta r_1, \Delta r_2, \cdots, \Delta r_n)$$

组成了一个 n 维空间中的椭球

$$(\Delta r_1, \Delta r_2, \cdots, \Delta r_n) \cdot \Sigma^{-1} \cdot (\Delta r_1, \Delta r_2, \cdots, \Delta r_n)^T = k^2$$

该椭球主轴的长度是矩阵 Σ^{-1} 的特征根的 k 倍。而风险因子变化处于椭球内部的概率由一个自由度为 n 的 χ^2 分布在 k^2 处的取值决定，即

$$F_{\chi_n^2}(k^2) = \frac{1}{2^{n/2}\Gamma(n/2)} \int_0^{k^2} s^{n/2-1} e^{-s/2} ds$$

在考虑相关性的情形下，确定允许域 D 的基本步骤如下。

第一，确定一个置信度 c，即合理性条件 C。

第二，根据 χ^2 分布的分位数表，确定符合以下方程的 k^2，即

$$F_{\chi_n^2}(k^2) = c$$

第三，上述合理性条件所确定的压力情景的允许域 D 就是

$$D = \{r: (r_0 - r)\Sigma^{-1}(r_0 - r)^T \leqslant k^2\}$$

上述确定允许域 D 的方法尽管解决了不考虑相关性情形下的部分缺陷，但自身也存在问题：

第一，该法只在市场风险因子的变化服从多元正态分布时才可行。如果不服从多元正态分布，此法将失效。

第二，发生极端事件时，风险因子的相关性很可能发生变化。

因此，利用正常时期风险因子的历史数据估计其协方差矩阵并运用于确定允许域未必符合实际。一个可以试用的改进措施是利用历史上曾经出现过的极端事件数据来估计极端情形下风险因子之间的协方差矩阵。

(2) 搜寻最坏情景。确定出压力情景的允许域之后，就可以在其中搜寻导致资产组合损失最大或者价值最小的最坏情景。搜寻最坏情景的常用方法主要有以下三种[①]。

Ⅰ. 因素推动方法。

因素推动方法包含一个基本假设：资产组合的最大损失，即资产组合在最坏情景下的损失，等于所有单个市场因子在最不利变化方向（即单个市场因子的最坏情景）所对应资产的损失之和。该假设使得运用因素推动方法搜寻最坏情景的方法变得简单，同时也表明了因素推动方法的一个重要特点：单个市场风险因子的变动一般只依赖于其自身的波动性，而无需考虑不同风险因子之间的相关性。因素推动方法的基本思想是：确定市场因子的最不利变化方向，再让各风险因子朝最不利的变化方向移动一个给定的数值，使得资产组合的价值减少最多，并据此确定资产组合的最坏情景以及最坏情景下的资产组合损失。具体实施步骤如下。

---

① 介绍各种搜寻方法时，我们以"长方体"允许域为例进行说明。这里没有介绍椭圆形允许域下的最坏情景，感兴趣的读者可作类似分析。

第一,对于每一个风险因子 r_i,分别计算

$$P_i^+ = P(r_{0,1}, \cdots, r_{0,i}(1+k\sigma_i), \cdots, r_{0,n}),$$

$$P_i^- = P(r_{0,1}, \cdots, r_{0,i}(1-k\sigma_i), \cdots, r_{0,n}), i=1,2,\cdots,n$$

其中,σ_i 可以根据风险因子 r_i 相对变化的标准差估计得到;k 的取值采用公式(3.8.1)的方法得到。

第二,通过计算 $\text{sgn}\Delta V(i)$ 确定各市场因子的最不利变化方向的最坏情景。其中 $\text{sgn}\Delta V(i)$ 的定义为:当 $\Delta V(i) \geqslant 0$ 时取值为 1;当 $\Delta V(i) < 0$ 时取值为 -1[①]。

$$\Delta V(i) = P_i^+ - P_i^-$$

第三,确定最坏情景 r^* 及其对应的最大损失,即

$$r^* = (r_{0,1} \cdot [1 - \text{sgn}\Delta V(1) \cdot k\sigma_1], \cdots, r_{0,n} \cdot [1 - \text{sgn}\Delta V(n) \cdot k\sigma_n])$$

根据因素推动方法的假设,资产组合在最坏情景 r^* 下的最大损失为

$$\sum_{i=1}^{n}(\min(P_i^+, P_i^-) - P_0)$$

其中,P_0 表示资产组合的当前价值。

因素推动方法的主要优点在于计算简单。但也同时存在不足:按照前面的因素推动方法所确定的最坏情景仅仅处在 n 维空间中"长方体"允许域的表面或角落上。事实上,这主要适用于线性资产组合的情形,而对于非线性资产组合的情形,最坏情景可能处于 n 维长方体的内部。当然,目前也有一个改进的办法,即通过采用多个不同的 k 值来扩大被搜寻的情景范围,例如可以把 k 值确定为

$$k = 0.5, 1, 1.5, 2, \cdots, 19, 19.5, 20, \cdots$$

相邻两个"长方体"之间的距离越短,就越能更准确地确定出最大长方体内资产组合价值取最小值的那个点。当然改进措施的应用会大大增加计算量。

Ⅱ. 网格搜寻方法。

网格搜寻方法的基本思想是:先把前面得到的"长方体"允许域进一步分割为若干小的长方体,每个小长方体的顶点就对应着一个压力情景;再根据资产组合的价值函数表达式,可计算出上述每个压力情景处的资产组合价值;最后,通过比较不同情景处资产组合价值的大小,可近似得到资产组合的最坏情景。

须指出的是,在分割"长方体"允许域时,可以对每一条边进行均匀分割。但如果资产组合的价值函数在允许域某一子区域内的取值很不规则,还应对该子区域进行更细的分割;否则,所得的最坏情景将有可能严重偏离于实际。

具体实施网格搜寻方法时,可采用系统化压力试验矩阵的方式表达。矩阵的每一条边皆表示一个风险因子的不同取值,不同边上风险因子取值的组合就代表一个压力情景,而该压力

[①] 此处的 $\text{sgn}\Delta V(i)$ 有点类似于符号函数的定义,但两者在 $\Delta V(i) = 0$ 时所要求的取值不同。

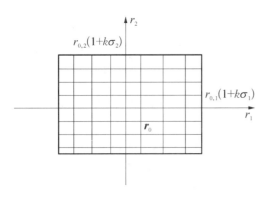

图 3-4 利用网格搜寻方法搜寻资产组合的最坏情景 ($n=2$)

情景下的资产组合价值则可用矩阵内部的相应位置来表示。图 3-4 展示了二维情形下网格搜寻方法的应用:图中最大的长方形即为允许域,允许域内任何一条横向分割线和纵向分割线的交点就代表一个压力情景。

Ⅲ. Monte Carlo 法和拟 Monte Carlo 方法①。

与因素推动方法相比,Monte Carlo 方法和拟 Monte Carlo 方法不仅对处于允许域表面的情景进行搜寻,而且对处于允许域内部的情景也进行搜索。具体实施步骤如下。

第一,确定一个从 n 维单位长方体 $[0,1]^n$ 到 n 维空间中的长方体允许域的变换 T,表示为

$$T(x_1, x_2, \cdots, x_n) = (r_{0,1}(1-k\sigma_1+2x_1k\sigma_1), \cdots, r_{0,n}(1-k\sigma_n+2x_nk\sigma_n))$$

其中 $x = (x_1, x_2, \cdots, x_n) \in [0,1]^n$。

第二,采用 Monte Carlo 或者拟 Monte Carlo 方法生成 N 个 $[0,1]^n$ 中的随机向量: x_i, $i = 1, 2, \cdots, N$。于是,可得到相应的允许域中的 N 个压力情景

$$T(x_i), i = 1, 2, \cdots, N$$

须注意的是,应尽量使得上述生成的随机向量均匀分布在 $[0,1]^n$ 空间中。

第三,对于上步模拟得到的 N 个压力情景,分别计算所对应的资产组合价值

$$P(T(x_i)), i = 1, 2, \cdots, N$$

上述 N 个资产组合价值中那个最小值所对应的压力情景就是近似的最坏情景,即

$$r^* \approx \underset{1 \leqslant i \leqslant N}{\operatorname{argmin}}(P(T(x_i)))$$

须说明的是,Monte Carlo 方法和拟 Monte Carlo 方法对资产组合最坏情景的近似效果很大程度上取决于模拟生成的随机向量的均匀程度和稠密程度。显然,若生成的随机向量在 $[0,1]^n$ 空间中的分布越均匀、越稠密,则得到的压力情景在允许域中的分布就越均匀、越稠密,从而最坏情景也就越可靠。另外,若资产组合的价值函数在允许域中的某个子区域内的取值越不规则,则在该子区域内生成的压力情景就应越多,应使这些情景尽可能均匀分布在该子区域内。

系统化压力试验举例

仍以本章第五节中的货币远期合约为例。为讨论方便,假设其中一个市场风险因子即期

---

① 拟 Monte Carlo 方法已在本章第六节中介绍过。

汇率保持当前水平不变,通过构造另外两个市场风险因子(即国内、外利率)若干种可能的取值进行组合,然后估计各种不同取值组合下资产组合的价值变化,进而识别出最坏情景。

先利用国内外利率的历史数据,估计得到 Δr 和 Δr^* 的标准差分别为 0.036 124 784 和 0.105 603 03;再构造 1—4 倍标准差幅度的压力情景;最后将相应的资产组合价值变化总结在表 3-11 之中。从中可以看出,最坏情景位于压力试验矩阵的左下角位置,最好情景则位于右上角位置处。显然,这归因于远期合约的价值是 r 的增函数、同时又是 r^* 的减函数。

表 3-11 系统化压力试验矩阵(资产组合价值变化 $)

	Δr 变化的幅度								
因子变动	−0.144 5	−0.108 37	−0.072 3	−0.036 12	0	0.036 125	0.072 25	0.108 37	0.144 5
−0.422 412	112 558.8	127 110.3	141 655	156 201.4	170 741.1	185 280.2	199 817	214 350	228 881
−0.316 81	69 840.6	84 392.08	98 936.9	113 483.2	128 022.9	142 562	157 098	171 632	186 163
−0.211 21	27 145.44	41 696.92	56 241.8	70 788.06	85 327.73	99 866.81	114 403	128 937	143 468
−0.105 6	−15 531.55	−980.066	13 564.8	28 111.08	42 650.74	57 189.83	71 726.3	86 259.8	100 791
0	−58 182.29	−43 630.8	−29 086	−14 539.7	1.93E−05	14 539.08	29 075.6	43 609.1	58 140.4
0.105 603	−100 812.1	−86 260.6	−71 716	−57 169.4	−42 629.8	−28 090.7	−13 554	979.3	15 510.6
0.211 206	−143 419.7	−128 868	−114 323	−99 777	−85 237.4	−70 698.3	−56 162	−41 628.3	−27 097
0.316 809	−186 005.1	−171 454	−156 909	−142 362	−127 823	−113 284	−98 747	−84 213.8	−69 682.5
0.422 412 1	−228 568.5	−214 017	−199 472	−184 926	−170 386	−155 847	−141 311	−126 777	−112 246

(注:左侧纵标题为 Δr^* 变化的幅度)

(三) 压力试验方法评述

作为一种度量极端市场风险的简单方法,压力试验已在金融机构中得到深入、普遍的应用,而且涉及的领域也极为广泛:目前,压力试验不仅仅应用于极端市场风险的度量与管理,还被广泛运用到极端情形下的信用风险、流动性风险等极端风险的度量和管理之中。概括起来,这主要得益于压力试验所具有的许多良好特性,能为风险管理部门提供比 VaR 模型更多的有价值信息,这可从以下五方面来观察。

第一,VaR 的计算往往需要依赖于风险因子的历史信息,而且为确保 VaR 计算的准确可靠性,要求选用的历史信息离当前时刻越近越好。于是,立即会存在两方面问题:一方面,包含极端事件的历史信息和资料本来就较少;另一方面,计算 VaR 时选用的历史信息离当前时刻越近,就意味着上述信息所跨越的时间长度越短,从而所选用的历史信息包含极端事件的有效内容和资料也就越少。这与实施压力试验的要求具有很大的不同:为反映出压力事件的全部影响,进行压力试验时必须确保压力事件具有足够的时间长度。从中不难看出,压力试验会比 VaR 模型提供更多的尾部信息。

第二,资产组合的 VaR 一般可以利用线性方法来近似计算;但在实施压力试验考察极端事件时,仍采用线性方法将有可能存在较大误差。因此,一般采用全值估值法实施压力试验,从而使得压力试验结果比应用线性方法得到的 VaR 更能准确反映资产组合的风险。

第三,压力试验能够处理诸如市场风险因子变化呈现出"厚尾"分布等某些不适宜运用 VaR 方法的现象和问题,从而可以揭示出许多有可能被 VaR 方法忽视的信息。

第四,压力试验对于度量资产波动率的变化所产生的影响也具有重要作用。单纯地基于历史信息估计资产波动率往往并不可靠,因此,如果以此为基础确定风险管理策略很可能会导致非常大的非预期损失。但压力试验则会比较容易地识别出波动率发生大幅度变化的情景及其对资产组合价值变化的影响。

第五,运用压力试验还可以识别风险因子之间相关性的变化对资产组合风险的影响。对资产组合风险的度量很大程度上依赖于组合内不同资产之间的相关性,而相关性的剧烈变化会使得资产组合的风险及其暴露发生根本改变。相关性的剧烈变化一般会发生在极端事件中,这恰是压力试验最擅长的用武之地。

与几乎所有的风险度量方法一样,压力试验在对极端风险度量方面发挥重要作用的同时,自然也会存在一些不足。

首先,压力试验的结果完全依赖于所构造的压力情景,而压力情景构造又会受限于实施压力试验者的主观判断及其经验,这就要求压力试验实施者必须具有丰富经验和很高的准确判断能力。

其次,由于压力试验一般采用全部估值法,因此计算量往往很大,从而需要花费很多的人力、物力。

最后,压力试验没有给出每一种结果发生的可能性,这就要求风险管理者必须对压力试验结果发生的可能性和重要性之间做出权衡和判断。因此,压力试验并不能完全替代传统的风险度量方法,很多时候还需要与其他类型的风险度量方法配合应用,才能产生更好的效果。为此,Berkowitz(2000)提出了一个解决方案,即对每一个压力试验情景赋予一个概率值,从而将压力试验与传统风险度量方法较好地融合起来。由此产生的风险度量模型既具备了传统风险度量方法的概率分布特征,又融合了压力试验的结果。另外,Bouchaud 和 Potters(2000)的占优因子方法(dominant factor method)等也对测定压力试验结果发生的可能性方面做出了很多重要探索。

二、极值理论

极值理论的概念是由 Fisher 和 Tippett[①] 于 1928 年研究分布的尾部行为时提出,最早主要用于水力学和保险学,后又被广泛应用于经济、金融、气象、环境等诸多领域,目前已成为除了压力试验以外测度厚尾分布事件或极端事件所导致的风险损失的又一种基本方法,但与压力试验不同的是,极值理论主要运用统计(特别是极值统计)理论和方法。

极值理论主要包括分块样本极值理论和近几十年才发展起来的 POT(peaks over threshold,POT)模型。前者是对大量独立同分布的样本分块后的极大值进行建模,进而描述风险因子变化分布的尾部特征;后者则是对超过给定阈值(threshold)的样本数据进行建模,进

---

① 请参见 Fisher,Tippett(1928)。

而描述风险因子变化分布的尾部特征。下面分别予以详细介绍。

(一) 分块样本极值理论

1. 分块样本极值理论的基本思想

前面已多次指出,现实金融市场上的资产价格经常呈现出大幅度波动等情形,所以金融风险因子(例如资产收益率)的变化一般并不符合正态分布,而是表现出厚尾分布的特征。分块样本极值理论正是用于评估厚尾分布事件风险或极端事件风险的工具。那么如何刻画和应用呢?

我们先进行一些准备工作。设

$$X_1, X_2, \cdots, X_n, \cdots \tag{3.8.2}$$

是一个与总体 X 同分布且独立的非退化[①]随机样本序列[②],依次将

$$M_n = \max\{X_1, X_2, \cdots, X_n\}, \quad m_n = \min\{X_1, X_2, \cdots, X_n\} \tag{3.8.3}$$

称为 n [③]个样本 $(X_1, X_2, \cdots, X_n)$ 的样本极大值和样本极小值,两者统称为样本极值。于是,可依次得到对应于(3.8.2)式的极大值随机样本序列 $\{M_n\}_{n=1}^{+\infty}$ 和极小值随机样本序列 $\{m_n\}_{n=1}^{+\infty}$。其中,此处的总体 X,一般为拟要考察的具有厚尾分布特征的某种金融风险因子,例如金融资产收益率等;与总体 X 同分布的随机样本序列(3.8.2)式,则是通过随机抽样、随机试验[④]等方法和技术获得,用以推断总体 X 的分布。

再进一步假设总体 X 的分布函数为 $F(x)$,极值 M_n 和 m_n 的分布函数分别为 $F_M(x)$ 和 $F_m(x)$。于是有

$$F_M(x) = P(M_n < x) = F^n(x) \tag{3.8.4}$$

$$F_m(x) = P(m_n < x) = 1 - (1 - F(x))^n \tag{3.8.5}$$

由(3.8.4)式和(3.8.5)式立即可看出:要获得总体 X 的分布函数 $F(x)$,只要得到极大值 M_n 或极小值 m_n 的分布函数即可;反之也一样。另外,M_n 要比 m_n 的分布计算公式更简便,而且由(3.8.5)式很容易得到极小值 m_n 的分布,故下面仅以估计极大值 M_n 的分布为例进行讨论。

根据前面的阐述,分块样本极值理论主要考察总体 X 的尾部特征,即 $F(x)$ 的尾部,也即当 x 充分大时的 $\overline{F}(x) = 1 - F(x)$。但由于很难获得极大值 M_n 的精确分布,所以一般情况下我们得到的是极大值 M_n 的渐近分布。其实,在只考虑厚尾分布状况时,获得极值的渐近分布就已经足够了。下面的 Fisher-Tippett 定理,即定理 8.1 给出的就是极大值 M_n 的渐近分布的估计方式,于是,利用(3.8.4)式和(3.8.5)式将立即得到 $F(x)$ 的尾部分布的近似估计。

[①] 非退化随机变量就是不取常数的随机变量。
[②] 这里的随机样本序列一般是金融风险因子的随机样本序列,其中最常见的是关于收益率的随机样本序列。收益率,不妨记为 r_t,既可以按传统方法计算,即 $r_t = (P_t - P_0)/P_0$;也可以按对数意义计算,即 $r_t = \ln(P_t/P_0)$,其中 P_0,P_t 分别表示资产组合在当前和未来 t 时刻的价值。
[③] 从本小节后面的定理 8.1 和 8.2 可以看到,n 的选取取决于精度要求,并且受样本容量的限制。
[④] 有关随机抽样、随机试验等方法和技术的详细讨论,请参见斯皮格尔与斯蒂芬斯(2002)。

2. 极大值的分布估计——基于 Fisher-Tippett 定理

(1) 极值的渐近分布——极值分布的定义。为方便估计极大值 M_n 的分布,下面先将极大值 M_n 作标准化或规范化处理。

仍然使用随机样本序列(3.8.2)式及其相关假设,若再假设可找到实数序列 $\{c_n\}$ 和 $\{d_n\}$,$n=1,2,\cdots,c_n>0$,使得标准化后的极大值序列 $\dfrac{M_n-d_n}{c_n}$ 依分布收敛于某个非退化分布函数 $H(x)$,即 $n\to+\infty$ 时有

$$P\left\{\frac{M_n-d_n}{c_n}\leqslant x\right\}=F^n(c_n x+d_n)\xrightarrow{F} H(x)$$

则称 $H(x)$ 为一个极值渐近分布,简称为极值分布。同时称总体 X 的分布函数 $F(x)$ 处于 $H(x)$ 的最大吸引场中,记为 $F\in MDA(H)$。

于是,运用分块样本极值理论关于如何估计极大值 M_n 分布的问题,又转化为如何估计极值分布 $H(x)$ 的问题。这也是定义极值分布 $H(x)$ 的目的。

(2) 估计极值分布的预备工作——广义极值分布介绍。为完成极值分布 $H(x)$ 的估计工作,我们需要先定义一类分布族;设

$$H_{\xi,\mu,\sigma}(x)=\begin{cases}\exp\left\{-\left(1+\xi\dfrac{x-\mu}{\sigma}\right)^{-\frac{1}{\xi}}\right\},&\xi\neq 0\\[2mm]\exp\left\{-\exp\left(-\dfrac{x-\mu}{\sigma}\right)\right\},&\xi=0\end{cases} \quad (3.8.6)$$

则称 $H_{\xi,\mu,\sigma}$ 为广义极值分布(generalized extreme value distribution,GEVD),其中,$\sigma>0$;为使 $\forall x\in R$ 均有 $H_{\xi,\mu,\sigma}(x)\in[0,1]$,$\xi,\mu,\sigma$ 应满足 $1+\xi\dfrac{x-\mu}{\sigma}>0$;$\xi=0$ 时 $H_{\xi,\mu,\sigma}$ 的取值定义为 $\xi\to 0$ 时 $H_{\xi,\mu,\sigma}$ 的极限。

公式(3.8.6)中的 ξ,μ,σ 分别表示广义极值分布的形状参数、位置参数和尺度参数。特别地,$\mu=0,\sigma=1$ 时的广义极值分布,称为标准广义极值分布,记为 H_ξ。此时有 $H_{\xi,\mu,\sigma}=H_\xi\left(\dfrac{x-\mu}{\sigma}\right)$。广义极值分布还可以依据形状参数 ξ 的取值范围进一步分类:当形状参数 $\xi<0$、$\xi=0$、$\xi>0$ 时,广义极值分布依次称为 Weibull 分布、Gumbel 分布和 Fréchet 分布。

须特别指出的是,Weibull 分布(以下简记为 $\Psi_\xi(x)$)、Gumbel 分布(以下简记为 $\Lambda_\xi(x)$)和 Fréchet 分布(以下简记为 $\Phi_\xi(x)$)对尾部的刻画存在很大的不同:属于 Weibull 分布极大吸引域(即 $MDA(\Psi_\xi)$)中的分布都是尾部较短的分布,例如均匀分布、Beta 分布等,一般很少应用于金融领域;属于 Fréchet 分布极大吸引域(即 $MDA(\Phi_\xi)$)中的分布一般具有比正态分布更厚的尾部,常见的有帕累托分布、柯西分布、t 分布、对数 Gamma 分布以及各种混合分布等,这类分布在经济、金融领域应用得比较多;属于 Gumbel 分布极大吸引域(即 $MDA(\Lambda_\xi)$)中的分布与 $MDA(\Phi_\xi)$ 极大吸引域中的分布相比,一般尾部较薄,主要有正态分布、指数分布、Gamma 分布、对数正态分布等。

(3) 极值分布 $H(x)$ 的估计——基于 Fisher-Tippett 定理。著名的 Fisher-Tippett 定理对

极值分布 $H(x)$ 的具体形式和分布特征进行了刻画。

定理 8.1[①](Fisher-Tippett 定理,1928) 若 $F \in MDA(H)$,或者说 $\dfrac{M_n - d_n}{c_n}$ 依分布收敛于某个非退化分布函数(随机变量)$H(x)$,则分布函数 H 必为标准广义极值分布 $H_\xi(x)$,或者必是标准的 Weibull 分布、Gumbel 分布和 Fréchet 分布中的一种。

本小节第 3 部分将介绍如何根据随机样本序列(3.8.2)估计 c_n, d_n, $H(x)$。

(4) 与估计极值分布 $H(x)$ 相关的一些重要定理。下面再给出一些常用定理,以期对运用 Fisher-Tippett 定理估计极值分布 $H(x)$ 做进一步细化和补充。

定理 8.2 若存在实数序列 $c_n > 0$、d_n 以及一个标准广义极值分布 $H_\xi(x)$,使得

$$F(x) \in MDA(H_\xi) \Leftrightarrow \lim_{n \to \infty} n \overline{F}(c_n x + d_n) = -\ln H_\xi(x), \quad x \in \mathbf{R} \tag{3.8.7}$$

当 $H_\xi(x) = 0$ 时,(3.8.7)中的极限应该理解为 ∞。

本小节第 3 部分将介绍如何根据定理 8.2,用 $H(x)$ 进一步估计 X 的分布 $F(x)$。

定理 8.3 对于标准 Fréchet 分布 $\Phi_\xi(x) = \exp\{-x^{-\xi}\}$,$x > 0$,$\xi > 0$,分布函数 $F \in MDA(\Phi_\xi) \Leftrightarrow \overline{F}(x) = x^{-\xi} L(x)$,其中 $L(x)$ 是一个缓慢变化的函数,满足 $\lim\limits_{x \to \infty} \dfrac{L(tx)}{L(x)} = 1$,$\forall t > 0$。

对于定理 8.3,作以下说明。

① 若 $F \in MDA(\Phi_\xi)$,则 $\dfrac{M_n}{c_n} \xrightarrow{F} \Phi_\xi$,其中 d_n 可以取为 0,c_n 可以为

$$c_n = F^{\leftarrow}(1 - n^{-1}) = \inf\{x \in R : F(x) \geqslant 1 - n^{-1}\} \tag{3.8.8}$$

② 显然

$$\overline{\Phi_\xi}(x) = 1 - \Phi_\xi(x) = 1 - \exp(-x^{-\xi}) \sim x^{-\xi}, \quad x \to +\infty$$

即 Φ_ξ 与幂函数 $x^{-\xi}$ 的尾部一样厚,因而 Φ_ξ 的尾部也称为幂尾或者正规变化尾。于是,对于 $F \in MDA(\Phi_\xi)$ 有

$$\int_0^{+\infty} x^\lambda dF(x) = +\infty, \quad \forall \lambda \geqslant \xi > 0,$$

即分布函数 F 的阶数大于等于 ξ 的高阶矩都不存在,所以 F 具有厚尾。

(二) POT 模型

1. 问题描述与 POT 模型的刻画

Fisher-Tippett 定理表明,极大值的样本数据序列可以用广义极值分布拟合,但在实际操作中,一是经常没有充足的样本数据,二是广义极值分布主要用来拟合极大值的样本数据序列的尾部,所以已有的不能用以刻画尾部特征的数据对极值分布拟合的意义也不大。为此,我们

---

① 本节列出的有关定理,主要是为了定理的应用而非定理本身的推导,故本节将有关定理的详细推导尽皆略去,有兴趣的读者可参阅 Fisher,Tippett(1928);Embrechts,Kluippelberg,Mikosch(1999)等文献资料。

需要对分块样本极值理论做进一步改进，即针对现实情况提出可描述样本极大值分布的另一种极值方法——POT 模型。POT 模型实际上就是对超过某个充分大阈值的所有观测值序列进行描述与建模；更具体一点就是，寻求一个合理的分布[①]，以拟合超过某个充分大阈值的所有观测值序列，以估计总体 X 的超阈值 u 的尾部分布，即当 x 充分大时的 $\overline{F}_u(x) = 1 - F_u(x)$，其中 $F_u(x)$ 即为下文定义的超额分布函数。下面将对 POT 模型给予详细刻画。

继续使用随机样本序列(3.8.2)式及其相关假设，用 u 表示一充分大的阈值，用随机样本集合 $\{X_i\}_{i=1}^s$ [②]表示随机样本序列(3.8.2)式中超过阈值 u 的样本观测值，称 $Y_i = X_i - u$ 为对应于 X_i 的超额数，则对应于集合 $\{X_i\}_{i=1}^s$ 的超额数序列为

$$Y_1, Y_2, \cdots, Y_s \tag{3.8.9}$$

下面将 (3.8.9) 式简称为超阈值随机样本序列。对于总体 X 的分布函数 $F(x)$，定义 $F(x)$ 的右端点为 $x_F = \sup\{x \in R : F(x) < 1\}$[③]。对阈值 $u < x_F$，定义

$$F_u(x) = P(X - u \leqslant x \mid X > u), 0 \leqslant x \leqslant x_F - u$$

为总体 X 对阈值 u 的超额分布函数（excess distribution function）；定义函数

$$e(u) = E(X - u \mid X > u), 0 \leqslant u < x_F$$

为 X 的超额均值函数（mean excess function）。

为更好地理解超额分布函数、特别是超额均值函数的意义和作用，下面作三点说明。

第一，超额均值函数 $e(u)$ 所表示的含义就是在随机变量 X 超过阈值 u 的条件下其超出部分的平均值，$e(u)$ 在不同领域中有着不同的直观解释：在保险中，如果 X 表示索赔额，则 $e(u)$ 就表示对超过阈值 u 的索赔进行再保险时的平均索赔额；在风险管理中，如果 X 表示资产组合的价值损失（用正值表示），则阈值 u 就表示一定置信度下的 VaR，此时超额均值函数的直观解释就是资产组合的损失超过 VaR 部分的预期损失。

第二，通过直接推导可依次得到超额分布函数和超额均值函数的计算公式[④]为

$$F_u(x) = P(X - u \leqslant x \mid X > u) = \frac{F(u+x) - F(u)}{1 - F(u)}, 0 \leqslant x \leqslant x_F - u$$

$$e(u) = E(X - u \mid X > u) = \int_0^{x_F - u} x \mathrm{d}F_u(x) = \frac{1}{\overline{F}(u)} \int_u^{x_F} \overline{F}(x) \mathrm{d}x, 0 \leqslant u < x_F$$

第三，超额均值函数在下文将要介绍的极值统计（extreme value statistics）中有重要运用：一是可以运用超额均值函数并根据样本数据得到经验超额均值函数，并以此来判断样本是来自厚尾分布还是薄尾分布；二是在利用 POT 模型为样本数据序列建模而确定阈值 u 的合理性时，经验超额均值函数将发挥作用。因此，认识、了解各个超额均值函数的具体特征很重要。为此，下面列出常见的超额分布函数及其相应的超额均值函数的特征，见表 3-12。

[①] 从下面的阐述和论证中可以看出，这个分布就是广义帕累托分布。
[②] 从理论上来说，s 既可取为有限数也可取为 $+\infty$，但在实际操作中，一般要选择充分大的阈值，所以超过阈值的样本通常很少，所以，在大多数情况下，s 为有限数，甚至有时候还比较小。
[③] x_F 可以取有限值，也可以为无限。
[④] 我们直接给出结果，读者自己可以经过简单的数学推导得到下面的两个公式。

表 3-12 常见分布的超额均值函数的特征

分 布 形 式	超额均值函数
指数分布 $\overline{F}(x)=e^{-\lambda x}$,其中 $\lambda>0$	$e(u)=\lambda^{-1}$
帕累托分布 $\overline{F}(x)=\left(\dfrac{k}{k+x}\right)^{\alpha}$,其中 $k,\alpha>0$	$e(u)=\dfrac{k+u}{\alpha-1}$, $\alpha>1$
超指数分布 $\overline{F}\sim\exp(-x^{\alpha})$,其中 $\alpha>1$	$\lim\limits_{u\to\infty}e(u)=0$
次指数分布①	$\lim\limits_{u\to\infty}e(u)=\infty$
厚尾分布	$\lim\limits_{u\to\infty}e(u)=\infty$

有了上面假设和预备工作,我们很容易观察出,POT 模型实质上就是如何估计总体 X 对阈值 u 的超额分布函数的尾部分布 $\overline{F}_u(x)$。Pickands-Balkama-de Haan 定理的两种形式,即下面的定理 8.4 和定理 8.5 对此作出了回答。

2. 超额分布函数与极值分布的估计——基于 Pickands-Balkama-de Haan 定理

不同于分块样本极值理论中经常使用的极值分布,在 POT 模型中经常运用广义帕累托分布,所以,在介绍定理 8.4 和定理 8.5 之前,有必要先介绍一下广义帕累托分布及其一些基本性质。

(1) 广义帕累托分布。

定义

$$G_{\xi}(x)=\begin{cases}1-(1+\xi x)^{-\frac{1}{\xi}}, & (\xi\neq 0)\\ 1-\exp(-x), & (\xi=0)\end{cases}$$

则称 G_{ξ} 为标准广义帕累托分布(standard generalized Pareto distribution),简称为 SGPD 分布。其中:当 $\xi\geqslant 0$ 时,$x\geqslant 0$;当 $\xi<0$ 时,$0\leqslant x\leqslant -\xi^{-1}$;$\xi=0$ 时的 $G_{\xi}(x)$ 的取值可以看作是 $\xi\to 0$ 时 $G_{\xi}(x)$ 的极限情形。类似于广义极值分布的定义,可定义最一般的广义帕累托分布(generalized Pareto distribution),常简称为 GPD 分布,即

$$G_{\xi,\beta,\mu}(x)=\begin{cases}1-\left(1+\xi\dfrac{x-\mu}{\beta}\right)^{-\frac{1}{\xi}}, & (\xi\neq 0)\\ 1-\exp\left(-\dfrac{x-\mu}{\beta}\right), & (\xi=0)\end{cases}$$

其中:$\mu\geqslant 0$,$\beta>0$;当 $\xi\geqslant 0$ 时,$x\geqslant\mu$;当 $\xi<0$ 时,$\mu\leqslant x\leqslant\mu-\beta\xi^{-1}$;$\xi=0$ 时的 $G_{\xi,\beta,\mu}(x)$

---

① 令 $\gamma\geqslant 0$,以 $S(\gamma)$ 表示具有如下性质的 $(0,+\infty)$ 上分布函数 F 的全体:$\lim\limits_{x\to+\infty}\dfrac{\overline{F^{*2}}(x)}{\overline{F}(x)}=2\int_{0}^{+\infty}e^{\gamma y}dF(y)<+\infty$ 且 $\lim\limits_{x\to+\infty}\overline{F}(x-y)/\overline{F}(x)e^{\gamma y}$,$\forall y\in\mathbf{R}'$,其中 $F^{*n}(x)$ 表示 F 的 n 重卷积,$\overline{F}(x)=1-F(x)$。特别的,$S(0)$ 是一类重要的厚尾分布族,称为次指数分布族(subexponential distribution),而当 $\gamma>0$ 时,$S(\gamma)$ 是重要的薄尾分布子类。次指数分布族是厚尾分布族的一个真子集,而正规变化分布族又是次指数分布族的一个真子集。

可以看作是 $\xi \to 0$ 时 $G_{\xi,\beta,\mu}(x)$ 的极限情形。一般的广义帕累托分布经过随机变量中心化以后就成为 $\mu=0$ 时的广义帕累托分布，即

$$G_{\xi,\beta}(x)=\begin{cases}1-\left(1+\dfrac{\xi x}{\beta}\right)^{-\frac{1}{\xi}}, & (\xi\neq 0)\\ 1-\exp\left(-\dfrac{x}{\beta}\right), & (\xi=0)\end{cases},$$

其中：μ 表示广义帕累托分布的位置参数；ξ 是广义帕累托分布的形状参数。根据参数 ξ 的不同取值，GPD 分布对应着不同的分布形式：$\xi>0$ 时，就是所谓的 Pareto 分布，该分布具有厚尾的特点，且阶数大于等于 $1/\xi$ 的各阶矩都是无限的，所以常常被运用于描述金融市场中变量的厚尾特征；$\xi=0$ 时对应于指数分布，该分布具有正常的尾部；$\xi<0$ 时，被称为 Pareto Ⅱ 型分布，该分布没有尾部，即具有截尾特征。

（2）超额分布函数的估计——基于 Pickands-Balkama-de Haan 定理。下述的定理 8.4 和定理 8.5 的本质都一样，都为利用 POT 模型估计随机变量的样本极大值提供了理论依据和估计方法，只是定理 8.5 在形式和内容上更具体一些。在应用中，可以视情况选用。

定理 8.4（Pickands Balkama-de Haan 定理，形式一） 对任意的 $\xi\in R$，分布函数 $F\in MDA(H_\xi)$ 当且仅当存在某个正的实函数 $\beta(u)$，使得

$$\lim_{u\uparrow x_F}\sup_{0<x<x_F-u}|F_u(x)-G_{\xi,\beta(u)}(x)|=0$$

定理 8.5（Pickands-Balkama-de Haan 定理，形式二） 对任意的 $\xi\in R$，分布函数 $F\in MDA(H_\xi)$ 当且仅当存在某个正的实函数 $\beta(u)$，使得当 $1+\xi x>0$ 时有

$$\lim_{u\uparrow x_F}\frac{\overline{F}(u+x\beta(u))}{\overline{F}(u)}=\begin{cases}(1+\xi x)^{-\xi^{-1}}, & \xi\neq 0\\ e^{-x}, & \xi=0\end{cases}$$

定理 8.4 和 8.5 表明，若 $F\in MDA(H_\xi)$，则超额分布函数 $F_u(x)$ 可以用广义帕累托分布来逼近。所以，在实际操作中，可以用广义帕累托分布来拟合超阈值随机样本序列（3.8.9）式，以获得超额分布函数 $F_u(x)$ 从而 $F(x)$ 的尾部分布。

（3）超阈值随机样本序列的极值分布的估计。根据前文的定理 8.1 或下面的定理 8.6 容易推断出，在随机样本序列 $X_1,X_2,\cdots,X_n,\cdots$ 独立、非退化且与 X 同分布的假设下，只要超阈值随机样本序列（3.8.9）式仍能保持独立、非退化且与 $X-u$ 同分布的特性，那么利用超额分布函数 $F_u(x)$ 就会立即得到超阈值随机样本序列（3.8.9）式的极值分布。问题是：超阈值随机样本序列（3.8.9）式是否会继续保持独立、非退化且与 $X-u$ 同分布呢？为此，我们依次给出如下定理。

定理 8.6（Leadbetter 定理） 设 $N\sim \text{Poission}(\lambda)$[①]独立于独立同分布的随机变量序列 $\{X_n\}$，且 $X_i\sim G_{\xi,\beta}$，则对于 $M_N=\max\{X_1,X_2,\cdots,X_N\}$ 有

$$P(M_N\leqslant x)=\sum_{n=0}^{\infty}e^{-\lambda}\frac{\lambda^n}{n!}G_{\xi,\beta}^n(x)=\exp\left\{-\lambda\left(1+\xi\frac{x}{\beta}\right)^{-\frac{1}{\xi}}\right\}=H_{\xi,\mu,\sigma}(x)$$

---

① 即 N 服从参数为 λ 的 Poisson 分布。

其中 $\mu = \beta \xi^{-1}(\lambda^\xi - 1)$，$\sigma = \beta \lambda^\xi$。

定理 8.4 表明超阈值随机样本序列近似服从广义帕累托分布，定理 8.1 表明极大值序列近似服从标准极值分布，而定理 8.6 则表明，超阈值随机样本的极大值近似服从广义极值分布，并且定理 8.6 还进一步给出了该广义极值分布的位置参数 μ、尺度参数 σ 与超阈值序列的尺度参数 β 以及参数 λ 之间的关系。

定理 8.7 若对参数 $\xi < 1$ 和 β，$X \sim G_{\xi,\beta}(x)$，则对 $\forall u < x_F$ 有

$$e(u) = E(X - u \mid X > u) = \frac{\beta + \xi u}{1 - \xi}, \quad \beta + \xi u > 0$$

关于定理 8.6 与定理 8.7 的两点说明：首先，定理 8.6 对任何满足定理条件的独立同分布的随机变量序列都适用。特别地，对于超阈值随机样本序列的极大值分布估计给出了具体公式和分布函数结构，从这个意义上来说，定理 8.6 是对定理 8.1 与定理 8.4 进一步融合、深化与补充。另外，定理 8.6 还可以用于确定再保险中的止损条款。其次，从下文可以看出，运用定理 8.4 与定理 8.7 可以选定合理的阈值。

根据定理 8.1，8.4，8.6 和 8.7，经过论证可以综合得到以下结论。

定理 8.8 设 $X_1, X_2, \cdots, X_n, \cdots$ 是独立、非退化且与总体 X 同分布的随机变量序列，X 的分布函数为 $F \in MDA(H_\xi)$，则

(i) 随机变量序列 $X_1, X_2, \cdots, X_n, \cdots$ 超过某个充分大的阈值 u 的那部分样本相互独立，并且可以用形状参数为 ξ 的广义帕累托分布刻画，超过阈值 u 的样本数和那部分样本也是相互独立的。

(ii) 随机变量序列 $X_1, X_2, \cdots, X_n, \cdots$ 超过某个充分大的阈值 u 的次数可以用一个 Poisson 过程描述。

(iii) 因为广义帕累托分布的经验超额均值函数是线性的，所以充分大的阈值 u 可以通过 $X_1, X_2, \cdots, X_n, \cdots$ 的经验超额均值函数来确定。

(iv) 随机变量序列 $X_1, X_2, \cdots, X_n, \cdots$ 极大值或者其超过某个充分大的阈值 u 部分的极大值可以用形状参数为 ξ 的广义极值分布来刻画。

定理 8.8 的结论(i)对本部分开头提出的问题作出了肯定回答，即超阈值随机样本序列(3.8.9)仍能保持独立、非退化且与 $X - u$ 同分布的特性，同时也确保了定理 8.1 和定理 8.6 定理对超阈值随机样本序列(3.8.9)的适用性。至此，从理论角度上来看，利用 POT 模型估计超阈值序列(3.8.9)极值分布的问题获得了解决：定理 8.8 的结论(i)和(ii)表明，在用以估计超阈值随机样本序列极值分布的定理 8.6 中，假设"$N \sim \text{Poission}(\lambda)$ 独立于独立同分布的随机变量序列"不仅不苛刻，而且有其合理性；定理 8.8 的结论(iii)指出了阈值 u 的可估计性及估计方法；定理 8.8 的结论(iv)、尤其是定理 8.6 为估计超阈值随机样本序列的极值分布提供了具体方法。

(三) 广义极值分布与广义帕累托分布对厚尾分布的拟合及参数、分位数的估计

分块样本极值理论和 POT 模型分别给出了用以拟合总体的厚尾分布的分布函数——广义极值分布与广义帕累托分布的函数形式。但要具体应用，尚须进一步确定这些分布函数中

的相关参数才行,这属于极值统计(extreme value statistics)的内容。对上述分布函数中的参数进行估计可大体分为两类:一是基于 Hill 估计①、Hall 试算法②对广义极值分布的参数估计;二是对广义帕累托分布的参数估计③。

1. 分块样本极值理论中的广义极值分布的参数以及分位数的估计

根据定理 8.2,存在实数序列 $c_n > 0$ 和 d_n,使得当 n 充分大时有

$$n\overline{F}(y) \approx -\ln H_\xi\left(\frac{y-d_n}{c_n}\right)$$

其中,$y = c_n x + d_n$。而根据定义,$H_\xi(x) = \exp\left\{-(1+\xi x)^{-\frac{1}{\xi}}\right\}$,因此

$$\overline{F}(y) \approx \frac{1}{n}\left(1+\xi\frac{y-d_n}{c_n}\right)^{-\frac{1}{\xi}} \tag{3.8.10}$$

由(3.8.10)式可得,对 $p \in (0,1)$,X 的 p -分位数为

$$x_p = F^{\leftarrow}(p) \approx d_n + \frac{c_n}{\xi}\{(n(1-p))^{-\xi} - 1\} \tag{3.8.11}$$

其中,$F^{\leftarrow}(\cdot)$ 的定义由(3.8.8)式给出。

因此,当根据定理 8.1 推得 $F \in MDA(H_\xi)$ 后,估计 F 尾部特征的问题就转变为如何估计广义极值分布 $H_\xi(x)$ 中的各个参数以及对应于某个概率 p 的分位数 x_p,根据定理 8.2 得到的公式(3.8.10)与公式(3.8.11)提供了具体的估计方法和思路:首先,找到合适的估计广义极值分布形状参数 ξ 的统计量 $\hat{\xi}$;其次,找到合适的估计标准化或正规化参数 c_n 和 d_n 的统计量 $\hat{c}_n$ 和 $\hat{d}_n$;最后,把估计 F 尾部的近似公式(3.8.10)和估计分位数的近似公式(3.8.11)中的未知量用相应的统计量代替,就可得到相应的尾部估计的统计量 $(\overline{F}(u))^\wedge$ 和分位数估计的统计量 $\hat{x}_p$,接下来,再进一步研究统计量 $(\overline{F}(u))^\wedge$ 和 $\hat{x}_p$ 的统计性质。

下面的 Hill 估计定理对此给出了直接的回答,更为详细的推导过程以及关于统计量的性质可以参阅 Embrechts 等(1999)。

定理 8.9(Hill 估计定理) 设 $X_1, X_2, \cdots, X_n$ 是独立同分布的非退化随机样本,而 $X_{n,n} \leqslant \cdots \leqslant X_{2,n} \leqslant X_{1,n}$ 是次序统计量,X_i 的分布函数 $F(x) \in MDA(H_\xi), \xi \geqslant 0$,则

(i) 极值分布形状参数 ξ 的 Hill 估计统计量为 $\hat{\xi}_{k,n}^{(H)} = \frac{1}{k}\sum_{j=1}^{k}(\ln X_{j,n} - \ln X_{k,n})$ ④。

(ii) 对于充分大的 x,尾部 $\overline{F}(x)$ 的估计统计量 $\hat{\xi}$ 是 $(\overline{F}(x))^\wedge \leqslant = \frac{k}{n}\left(\frac{x}{X_{k,n}}\right)^{-\frac{1}{\hat{\xi}_{k,n}^{(H)}}}$。

(iii) 对于 $p \in (0,1)$,分位数 $x_p = F^{\leftarrow}(p)$ 的估计统计量为 $\hat{x}_p = X_{k,n} \cdot \left[\frac{n}{k}(1-p)\right]^{-\hat{\xi}_{k,n}^{(H)}}$。

其中 k 满足以下两条件:一是 $n \to \infty$ 时 $k = k(n) \to \infty$,即要求使用足够多的取值较大的次序统

---

① 请参见 Hill (1975)。
② 请参见 Hall (1990)。
③ 请参见 Danielsson (1997)。
④ 即 ξ 的 Hill 估计是 $\ln X$ 的经验超额均值函数在 $u = \ln X_{k,n}$ 处的取值。

计量;二是 $n\to\infty$ 时 $n/k(n)\to\infty$,即要求确保用分布尾部的数据来刻画尾部的分布特征。

可以看出,尽管 Hill 估计定理给出了广义极值分布形状参数 ξ 的估计方法,但 ξ 的估计却依赖于 $X_{k,n}$ 的选取,而 Hill 估计定理并没有给出 k 值的准确选取方法,在实际应用中只能凭经验进行选择,这既会导致应用不便,又可能导致结果出现较大偏差[①]。为此,一些学者又进一步提出了 Hall 的试算法、Danielsson 的二次子样试算法等方法,有兴趣的读者可以参阅 Embrechts et al.(1999),这里不再赘述。

2. POT 模型中的广义帕累托分布的参数以及分位数的估计

根据超额分布函数和尾部分布函数的定义,有

$$\overline{F}_u(y) = \text{Prob}(X-u>y \mid X>u) = \frac{\text{Prob}(X>u+y)}{\text{Prob}(X>u)} = \frac{\overline{F}(u+y)}{\overline{F}(u)}$$

从而

$$\overline{F}(u+y) = \overline{F}(u) \cdot \overline{F}_u(y) \tag{3.8.12}$$

显然,计算尾部分布的基本思路就是设法找到估计 $\overline{F}(u)$ 和 $\overline{F}_u(y)$ 的统计量,从而给出分布 F 尾部 $\overline{F}(u+y)$ 的估计。

关于 $\overline{F}(u)$ 的估计:对于选定的充分大的阈值 u,记 $\Delta = \{i: i=1,2,\cdots,n, X_i>u\}$,$N_u$ 表示 n 个样本 $X_1, X_2, \cdots, X_n$ 中超过阈值 u 的样本个数。因此,$\overline{F}(u) = \text{Prob}(X>u)$ 的估计自然就可以取为 $(\overline{F}(u))^{\wedge} = N_u/n$。

关于 $\overline{F}_u(y)$ 的估计:根据定理 8.4 和广义帕累托分布的定义可知,当 u 充分大时有

$$\overline{F}_u(y) \approx \overline{G}_{\xi,\beta(u)}(y) = \left(1+\xi\frac{y}{\beta}\right)^{-\frac{1}{\xi}}$$

其中

$$y \in D(\xi,\beta) = \begin{cases} [0,+\infty), & \xi \geqslant 0 \\ [0,-\beta/\xi], & \xi < 0 \end{cases}$$

于是可得到 $\overline{F}_u(y)$ 的估计为

$$(\overline{F}_u(y))^{\wedge} = \left(1+\hat{\xi}\frac{y}{\hat{\beta}}\right)^{-\frac{1}{\hat{\xi}}}$$

其中,$\hat{\xi}$ 和 $\hat{\beta}$ 是广义帕累托分布 $G_{\xi,\beta}(y)$ 中的两个参数 ξ 与 β 的估计量。再注意到(3.8.12)式,即可得分布函数 F 的尾部估计:

$$(\overline{F}(u+y))^{\wedge} = (\overline{F}(u))^{\wedge} \cdot (\overline{F}_u(y))^{\wedge} = \frac{N_u}{n} \cdot \left(1+\hat{\xi}\frac{y}{\hat{\beta}}\right)^{-\frac{1}{\hat{\xi}}}, \quad y \geqslant 0 \tag{3.8.13}$$

由(3.8.13)式可立即得到分布函数 F 的估计量 $(F(u+y))^{\wedge} = 1 - (\overline{F}(u+y))^{\wedge}$。于是,对于给定概率 $p \in (0,1)$,根据统计量 $(F(u+y))^{\wedge}$ 可计算出 p 分位数的估计为

[①] 尽管阈值的经验选择法存在上述问题,但由于各种较为精确的阈值确定方法一般比较复杂,所以在实际应用中采用经验选择法的情况仍然占主流。

$$\hat{x}_p = \hat{F}^{\leftarrow}(p) = u + \frac{\hat{\beta}}{\hat{\xi}} \left\{ \left[\frac{n}{N_u}(1-p) \right]^{-\hat{\xi}} - 1 \right\} \tag{3.8.14}$$

分布 F 的右端点估计为

$$\hat{x}_F = \begin{cases} +\infty, & \hat{\xi} \geqslant 0 \\ u - \hat{\beta}/\hat{\xi}, & \hat{\xi} < 0 \end{cases} \tag{3.8.15}$$

其中，$\hat{\xi}$ 和 $\hat{\beta}$ 是广义帕累托分布 $G_{\xi,\beta}(y)$ 中两个参数的估计。

通过观察估计公式(3.8.13)至公式(3.8.15)可以发现，要在实际中成功运用上述估计公式，还须解决以下问题。

第一，充分大的阈值 u 如何确定？

第二，如何得到广义帕累托分布 $G_{\xi,\beta}(y)$ 中两个参数的估计 $\hat{\xi}$ 和 $\hat{\beta}$？

第三，如果有必要，要对最一般形式的广义帕累托分布中的位置参数 v 进行估计。

(1) 关于阈值 u 的确定。阈值 u 的准确估计极为重要，原因在于：若对阈值 u 估计过高会导致超额数据太少，从而估计参数的方差会偏高；若太小又会产生有偏的估计量。另外，阈值 u 还是正确估计参数 β 和 ξ 进而计量 VaR 和 ES 的前提和基础。

关于阈值 u 的确定，通常有两种方法。一是根据 Hill 图来选取。作散点图 $\{(k, 1/\hat{\xi}_{k,n}^{(H)}), 1 \leqslant k \leqslant n\}$；然后，选取适当的阈值，不妨设为 u^*，使得 $k > u^*$ 时尾部参数 ξ 变得比较稳定。二是利用超额均值函数的 $e(u) = E(X-u \mid X > u)$ 图形来选取。定理 8.7 表明，若 $X \sim G_{\xi,\beta}(x)$ 且 $\xi < 1$，则对于 $u < x_F$，有

$$e(u) = E(X-u \mid X > u) = \frac{\beta + \xi u}{1-\xi}, \quad \beta + \xi u > 0$$

据此，我们可以计算原始样本 $X_1, X_2, \cdots, X_n$ 的经验超额均值函数 $e_n(u)$，然后作 $\{(u, e_n(u))\}$ 的散点图 $\left\{ \left[X_{n-k,n}, \frac{1}{n-k-1} \sum_{i=1}^{n-k-1}(X_{i,n} - X_{n-k,n}) \right] : k = 0, 1, \cdots, n-2 \right\}$①，选取 u^* 使得当 $u > u^*$ 时 $e_n(u)$ 是近似线性的即可。

(2) 关于参数 ξ 和 β 的估计。对广义帕累托分布 $G_{\xi,\beta}(y)$ 中两个参数 ξ 和 β 的估计，通过采用极大似然方法来进行。仍以原始数据 $X_1, X_2, \cdots, X_n$ 为例，根据前面选择的阈值 u^* 确定超额部分的样本数据 $\{Y_i : Y_i = X_i - u^*, i \in \Delta\}$，一共有 N_{u^*} 个样本。根据定理 8.8 可知，这 N_{u^*} 个样本独立同分布且服从广义帕累托分布 $\overline{G}_{\xi,\beta}(y) = \left(1 + \xi \frac{y}{\beta}\right)^{-\frac{1}{\xi}}$。于是，可得到如下的对数似然函数

$$l(\xi, \beta; Y_i) = \ln \left\{ \prod_{i=1}^{N_{u^*}} \frac{\partial G_{\xi,\beta}(y)}{\partial y} \right\} = \sum_{i=1}^{N_{u^*}} \ln \left(\frac{\partial G_{\xi,\beta}(y)}{\partial y} \right)$$

$$= -n \ln \beta - \left(1 + \frac{1}{\xi}\right) \sum_{i=1}^{N_{u^*}} \ln \left(1 + \xi \frac{Y_i}{\beta}\right)$$

---

① 由这些点构成的图形，称为平均剩余生命图(mean residual life plot)。

对上述对数似然函数令 $\begin{cases} \partial l/\partial \xi = 0 \\ \partial l/\partial \beta = 0 \end{cases}$，可推导出一个关于 ξ 和 β 的似然方程组，再对该方程组求解即得参数 ξ 和 β 的极大似然估计值 $\hat{\xi}$ 和 $\hat{\beta}$。

须指出的是，这里的极大似然参数估计方法在 $\xi > 1/2$ 时更有效，并且可以证明

$$\sqrt{N}\left(\hat{\xi}_{N_u^*} - \xi, \frac{\hat{\beta}_{N_u^*}}{\beta} - 1\right) \xrightarrow{F} N(0, M^{-1}), \quad N_u^* \to \infty$$

其中，$M^{-1} = (1+\xi)\begin{pmatrix} 1+\xi & -1 \\ -1 & 2 \end{pmatrix}$。

(3) 广义帕累托分布的位置参数的估计。仍然根据前面选择的阈值 u^* 确定超额部分的 N_{u^*} 个样本数据 $\{Y_i: Y_i = X_i - u^*, i \in \Delta\}$，并类似于上面方法估计得到极大似然估计值 $\hat{\xi}$ 和 $\hat{\beta}$。然后，当 x 大于阈值 u^* 时，可以用下面公式估计分布 F 的尾部特征及相应的位置参数，即

$$(F(x))^{\wedge} = 1 - \left(1 + \hat{\xi}\frac{x - u^* - \hat{v}}{\hat{\beta}'}\right)^{-\frac{1}{\hat{\xi}}}, \quad x \geqslant u$$

其中，

$$\hat{v} = \frac{\hat{\beta}}{\hat{\xi}}\left(\left(\frac{N_u}{n}\right)^{\hat{\xi}} - 1\right), \quad \hat{\beta}' = \hat{\beta}\left(\frac{N_u}{n}\right)^{\hat{\xi}}$$

对于 x 小于阈值 u 的部分，由于一般有足够的样本数据，从而使用经验分布函数描述分布 F 的特征就足够了。最后，通过适当的方式再把两者组合起来就可得到整个分布函数 F 的分布特征。

(四) 基于极值理论的 VaR 计算

根据极值理论计算资产组合的 VaR，本质上是估计资产组合收益率变化分布的尾部特征，然后计算出一定置信度 c（通常很接近1）下的分位数，即为用收益率表示的 VaR。其中利用 POT 模型计算资产组合 VaR 的方法最为常用，所以这里给予详细介绍。

1. 利用 POT 模型计算 VaR 的步骤

第一，搜集资产组合收益率变化的历史数据，取组合收益率变化的相反数[①]，不妨仍假设为 $X_1, X_2, \cdots, X_n$，而 $X_{n,n} \leqslant \cdots \leqslant X_{2,n} \leqslant X_{1,n}$ 是相应的次序统计量。从而可以作出经验超额均值函数 $e_n(u)$ 上的点集

$$\left\{\left[X_{n-k,n}, \frac{1}{n-k-1}\sum_{i=1}^{n-k-1}(X_{i,n} - X_{n-k,n})\right]; k = 0, 1, \cdots, n-2\right\}$$

第二，根据经验超额均值函数 $e_n(u)$ 确定资产组合的收益率分布是否具有厚尾特征。若不具有，则可用正常情形下的 VaR 计算方法进行估计即可；若具有，则可以通过 $X_1, X_2, \cdots, X_n$ 的经验超额均值函数 $e_n(u)$ 确定一个充分大的阈值 u^*，使得 $u > u^*$ 时 $e_n(u)$ 近似为线性

---

① 为计算方便起见，先对样本数据取负号，待计算得到上侧分位数后再取负号即为所求的用收益率表示的 VaR。

的。然后,再确定超额部分的样本数据 $\{Y_i : Y_i = X_i - u^*, i \in \Delta\}$,其中 $\Delta = \{i : i = 1, 2, \cdots, n, X_i > u^*\}$,仍假设一共有 N_{u^*} 个数据。

第三,利用广义帕累托分布 $G_{\xi, \beta}(y)$ 拟合样本数据 $\{Y_i : Y_i = X_i - u^*, i \in \Delta\}$,根据极大似然方法估计广义帕累托分布中的参数,不妨仍设为 $\hat{\xi}$ 和 $\hat{\beta}$。

第四,给定充分大的置信度 c,根据(3.8.14)式可确定以收益率表示的资产组合的 VaR 为

$$VaR_c = -\hat{x}_c = -\hat{F}^{\leftarrow}(c) = -u^* - \frac{\hat{\beta}}{\hat{\xi}}\left(\left(\frac{n}{N_{u^*}}(1-c)\right)^{-\hat{\xi}} - 1\right)$$

若须估计用价值变化表示的资产组合的 VaR,只要用组合的当前价值以及未来某时刻的价值表示的收益率公式进行求解即可。

引例

利用 POT 模型计算 VaR 举例

为简便起见,我们在这里不再列出资产组合收益率变化的原始数据以及相应的经验超额均值函数。假设经验超额均值函数的图形表明,资产组合收益率变化存在厚尾分布特征,而且可得到一个合适的阈值是 $u=10$。利用上述步骤,可计算出其他参数,我们将计算结果总结在表 3-13 中。

表 3-13 利用 POT 模型计算资产组合价值变化的 VaR

POT 方法相关参数					
ξ	β	阈值 u	超额数目 N_u	样本总数 n	置信度 c
0.186	11.12	10	56	108	95%
各种方法计算结果比较					
历史模拟	30.654	正态模型	29.823	POT 模型	42.585

通过对比分析可以看出,利用 POT 模型计算到的 VaR 明显大于利用历史模拟法和正态假设条件下计算到的 VaR,所以,如果资产组合的收益率变化具有厚尾分布特征,那么继续利用历史模拟方法或者在资产组合收益率变化服从正态分布的假设下计算 VaR,显然将会低估资产组合所面临的风险。

2. 计算 VaR 的混合方法简介

极值理论主要是对分布函数尾部特征的描述,其使用范围仅限于分布的尾部,因此只有在计算极端情况下资产组合价值变化的 VaR 时才采用。而在市场处于正常波动情况下,使用常规方法估计 VaR 应比使用极值理论更加可靠。所以,在实际操作过程中,经常要根据现实市场中的具体情况把常规方法和极值理论结合起来加以应用。这种把常规方法和极值理论结合起来的方法,本文称为混合方法。根据前面的讨论我们知道,可以应用极值理论估计极端情况下资产组合的 VaR,用以前介绍的经典方法计算市场处于正常波动情况下资产组合的 VaR。

但问题是,应选择哪一种方法来和极值理论结合起来计算 VaR 呢?下面简要介绍三种常见的混合方法。

(1) 历史模拟法和极值理论的混合。该法的基本思想是:首先确定资产组合价值变化两端的两个阈值;其次,对于较小阈值左端和较大阈值右端的样本数据,运用极值理论来估计分位数或 VaR 值;然后,基于左右两个阈值之间的样本数据,再用历史模拟法估计两个阈值之间组合价值变化的分位数或 VaR 值。

(2) Monte Carlo 模拟方法和极值理论的混合。该法的基本思想是:利用关于市场风险因子或者资产组合价值变化的全部历史数据估计出市场正常波动情况下它们的分布特征,然后从这个分布中生成新的样本,求解出市场正常波动情况下资产组合价值变化的 VaR;对于极端情形,利用极端数据进行建模,并采用极值理论计算此时的 VaR。

(3) 压力试验和极值方法的混合。该法的基本思想是:首先,利用极值方法生成极端波动情形下市场风险因子的极端取值;然后,把这个极端取值作为压力试验的极端情景,再评估这个极端情景对资产组合价值变化的影响。由于这些极端情景来自极值分布,因此这种混合模型能够评估压力试验结果出现的概率。

(五) 基于极值理论计算 VaR 方法的评述

作为其他 VaR 计算方法的一个补充,运用极值理论计算 VaR 有着不可替代的特点,其中,主要优点是:可以较为准确地描述厚尾分布的尾部特征,从而对极端情形下的 VaR 估计更为可靠;该法具有计算分位数或 VaR 的具体公式,便于操作和计算。该法同样具有弱点,主要表现在:该法有特定的应用范围,只适用于描述资产组合价值变化分布的尾部特征;有关极端情形下风险因子或者资产组合价值变化的历史数据较少,会加大应用极值理论的难度,影响极值理论的应用效果;极值理论的某些限定条件在现实市场中并不一定能得到满足,例如,要求现实市场中的样本数据独立同分布就比较困难。

关于压力试验和极值理论,两者皆可用于度量极端市场风险,但特点不同:压力试验简单、灵活,而且能够直观说明极端情景下资产组合价值变化的规律。不足之处是,对极端情景构造的把握往往比较困难,而且具有较大的主观性,另外,单纯的压力试验仅仅给出了可能的最大损失,而没有说明最大损失发生的可能性。由于可以运用极值理论计算极端情景下资产组合价值变化的 VaR,所以极值理论能较好地弥补压力试验的上述不足,因此,如果拥有比较充足的历史数据,极值理论往往比压力试验效果更好。

 本章小结

本章对 VaR 方法、基于历史模拟法、Monte Carlo 模拟法、Delta 与 Gamma 灵敏度指标法对 VaR 的计算以及压力试验和极值理论等度量金融市场风险的主要方法进行了全面、系统的介绍和阐释。本章通过分析和总结提出以下观点:上述市场风险度量方法的本质,是对金融风险因子变化及其导致的资产组合价值变化的不确定性进行度量和估计。或者说,对金融风险因子变化分布的估计以及对金融风险因子导致的资产组合价值变化分布的估计,是上述金融市场风险度量方法所要解决的两个基本问题。另外,相对于其他类型的金融风险度量方法,市场风险度量方法比较成熟,因而也为其他类型的金融风险度量方法提供了大量的有益借鉴。

  重要概念

市场风险度量　厚尾分布事件　名义值度量法　灵敏度方法　波动性方法　VaR方法　收益率映射估值法　历史模拟法　Monte Carlo模拟法　Delta,Gamma灵敏度指标　压力试验　极值理论

  思考题

1. 简述金融市场风险方法的演变过程。

2. 请简要介绍现代金融风险度量的主要方法,并对各种方法的应用步骤、适用范围、优缺点进行讨论。

3. 试对久期、凸性以及灵敏度方法中所涉及的灵敏度系数的含义、特性、应用范围、局限性等进行剖析和比较。

4. 简述在VaR方法中选择和设定置信度和持有期时应考虑的基本因素。

5. 简述VaR方法的一般计算步骤并讨论该法存在的局限性。

6. 请运用历史模拟法和股价的历史数据,计算中信证券公司的VaR。

7. 请运用Monte Carlo模拟法并选择相应的股价历史数据对招商银行进行VaR计算。

8. 以本章第五节中远期合约为例,请运用Delta-Gamma方法计算资产组合的VaR。

9. 试析压力试验与极值理论方法较传统的VaR方法有哪些异同和改进。

10. 受金融风暴的影响,从2007年第四季度开始,美国花旗集团连续五个季度亏损,2008年全年亏损达到187亿美元,股价也从2007年5月的近50美元狂泻至最低不到1美元(0.97美元),仅2008年11月19—21日的3天之内就下跌了55%,11月20日单日跌幅达到了26%。为使花旗集团免于破产,美国财政部通过问题资产处置计划(简称为TARP)于2008年10—11月间两次向花旗集团注资合计达450亿美元,同时提供了高额的资产担保。试运用压力试验与极值理论,解释美国财政部向花旗集团注资的有效性和合理性,并给出具体的分析步骤。

第四章

JIN RONG FENG XIAN GUAN LI

信用风险的度量

　　信用风险是银行等金融机构面临的最主要的风险之一,信用风险一旦发生将会使金融机构蒙受重大损失,甚至引发流动性风险等其他风险,继而引起金融危机和经济危机。巴塞尔委员会对金融机构风险管理要求的第一支柱是最低资本金要求,其中用于防范信用风险的资本金占总资本金的70%,由此可见对信用风险管理的重视。

　　信用风险的规范管理最初起源于1988年的巴塞尔协议对银行资本金的要求,但由于1988年巴塞尔协议关于银行资本金要求的规定有很多漏洞,例如,如果将具有同样资本金要求的风险资产贷放给信用等级低的机构和客户,银行盈利会更高,从而可能驱使银行将资金贷放给信用级别低的机构和客户,使银行信用风险增加。2001年巴塞尔协议委员会针对已有规则的缺陷,开始允许银行使用内部评级和外部评级机构的评级来确定银行资本金,并可根据经济情况加以调整,这极大地提高了防范信用风险的能力和水平。

　　信用风险管理的重要性使得信用风险管理的理论和方法也日趋完善和多样化,除了传统的信用风险度量方法外,各种新方法不断涌现。本章将对信用风险及其度量方法作全面的介绍。

 学习目标

通过本章学习,您可以了解或掌握:
◆ 用以度量信用风险大小的基本参数及其估计方法;
◆ 信用评级体系及信用评级方法;
◆ 信用等级转移概率的计算;
◆ 目前主要的信用风险度量模型和方法;
◆ 不同信用风险度量模型的差别与联系。

第一节 信用风险度量方法概述

信用风险度量的探索过程大致可分为三个阶段:一是 1970 年以前,大多数金融机构基本上采取专家分析法,即依据银行专家的经验和主观分析来评估信用风险,主要分析工具有 5C 分析法、LAPP 法、五级分类法等;二是大约在 20 世纪 70 年代初到 80 年代底,金融机构主要采用基于财务指标的信用评分方法,如线性几率模型、Logit 模型、Probit 模型、Altman Z 值模型与 ZETA 模型等;三是 20 世纪 90 年代以来,世界一些著名的商业银行开始探索运用现代金融理论和数学工具来定量评估信用风险,建立了以风险价值为基础、以违约概率和预期损失为核心指标的度量模型,如信用监控模型(KMV 模型)、CreditMetrics 模型、信贷组合观点(credit portfolio view)、CreditRisk+ 模型等等。与此同时,巴塞尔委员会出版的《新资本协议》提倡建立内部评级法,随后美国各大银行开始建立更加结构化的正式评级系统和度量信用风险的内部模型,用以审批贷款,鉴定资产组合的有效性,分析呆账准备金的充足性、盈利性以及对贷款定价等等。与传统方法相比,这些方法更加注重应用现代金融理论和数理统计方法进行定量分析。下面对主要的信用风险度量方法进行简单介绍。

一、专家分析法

1970 年以前,大多数金融机构主要依据专家的经验和主观分析来评估信用风险。专家通过分析借款人的财务信息、经营信息、经济环境等因素,来对借款人的资信、品质等进行评判,以确定是否给予贷款。这个阶段评估信用风险的主要方法有 5C 法、5W 或 5P 法、LAPP 法、五级分类法等等。

最为常用的是 5C 法,商业银行根据专家对借款企业的资信品格(character)、资本(capital)、还款能力(capacity)、抵押品(collateral)以及当时所处的经济周期(cycle conditions)等因素考察评分,然后通过专家的主观判断给予各个考察因素不同的权重,综合得出一个分

值,以此作为信贷决策的依据。分值的大小反映了借款人信用品质的好坏。

也有些银行将分析的因素归纳为 5W 或 5P:5W 是指借款人(who)、借款用途(why)、还款期限(when)、担保物(what)、如何还款(how);5P 是指个人因素(personal)、目的因素(purpose)、偿还因素(payment)、保障因素(protection)、前景因素(perspective)。

LAPP 法则是从借款人的流动性(liquidity)、活动性(activity)、盈利性(profitability)和发展潜力(potentialities)四个方面评估信用风险。

五级分类法是对现有信贷资产质量进行分类的方法,它以还款的可能性为核心,综合应用定性和定量分析方法来判定资产质量,并将资产分为正常、关注、次级、可疑和损失五类。

专家分析法直指信用风险的核心本质,目前得到了世界上大多数国家的认可和采纳,但这种方法比较简单,受主观因素的影响较大,对人的素质要求较高,与其说是一种分析方法,还不如说是一种思想。尽管现在很多银行仍然使用专家分析法,但是该类方法面临着一致性和主观性两方面的重大挑战。对于相似的借款者,不同的信贷负责人运用不同的评价标准可能得出不同的评价结果,并且他们评判时易受感情和外界因素干扰,进而做出偏差较大的分析。因此,近年来,金融机构已经逐渐放弃纯粹定性分析的专家分析法,而在此类方法中加入越来越多的客观定量分析的内容。关于专家分析法更为详细的讨论可参见 Caouette、Altman, and Narayanan(1998)。

二、评级方法[①]

最早的贷款评级方法是美国货币监理署(OCC)开发的,它将贷款归为五类:四类低质量级别的,一类高质量级别的。其中,四类低质量级别包括特别关注级、未达标准级、可疑和损失级,高质量级别是指合格或可履约级。一般地,对前四类低质量级别的资产都分别设定一定比例的损失准备金。

经过多年实践,银行在扩展上述五级分类法的基础上已开发出更加细化的内部评级类别。Treacy 和 Carey(1998)对美国前五十家银行所做的研究表明,各银行仅在上述五类级别的某级别下面所设立的次级别就有 2—20 种不等,而且根据银行的业务重心不同,对应于特定信用风险程度的次级别分类也各不相同,例如,集中于经营大公司贷款的银行对投资级贷款[②]的次级别分类较细,而以中等贷款市场为主业的银行对信用级别略低于投资级的贷款所设置的次级别则更多。

三、基于财务比率指标的信用评分方法

这种模型以关键财务比率为基础,对各财务比率赋予不同权重,通过模型产生一个信用风险分数或违约概率,如果该分数或概率超过一定值,就认为该项目隐含较大的信用风险。建立

---

① 详细内容请参见本章第三节。
② 关于投资级贷款的定义,请参见本章第三节。

基于财务指标的信贷评分模型主要有线性几率模型、定性响应(qualitative-response)模型和 Altman 的 Z 值模型与 ZETA 模型。

(一)线性几率模型

线性几率模型是以评判对象的信用状况为被解释变量、多个财务比率指标为解释变量所构造的线性回归模型,通过最小二乘法回归得出各解释变量与企业违约率之间的相关关系,建立预测模型,然后利用模型预测企业未来的违约概率。该方法对解释变量的概率分布没有特殊要求,应用方便。但是,模型预测的概率估计值有可能落在区间[0,1]之外,这与概率理论相违背,故目前此法已经很少使用。

(二)定性响应模型

定性响应模型用以预测某一时期开始时生存着的某一公司在该时期(一个月、一年等)结束时该公司生存的概率。较为常用的两种定性响应模型是 Probit 模型和 Logit 模型,两种模型旨在改进线性模型的预测值可能落在区间[0,1]之外的缺陷,即研究者假设事件发生的概率服从某种累积概率分布,使模型预测值落在[0,1]之间。若假设事件发生的概率服从累积标准正态分布,则称为 Probit 模型;若假设事件发生的概率服从累积 Logistic 分布,则称为 Logit 模型。

Probit 和 Logit 模型采用一系列财务比率指标预测公司破产或违约的概率,根据风险偏好程度设定风险警戒线并以此进行信用风险定位和决策。Probit 模型的基本形式与 Logit 模型相同,差异仅是用于转换的累积概率函数不同:前者为累积正态概率函数,后者则为 Logistic 概率函数。

Probit 模型和 Logit 模型在信用风险度量中都得到了相当广泛的应用:Zmijewski(1984)采用 Probit 模型进行破产概率预测;高培业、张道奎(2000)采用一年的财务数据,把深市上市公司分为制造业和非制造业,运用线性判别模型和 Probit 模型进行财务困境预测;Martin(1977)则利用 Logit 模型和判别分析方法来预测银行破产,发现两种方法的判别能力极为接近;West(1985)利用 Logit 模型计算出了金融机构的违约概率;Smith 和 Lawerence(1995)用 Logit 模型得出预测贷款违约最理想的变量;陈晓、陈治鸿(2000)运用 Logit 模型对上市公司进行了一次性的预测,判别准确率可达 86.5%。

(三)Altman Z 值模型与 ZETA 模型[①]

信用评分模型中最有影响力的是 Altman(1968)年提出的五因子 Z 值线性模型,五因子分别是营运资本/总资产、留存盈余/总资产、息税前收益/总资产、股权的市场价值/总负债的账面价值以及销售额/总资产比率。1977 年 Altman 又将模型做了扩展和改进,将五因子模型扩充为七因子模型,称为 ZETA 模型。从这一想法出发,其后又产生了许多方法,比如回归分析法、聚类分析法、因子分析法等等。

尽管以财务数据为基础的多元信用评分模型已经得到广泛应用,但这些模型至少存在以

---

① 详细内容请参见本章第五节。

下缺陷：一是基于会计账面的数据，不能很好地反映企业经营的实际状况和外部条件的快速变化；二是模型只是经验上的拟合，缺乏严密的理论基础。

四、现代信用风险度量模型

现代信用风险度量模型与前述方法最大的不同在于它用复杂的数理模型描述信用风险发生的概率、损失程度等，并且试图给予精确估计。与此同时，现代模型还借鉴了许多经典的经济思想以及其他领域的科学方法，如期权定价理论、利率预期理论、保险中的精算方法、用于度量市场风险的 VaR 方法和神经网络原理等。概括起来，现代信用风险度量模型主要有以下几种：KMV 公司的基于 Merton 期权定价思想的 KMV 模型（或称为信用监控模型）、J. P. Morgan 的 CreditMetrics 模型、麦肯锡公司的信贷组合观点、瑞士信贷银行的基于保险思想的 CreditRisk+ 模型、基于寿险精算方法的死亡率法，等等。由于下文将对上述模型和方法给予详细阐述，故此处不再赘述。除此之外，还有其他一些最新进展将在下面给予简单介绍。

（一）非参数方法——神经网络方法

随着信息技术的发展，近年来人工智能模型被引入信用风险评估中。神经网络方法是一种具有自组织、自适应、自学习特点的非参数方法。该法对样本数据的分布要求不严格，摒弃了预测变量间线性且相互独立的假设，能深入挖掘预测变量间隐藏的相关关系，因此具有非常大的应用潜力。Dutta 和 Shekhar(1988) 第一个应用神经网络进行债券信用评级，研究不同数目的自变量及网络构架对等级分辨能力的影响，其预测准确率为 76%—82%。自此，神经网络成为研究信用风险的主要方法之一。

神经网络模型的优点主要体现在：

第一，该模型可以不再完全依赖于人们对经验知识和规则的主观判断，具有自适应功能，这对减少权重确定过程中人为因素的干扰十分有益；

第二，神经网络模型能够处理有噪声或不完全的数据，具有泛化功能和很强的容错、纠错能力；

第三，神经网络模型可以处理复杂的非线性关系问题。

神经网络模型也存在着一些不足之处：

第一，需要运用特殊的理论基础以及数据挖掘的方法来确认解释变量之间隐含的相关关系；

第二，要得到一个较好的神经网络结构需要耗费较多的人力和时间。

（二）PFM 模型[①]

PFM 模型(private firm model)是 KMV 公司在 1997 年开发的模型，是对前文所提到的

[①] 与 KMV 模型不同，该模型主要应用于非上市公司的信用风险度量。由于没有该公司的股市信息，可以参照公司的财务状况，并与同类型已上市公司的财务状况做对比，对其资产价值做出估计。

KMV 模型的发展,该模型主要利用财务报表与上市公司的股价信息,在未上市公司无股价的情况下,估算出个别公司的预期违约风险。类似于 KMV 模型,该模型也是在预期违约概率① EDF(expected default frequency)框架下应用的。通过评估公司资产市值和资产报酬标准差,来计算出违约距离 DD(default distance)与 EDF。该模型与 KMV 模型的不同之处主要在于评估公司资产市场价值和标准差的方法,PFM 模型使用上市公司的税前、息前、折旧前、摊销前的盈余 EBITDA(earnings before interest, taxes, depreciation and amortization)以及公司资产市价来推算无股价信息的公司的资产市价。

第二节 度量信用风险的基本参数解析与估计

违约率、违约损失率、预期与未预期信用损失、信用价差、信用 VaR 等,是用以度量信用风险大小的最常用参数,本节将对上述参数进行概念解析和估计。

一、违约率的估计

度量信用风险首先要估计违约概率 PD(probability of default,常简称为违约率)的大小,即交易对手在给定时期内违约的可能性。巴塞尔委员会对采用内部评级法建议使用以下违约参考定义:下列事件中只要有一个事件在某个特定的债务人②身上发生,就可以认定为违约,即

(1) 已经判明债务人不准备全部履行其偿债义务(本金、利息或手续费)。

(2) 与债务人的任何义务有关的信用损失,比如债务注销、提取了特定准备金、债务重组,包括本金、利息和手续费的减免或延期支付。

(3) 债务人未能履行某些信用义务,逾期超过 90 天。

(4) 债务人已经申请破产或向债权人申请保护。

对违约率 PD 大小的估计,主要有两种方法:一是基于历史违约数据的违约率的估计,外部评级机构(例如标准普尔和穆迪)经常使用该法;二是基于 Merton 期权定价思想的违约率的近似估计。下面分别予以介绍。

(一) 基于历史违约数据的违约率

基于历史违约数据的违约率,也即所谓的历史违约率,是指外部评级机构根据某信用等级的债务人在过去一段时间内违约的历史数据信息,对该等级的债务人在未来一定时间内违约概率的估计。这是用统计方法对真实违约概率的统计估计量。累积违约率 CDR (cumulative default rate)和边际违约率 MDR(marginal default rate)是两种最常见的历史违

---

① 对于预期违约率将在第七节的 KMV 模型中详细介绍。
② 此处的债务人泛指借款人、借款企业等,下文同。

约率。

1. 累积违约率和边际违约率

一定时期内的累积违约率是指这段时间内处于某信用等级的债务人的违约数目占这段时间内该信用等级债务人总数的比率。边际违约率是指在某一单位时间内(如一年)处于某信用等级的债务人的违约数目与初始时该信用等级债务人总数的比率[①]。

对 $i=1,2,\cdots,N$,我们定义 $m_{i,R}$ 是评级为 R[②] 的债务人在第 i 年违约的数目,$n_{i,R}$ 为评级为 R 的债务人在第 i 年年初时没有违约的数目,则在第 i 年的边际违约率 $MDR_{i,R}$ 是评级为 R 的债务人在第 i 年违约的数目与 i 年年初时还没有发生违约的债务总数之比,即

$$MDR_{i,R} = \frac{m_{i,R}}{n_{i,R}}, \quad i=1,2,\cdots,N$$

于是,评级为 R 的债务人在 N 年内没有违约的比率,即生存率为

$$S_{N,R} = \prod_{i=1}^{N}(1-MDR_{i,R})$$

在第 N 年的违约的概率,即第 N 年违约率 $k_{N,R}$ 是指评级为 R 的债务人在第 N 年内的违约数与初始债务总数之比,也就是债务人在 $N-1$ 时还存活,但是在下一年违约的概率

$$k_{N,R} = S_{N-1,R} MDR_{N,R}$$

累积违约概率 $CDR_{N,R}$,是评级为 R 的债务人在 N 年内违约的总数与初始债务总数的比率,即

$$CDR_{N,R} = k_{1,R} + k_{2,R} + \cdots + k_{N,R} = 1 - S_{N,R}$$

我们还可以根据累积违约概率计算每年的平均违约概率 $\overline{MDR_{1,R}}$,即 $\overline{MDR_{1,R}}$ 满足下式

$$CDR_{N,R} = 1 - S_{N,R} = 1 - (1 - \overline{MDR_{1,R}})^N$$

为便于理解,我们再用图示的方法给出累积违约率与边际违约率的计算方式以及两者之间的关系,如图 4-1 所示。

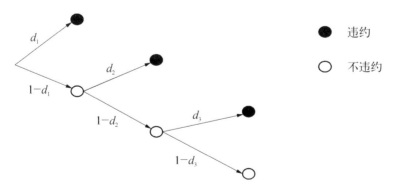

图 4-1 违约过程分解与累积违约率

---

① 我们将通过累积违约率与边际违约率的计算方法来帮助理解这两个定义。
② R 可以为 AAA,AA,A,BBB,BB,B,CCC 共 7 个信用等级中的任何一级。

为简单起见,此处用 d_i 表示第 i 年的边际违约率,C_i 表示到第 i 年为止的累积违约率,$i=1,2,\cdots,N$。观察债务人第二年的违约情况:显然,债务人在第一年没有违约才可能出现第二年的违约,则第二年违约的概率为 $(1-d_1)d_2$。到第二年为止的累积违约率为 $C_2 = d_1 + (1-d_1)d_2 = 1-(1-d_1)(1-d_2)$,然后,以此类推。

2. 违约率的估计值分析

表4-1和表4-2分别为穆迪和标准普尔公司公布的各级别债务人在对应年限的累积违约率。

表4-1 穆迪公司累积违约概率(%)[1]

评级	不同年限累积违约率									
	1	2	3	4	5	6	7	8	9	10
Aaa	0.00	0.00	0.02	0.09	0.19	0.29	0.41	0.59	0.78	1.02
Aa	0.07	0.22	0.36	0.54	0.85	1.21	1.60	2.01	2.37	2.78
A	0.08	0.27	0.57	0.92	1.28	1.67	2.09	2.48	2.93	3.42
Baa	0.34	0.99	1.79	2.69	3.59	4.51	5.39	6.25	7.16	7.99
Ba	1.42	3.43	5.60	7.89	10.16	12.28	14.14	15.99	17.63	19.42
B	4.79	10.31	15.59	20.14	23.99	27.12	30.00	32.36	34.37	36.10
Caa-C	14.74	23.95	30.57	35.32	38.83	41.94	44.23	46.44	48.42	50.19

表4-2 标准普尔公司累积违约率(%)[2]

评级	不同年限累积违约率														
	1	2	3	4	5	6	7	8	9	10	11	12	13	14	15
AAA	0.00	0.00	0.03	0.07	0.11	0.20	0.30	0.47	0.54	0.61	0.61	0.61	0.61	0.75	0.92
AA	0.01	0.03	0.08	0.17	0.28	0.42	0.61	0.77	0.90	1.06	1.20	1.37	1.51	1.63	1.77
A	0.05	0.15	0.30	0.48	0.71	0.94	1.91	1.46	1.78	2.10	2.37	2.60	2.84	3.08	3.46
BBB	0.36	0.96	1.61	2.58	3.53	4.49	5.33	6.10	6.77	7.60	8.48	9.34	10.22	11.28	12.44
BB	1.47	4.49	8.18	11.69	14.77	17.99	20.43	22.63	24.85	26.61	28.47	29.76	30.98	31.70	32.56
B	6.72	14.99	22.19	27.83	31.99	35.37	38.56	41.25	42.90	44.59	45.84	46.92	47.71	48.68	49.57
CCC	30.95	40.35	46.63	51.25	56.77	58.74	59.46	59.85	61.57	62.92	63.41	63.41	63.41	64.25	64.25

[1] 表4-1是穆迪公司利用1920—2002年间的违约历史数据计算得到,资料源自 Philippe Jorion(2000)。
[2] 表4-2是标准普尔公司利用1981—2002年间的违约历史数据计算得到,资料来源同上。

例如,由穆迪公司最初评级为 Baa 的债务人在未来一年内违约率平均为 0.34%,在未来 10 年内的违约率平均为 7.99%。类似地,由标准普尔最初评级为 BBB 等级的债务人在未来 1 年内的违约率平均为 0.36%,在未来 10 年内的平均违约率为 7.60%。可以看出,有较高等级的债务人一般违约率较低,从而这些信息可以用来预测已知等级公司的违约概率。另外,从表中我们也可以看出,对于既定的等级,违约率随债务的增加而增大,信用风险也随着期限的增长而增加。

但是,这种利用历史信息估计违约率的方法存在一个很大的问题,就是随着期限的增长,债务人的历史违约数据越来越少,对评级水平较高的债务人尤其如此,这将影响违约率估计的准确性。例如,标准普尔在利用 1981—2002 年的数据来估计最长是 15 年期限的违约概率时,可获得 23 个样本数据对期限为一年的违约概率进行估计;而对于 15 年期限的违约概率的计算,却只能得到 8 个样本数据来进行。显然样本数量较小且伴有重叠现象,所以难以保证样本数据的独立性。在此情况下历史数据的任何调整都将会对违约率的估计值产生很大影响。

由于历史数据的缺乏使得表中违约率出现不连续性,如 CCC 级债务人在期限为 11—13 年的违约率是相同的,都是 63.41%,这就暗示了 11 年之后到 13 年之内没有违约风险,这是不切实际的。如果再将评级进一步细分(如 Aaa 可以分为 Aaa1,Aaa2,Aaa3),在小样本历史数据的前提下违约率并不一定随信用级别的降低而递减。

对违约率准确度的估计,可以用求标准差的方法来测定。例如,本例中 AA 级债务人在未来一年内违约率的平均值为 0.01%,这是从 $N=8\,000$ 个观测值中得出的,如果我们假设这 8 000 个观测值相互独立,则可以用二项分布来计算均值的方差,即 $\sigma^2 = \dfrac{p(1-p)}{N}$,可得其标准差为 0.011%,说明对平均违约率的估计误差非常大,我们无法据此区分 AA 级和 AAA 级。当样本数据进一步减少时,情况将会变得更糟。

(二) 基于 Merton(1974) 公司债务定价模型的违约率

1974 年,Merton 最早提出了运用期权思想,对诸如风险债券和贷款等非交易性信用资产进行观测和估值的公司债务定价模型。下面将对此进行初步介绍,并利用该模型去估计违约率。

为便于理解,我们仅考察企业的资本结构比较简单的情况[①]:假设一个企业,只通过所有者权益 S_t 和一种零息债券进行融资,其中债券当前市场现值为 B_t,在 T 时到期,到期时本息合计为 D。于是,该公司的资产价值 V_t 满足:$V_t = S_t + B_t$。

按照 Merton(1974) 模型的假设,公司的资产价值 V_t 服从几何 Brown 运动,即

$$\frac{dV_t}{V_t} = \mu dt + \sigma dZ_t$$

其中,μ 和 σ 分别表示公司资产收益率的期望和标准差,$dZ_t = \varepsilon \sqrt{dt}$,$\varepsilon$ 服从均值为 0、方差为 1 的标准正态分布。于是

---

① 本节模型可类似地扩展到一般情况。

$$V_t = V_0 \exp\left\{\left(\mu - \frac{\sigma^2}{2}\right)t + \sigma\sqrt{t}\varepsilon\right\} \quad (4.2.1)$$

显然,若 T 时刻公司价值 V_T 小于负债 D,就会存在信用风险,或者说,该公司就存在着违约的动力和违约的可能性。但此时该公司是否选择违约,还要取决于 $D - V_T$ 的大小、企业所处的经济环境和行业地位、企业未来的发展潜力等各种因素,从而公司存在着一个在理论上不大于 D 的违约临界值 V_{DEF},即公司资产价值且小于 V_{DEF},该公司就会违约。因此,准确的违约概率应为 $P(V_T \leqslant V_{DEF})$。

一般情况下,企业负债的种类不会像本节假设一样单一,而是种类很多。KMV 公司在考察了几百个企业后发现,当企业资产价值降低到总债务值以下后企业未必违约,企业的违约临界值应在短期负债和总债务值之间。KMV 公司在其提出的 KMV 方法[①]中,将违约临界值定义为长期负债的一半与流动性负债(包括本期内需要偿还的短期负债)之和。

此外,关于 V_{DEF} 的估计,还有一种一般性方法,即先由标准普尔、穆迪等外部评级机构对债务公司进行评级,再利用该公司所对应评级的历史违约率去计算,具体方法可参见本章第三节第二部分。也就是说,V_{DEF} 的准确性取决于历史违约率。然而,遗憾的是,历史违约率的估计存在着许多问题,很难保证计算的准确性,从而也就难以保证 V_{DEF} 的准确性。

这里,由于我们假设企业只有一种负债,所以可直接用到期时的债务价值 D 近似代替临界值 V_{DEF},用以计算违约概率 PD,即

$$PD = P(V_T < D) \quad (4.2.2)$$

于是,由(4.2.1)式、(4.2.2)式可得到近似的违约概率为

$$PD = P(V_T < D) = P\left[\varepsilon < -\frac{\ln(V_0/D) + \left(\mu - \frac{\sigma^2}{2}\right)T}{\sigma\sqrt{T}}\right] = \Phi(-d_2) \text{[②]} \quad (4.2.3)$$

其中 $\Phi(\cdot)$ 是累积的标准正态分布函数,

$$d_2 = \frac{\ln(V_0/D) + \left(\mu - \frac{\sigma^2}{2}\right)T}{\sigma\sqrt{T}} \quad (4.2.4)$$

称为违约距离。须注意的是,这里的 d_2 是利用实际数据得到的;而 Black-Scholes 期权定价中的 d_2[③] 是在风险中性意义下得到的,此时的 $\Phi(-d_2)$ 是风险中性意义下的违约率,所以两者不同。

二、违约损失率与回收率的估计

信用风险的大小,除了依赖于违约率外还依赖于违约损失率 LGD(loss given default),违

[①] 详细讨论,请参见本章第七节。
[②] 该公式中波动系数 σ 的估算可参看本章第七节。
[③] 可参见本节第四部分中的第二部分内容。

约损失率是指交易对手违约后所造成的损失程度。对应地,回收率 RR(recovery rate)是指违约发生后债务可收回的程度。显然,回收率也决定了因违约而造成的损失程度,因为违约损失率等于 1 减去回收率。

一般情况下,交易对手违约时,债权人一般不会损失债务的全部,而是能或多或少回收部分债务。违约回收的确定包括回收方式的确定和回收率的估计。

回收方式的确定主要有面值回收和市值回收。面值回收的出发点在于债务合同的法律解释:当负债公司违约被清算时,应根据债务合同所载明的偿付优先权支付给债权人债务面值的一部分。虽然面值回收从法律意义上讲具有合理性且较为直观,但有时也并不一定完全按照偿付优先权进行支付。例如,在实际的法庭诉讼及庭外和解中就经常会出现这种情况。另外,当违约导致债务重组而非破产时,债务优先权对回收值通常不再有直接影响。市值回收则是从交易资产的实际市场价格出发,通过引入经违约调整的短期利率并考虑非零回收以及违约风险和无风险利率之间相关性的情况下,应用与无违约风险债券相同的定价公式,使得校准、估计模型和对参数进行敏感性分析都易于进行,并且在可解性、可扩展性方面有较大优势。

关于回收率的估计,一般由信用评级机构利用违约时债权的价值来度量。具体而言,就是将公司的资产价值、破产程序的估计成本以及公司各种形式的支付等折现为现值,并将债务优先级状况、宏观经济状况等众多因素都考虑在内的基础上来计算回收率。根据 Gupton 和 Stein(2002)的结论,债务的种类和绝对优先级对回收率的影响最大,其次是宏观经济环境、行业和债务的相对优先级。

根据穆迪公司的估计,优先级无担保债务的平均回收率为 49%,标准普尔对此类债务回收率的估计为 47%,两者非常相近。一般地,外部评级机构对优先级无担保债务的回收率都保守估计为 25%—44%。信用衍生工具一般归类为优先级无担保债务;而银行贷款一般为有担保债务,因而有更高的回收率。次级债务和优先股的回收率最低,一般为 15%—28%。

另外,我们也可以根据 Merton(1974)公司债务定价模型得到风险中性意义下的违约损失率 LGD 或回收率 RR,具体内容见本节中的(4.2.12)式。

三、信用损失

与违约损失率、回收率密切相关的另一个重要参数是信用损失 CL(credit losses),我们将在此处予以详细介绍。

(一)概念解析

信用损失 CL 是指信用风险所引起的损失。设有 n 种信用资产,则

$$CL = \sum_{i=1}^{n} \eta_i \times CE_i \times LGD_i \tag{4.2.5}$$

其中:$\eta_i(i=1, 2, \cdots, n)$ 是服从贝努利(Bernoulli)分布的随机变量,即当第 i 种信用资产发生信用风险时 $\eta_i = 1$,否则 $\eta_i = 0$;设违约概率 $P(\eta_i = 1) = p_i$,则 $P(\eta_i = 0) = 1 - p_i$,η_i 的数学期望 $E(\eta_i) = p_i$ 表示预期违约率;CE_i 为第 i 种信用资产的信用暴露(credit exposure);LGD_i 为第 i 种信用资产的违约损失率;称 $CE_i \times LGD_i$ 为违约损失或风险暴露,即违约发生后

的损失。

应注意,信用损失与违约损失率是不同的两个概念:违约损失率是指违约引起的损失程度,是一个比率,而信用损失是与信用暴露相关的实际损失额度。

至于信用暴露,不同信用产品存在着差别:对于贷款或债券,可以用贷款或债券的名义价值或面值来近似信用暴露;对于信用衍生产品,其信用暴露的计算相对复杂些,例如互换,在最初时的价值为零,因而信用暴露也为零,但随着时间的推移,其价值可能是正值也可能是负值,而信用暴露总是取正值,如果用 V 表示某时刻资产的价值,则此时刻的信用暴露 CE 必满足 $CE = \text{Max}(V, 0)$。

(二) 预期信用损失与预期损失率

假设违约损失率或回收率固定,我们利用上面信用损失公式(4.2.5)可以直接计算预期信用损失 ECL(expected credit losses),即

$$ECL = \sum_{i=1}^{n} CE_i \times E(\eta_i) \times LGD_i = \sum_{i=1}^{n} CE_i \times p_i \times LGD_i \tag{4.2.6}$$

其中:$E(\eta_i) \times LGD_i$ 为第 i 种信用资产的预期损失率 REL_i(rate of expected losses)。

(三) 未预期信用损失率与未预期信用损失

未预期信用损失率 RUL(rate of unexpected losses),是指信用资产损失率的波动性或不确定性。于是,第 i 种信用资产的未预期损失率为

$$RUL_i = D_i(\eta_i \times LGD_i)$$

其中:$D_i(\eta_i \times LGD_i)$ 表示第 i 种信用资产损失率 $\eta_i \times LGD_i$ 的标准差。显然,当违约损失率 LGD_i 固定时,$RUL_i = D_i(\eta_i) \times LGD_i$;当违约损失率 LGD_i 可变时,RUL_i 由下面的(4.2.8)式给出。

至于未预期信用损失 UCL(unexpected credit losses),是相对于预期信用损失而言的,是指未预料到的损失。计算未预期信用损失主要有两种方法:一是根据信用损失的各种可能值偏离于预期信用损失的可能性和幅度来计算信用损失的标准差,并将此作为未预期信用损失,我们称此法为信用损失的标准差法;二是根据 VaR 的思想,计算出一定置信度 c 下最大可能信用损失即 VaR 值,将最大可能信用损失 VaR 值与预期信用损失的差额作为未预期信用损失,表示在置信度 c 下最大的未预期信用损失,我们称此法为信用损失的 VaR 法。下面分别予以介绍。

1. 信用损失的标准差法

我们通过计算信用损失(4.2.5)式的标准差可得到未预期信用损失 UCL,即

$$UCL = D(CL) = D\left(\sum_{i=1}^{n} CE_i \times \eta_i \times LGD_i\right) \tag{4.2.7}$$

其中,$D(CL)$ 表示对信用损失 CL 求标准差。

通过公式(4.2.7)计算未预期信用损失 UCL 时有三种常见的具体情况。

第一种情况:假设每种信用资产的违约损失率 LGD_i 或回收率固定,随机变量 $\eta_i(i=1, 2, \cdots, n)$ 独立且都服从贝努利分布,违约损失率 LGD_i 也独立于随机变量 η_i,此时(4.2.7)式

变为

$$UCL = D(\sum_{i=1}^{n} CE_i \times \eta_i \times LGD_i) = \sqrt{\sum_{I=1}^{n}(CE_i \times D(\eta_i) \times LGD_i)^2}$$

其中，$D(\eta_i) = \sqrt{p_i(1-p_i)}$。

第二种情况：假设每种信用资产的违约损失率 LGD_i 或回收率固定，随机变量序列 $\eta_i(i=1,2,\cdots,n)$ 服从贝努利分布但不一定独立，违约损失率 LGD_i 独立于随机变量 η_i，此时(4.2.7)式变为

$$UCL = \sqrt{X^T \sum X} \text{①}$$

其中，$X^T = (CE_1 \times LGD_1, CE_2 \times LGD_2, \cdots, CE_n \times LGD_n)$，$\Sigma$ 是随机变量 $\eta_1, \eta_2, \cdots, \eta_n$ 的协方差矩阵，反映了违约事件之间的相关程度。

第三种情况：假设违约损失率 LGD_i 可变但相互独立，随机变量序列 $\eta_i(i=1,2,\cdots,n)$ 服从贝努利分布但不一定独立，违约损失率 LGD_i 独立于随机变量 η_i，此时(4.2.7)式变为

$$UCL = \sqrt{Y^T \sum Y}$$

其中，$Y^T = (CE_1, CE_2, \cdots, CE_n)$，随机变量 $\eta_1 LGD_1, \eta_2 LGD_2, \cdots, \eta_n LGD_n$ 的协方差矩阵 $\sum = (\sum_{ij})_{n \times n}$，$\sum_{ij} = RUL_i \rho_{ij} RUL_j$，$\rho_{ij}$ 表示随机变量 η_i 与 η_j 的相关系数，

$$RUL_i = D(\eta_i \times LGD_i) = \sqrt{p_i(1-p_i)E(LGD_i)^2 + p_i^2 D^2(LGD_i)} \text{②} \quad (4.2.8)$$

其中 $E(LGD_i)$ 表示 LGD_i 的数学期望，$D^2(LGD_i)$ 表示 LGD_i 的方差。

2. 信用损失的 VaR 法

该法是先求信用损失分布，然后求得给定置信度 c 下最大可能信用损失即 VaR 值，再利用(4.2.6)式得到预期信用损失，最后计算置信度 c 下的 VaR 值与预期信用损失的差额即为给定置信度 c 下的未预期信用损失。置信度 c 下的 VaR 值与预期信用损失、未预期信用损失三者之间的关系，也可以见图 4-2。根据本书第一章第一节的论述，利用未预期信用损失可以确定经济资本和监管资本。

引例

信用损失的 VaR 法应用案例

我们将 100 万美金投资于 A,B,C 三种债券，为简化计算，假设信用暴露为常数，违约回收率为零即违约损失率为 1，各违约事件相互独立。

---

① $\sum$ 的具体计算方法请参见本章第七节。
② 此公式的成立还需要假设预期损失率 $E(\eta_i)$ 的影响因素不同于违约损失率 LGD_i 的影响因素，详细内容请参见 Kealhofer(1995)。

表 4－3 为信用风险暴露和违约概率,表 4－4 列举了所有的信用风险暴露及其对应的违约概率。第一种情况没有发生违约,则其概率为 $(1-p_1)(1-p_2)(1-p_3)=0.684$;第二种情况只有 A 违约,其他两债券不违约,则其概率为 $p_1(1-p_2)(1-p_3)=0.036$;以此类推,可得表 4－4。

表 4－3 组合信用风险暴露与违约概率

债　券	信用风险暴露(万美元)	违　约　率
A	25	0.05
B	30	0.10
C	45	0.20

表 4－4 各种可能的信用损失和违约概率

可能的违约情况	违约损失(万美元) L_i	违约概率 $p(L_i)$	累积概率 $c(L_i)$	概率加权损失(万美元) $L_i p(L_i)$	概率加权的违约损失偏离均值的差额的平方 $(L_i-EL_i)^2 p(L_i)$
无	0	0.684 0	0.684 0	0.000	120.08
A	25	0.036 0	0.720 0	0.900	4.97
B	30	0.076 0	0.796 0	2.280	21.32
C	45	0.171 0	0.967 0	7.695	172.38
A,B	55	0.004 0	0.971 0	0.220	6.97
A,C	70	0.009 0	0.980 0	0.630	28.99
B,C	75	0.019 0	0.999 0	1.425	72.45
A,B,C	100	0.001 0	1.000 0	0.100	7.53
加　　总				13.25(均值)	434.69(方差)

利用表 4－4 可得到信用损失分布状况图 4－2。借助于图 4－2,可以近似得到 95% 的置信水平下最大可能信用损失,即 VaR_{CL} 值为 45 万美元①,亦即 $p(VaR_{CL}<45)=95\%$;然后,再由最大可能损失 VaR_{CL} 值 45 万美元与预期损失 13.25 万美元的差额 31.75 万美元得到未预期损失或经济资本,表示投资的未预期信用损失超过 31.75 万美元的可能性不到 5%。

按照第一种方法——信用损失的标准差法,可求得的未预期损失为 20.85 万美元,这与第二种方法计算的未预期损失 31.75 万美元相差很大,主要原因如下:首先,运用信用损失的

---

① 利用线性插值法可在 95% 的置信水平下求得更为准确的最大可能信用损失,即 VaR_{CL} 值。

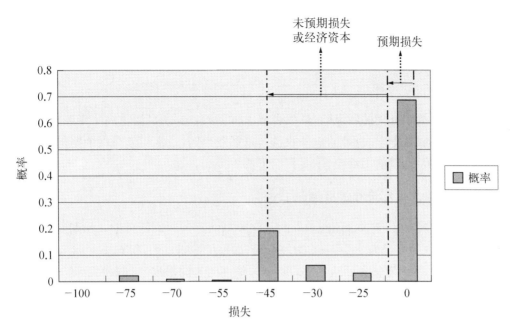

图 4-2 信用损失分布以及 VaR、预期信用损失、未预期信用损失三者的关系

VaR 法得到的值依赖于置信度 c，是一个最大可能值。其次，根据信用事件的特点，一旦违约，造成的损失可能很大，而且本例又人为地假设回收率为 0，这更加大了损失值，所以在置信度相差很小的情况下，对应的结果有可能会跳跃很大。而按照信用损失的标准差法计算的结果，是度量各种可能值偏离于预期损失的平均偏差，是唯一值，因此，两种方法得到的结果性质不同，决定了两者的差异很大。

（四）信用损失分布

在分析信用资产组合的风险时，除了预期损失和未预期损失以外，还常常需要了解其信用损失分布。资产组合的损失分布可以如上例一样以离散的形式给出，但是当信用资产组合中包含的资产数量很多且各个资产之间存在着相关关系时，用离散的形式表示资产组合的信用损失分布就比较困难，在这种情况下人们常常选取某种分布函数来描述损失分布，其中正态分布最为常用。实际损失分布一般是偏斜且厚尾的，如图 4-2 所示，这主要由于债务人在大多数情况下并不发生违约，但一旦违约发生，违约造成的损失却常常巨大；另外，正态分布中巨额损失发生概率趋于零的速度比实际损失分布快得多。目前，人们经常选择指数分布、t-分布、Cauchy 分布、Gumbel 分布、Pareto 分布等分布函数来拟合信用损失分布。

（五）信用在险价值 CVaR

信用在险价值又称为信用 VaR，记为 CVaR，是指在一定置信度 c 下某信用资产或信用资产组合在未来一段时间内的最大信用损失，即

$$\text{Prob}(CL \leqslant CVaR) = c$$

其实我们在上文的例子中已接触到了这个概念：在上例中，我们计算的 95% 置信水平

下的信用 VaR 为 45 万美元。在信用损失分布为其他分布时,我们可以同样求得信用在险价值。

四、信用价差

信用价差是指为了补偿违约风险,债权者要求债务人在到期日提供高于无风险利率(一般用同期的国债到期收益率来表示)的额外收益。以债务为例,通常债务在剩余期限收益率与同期的无风险利率之差计量信用价差,主要有以下两种方法。

(一)基于风险中性定价的信用价差

为清楚起见,我们以一年期面值 $100 的一张零息债券为例进行讨论。如图 4-3 所示,如果债券违约,则得到的支付为 $100(1-LGD)$ 美元,如果债券未违约,得到 100 美元;用 P^* 表示该债券的初始价格,p 表示债券的违约率,LGD 为债券的违约损失率;假设无风险利率为 r,一年后支付 100 美元的报酬率为 y^*,则 y^* 由无风险利率 r 和信用风险价差 CS(credit spread) 决定,即 $y^* = r + CS$。

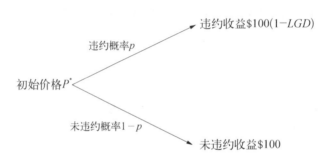

图 4-3 简化的债券违约过程

按照风险中性定价方法,将两种状态价值的预期收益用无风险利率 r 进行折现,就可得到债券的现值 P^*,于是有

$$P^* = \frac{100}{(1+y^*)} = \frac{100}{(1+r+CS)} = \frac{100}{1+r} \times (1-p) + \left[\frac{100(1-LGD)}{1+r}\right] \times p$$

由上式可得 $y^* = r + CS \approx r + p \times LGD$,从而 $CS \approx p \times LGD$,CS 即为信用价差,于是对一年期零息债券的信用风险进行了测度。

上面讨论的是单期情况,对于多期情形,可类似讨论。

(二)基于 Merton(1974)公司债务定价模型的信用价差

根据 Merton(1974)的公司债务定价模型,可以把公司的权益价值看作是买入者的看涨期权,本节将按照这种思想来计算信用价差。

同本章第二节一样,仍假设一个公司的所有者权益为 S_t,只用一种零息债务工具进行融资,公司负债在 T 时到期,到期时的本息合计为 D,用 V_t 表示 t 时刻公司价值。当 T 时刻公司价值 V_T 小于负债 D,即违约概率 $P(V_T < D) > 0$ 时,就存在信用风险,这意味着在当前 0 时刻,债务的市场价值 $B_0 < De^{-rT}$,r 为无风险利率。于是,折现债务的到期收益率 y_T 满足 $y_T > r$ 才有 $B_0 = De^{-y_T T}$。显然,$\text{CS}_T = y_T - r$ 代表用于补偿债权人所承担违约风险的信用价差。

如果假设市场无摩擦、无税收负担,并且没有破产成本和代理成本,那么该企业资产的现值 V_0 就是企业在当前时刻的权益 S_0 与负债 B_0 的和,即 $V_0 = S_0 + B_0$。

当 T 时刻公司价值 V_T 大于负债 D 时,债权人可以得到债权价值 D;当 T 时刻公司价值 V_T 小于负债 D 时,债权人得到公司价值 V_T。在这种情况下,信用价值等同于一个企业资产价值(V)的欧式卖出期权,期权的交易价格为 D,到期日为 T。如果债权人购买了这样一个欧式卖出期权,就可以完全消除相应的风险债券的信用风险。这就等同于债权人在 0 时刻买入 T 时到期的面值为 D 的零息债券的同时再购入一个现值为 P_0 的欧式卖出期权,就将风险零息债券转化为面值为 D 的无风险零息债券,因而可以把 P_0 看作是消除面值为 D 的零息债券的信用风险的成本,于是也称 P_0 为违约成本。显然,有

$$B_0 + P_0 = De^{-rT} \tag{4.2.9}$$

根据 Black-Scholes 期权定价公式,可以求出欧式卖出期权的价值为:

$$P_0 = -\Phi(-d_1)V_0 + De^{-rT}\Phi(-d_2) \tag{4.2.10}$$

其中:P_0 是卖出期权的现值;$\Phi(\cdot)$ 是累积的标准正态分布,

$$d_1 = \frac{\ln(V_0/D) + (r + 1/2\sigma^2)T}{\sigma\sqrt{T}} = \frac{\ln(V_0/De^{-rT}) + T/2\sigma^2}{\sigma\sqrt{T}}, \quad d_2 = d_1 - \sigma\sqrt{T}$$

σ 是该资产收益率的标准差;De^{-rT}/V_0 称为杠杆比率,用于企业的融资结构。显然,这样一个欧式卖出期权的价值,或者消除信用风险的成本是杠杆比率的函数。

根据前文 $B_0 = De^{-y_T T}$ 和(4.2.9)式,我们有:

$$y_T = -\frac{\ln(B_0/D)}{T} = -\frac{\ln\dfrac{De^{-rT} - P_0}{D}}{T}$$

再注意到(4.2.10)式,我们可以推导出信用价差

$$\text{CS}_T = y_T - r = -\frac{1}{T}\ln\left[\Phi(d_2) + \frac{V_0}{De^{-rT}}\Phi(-d_1)\right]$$

上述模型表明,消除信用风险的成本或违约成本,既受该企业资产收益波动率 σ 和债务偿还时间间隔 T 的影响,同时也受无风险利率 r 的影响,即 r 越高,降低信用风险的成本就越低,此时的风险溢价也就越小。

另外,我们可以利用(4.2.10)式在风险中性意义下获得违约率 PD、预期信用损失 ECL、违约损失率 LGD(或回收率 RR),等等。先将(4.2.10)式变形为

$$P_0 = \Phi(-d_2)De^{-rT}\left[1 - \frac{\Phi(-d_1)V_0}{\Phi(-d_2)De^{-rT}}\right] \tag{4.2.11}$$

当存在信用风险,即 $V_T < D$ 时,卖出期权的价值非零,且可分解为三个因素:根据第二节中的讨论和(4.2.3)式可知,(4.2.11)式中的第一个因素 $\Phi(-d_2)$ 就是风险中性意义下的违约概率 PD;(4.2.11)式中的第二个因素为 De^{-rT},表示公司承诺到期支付的、面值为 D 的零息债券的现值,也可以看作是信用暴露 CE 的现值;(4.2.11)式中的第三个因素为 $1-\dfrac{\Phi(-d_1)V_0}{\Phi(-d_2)De^{-rT}}$,表示企业在时间 T 无法偿还债务的比率,从银行的角度,也可以看作是折现后的违约损失率 LGD。显然,(4.2.11)式中第二和第三因素之积就是到期违约发生时的损失。于是,按照公式(4.2.6),违约概率与违约损失的积就是预期信用损失 ECL。从而,也可以把 P_0 看作是银行的预期信用损失,则由(4.2.6)式和(4.2.11)式得

$$P_0 = CE \times LGD \times PD = De^{-rT} \times LGD \times \Phi(-d_2)$$

从而得到风险中性意义下的违约损失率 LGD,即

$$LGD = \frac{P_0}{De^{-rT}\Phi(-d_2)} = 1 - \frac{\Phi(-d_1)V_0}{\Phi(-d_2)De^{-rT}} \tag{4.2.12}$$

上述结论是基于风险中性假设之上的,而对于不要求风险中性假设的一般情况来说,可将上述计算步骤中风险中性意义下的违约率,换为用公式(4.2.3)计算的实际违约率即可。

第三节 信用评级方法

信用风险的度量一般需要考虑四个基本要素,即违约风险、违约损失、风险暴露和期限,对于资产组合还需要考虑相关性因素,其中,从前文的公式(4.2.5)和(4.2.6)中可以看出,导致信用损失的最主要的三个驱动因素是违约概率 p、风险暴露 CE 和违约损失率 LGD。根据前文信用风险的定义我们还知道,借款人的信用等级降低也有可能引发信用损失,所以,人们常用信用评级方法来分析、评估因信用等级降低而招致的违约的可能性,即违约概率,进而评估信用风险大小。

传统的信用评级方法主要是银行对贷款资产的评级,但随着信用评级方法的发展和完善,信用评级方法的应用领域更加广泛,评级方式也更加多样化:既有对债务的评级,又对公司甚至国家主权风险等的评级;既有外部机构的评级,又有企业内部的评级;而且大多数信用评级方法,常常既考虑质量方面的因素,又考虑数量方面的因素。

除了定量因素以外,由于信用评级还需要考虑许多无法定量的因素,所以信用评级结果往往不能完全依赖于较为客观的数理模型来计量,而是在很大程度上需要依赖评级人员的主观判断,因此,尽管信用评级可以为度量信用风险提供一个简单易行、比较实用的方法,但许多人为因素的存在常常会导致很大的误差。

信用评级主要包括外部机构评级和内部评级。下面将分别给予详细阐述。

一、外部机构的信用评级方法

(一) 外部机构的评级程序

外部机构的评级于 20 世纪 20 年代开始出现。目前,由于标准普尔和穆迪公司在信用评级方面极具影响和权威性,所以它们的评级在世界范围内得到了普遍接受和认可。它们的评级结果对外公开,并定期予以修正。

信用评级的对象主要分为两类:一类是对债务人评级,即"发行人评估",是对债务发行人或其他债务人将来对债务的本息偿付能力、法律义务、偿付意愿的总体评价。这类评级主要包括交易对手评级、公司信用评级和主权评级等,是对债务人偿付能力的总体评价,不针对某一特定债务,也不考虑某些债务存在担保人可能带来的好处。另一类是债务评级,是对某一特定债务的评级,需要考虑债务人的信用等级、是否有担保、国家风险、宏观经济状况等众多因素。债务评级首先要区分长期和短期信用,短期信用评级适用的对象主要包括商业票据、大额可转让存单、可提前赎回债券等。在对某个特定的债务工具进行评级时,必须考虑发行人的特征、债务工具的期限、质押品的质量以及担保人的资信状况等。在标准普尔和穆迪公司的评级体系中,各个公司和金融工具分别被归入特定的级别,对应着不同的违约可能性,具体可见下面表 4-5 和表 4-6。

评级内容主要包括财务分析、质量分析以及法律分析等几个方面。财务分析主要以企业的财务报表为主;质量分析主要关注管理质量,包括对企业在所从事行业中的竞争力、行业发展前景以及行业对技术变化、管制变化和劳资关系的敏感性方面的分析。

评级过程主要包括与发债企业的管理人员进行会晤,对企业的经营计划和财务计划进行审查;所有这些信息都交由一个评级委员会来审查,评级委员会由具有相关行业经验和专业知识的人士组成;审查后由评级委员会对结果投票表决;在评级结果正式公布前债务人可以通过提供新的信息要求更改评级。一般情况下,每年都应该按新的信息对原有评级进行修正。如果有足够理由对原有评级等级进行修正,需要发布一个评级公告或信用评级备忘书,而且评级等级的变更需要评级委员会同意。图 4-4 是标准普尔公司的评级程序图解,其他评级机构的评级程序大体类似。

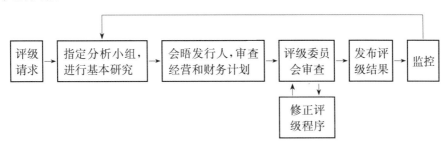

图 4-4 标准普尔公司的评级程序

(二) 标准普尔与穆迪的信用评级体系

标准普尔公司是世界上最著名的评级公司之一,其业务开展遍及 50 多个国家;穆迪公司则主要在美国市场开展业务,但也有很多国际分支机构。标准普尔公司和穆迪公司在评级市场上占有绝对的主导地位。表4-5和表4-6分别展示了标准普尔公司和穆迪公司两家评级机构的评级体系。

表4-5 标准普尔公司的评级体系①

评级等级	风险程度	评级等级描述与解析
		标准普尔公司的一般评级体系
AAA	最小	在标准普尔公司的评级体系中,AAA级债券质量最高,债务人的偿付能力最强
AA	温和	AA级别和最高级别相差不大,债务人的偿付能力也很强
A	平均(中等)	在市场环境和经济条件出现不利变化的情况下,A级债务的偿付可能会存在问题。不过,债务人偿付债务的能力还是较强的
BBB	可接受	BBB级债务的保险系数也较高。不过,经济情况或市场环境的不利变化可能会削弱债务人偿付该项债务的能力
BB	可接受但予以关注	BB级债务的违约风险比其他投机级别要低一些。不过,商业环境、财务状况或经济情况的变化很可能导致债务人无力承担责任
B	管理性关注	B级债务的风险比BB级稍高,但从债务人目前的状况看,他仍有能力承担债务。商业环境、财务状况或经济情况的不利变化会削弱债务人偿债的能力和愿望
CCC	特别关注	CCC级债务目前的偿付能力较低,只能依赖于经济状况、财务状况或商业环境出现有利变化,债务人才有可能偿付债务
CC	未达标准	CC级债务违约的可能性很大
C	可疑	C级债务适用的情形是,债务人已经提交了破产申请或从事其他类似的活动,不过债务偿付仍未停止
D	损失	和其他级别不同,评级D不是对未来的一种预期,只有在违约实际发生后,才使用这个级别,所以D级不表示违约发生的可能性。在下述情况下,标准普尔公司会将评级定位于D: ● 利率或本金在到期日没有得到偿付。如果存在一定的宽限期或标准普尔公司认为支付最终会执行的话,可以有所例外,在这种情况下可以保持原级别 ● 在提交自动破产申请或类似活动的情况下。如果标准普尔公司认为对某类特定债务的偿付仍会继续的话,可以有所例外。如果没有出现支付违约或破产情况,单独的技术性违约(即立约失误)不足以将某项债务评级为D级
+或-		从AA到CCC的每个级别都要用附加的+或-来进行调整,以表明其在同一信用级别内的相对质量

---

① 资料来源于Micheal Crouhy等著,曾刚译(2005)。

续　表

标准普尔公司的一般评级体系

评级等级	风险程度	评级等级描述与解析
R		R 这个符号主要用于那些含有很高非信用风险的工具。它强调的是信用评级时未关注的本金风险或收益波动的风险,比如,和权益资产、外汇或商品相关或指数化的债务;存在严重提前偿付风险的债务,如只以利息作抵押的证券或只以本金作抵押的证券;含利率期限风险的债务,如反向流通证券

标准普尔公司的短期信用评级体系

A-1	在标准普尔公司的短期信用评级中,A-1 是最高的一级。债务人承担义务的能力很强。在这个级别内,有些债务的评级会附有一个+号。这意味着该债务人的承担偿付义务的能力非常强
A-2	与 A-1 相比,A-2 级债务在经济环境恶化时的偿付可靠性较低。但债务人的偿付能力仍能让人满意
A-3	被评为 A-3 级的短期债务能表现一定的偿付保障。不过,经济情况的不利变化或环境的改变很可能会削弱债务人的偿付能力
B	B 级短期债务具有一定的投机性。债务人在当前具有偿付能力,不过,它面临一些重要的不确定因素,可能会导致债务人无力承担偿付义务
C	C 级短期债务当前就有违约可能,只有在经济环境和财务状况有利的情况下,债务人才有偿付能力
D	D 级是在违约已经发生的情况下给予的评级

表 4-6　穆迪公司的评级体系 ①

穆迪公司的一般评级体系

评　级	风险程度	评级等级描述与解析
Aaa	最　小	被评为 Aaa 级的债务质量是最高的,投资风险最小,通常被称为"金边债券"。利息支付由债务人的利润作支撑,本金的偿付也相当安全。虽然市场情况可能会出现一些不利的变化,但不会在根本上影响债务人的偿付能力
Aa	温　和	被评为 Aa 级的债券的质量也很高,和 Aaa 级债券一起被称为高等级债券。它的安全性比 Aaa 级稍低,是因为债务人的收入稍低一些或有些因素的波动可能要大一些。也有可能是因为这些债务中包含一些特定的因素,使其长期风险大于 Aaa 级债券
A	平均(中等)	A 级债券具有较高的投资价值,一般被认为是中等偏上的投资工具。本金和利息的偿付较有保证,但在将来出现某些不利情况时,偿付能力可能会有所削弱
Baa	可接受	Baa 级债务的质量属于中等。从目前的情况来看,偿付能力有保证,但随时间推移,保障程度会有所降低,从而使偿付变得不可靠。这类债券缺乏很好的投资性质,从本质上看,有一定的投机性质
Ba	可接受但予以关注	被评为 Ba 级的债券具有投机性,其未来的偿付情况没有很好的保证,本息的支付可靠性较低,因此,不管未来的环境有利还是不利,偿付都没有很好的保障。这类债券的不确定性较高

① 资料来源于 Micheal Crough 等著,曾刚译(2005)。

续　表

穆迪公司的一般评级体系

评　级	风险程度	评级等级描述与解析
B	管理性关注	被评为B级的债券不是很好的投资对象。在较长时期内，本息支付的可靠性较差
Caa	特别关注	这个级别的债券质量很差。债务人违约的可能性较大，可以说，本息的偿付在目前就很困难
Ca	未达标准	Ca级债券的投机性相当高。这类债券的违约率很高，或者具有其他一些很明显的缺陷
C	可　疑	C级债券是穆迪公司评级体系中级别最低的一种。可靠性极低，甚至不具有任何实际的投资价值

穆迪公司的短期信用评级体系

优先级-1	被评为优先级-1的债务人（或附属机构），其偿付短期债务的能力非常强。该等级评定的主要依据有以下几个方面。 ● 在一个基本面很好的产业中居主导地位 ● 资金使用的收益率很高 ● 融资结构比较稳健，债务依存度不高，而且资本准备比较充足 ● 固定的债务偿付有较多的利润作保障，并能够保证有足够的流动性
优先级-2	被评为优先级-2的债务人（或附属机构）有较强的偿付能力，它们具有上面介绍的一些特征，但可靠性比优先级-1要稍低一些。收益状况和偿债率指标都算良好，但出现变动的可能性较大。资本结构比较好，但受外部情况变化的影响可能性稍大。获取必要流动性的渠道较多
优先级-3	被评为优先级-3的债务人（或附属机构）具有可接受的偿付能力。产业特征和市场构成对债务人偿付能力的影响较大。收入和利润的波动可能导致偿付能力的降低，可能导致较高的财务杠杆比率。债务人有获取必要流动性的渠道

　　比较标准普尔公司和穆迪公司的信用评级体系可以发现，尽管两者对某项具体债务的评级上可能存在着差别，但总体上来说两者的分类很相近。不同的信用级别是根据违约风险和债务人偿付债务的可能性来分类的。标准普尔公司BBB级以上或穆迪公司Baa级以上等级称为投资级，以下等级（不包括标准普尔公司的D级）称为投机级。另外，穆迪公司对从Aa到Caa的每个级别中都加入1、2、3这样的数字调节指标。1代表在同一信用等级中质量最高，2代表在同一信用等级中质量居中，3代表在同一信用等级中质量最低。

　　（三）不同评级体系的差异分析

　　虽然各个评级机构在对债券评级时所采用的方法基本相同，但对同一债务工具有时会作出不同的评级。例如，1993年底，在标准普尔公司和穆迪公司进行评级的1 168家企业中，只有53%的企业同时被两家机构都评为AA或Aa以及AAA或Aaa。在其他投资级别的债券中，两家机构作出相同评级的情况只占36%，而低于投资级别的评级中，两家机构作出相同判断的情况占41%。

对相同对象作出不同评级是一个很值得探讨的问题,它有两个问题需要关注。一是评级方法和技术是否合理,应如何判别。例如,在评级时到底应多大程度上依赖于实际数据,又应多大程度上依赖于分析人员的判断。二是评级机构的独立性是否有保障。由于评级机构向发行人收取评级费用,因此经营方面的压力可能会对评级的独立性产生影响。

二、内部信用评级方法

（一）评级方法与基本程序

除外部机构评级外,对信用风险评级的另一种常用方法是内部信用评级方法。内部评级方法是银行以实践经验为基础构建内部评级体系,对每个贷款人或贷款项目进行评级,再利用评级结果去估算贷款的违约率和违约损失率。更详细一点,债务人评级反映的是借款人在正常经济状况下违约的可能性;贷款项目评级则反映每笔贷款的本金和利息的预期损失。

内部评级方法主要功能为:通过给债务人确定风险等级,可评估贷款损失的可能性和损失率,以保证贷款分配的质量和安全;可以为计算资本要求和贷款准备金提供依据和方法;可以为监管者提供有价值的监管依据和思路,等等。

现代内部评级方法力图将每笔贷款、信用、资产组合的质量状况予以量化,并尽可能把银行账户上的所有风险因素都纳入到某个统一的框架或模型中,以保证评级结果的准确性、可信性、权威性。

表4-7给出了一个基本的风险评级体系。表中的0类主要反映政府债务,表中0—5级为投资级别,5—12级为投机级别,而且每个级别对应着相应的风险程度。

内部评级的主要步骤为:

第一,估计借款人的财务状况,也称为初始债务评级,这是债务人评级的基础。

表4-7 基本的风险评级体系[①]

风 险	风险评级	对应的标准普尔公司或穆迪公司评级
主权债务	0	无对应
低风险	1	AAA
	2	AA
	3	A
中等风险	4	BBB+/BBB
	5	BBB−
	6	BB+/B
	7	BB−

---

① 资料来源于 Micheal Crouhy 等著,曾刚译(2005)。

续表

风　险	风险评级	对应的标准普尔公司或穆迪公司评级
高风险	8	B+/B
	9	B—
	10	CCC+/CCC
	11	CC—
	12	发生违约

第二，在初始债务评级的基础上，得到债务人评级。该部分须考虑的主要因素为借款人的管理能力、借款人在所从事行业中的绝对和相对地位、借款人财务信息的质量，最后还应将国家风险考虑在内。

第三，在第二步的基础上进一步得到贷款项目的评级。该部分须考察的主要因素和程序为：首先，核实第三方的支持情况；其次，考虑交易的到期日情况；再次，检查交易组织的可靠性；最后，对质押品的质量进行评估。第二步和第三步都有可能造成初始评级的变动。

（二）评级程序解析

1. 初始债务级别的确定——财务评估分析

进行信用评级首先要明确评级对象，即债务人。债务人可以是某个借款人，也可以是一组借款人，在特定环境下也可以将担保人看作债务人，例如当担保人是国内或国际的大型企业，比如其信用评级在4或4级以上，属于投资级别，那么借款人的敞口就不再是一个有意义的风险因子，此时可将担保人看作债务人。

财务评估主要是借助于资产负债表、损益表和比率分析指标，对以下三个领域进行评估：一是收益和现金流；二是资产价值、流动性和杠杆比率；三是融资规模、灵活性及债务承担能力。表4-8列出了银行进行财务评估时经常使用的财务指标；表4-9给出了风险评级为4级的财务指标状况和描述。

表4-8　银行进行财务评估常用财务指标[①]

类　型	比　率
收益和现金流	息税前利润/销售收入
	净收入/销售收入
	实际有效税率
	净收入/净值

[①] 资料来源：Caouette, Altman and Narayanan(1998)。

续　表

类　　型	比　　率
收益和现金流	净收入/总资产
	销售收入/固定资产
资产价值、流动性和杠杆比率	长期债务量/资本总额
	长期债务量/有形净值
	总负债额/有形净值
	（总负债－长期资本）/长期资本
	长期资本＝总净值＋优先股＋次级债务
	流动负债/有形净值
	流动比率
	速动比率
	存货占净销售收入比率
	存货占净流动资本比率
	流动负债占存货比率
	原材料、半成品、产成品占存货比率
融资规模、灵活性及债务承担能力	息税前利润/利息支付
	（活动现金流量－资本支出）/利息支付
	（活动现金流量－资本支出－股息）/利息支付

表4-9　风险评级为4的财务评估表[①]

风险评级	● 收益 ● 现金流	● 资产价值 ● 流动性 ● 杠杆融资比率	● 融资规模 ● 灵活性 ● 债务承担能力
4	● 收益令人满意、现金流充足 ● 为正，而且相当稳定，又有持续能力	● 资产质量中等以上 ● 流动性状态良好 ● 杠杆融资情况好于一般水平 ● 负债与资产的匹配状况良好	● 进入资本市场的能力尚可（评级为BBB＋/BBB）；在市场出现困难或某些经济情况下可能有偿付困难 ● 能较容易找到其他融资渠道 ● 银行债务适中，尚有较大余地

---

① 资料来源于 Micheal Crouhy 等著，曾刚译（2005）。

在进行风险评级时,先分别计算出这三个领域各自对应的风险评级,再得出总体风险评级,完成初始债务人的评级。具体来说,就是先得到这三个领域各自的评级,然后比较这三个评级的平均数与三个评级中的最差评级,总体风险评级与最差评级的差一般不应超过1.0。例如,三个领域评级结果分别为1、1、4,其平均数为2,但总体评级不能超过三个评级中最差评级4的1.0,所以总体风险评级为3.0而不是2.0。若最差评估值不是整数,例如为4.5,则减1为3.5,此时可根据实际状况选择3或4。对有些情况或行业来说,在得出总体风险评级时,三个领域中的权重可能不同,权重主要由分析人员的主观判断来确定。

在评估收益和现金流状况时,分析人员应把重点放在当年数据上并适当关注前几年的数据。评估现金流应采用最符合行业或企业特征的方法。在对周期性很强的行业中的企业评估时,应考虑业务周期性变化对财务数据的影响,适度调低上升时期的业绩,适度调高下降时的业绩;或者,可以使用行业标准对财务比率指标体系中的数量信息进行校准。这对准确得到该类企业的风险评级相当重要。因为准确、完整的财务比率指标体系可反映出债务人的盈利能力与利息支付能力、资本结构(即杠杆融资比率)状况、资产保障程度以及现金流量的充足性等特征。

在对债务人进行评级时,可以借助于其资产负债表、损益表进行比率分析得出客户财务信息报告,其中比率分析可以进一步分为杠杆比率和清偿比率两个部分。风险分析人员通过对财务信息报告的分析,会对债务人的财务数据有一个大致判断,例如,通过分析杠杆比率(如总资产/股东权益)、清偿比率(如利息支付率)及其他重要财务分析指标就可得出财务状况分析结果。表4-10反映了标准普尔公司评级结果与财务比率的关系,由于内部评级与外部机构评级是相对应的,此表也能反映内部评级结果与财务比率的关系。

表4-10 标准普尔各个评级所对应的财务比率[①]

评级	杠杆比率(%)		清偿比率(乘数)	
	总债务/资本	有限债务/资本	EBITDA/利息	EBIT/利息
AAA	23	13	26.5	21.4
AA	38	28	12.9	10.1
A	43	34	9.1	6.1
BBB	48	43	5.8	3.7
BB	63	57	3.4	2.1
B	75	70	1.8	0.8
CCC	88	69	1.3	0.1

2. 初始信用评级的调整——债务人评级

获得初始信用评级后,还要考虑各种因素对评级结果的影响,并对初始信用评级进行调整。对评级结果的初步调整是根据债务人的有关情况进行,所以也是对债务人的评级,主要有以下四个内容。

(1)管理和其他质量因素分析。这部分主要考虑一系列质量因素,以发掘借款人管理中隐含的一些问题。如果债务人达到了可接受的标准,这一步分析对初始评级无影响,但如果没

[①] 资料来源于 Micheal Crouhy 等著,曾刚译(2005)。

有达到就会使初始评级降低。这一步分析需要检验债务人的运营状况和管理状况,并进行经营环境评估和核实偿债情况等。在进行管理评估时,评估人员应关注管理技术和方法是否足以胜任企业的规模及其业务范围。这包括检查企业的管理记录是否令人满意以及从业经验是否丰富;还需考察管理是否有足够的深度,例如是否存在系统的发展规划等;另外,还应考察企业管理人员是否会按照所有相关的管制和时间要求来进行管理。

(2)行业分析。行业分析首先是对债务人所处的行业类型进行分析、评级,从事不稳健行业的债务人违约的可能性相对较大;其次是对每个债务人在其所处行业中的相对地位进行分析、评级,这是判断债务人生存能力的重要指标,其重要性在经济不景气时尤为突出;最后,将债务人的行业类型分析、评级与行业内的相对地位分析、评级结合起来对初始信用评级进行调整,得到债务人的行业分析与评级。

对债务人所处行业类型分析、评级的主要程序是:首先,银行需要选出一些行业评估标准,各银行所选的标准可能不同,其中竞争力、贸易环境、管制框架、产业重组、技术变化、财务表现状况、影响需求的长期趋势、对宏观经济环境的敏感性是八个最常用的行业评价标准;然后,将每个标准都赋予五个数字中的一个,1代表风险最小,5代表风险最大;不妨就以上述八个标准为例,八个标准的得分总和在8(最理想)—40(最不理想),可以将这个总和转化为对债务人所处行业类型的分析、评级,例如,总和在8—11时行业评估值为1,总和在9—19时为2,在20—27时为3,在27—35时为4,36—40时评估值为5。表4-11给出了一个对行业竞争力进行评估的例子。

表4-11 某个行业的竞争力评级分析

行 业 风 险				
最低 1	低 2	中 3	高 4	很高 5
相关因素①结合的很好,使该行业极富竞争力	相关因素结合较好,行业竞争力比较强	相关因素结合一般,部分地削弱了行业的竞争力	相关因素结合较差,使行业竞争力比较低	相关因素结合很糟,行业竞争力极其低下

关于债务人在其行业内部的相对地位评估,一般是根据企业的相对竞争力进行。如果企业面对的是国际竞争,则在国际范围内评估其相对竞争力;如果企业面对的是国内或地区性竞争,则按相应的基础条件评估相对竞争力,并应认识到其面对的竞争可能会加剧;如果企业位于某个地区,但并不面临本地区的竞争,则应通过和其他地区的生产商进行比较来评估,若这种状态持续存在,则应考虑这种市场的排他性所带来的好处。与对行业的评估类似,对债务人在行业中的相对地位评估一般分为四个等级,分别用1—4这四个数字表示,评级为1的企业在相关市场上占有主导地位,评级为2的企业在相关市场上处于中偏上的地位,3级的企业处于中等或偏下的水平,4级企业所处地位较低。

把行业评估与企业在行业中的相对地位评估结合起来,就可以对一个企业或债务人作出综合评价。如果对行业评估和企业相对地位的评估较好,就无须对初始信用评级结果进行调整;如

---

① 相关因素指影响行业竞争力的因素,主要包括行业在成本结构、国际声誉、市场定位既定的情况下出售产品的潜在能力。

果对行业评估和企业相对地位的评估较差,就要对初始信用评级结果进行适当的降级处理。

(3) 财务报表质量分析。与前两种分析类似,财务报表质量分析不会改进初始信用评级,而主要用于界定是否需要降低债务人的信用评级。也就是,如果这一步财务报表质量分析结果良好,初始信用评级不会改变;相反,如果不能达到某些标准,就须降低初始信用评级。

银行在分析企业财务信息的质量和财务状况时,须考虑借款人的规模、财务报表的复杂性以及会计师事务所的规模和能力是否合适。也有一些例外情况,例如对那些大型国际公司的子公司来说,它们的财务报表须归并入母公司的财务报表进行分析。

(4) 国家风险分析。这一步是根据具体国家的风险情况对初始信用风险评级结果进行调整。国家风险指的是交易对手或债务人因某种货币在可兑换性或可获得性方面存在限制而不能偿付债务的可能性。分析人员须在深入考察微观和宏观经济因素的基础上,综合考虑一国政治和经济风险,并计算国家风险。

如果债务人全部或绝大部分现金流量都来自当地市场,则可以不进行国家风险的分析。如果债务人在本地以外获得的现金流在总现金流中所占的比重超过既定比例(如25%)就可视为存在国家风险。如果债务人的现金流主要集中于硬通货①,国家风险会大大降低。

如果债务人实力强大,那么主要体现在金融和产品交易上的短期国家风险可导致其获得比国家评级更高的评级,获取政治风险保险或类似保证亦可部分降低国家风险。与前几步类似,这一步的分析也是为了界定是否需要调低评级,而不会改进初始信用评级。表4-12列出了通过国家风险评估对初始评级的限定方法。

表4-12 国家风险评估对初始评级的限定

国家风险评级分类	对债务人评级的调整
极好、很好、好或较满意	无
普通	最好可能评级为5
有条件接受	最好可能评级为6
边际/恶化中	最好可能评级为7

3. 初始信用评级的再调整——贷款项目的评级

对初始信用评级的再调整是针对具体贷款项目的评级,贷款项目的评级结果有可能高于也可能低于债务人评级。这部分主要考察该债务的第三方支持情况、期限、契约结构、质押等因素。下面将给予详细介绍。

(1) 第三方的支持分析。在存在重要的第三方支持的情况下,须对债务人的评级进行适当调整,即调高或调低。如果在初始评级时就用担保人替换了借款人,那么这一步就可以省略。如果因为存在担保人而要提高项目评级的话,分析人员就应很慎重,必须确认,不论在任何情况下第三方都会履行对债务人的支持。表4-13列出了分析人员一般须考虑的关于第三方支持的类型,其中个人担保或其他的个人支持或担保数量低于债务的100%的情况都不属于第三方支持的类型。分析人员一般会根据表4-13中第三方支持的各个类型的质量对债务

---

① 硬通货主要指容易兑换成其他货币的一些主要国家的货币,如美元、英镑、日元、加元等。

人评级进行适当调整。

表4-13 关于第三方支持的类型分析表

第三方支持类型	类型描述
担保	至少在债务清偿前持有100%"清洁担保"
保障合约①或承诺函	持有可以依法履行的保障合约
支持意愿书②	持有支持意愿书

(2) 期限分析。期限也是贷款项目必须关注的因素，一般情况下长期债务的风险大于短期债务的风险。分析人员会根据第三方支持调整后的评级结果与距到期日的期限结合起来，对项目评级进行进一步调整。

(3) 契约结构分析。由于债务的目标和结构、借款人的地位、求偿的优先情况以及贷款项目特定的契约条款等因素都有可能对信贷项目产生正面或负面影响，因此调整评级结果时必须综合考虑上述因素。例如，某项债务可能因为期限较长的原因而被调低评级，如果结构中含有很有利的条款以至于能降低期限的影响，则对评级结果可作部分冲抵性调整。表4-14列出了可能影响评级结果的一些情况。

表4-14 结构调整情况与行动分析

结构调整内容	行动
条款优良：可通过违约条款有效的降低各种风险	如果条款能抵消（部分）风险，则可以调高债务评级
条款较差：没有制定合适的条款，或条款规定相当不严密。即使在环境急剧恶化时，违约条款也不能启动	调低评级
债务流动性高：易于进入市场流通	调高评级
贷款安全性较低：银行贷款的求偿权排在其他债权人之后	调低评级
公司组织：借款人严重依赖于业务部门的现金流	调低评级

(4) 质押分析。质押分析主要考察每一笔债务在违约发生时，债务的质押品能在多大程度上降低损失。不同债务的质押品的质量和质押比率可能相差很大，这将对违约风险有很大影响。

对质押品的估值极为重要，最好在假定破产已经发生的情况下进行，以确定企业倒闭后银行可以从质押品中回收多少补偿。如果银行的质押品组合由不同种类的质押品构成，则分析人员应关注与某项贷款相关的那类质押品。估值只应反映因被评级的那笔贷款而持有的质押品价值；质押品若是针对所有贷款项目，或是在对所有贷款项目进行总体评级的情况

---

① 保障合约是指被分析人员认可的、势力强大的一方愿意为维护另一家公司的地位提供支持的合约。比如，一家母公司承诺将子公司的资产净值保持在某个既定水平以上。

② 支持意愿书一般是应证券承销人的要求而提供，目的是对提交证券交易委员会的注册报告中所包含的财务信息提供支持。这通常是母公司对其子公司的活动以及承诺义务提供的支持。不过，支持意愿书本身并不构成一项担保。

下,则可以不区分。质押品的状况对最终项目评级将产生重大影响,表 4-15 列出了几类质押品的情况。显然,质押品的价值通常是市场价格的一个函数,因此,最终的债务评级结果取决于市场价格的变化,而市场价格的巨大变化可能会对评级结果产生不利影响。

表 4-15 质押品分类分析

质押分类:
- 质押资产价值较高,一般不依靠存货,并提供了很大程度的担保
- 对特定的公司资产或全部资产拥有优先求偿权,这取决于信贷项目的类型
- 其他类型的支持也会增强债务安全性,个人担保一般不满足这个要求,除非支持力度非常大

通过财务分析得出对债务的初始信用评级;在此基础上通过考察管理和其他质量因素、行业因素、财务报表质量、国家风险得到债务人评级;最后,通过考察该债务的第三方支持情况、期限、契约结构、质押等因素获得贷款项目的评级。这就是完整的内部评级程序。

巴塞尔委员会对各银行评级体系采用的方法,对损失的刻画以及执行、监督、控制和内部应用等方面的情况进行了深入系统的调查。1999 年制定的巴塞尔协议认为,运用银行内部风险评级体系计算银行监管资本金非常有效。可以料想,随着时间的推移和内部评级方法的日趋完善,内部评级体系将会越来越得到重视,用内部评级体系来替代标准化的外部评级体系的银行也将越来越多。

第四节 信用等级转移分析与信用等级转移概率的计算

前文较为详细地介绍了信用评级体系及信用评级方法。无论是金融机构、公司还是某项具体债务,其信用等级状况并非一成不变,而将随着时间的推移,会因为宏观面因素和公司内部因素及其他一些因素的影响而发生相应变化。信用等级的变化一般用信用等级转移概率来度量,在确定信用等级转移概率时初始等级和期限是最重要的两个因素。

一、信用等级转移概率

(一) 信用等级转移事件的计数

假设按照从高到低的顺序排列共有 1—d 个信用等级,其中 1 级信用等级最高,而 d 级表示违约;同时假设有 n 个发行人。发行者 i 的信用等级从第一期的 e_{i1} 级(记为 j)转移到第二期的 e_{i2} 级(记为 k),称为信用等级转移事件,记作

$$(e_{i1}, e_{i2}) = (j, k)$$

其中:$j = 1, 2, \cdots, d-1$;$k = 1, 2, \cdots, d$。通过计算第 1—2 期的相同的信用等级转移事件的数量,即计算相同的 (e_{i1}, e_{i2}) 的数量,可以得到 $(d-1) \times d$ 的转移数量矩阵 C,该矩阵的元素为

$$c_{jk} = \sum_{i=1}^{n} 1_{\{(e_{i1},\,e_{i2})=(j,k)\}}$$

即信用等级从 j 转移到 k 的事件数量,显然, $\sum_{j=1}^{d-1}\sum_{k=1}^{d} c_{jk} = n$ 。

（二）信用等级转移的概率与信用等级转移矩阵

假设 e_{i2} 为随机变量, e_{i2} 的条件概率分布为

$$p_{jk} = P(e_{i2} = k \mid e_{i1} = j), \sum_{k=1}^{d} p_{jk} = 1$$

其中, p_{jk} 是信用等级从初始的 j 级转移到 k 级的概率,即信用等级转移概率,且

$$\{(e_{i2} = k) \mid (e_{i1} = j)\} \sim B(p_{jk})$$

$B(p_{jk})$ 表示贝努利分布。从等级 j 开始信用转移的事件数量为 $n_j = \sum_{k=1}^{d} c_{jk}$, $j = 1, 2, \cdots, d-1$,假定 $n_j > 0$,则未知的信用等级转移概率 p_{jk} 可以用观察到的从 $j—k$ 的转移频率 $\hat{p_{jk}} = \dfrac{c_{jk}}{n_j}$ 来代替。

按照上述方式得到信用等级转移概率以后,还需要在初始评级基础上考虑由权威评级机构评估的企业所经历的各种历史事件的情况,并对信用等级转移概率作出进一步修正。待确定了各种信用事件的信用等级转移概率以后,就可以得到相应的信用等级转移概率矩阵,下文简称为信用等级转移矩阵。表 4－16 列出了标准普尔公司对各个信用等级债务人在 1 年内从一个等级转移到另一个等级的概率所组成的信用等级转移矩阵。

表 4－16　一年内从某一信用等级转化为另一信用等级的转移概率矩阵(%)[①]

初始等级	一　年　后　等　级							
	AAA	AA	A	BBB	BB	B	CCC	违约
AAA	90.81	8.33	0.68	0.06	0.12	0	0	0
AA	0.7	90.65	7.79	0.64	0.06	0.14	0.02	0
A	0.09	2.27	91.05	5.52	0.74	0.26	0.01	0.06
BBB	0.02	0.33	5.95	86.93	5.3	1.17	1.12	0.18
BB	0.03	0.14	0.67	7.73	80.53	8.84	1	1.06
B	0	0.11	0.24	0.43	6.48	83.46	4.07	5.2
CCC	0.22	0	0.22	1.3	2.38	11.24	64.86	19.79

如表 4－16 所示,标准普尔公司给出了七个信用评级等级,最高级是 AAA 级,最低级是

[①] 资料来源于标准普尔的 *Credit Weekly*,1996 年 4 月 15 日。

CCC级,违约被定义为债务人无法偿付同债券和贷款相关的债务的一种状态,而且一旦债务人处于违约状态以后,其转换为其他信用等级的概率为零;第 i 行第 k 列的元素表示债务人在 1 年内从起初的信用等级 i 转移到 k 的概率,例如 AA 行、A 列的元素为 7.79%,表示起初信用评级为 AA 的债务人,1 年内信用评级转移到 A 的概率为 7.79%。

以表中初始等级 A 的债务人为例,说明 1 年内信用等级转移的特点:初始等级为 A 的债务人在一年内违约的概率为 0.06,转化为 AAA 级、AA 级、A 级、BBB 级、BB 级、B 级、CCC 级的概率分别是 0.09%、2.27%、91.05%、5.52%、0.74%、0.26%、0.01%。从中可以看出存在着一个"近因效应"规律,即某一等级在一年内仍保持原来等级的概率最大,向临近等级转移的概率较大,而向较远距离等级转移的概率较小,因此,初始等级较低的债务人在一年内违约的概率也较大。

穆迪的评级也公布了类似信息。穆迪公司所公布的概率是基于跨越所有行业、超过 20 年的数据之上的。由于这些数据对跨越不同种类的企业范例都计算出了平均统计值,且涵盖了多个商业周期,因此,这些数据比较可信。事实上,很多银行都倾向于依赖它们自己的统计数据,因为这些数据和它们所持有的贷款和债券组合构成的关系更为密切。

标准普尔和穆迪公司除了公布一年内某初始等级债务人转移为其他等级的概率外,还给出了长期平均累积违约率。我们在前文第二节的表 4-1 和表 4-2 中已经分别列出穆迪和标准普尔公司所公布的各等级债务人的平均累积违约率。如标准普尔所公布的数据中,初始等级为 A 的债务人,在 1 年内违约的平均概率为 0.05,在 5 年、10 年、15 年内的平均违约概率分别为 0.71%、2.10% 和 3.46%。

须指出的是,信用等级转移事件是否发生以及违约概率的数值在这些年间是否发生很大变动,将依赖于经济是处于衰退状态还是扩张状态。因此,运用依赖于信用等级转移概率的模型时,应对平均历史数值进行适时调整,使其与当前的经济环境相吻合。

(三) 信用等级转移概率变动范围的估计

估计出信用等级转移概率后,我们还常常须了解信用等级转移概率估计值的误差大小。下面分两种情况考察。

一是信用等级转移事件相互独立的情况:根据上节的讨论,c_{jk} 是服从二项分布的随机变量,即 $c_{jk} \sim B(n_j, p_{jk})$,所以 $\hat{p}_{jk}$ 的标准差为 $\sigma_{jk} = \sqrt{\dfrac{p_{jk}(1-p_{jk})}{n_j}}$,于是可用 $\hat{\sigma}_{jk} = \sqrt{\dfrac{\hat{p}_{jk}(1-\hat{p}_{jk})}{n_j}}$

来估计 p_{jk} 的变动范围。

二是信用等级转移事件相关的情况:假设这些贝努里变量两两之间的相关系数为 ρ_{jk},那么 p_{jk} 的无偏估计 $\hat{p}_{jk}$ 的方差为

$$\sigma_{jk}^2 = \frac{p_{jk}(1-p_{jk})}{n_j} + \frac{n_j-1}{n_j}\rho_{jk} p_{jk}(1-p_{jk})$$

于是可以用

$$\hat{\sigma}_{jk} = \sqrt{\frac{\hat{p}_{jk}(1-\hat{p}_{jk})}{n_j} + \frac{n_j-1}{n_j}\rho_{jk}\hat{p}_{jk}(1-\hat{p}_{jk})}$$

来估计 p_{jk} 的变动范围。

二、联合信用等级转移概率

前面所述的信用等级转移概率仅适用于单项贷款的情况。如果我们面对的是一项包含两种或两种以上贷款的贷款组合,那么如何确定这项组合在一定时期内的等级转移概率呢?我们首先以两种贷款构成的组合为例加以说明。

(一)两笔贷款独立时联合转移概率的计算

若两笔贷款相互独立,此时,两笔贷款的相关系数为零,则联合概率就是各自概率的乘积。以两笔贷款评级分别为 A 和 BB 为例,可计算出信用组合在一年内的等级转移概率,见表 4-17。例如,A 级债务人年末评级转移到 AA 级、而 BB 级债务人评级未变的联合概率,就是 A 级债务人年末评级转移到 AA 级的概率 2.27% 与 BB 级债务人评级未变的概率 80.53% 的积,即

$$2.27\% \times 80.53\% = 1.83\%。$$

表 4-17 BB 级和 A 级债务人在独立条件下一年后的联合转移概率(%)[①]

BB 级债务人	A 级债务人							
	AAA	AA	A	BBB	BB	B	CCC	违约
	0.09	2.27	91.05	5.52	0.74	0.26	0.01	0.06
AAA	0.03	0.00	0.00	0.03	0.00	0.00	0.00	0.00	0.00
AA	0.14	0.00	0.00	0.13	0.01	0.00	0.00	0.00	0.00
A	0.67	0.00	0.02	0.61	0.40	0.00	0.00	0.00	0.00
BBB	7.73	0.01	0.18	7.04	0.43	0.06	0.02	0.00	0.00
BB	80.53	0.07	1.83	73.32	4.45	0.60	0.20	0.01	0.05
B	8.84	0.01	0.20	8.05	0.49	0.07	0.02	0.00	0.00
CCC	1.00	0.00	0.02	0.91	0.06	0.01	0.00	0.00	0.00
违约	1.06	0.00	0.02	0.97	0.06	0.01	0.00	0.00	0.00

(二)两笔贷款相关时联合转移概率的计算

在大多数情况下,贷款组合中的各项贷款并不独立,而且两项贷款的相关系数常常不为零。此时,我们计算两笔贷款相关时的联合转移概率,一般需要两个步骤:一是须知道贷款组合的信用等级转移服从的模型。最常用的模型,是根据 Merton(1974)公司债务定价模型[②]将债务人的信用等级转移规律与其资产价值或收益率的波动性联系起来而得到的。二是须估计债务人的资产价值或收益率之间的相关系数。但债务人的资产价值或收益率之间的相关系数

[①] 该表引自杨军(2004)。
[②] 该模型的基本原理,我们已在本章的第二节介绍过。

难以直接观测,人们常常用影响债务人股票收益的多因素模型进行估计①。

下面我们就运用 Merton(1974)公司债务定价模型和思想,计算信用评级分别为 A 级和 BB 级、并具有相关关系的两笔贷款的联合转移概率。

第一,评级转移临界值的确定。不失一般性,假设所考察的公司的信用评级为 X,X 级公司未来有从低到高八种可能的信用转移状态,分别为 D 级(违约级)、CCC 级、B 级、BB 级、BBB 级、A 级、AA 级、AAA 级,其中 X 可以是除了违约 D 级以外七种可能级别的任何一级。其他假设和符号含义完全等同于第二节第二部分中对 Merton(1974)模型所作的假设。

我们先考虑违约的情况。显然,当 T 时刻公司价值 V_T 小于负债 D,即违约概率 $P(V_T < D) > 0$ 时,就存在信用风险。假设 X 级债务人违约概率已知,为 PD_X②;$V_{T,D}$ 表示到期违约的临界值,即

$$PD_X = P(V_T \leqslant V_{T,D}) \tag{4.4.1}$$

于是,由(4.2.1)式、(4.4.1)式可得

$$PD_X = P\left(\varepsilon \leqslant -\frac{\ln(V_0/V_{T,D}) + \left(\mu - \frac{\sigma^2}{2}\right)T}{\sigma\sqrt{T}}\right) = \Phi(Z_{X,CCC}) \tag{4.4.2}$$

其中,$\Phi(\cdot)$ 是累积的标准正态分布,

$$Z_{X,CCC} = -\frac{\ln(V_0/V_{T,D}) + \left(\mu - \frac{\sigma^2}{2}\right)T}{\sigma\sqrt{T}} \tag{4.4.3}$$

从(4.2.1)式和(4.4.2)式中容易看出,

$$r_t = \frac{\ln(V_t/V_0) - \left(\mu - \frac{\sigma^2}{2}\right)t}{\sigma\sqrt{t}}$$

服从标准正态分布,则根据资产价值变化得到的对数收益率 $\ln(V_t/V_0)$ 服从均值为 $\left(\mu - \frac{\sigma^2}{2}\right)t$、标准差为 $\sigma\sqrt{t}$ 的正态分布。实质上,(4.4.2)式给出的是将服从几何 Brown 运动的公司资产价值 V_t 的对数收益率 r_t 进行标准正态化处理的过程,于是,我们称 r_t 为标准正态化的资产对数收益率,下文简称为标准化资产收益率。

由于 PD_X 已知,所以通过(4.4.2)式可以求得 $Z_{X,CCC}$,再利用(4.4.3)式获得 $V_{T,D}$。我们知道,$V_{T,D}$ 为到期违约的临界值,所以 $Z_{X,CCC}$ 是 X 级公司进行标准正态化后对应于 $V_{T,D}$ 的违约临界值。

显然,在标准化资产收益率的概率分布中,$Z_{X,CCC}$ 的左边,即为 X 级公司发生违约的概率。$Z_{X,CCC}$ 实际上是 X 级公司由 X 级转移到违约级后的标准化资产收益率的临界值,这反映

---

① 具体的估计方法请参见本章的第六节。
② 违约概率可以按照第四章第二节中给出的、基于历史违约数据去计算违约率的方法得到。

了评级转移与资产变动之间的关系。

同理,我们可以得到 X 级公司在 T 时刻从 X 级转移到 CCC 级的标准化资产收益率的临界值,记为 $Z_{X,B}$。假设 X 级公司从 X 级转移到 CCC 级的概率为 $P(CCC_X)$, $V_{T,CCC}$ 表示 X 级公司在 T 时刻从 X 级转移到 CCC 级的公司资产价值的临界值,则类似于(4.4.1—4.4.3)式得

$$P(CCC_X) = P(V_{T,D} \leqslant V_T \leqslant V_{T,CCC}) = \Phi(Z_{X,B}) - \Phi(Z_{X,CCC})$$

由于 $Z_{X,CCC}$ 已求出,所以可通过上式求得 X 级债务人在 T 时刻转移到 CCC 级的标准化资产收益率的临界值 $Z_{X,B}$。也就是说,在标准资产收益率分布中,$Z_{X,CCC}$ 和 $Z_{X,B}$ 之间的区域对应于评级为 X 的公司在 T 时刻由 X 级转移到 CCC 级的概率。以此类推,我们就可以依次得到评级为 X 的公司在 T 时刻由 X 级转移到 B 级、BB 级、BBB 级、A 级、AA 级、AAA 级所对应的标准化资产收益率的临界值,下文将这些临界值统称为评级转移临界值。

第二,A 级和 BB 级债务人 1 年后的标准化资产收益率的临界值的计算。假定 A 级和 BB 级债务人满足第一步的假设要求,到期日 $T=1$ 年。我们首先可以运用前文方法得到 A 级债务人 1 年后从 A 级转移到其他级别的概率,然后再完全仿照第一步的方法得到对应于各个级别的临界值。表 4-18 列出了一个 A 级公司 1 年后分别从 A 级转移到八种可能级别的标准化资产收益率的临界值及其对应的评级转移概率,从中可以看出评级转移与其资产价值波动之间的关系。

表 4-18 A 级债务人的评级转移概率与其评级转移临界值之间的关系①

级别	AAA	AA	A	BBB	BB	B	CCC	违约
转移概率	0.09	2.27	91.05	5.52	0.74	0.26	0.01	0.06
评级转移临界值	3.12	1.98		−1.51	−2.30	−2.72	−3.19	−3.24

图 4-5 给出了一个 BB 级公司 1 年后的标准化资产收益率分布,同时,该图还直观表示出了 BB 级公司的评级转移概率与其评级转移临界值之间的关系。

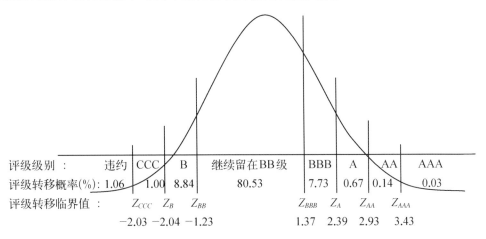

图 4-5 BB 级债务公司的评级转移与其评级转移临界值之间的关系

---

① 资料来源:CreditMetrics,J. P. Morgan,1997。

由图 4-5 可见,一个 BB 级债务人 1 年后若要继续留在 BB 级,则其标准化资产收益率必须在－1.23 和 1.37 之间波动。表 4-18 表明,若 A 级债务人 1 年后评级保持不变,则其标准化资产收益率需要在－1.51 和 1.98 之间波动。

第三,联合转移概率的计算。假设 BB 级和 A 级债务人两种资产的标准化资产收益率(分别记为 r_{BB}, r_A)服从联合正态分布,两种资产的标准化资产收益率之间的相关系数是可知的,为 ρ,则(r_{BB}, r_A)的联合正态密度函数为

$$f(r_{BB}, r_A; \rho) = \frac{1}{2\pi\sqrt{1-\rho^2}} \exp\left\{\frac{-1}{2(1-\rho^2)}(r_{BB}^2 - 2\rho r_{BB} r_A + r_A^2)\right\} \tag{4.4.4}$$

利用(4.4.4)式我们就可以计算出 BB 级和 A 级债务人 1 年后转移到各个不同等级的联合转移概率。例如,设 $\rho = 0.2$,我们可以计算出两个债务人保持原有级别,即继续处于 BB 级和 A 级的联合转移概率:

$$P(-1.23 < r_{BB} < 1.37, -1.51 < r_A < 1.98)$$
$$= \int_{-1.23}^{1.37} dr_{BB} \int_{-1.51}^{1.98} f(r_{BB}, r_A; 0.2) dr_A = 0.7365$$

按照同样的方式,我们可以计算得到余下的 63 个联合转移概率,并得到表 4-19,即

表 4-19　$\rho = 0.2$ 时 BB 级和 A 级债务人 1 年后的联合转移概率(%)[①]

BB 级债务人		A 级 债 务 人								合计
		AAA	AA	A	BBB	BB	B	CCC	违约	
		0.09	2.27	91.05	5.52	0.74	0.26	0.01	0.06	
AAA	0.03	0.00	0.00	0.03	0.00	0.00	0.00	0.00	0.00	0.03
AA	0.14	0.00	0.01	0.13	0.00	0.00	0.00	0.00	0.00	0.14
A	0.67	0.00	0.04	0.61	0.01	0.00	0.00	0.00	0.00	0.67
BBB	7.73	0.02	0.35	7.1	0.2	0.02	0.01	0.00	0.00	7.69
BB	80.53	0.07	1.79	73.65	4.24	0.56	0.18	0.01	0.04	80.53
B	8.84	0.00	0.08	7.80	0.79	0.13	0.05	0.00	0.01	8.87
CCC	1.00	0.00	0.01	0.85	0.11	0.02	0.01	0.00	0.00	1.00
违约	1.06	0.00	0.01	0.90	0.13	0.02	0.01	0.00	0.00	1.07
合　计		0.09	2.29	91.6	5.48	0.75	0.26	0.01	0.06	100

如果贷款组合的贷款笔数超过两项,则该贷款组合的联合转移概率与组合中仅含两项贷

---

① 资料来源:CreditMetrics,J. P. Morgan,1997。

款的联合转移概率的计算方法完全类似,只需进行更多变量的积分求解即可。

三、条件信用等级转移概率

由于违约率和信用等级转移概率都和宏观经济状况有着密切的联系。在经济衰退时期,违约和降级概率要高于相应的历史平均水平,而繁荣期的情况则正好相反。因此,在使用基于信用等级转移矩阵建立的模型时要根据经济情况对信用等级转移矩阵进行调整,也就是要建立受宏观经济因素影响的信用等级转移矩阵,即条件信用等级转移矩阵。一般地,处理和解决宏观经济因素影响的方法主要有以下两种。

一是将过去的样本期间划分为衰退年份和非衰退年份,并计算出两个单独的、分别对应衰退年份和非衰退年份的历史信用等级转移概率矩阵。根据这两个矩阵,可解决对应于不同时期的信用资产风险度量问题。

二是直接建立信用等级转移概率与宏观经济因素之间的关系模型。若模型是拟合的,就可以通过该模型来观测、模拟宏观经济因素对信用等级转移概率的影响,并在用历史数据得到的信用等级转移矩阵(即称为无条件信用等级转移矩阵)的基础上,建立可以反映宏观经济因素影响的条件信用等级转移矩阵。这个模型和方法就是麦肯锡公司(McKinsey&Co)的Wilson于1997年提出的信用组合观点(credit portfolio view)的核心内容。按照信用组合观点,模型将更适用于投机级债务人,因为相对于投资级债务人,投机级债务人①的违约率随着信用周期的变化将会更加剧烈变动。

图 4-6 无条件转移概率矩阵

目前,运用信用组合观点来估算条件信用等级转移概率的方法,得到了最为广泛的应用和肯定,下面给予详细介绍。

假设 M 是一个不考虑宏观因素情况的无条件信用等级转移概率矩阵(见图 4-6),P_{CD} 表示一个 C 级借款人在下一年度违约的概率,该概率将随着经济周期因素的变化发生很大变动,而且在衰退期将更加严重。信用等级转移概率矩阵 M 中的概率将随经济衰退的发展而沿着右下角方向逐渐增加。显然,P_{CD} 将随着时间的变化受宏观经济因素的影响最大。

不失一般性,我们用 P_t 表示某投机级债务人在未来 t 时刻违约的概率,用 y_t 表示 t 时刻受 n 种宏观经济因素(例如失业率、GDP 增长率、长期利率水平、政府支出等)$X_{it}(i=1,2,\cdots,n)$ 影响的宏观指数变量,于是令

---

① 投机级债务人与投资级债务人的含义参看前文的第三节。

$$P_t = f(\gamma_t), \quad (4.4.5)$$

$$\gamma_t = g(X_{it}, \varepsilon_t), \quad i = 1, 2, \cdots, n \quad (4.4.6)$$

其中，ε_t 是假设独立于 X_{it} 且服从正态分布 $N(0, \sigma_\varepsilon^2)$ 的误差项，主要由一些一般性随机冲击或经济体系的创新所导致。显然 $\dfrac{df}{d\gamma} < 0$，表示违约概率与经济发展状况呈反向变化关系。假设 t 时刻的各个宏观经济变量 $X_{it}(i=1, 2, \cdots, n)$，可由该宏观经济变量本身过去的 m 期历史情况所决定，则有

$$X_{it} = h(X_{it-1}, X_{it-2}, \cdots, X_{it-m}, e_{it}) \quad (4.4.7)$$

其中，e_{it} 为独立且服从正态分布 $N(0, \sigma_{ei}^2)$ 的误差项，表示 t 时刻对第 i 个宏观经济变量的随机冲击或创新因素。将(4.4.7)式代入(4.4.6)式，再代入(4.4.5)式，可得

$$P_t = F(X_{it-j}, \varepsilon_t, e_{it})^{①}, \quad i = 1, 2, \cdots, n, j = 1, 2, \cdots, m \quad (4.4.8)$$

在(4.4.8)式中，X_{it-j} 是过去的历史数据，可以预先获得，至于其中的随机冲击或创新因素项 ε_t 和 e_{it}，可以使用 Monte Carlo 方法模拟得到。于是，可以利用(4.4.8)式确定投机级债务人在未来 t 时刻违约的概率 P_t。此处须说明的是，运用 Monte Carlo 方法模拟一组随机冲击变量 ε_t 和 e_{it} 所得到的 P_t 一般误差很大，在实践中，必须多次重复上述模拟，产生更多个（例如 10 000 个）P_t 值，这样就可以得到一个对应于 P_t 值的分布。按照计算 VaR 的方法，从 P_t 值分布中去选择对应于某置信度（例如要求 99%）的最大违约 P_t 值，即为在未来 t 时刻的违约概率。

在实际应用中，取代(4.4.5)式最简单的函数形式为

$$P_t = f(\gamma_t) = e^{-\gamma_t} \quad (4.4.9)$$

X_{it} 和 γ_t 则可以通过回归分析等方法得到，即可分别用形如(4.4.10)式和(4.4.11)式的多因素线性模型来表示，即

$$X_{it} = \alpha_{i0} + \alpha_{i1}X_{it-1} + \alpha_{i2}X_{it-2} + \cdots + \alpha_{im}X_{it-m} + e_{it} \quad (4.4.10)$$

$$\gamma_t = \beta_0 + \beta_1 X_{1t} + \beta_2 X_{2t} + \cdots + \beta_n X_{nt} + \varepsilon_t \quad (4.4.11)$$

非投资级债务人的违约概率在经济衰退时比正常情况下要高，此时信用降级事件会增多，升级情况会减少。经济扩张时情况正好相反。可以用下式表示。

$$\frac{P_t}{P_{XD}} > 1, \text{经济衰退时} \quad (4.4.12)$$

$$\frac{P_t}{P_{XD}} < 1, \text{经济扩张时} \quad (4.4.13)$$

其中，P_t 是根据(4.4.5)或(4.4.9)式模拟出的 X 级投机债务人在 t 时的违约概率，P_{XD} 为 X 级投机级债务人的无条件违约概率。信用组合观点建议依据(4.4.13)式中的这些比率来调整无

---

① 此处的函数形式可能发生变化，从而与(4.4.5)式不同，所以用另外一个符号来表示。

条件信用等级转移矩阵 M 中的信用等级转移概率,生成以宏观经济因素为条件的一个信用等级转移矩阵 M_t:

$$M_t = M(P_t/P_{XD})$$

一般的调整原则为:当 $P_t/P_{XD} > 1$ 时,将对应的概率调整为低一级或者违约的概率;当 $P_t/P_{XD} < 1$ 时,按相反方向调整。

须注意的是,由于信用等级转移矩阵中每一行的概率之和必须等于1,所以,当将无条件信用等级转移矩阵 M 中的违约概率 P_{XD} 调整为 P_t 时,若 $P_t/P_{XD} > 1$,就必须对矩阵 M 中 P_{XD} 所在行的其他概率作相应的下调;若 $P_t/P_{XD} < 1$,就作相反调整。我们仍以 C 级债务人在未来 t 时刻违约的情况为例,假设在矩阵 M 中 $P_{CD} = 0.3$,而以宏观经济状态为前提,利用(4.4.5)式至(4.4.8)式或(4.4.9)式至(4.4.11)式估计出的数值 $P_t = 0.35$,于是 $\frac{P_t}{P_{CD}} = \frac{0.35}{0.3} = 1.16$。当将历史上的无条件转移矩阵 M 中的 $P_{CD} = 0.3$ 换为 0.35 时,就必须对其他的 P_{CA},P_{CB} 等也进行相应调整,以保证调整后的条件等级转移矩阵中每一行的值加总和等于1。

我们按照上述方法可以分别模拟出条件信用等级转移矩阵 M_t, $t = 1, 2, \cdots, T$。当假定信用等级转移服从 Markov 过程时,我们就得到一个 T 期的条件信用等级转移矩阵

$$M_T = \prod_{t=1}^{T} M_t = \prod_{t=1}^{T} M(P_t/P_{XD}) \tag{4.4.14}$$

人们利用(4.4.14)式就可以得到任何时间段上的条件信用等级转移矩阵。实证研究表明,信用等级转移常常具有自相关性,并非严格服从 Markov 过程,此时可采用第二个或更高的 Markov 过程去试一试。另外,模型还存在着其他的缺陷,详细分析请参见本章第六节。

第五节 基于财务分析指标的评分模型: Z 值评分模型与 ZETA 模型

Altman 于 1968 年提出的由五个因子构建的 Z 值线性模型,是最有影响力的信用评分模型。1977 年,Altman 又将五个因子 Z 值评分模型扩充至七因子模型,得到了改进的 Z 值评分模型——ZETA 模型。下面将介绍这两个模型。

一、Z 值评分模型的基本原理与应用

(一) Z 值评分模型的基本原理

Z 值评分模型的基本原理就是利用统计方法,对银行过去的贷款案例进行统计分析,选择出最能反映借款人财务状况、对贷款质量影响最大、而且最具预测或分析价值的比率指标;然后,利

用所选择的比率指标,设计出一个能最大限度地区分贷款风险度的数学模型;最后,借助于模型,对借款者的信用风险及资信情况进行评估、判别,并把借款人划分为偿还者和不偿还者两类。

建立 Z 值评分模型的基本步骤为:

(1) 选取一组能反映借款人财务状况和还本付息能力的财务比率指标,如流动性比率、资产收益率、偿债能力指标等。

(2) 从银行过去的贷款资料中分类收集样本,并将样本分为两类:一类是能正常还本付息的案例,另一类是坏账、呆账案例。

(3) 针对于各个比率对借款还本付息的影响程度,选用 Fischer,Bayes 等判别分析法[①],建立由上述比率指标所决定的线性判别函数,确定每个比率的影响权重,即可得到一个 Z 值评分模型。

(4) 对一系列所选样本的 Z 值进行分析,得到一个违约或破产临界值以及一个可以度量贷款风险度的 Z 值区域。

(5) 将贷款人的有关财务数据输入模型中可得到一个 Z 值,若得分高于某一预先确定的违约临界值或值域,就可以判定这家公司的财务状况良好;若小于某一数值,表明该公司可能无法按时还本付息,甚至破产。

Altman 依据五个财务比率指标建立的 Z 值评分模型为:

$$Z = 0.012X_1 + 0.014X_2 + 0.033X_3 + 0.006X_4 + 0.999X_5$$

其中:$X_1 =$ 营运资本/总资产,是反映流动性的比率;$X_2 =$ 留存盈余/总资产比率,是反映累积盈利能力的比率;$X_3 =$ 息税前利润/总资产,是反映企业资产盈利水平的比率;$X_4 =$ 股权的市场价值/总负债的账面价值,是反映公司负债额超过资产额前以及破产前资产价值下降程度的比率;$X_5 =$ 销售额/总资产,是反映资本周转率和企业销售能力的比率。

Altman 的 Z 值评分模型给出了一个灰色 Z 值区域,即 $(Z_0, Z_1) = (1.81, 2.99)$,当 Z 值小于 1.81 时表示企业可能会破产,即 1.81 为破产或违约临界值;当 Z 值大于 2.99 时表示企业违约风险很小,不会破产;当 Z 值处于灰色区域中时,则不能确定该企业是否会破产。

(二) Z 值评分模型的应用

显然,Z 值评分模型本质上是一个判别函数模型。在应用中,建立 Z 值线性模型须解决的关键问题是:

(1) 在预测借款人能否破产时,哪一个指标最重要。

(2) 在所考虑的指标中,每个指标所占权重应为多少。

目前,在统计学中建立判别函数常用方法主要有三类:一是未知总体分布情况下,根据个体到各个总体的距离进行判别的距离判别函数;二是已知总体分布的前提下求得平均误判概率最小的分类判别函数,通常称为 Bayes 判别函数;三是未知总体分布或未知总体分布函数前提下的根据 Fisher 准则得到的最优线性判别函数。

---

① 判别分析方法与聚类分析法、回归分析法一起,被称为是多元统计分析中三大基本方法;Fischer,Bayes 判别法与距离判别法,又是判别分析方法中最常用的三类方法。以上详细内容,请参阅张尧庭、方开泰(1982)或方开泰(1989)。

我们在这里选择 Fisher 准则,借助方差分析的思想,通过采用极大化组间差和组内差之比的方法来建立判别函数。可以证明,在满足三个条件(即每组均服从多元正态分布,每组的协方差矩阵都相同,每组的均值向量、协方差矩阵、先验概率和误判代价都已知)的情况下,由 Fisher 方法得出的判别规则具有最优的极小化误差①。

引例

Z 值评分模型举例

下面以一个具体的例子②来说明 Altman 的 Z 值评分模型的应用。以某商业银行为例,选择它的企业客户为对象,考察它们的短期贷款偿还情况。所用的财务比率是参照国内财政部考核企业财务状况和国外相关财务比率指标,对反映企业流动性、盈利性、增长性、速动性及偿债性等方面的指标,利用相关软件进行主因子分析,得到以下 5 个比率。

$X_1 =$ 运营资本 / 资产总额

$X_2 =$ 保留盈余 / 资产总额

$X_3 =$ 息税前利润 / 资产总额

$X_4 =$ 普通股、优先股市场价值总额 / 负债账面价值总额

$X_5 =$ 销售收入 / 资产总额

调查取得的样本总数为 129 家,其中 65 家企业不能偿还银行信用贷款。这 129 家企业被划分为两个子样本,训练子样本由 74 家企业构成,包括 36 家能够偿还银行贷款的企业和 38 家不能按时偿还贷款的企业,检验子样本由 55 家企业构成,包括 28 家能够偿还贷款的企业和 27 家不能按时偿还贷款的企业。对根据样本数据计算得到的 5 个比率进行检验以考察是否服从正态分布的假设,是否满足等协方差的假设,它们之间是否存在线性相关。然后,根据 STATGRAPHICS 软件包计算得到模型的判别系数,如表 4-20 所示,5 个比率中的 4 个在 1% 的显著性水平下服从正态分布。模型的预测精度可通过训练样本和检验样本来检验,通常预测精度可用两类错误来度量:第一类错误是指将不能偿还贷款的企业误判为能偿还贷款的企业的错误;第二类错误是指将能偿还贷款的企业误判为不能偿还贷款的企业的错误。结果如表 4-21 所示,在这两类错误中,第一类错误显然更为严重,因为其误判代价更高。

表 4-20 判别分析结果

变量	X_1	X_2	X_3	X_4	X_5	常量
系数	0.320 54	1.788 68	5.160 75	0.070 98	−0.067 43	−0.527 31

其中:X_1, X_2, X_3, X_5 在 1% 的显著性水平下服从正态分布

---

① 本段中的统计术语和结论可参看王春峰、万海晖、张维(1998)。
② 该例子选自王春峰、万海晖、张维(1998)。

表 4-21 训练样本和检验样本的误判

训 练 样 本			检 验 样 本		
第一类错误	第二类错误	总 误 判	第一类错误	第二类错误	总 误 判
5(13.16%)	0(0.00%)	5(6.76%)	11(40.74%)	3(10.71%)	14(25.45%)

可以看出,训练时判别分析的准确率可达到90%以上,而且检验中的准确率也有70%以上,结果还是非常理想的。该案例表明,Altman的五因子Z值评分模型的判断精度还是比较高的。

二、改进的Z值评分模型:ZETA 模型

1977年,Altman等人对原始的Z值评分模型进行了扩展,建立了第二代模型——ZETA模型,该模型能更加明确地反映公司破产的可能性。20世纪80年代,破产公司的平均规模急剧增大,因而建立模型所选取的样本公司必须满足在破产前两年的资产规模达到大约1亿美元以上,并且在分析过程中还作了许多调整,使得该模型应用更加广泛。例如,可以在同样的基础上应用于较为脆弱的零售业。同时,该模型还考虑了当时财务报告标准以及会计实践方面的变化,在统计判别技术方面也作了修正与精炼。

ZETA模型选用了七个判别财务变量:X_1 = 息税前利润/总资产的比率;X_2 为 X_1 在5—10年变化的标准差,用以反映公司收入的稳定性;X_3 = 息税前利润/总利息支付额,反映公司的债务偿还能力;X_4 = 公司的留存收益/资产总额,反映公司的累积盈利情况;X_5 = 流动资产/流动负债,反映公司的变现能力和债务的偿还能力;X_6 = 普通股权益/总资本,反映公司的资本化程度,其中普通股权益用公司近5年的股票平均市值计算;X_7 = 公司总资产的对数,反映公司规模。于是,ZETA模型为

$$ZETA = aX_1 + bX_2 + cX_3 + dX_4 + eX_5 + fX_6 + gX_7$$

其中:a,b,c,d,e,f,g 为对应七变量的系数。

由于ZETA模型无论在变量选择、变量的稳定性方面,还是在样本开发、统计方法的应用方面,比Z值评分模型都有了长足进步,所以ZETA模型比Z值评分模型更加准确有效,而且在企业破产前预测的年限越长,该模型预测的准确度就越高。Altman等人的实证检验分析也证实了上述结论。

但是,ZETA模型在应用过程中存在的最大问题仍然是违约或破产临界值的设定。如果临界值定得太高,那么在排除较差信贷的同时,也有可能将一些好的信贷排除在外,从而高临界值降低了Ⅰ类错误(即因接受差信贷而遭受损失)的同时却增加了Ⅱ类错误(即因拒绝好信贷而遭受损失)。如果临界值定得过低,就会出现相反的情况。显然,Ⅰ类错误、Ⅱ类错误是确定最佳临界值的主要因素。Altman等人意识到了这一点,并将信用转移的因素考虑在内,然后,对ZETA模型提出了最佳临界值确定公式:

$$C_{ZETA} = \ln(q_1 c_1 / q_2 c_2) \tag{4.5.1}$$

其中：q_1，q_2 分别表示预先估计的破产概率和非破产概率；c_1，c_2 分别表示犯Ⅰ类错误和Ⅱ类错误的成本。

从模型(4.5.1)中可以看出，最佳临界值 C_{ZETA} 精确与否，主要取决于模型对错误的分辨、两类错误成本和债务人违约率的估计精确与否。另外，还要根据当前和之后宏观经济因素的变化，对临界值进行适时、适当的调整。

三、Z 值评分模型与 ZETA 模型评述

Z 值评分模型与 ZETA 模型都是多变量的线性分辨模型，都可以用于度量债务人在一定时期内违约或不违约、破产或不破产等信用状况，并可对债务人经营前景作出早期预警，因而两模型都具有较强的操作性、适应性和较强的预测能力，在许多国家和地区得到广泛应用。但两模型也存在一些缺陷和不足，主要表现为：

（1）过于依赖于财务报表的账面数据而忽视日益重要的各种市场指标，这将会削弱预测结果的可靠性和及时性。

（2）关于违约的理论基础和支撑薄弱，结论难以令人完全信服。

（3）为保证模型的准确性，要求模型中的变量必须符合正态分布假设，而事实上财务比率指标很难达到。

（4）两个模型皆是线性模型，而现实经济问题多是非线性的，这必然会降低预测的准确度。

（5）难以估量企业的表外信用风险，应用范围受到限制。

近年来，为解决非线性问题，人们开始将神经网络方法引入到信用评分方法中。借助于神经网络方法，可以考虑各个参考财务指标之间线性或非线性的各种复杂关系或相互作用，如在 Altman 的 Z 值评分模型中，除了原来的五个变量外再加上一些由这五个变量的某些非线性关系转换、加总而生成的新变量，从而可以大大增强模型的解释能力，减少第一类和第二类错误，提高模型的预测精度。然而，这种方法仍存在一些问题：首先，尽管用庞大的神经网络系统可以使模型的精度不断提高，甚至将对历史数据库拟合的第一类错误和第二类错误减少到零，但是又会带来"过度拟合"的问题，即在样本内非常有解释力，而在样本之外却表现很差。换言之，被认为可以使预测错误达到整体最小的模型，其在实践中的应用结果却有可能只达到了局部最小。其次，常常难以解释变换后的变量的经济含义究竟是什么。正由于上述问题的存在，使得 Altman 的 Z 值评分模型和 ZETA 模型仍然具有较广泛的应用，尽管其预测的精度不是最高的。

第六节 基于信用等级转移的 CreditMetrics 模型和信用组合观点

CreditMetrics 模型是由 J. P. Morgan、美国银行、KMV 和瑞士银行等金融机构于 1997 年合作推出的一个 VaR 计算框架和方法，特别用于像贷款、私募债券等这样的非交易性信用资产的估值与风险计算。CreditMetrics 模型在应用时，本质上是根据信用等级转移、债务人信

用质量以及违约事件来确定信用资产的市场价值并基于信用资产价值来计算在险价值即 VaR，所以该模型也称为基于信用等级转移的盯市模型。由于 CreditMetrics 模型具有很强的理论基础，而且考察的因素比较全面，计算精度较高，适用性和有效性也比较强，所以一直是应用最为广泛、影响也最大的模型之一。

CreditMetrics 模型是以无条件信用等级转移矩阵为基础的，而这并不符合实际，所以麦肯锡公司通过对 CreditMetrics 模型的改良进一步提出了信用组合观点(credit portfolio view)，即根据宏观经济因素调整无条件信用等级转移矩阵并得到更符合实际的条件信用等级转移矩阵的方法①，在此基础上计算信用资产组合的在险价值。从本质上来说，麦肯锡的信用组合观点是对 CreditMetrics 模型的发展和改进。我们将在本节中分别给予介绍。

一、CreditMetrics 模型的基本思想和应用程序

（一）CreditMetrics 模型的基本思想

CreditMetrics 模型的基本思想是通过考虑债务人在一定时期内(通常为 1 年)违约、信用等级转移及其所导致的信用价差变化等因素，来确定信用资产组合的市场价值及其波动。再根据债务人期末可能转移到的信用等级所对应的信用资产组合价值，建立信用资产组合的价值分布。最后，根据期末的价值分布可得到一定置信度水平下信用资产组合的 VaR，即信用在险价值或 CVaR。

与市场价值的 VaR 相比，信用在险价值明显存在着以下两个问题。

(1) 信用资产组合的价值分布远非正态分布，分布不对称(即有左偏现象)，且有明显的厚尾特征。这主要是由于信用质量的变化会引起信用资产组合的价值波动，而且信用质量的改善和恶化所引起的信用资产组合的价值波动幅度严重不对称。这与市场在险价值差别很大。

(2) 计量信用资产组合的信用 VaR，要比计量市场资产组合的市场 VaR 复杂得多。主要有两点原因：一是由于信用资产组合的价值分布不符合正态分布，所以关于计算信用在险价值的第一步——信用资产组合的价值分布的确定，不能像市场资产组合一样，只要简单地利用抽样分布数估计出均值和方差就可以得到，而是必须先根据债务人违约、信用等级转移等因素来进行模拟才能完成。二是在计算信用资产组合的价值时，须估计信用资产组合中两两信用资产之间的相关性。由于大多数信用资产(例如贷款等)，不能像股票一样可以在市场上频繁交易，而且有关信息系统完整并能得到充分披露，所以信用资产之间的相关性并不能直接观测，往往须经过比较复杂的程序和方法进行估计②。

（二）模型应用的基本程序

应用 CreditMetrics 模型一般需要以下五个基本程序。

1. 评级体系的选择与信用等级转移矩阵的确定

根据信用资产组合的实际情况选定一个适用的评级体系，该体系有评级分类方法的说明

---

① 信用组合观点的介绍和条件信用等级转移矩阵的确定方法，请参见本章第四节的内容。
② 见本章第六节中的第二部分。

和既定期限内信用等级从一个等级转到另一个等级的概率。

关于信用等级转移矩阵的确定,本章第四节已作了详细阐述,这里不再赘述。

2. 信用期限长度的确定

信用期限长度,一般设定为 1 年,应与所选定的信用评级体系和信用等级转移矩阵相一致。当然,也可以根据会计数据的可得性和评级机构处理过的财务报表的可得性来设定信用期限长度。在后面将要讲到的 KMV 模型框架中,可以选择任何时间期限。

3. 远期信用定价模型的确定

不失一般性,我们将信用期限长度设定为 1 年,并以贷款为例来解释信用资产的远期价值确定问题。

我们现在评估一笔 n 年期、信用评级从年初的 k 级转移到年末的 j 级、每年定期支付利息为 C、本金为 F 的贷款在第一年末的价值,用 V_j 表示。其中:$k=1,\cdots,d-1$;$j=1,\cdots,d$;d 表示按从高到低的顺序排列共有 1 到 d 个信用等级,1 级信用等级最高,而 d 级表示违约。于是,在非违约状态下在第一年末的远期信用定价公式为

$$V_j = \sum_{i=0}^{n-1} \frac{C}{(1+f_{ij})^i} + \frac{F}{(1+f_{n-1,j})^{n-1}} \quad (4.6.1)$$

在(4.6.1)式中,f_{ij} 为信用评级为 j 的贷款从第 1 年末开始的 i 年期的年化远期利率,$f_{0j}=0$;对于 $i=1,2,\cdots,n-1$,则 f_{ij} 可作如下分解:$f_{ij}=r_i+s_{ij}$,其中 r_i 为从第 1 年末开始的 i 年期的年化远期无风险利率,s_{ij} 为信用评级为 j 的贷款从第 1 年末开始的 i 年期的年化远期信用风险价差。

对 f_{ij} 的估值是从与债务人信用等级相对应的当期零息曲线推导出来的。关于当期零息曲线,可以利用处于同一信用等级的息票债券和零息票债券之间的无套利定价关系,由息票债券的当期收益率曲线推导出当期零息曲线。因为除了违约以外有 $d-1$ 个可能的信用等级,所以需要有 $d-1$ 条相对应的当期零息曲线。然后,用与 j 级对应的当期零息曲线来导出一年期远期利率 f_{ij},再借助于(4.6.1)式求出该笔贷款的 1 年期远期价值。关于 1 年期远期无风险利率 r_i 的估值,一般利用国库券的当期零息曲线来进行;关于信用风险价差的定义和计算方法,已在前文的第二节给出。表 4-22 给出了我们惯常应用的七个信用等级 1 年后对应的 1 年期、2 年期、3 年期、4 年期远期利率,据此也可以绘出七个信用等级各自对应的 1 年期远期零息曲线。

表 4-22 各个信用等级 1 年后不同期限的远期利率(%)[1]

种类	1 年	2 年	3 年	4 年
AAA	3.6	4.17	4.73	5.12
AA	3.65	4.22	4.78	5.17
A	3.72	4.32	4.93	5.32

---

[1] 资料来源:Credit Metrics,J. P. Morgan,1997。

续 表

种 类	1 年	2 年	3 年	4 年
BBB	4.1	4.67	5.25	5.63
BB	5.55	6.02	6.78	7.27
B	6.05	7.02	8.03	8.52
CCC	15.05	15.02	14.03	13.52

当第一年末债务人处于违约状态时,贷款的价值 V_d 由债务本金 F 和违约损失率 LGD_j 决定,即

$$V_d = F \times (1 - LGD_j) \qquad (4.6.2)$$

显然,r_i,s_{ij} 和 LGD_j 都具有不确定性,这将导致 V_j 和 V_d 的不确定性。如果将这种不确定性考虑进来,信用资产价值分布的不确定性将更大,从而导致 VaR 更高。

例如,我们要评估一项 5 年期、每年末支付利率为 6% 的利息、本金为 100 百万美元的贷款。假设有包括违约在内的八个信用等级,在第一年末,该笔贷款的债务人从 BBB 级上升到 AA 级,则根据(4.6.1)式和表 4-22,可以计算出 1 年后处于 AA 级贷款的 1 年期远期价值:

$$V_{AA} = 6 + \frac{6}{1.0365} + \frac{6}{1.0422^2} + \frac{6}{1.0478^3} + \frac{106}{1.0517^4} = 109.19$$

用同样的方法可以计算出其他各等级贷款的 1 年期远期价值,见表 4-24,其中违约级贷款的价值是利用(4.6.2)式求得的。

须注意的是,违约时的债务回收率还会受到债务优先级别的影响。表 4-23 列出了穆迪公司按照债务偿付的优先状况推导出的债务回收率。在上面的例子中,优先无担保贷款违约时的回收率为 51.13%,但无约束条件下标准差为 25.45%,这表明估计的误差较大,该贷款的实际价值处于一个非常大的置信区间内。

表 4-23 按优先级给出的违约时的回收率[①]

优 先 级	均 值(%)	标准差(%)
优先担保债券	53.8	26.86
优先无担保债券	51.13	25.45
优先次级债券	38.52	23.81
次级债券	32.74	20.18
低等次级债券	17.09	10.9

---

① 该表引自 Micheal Crouhy 等著,曾刚译(2005)。

4. 信用资产远期价值的分布与 VaR 计算

利用(4.6.1)式和(4.6.2)式,我们就可以得到一个 k 级债务人在第一年末从 k 级分别转移到 d 个信用等级的转移概率及其所对应贷款的 1 年后的价值。然后,可求出这笔贷款在第一年末的贷款价值的均值和方差,即

$$\overline{V} = \sum_{j=1}^{d} p_j V_j, \quad \sigma^2 = \sum_{j=1}^{d} p_j (V_j - \overline{V})^2 \tag{4.6.3}$$

其中,p_j 和 p_d 分别表示债务人在第一年末信用等级转移到 j 级的概率和违约概率。我们还可以进一步求出对应于均值的贷款价值的方差,以确定贷款价值的波动范围。这样我们就可以绘出该笔贷款的 1 年期远期价值分布图。

仍接上例,我们可求得 BBB 级贷款在 1 年后的远期价值分布,见表 4-24 所示。

表 4-24 BBB 级贷款在 1 年后的价值分布

年末评级	转移概率(%)	远期价值(百万美元)
AAA	0.02	109.37
AA	0.33	109.19
A	5.95	108.66
BBB	86.93	107.55
BB	5.30	102.02
B	1.17	98.1
CCC	0.12	83.64
违约	0.18	51.13

根据表 4-24 和(4.6.3)式,我们可以算出 BBB 级贷款 1 年远期价值的均值为 107.09 百万美元,标准差为 299 万美元。

按照表 4-24 给出的真实分布,该笔贷款 1 年末在 95% 的置信度下的 VaR 值=107.09-102.02=5.07(百万美元),在 99% 的置信度下的 VaR 值=107.09-98.10=8.99(百万美元)[①]。

如果假设该贷款 1 年期远期价值服从正态分布,通过查表可以求得 95% 置信度下的 VaR 值=1.65×2.99=4.93(百万美元),在 99% 置信度下的 VaR 值=2.33×2.99=6.97(百万美元)。

将真实分布与正态分布下所得的结果进行比较可以发现,在同一置信度下由真实分布所得的 VaR 值都比由正态分布下所得的 VaR 值要高得多,也就是说,真实分布有明显的左偏、

---

① 95% 的置信度下的 VaR 值近似地由 93.23%(=100%-5.3%-1.17%-0.12%-0.18%)置信度下的 VaR 给出,99% 的置信度下的 VaR 值近似地由 98.53%(=100%-1.17%-0.12%-0.18%)置信度下的 VaR 给出。为使得 VaR 值更加准确,可用线性插值法分别求得 95% 和 99% 的置信度下的 VaR 值。

厚尾现象。

二、信用资产组合的 CreditMetrics 模型

我们在前文介绍了 CreditMetrics 模型的基本思想和应用程序,并顺势给出了单项信用资产的远期价值分布及其 VaR 值的确定方法。我们在这一部分中将进一步介绍如何运用 CreditMetrics 模型计算信用资产组合的远期价值及 VaR 值。

(一) 信用资产组合模型的基本原理和应用局限性

1. 信用资产组合模型——信用资产组合期望收益率与方差的确定

用 $(x_1, \cdots, x_N)^T$ 表示由 N 种信用资产构成的组合,第 i 种信用资产的期望收益率为 $\overline{R_i}$,方差为 σ_i,第 i 种信用资产和第 j 种信用资产收益率之间的协方差为 σ_{ij},则信用资产组合的期望收益率和方差分别为

$$\overline{R_P} = \sum x_i \overline{R_i}, \qquad (4.6.4)$$

$$\sigma_P^2 = x^T \sum x = \sum_i \sum_j \sigma_{ij} x_i x_j = \sum_{i=1}^N x_i^2 \sigma_i^2 + \sum_{i=1}^N \sum_{\substack{j=1 \\ i \neq j}}^N x_i x_j \sigma_{ij} \qquad (4.6.5)$$

由于当 $-1 < \rho_{ij} = \dfrac{\sigma_{ij}}{\sigma_i \sigma_j} < 0$ 时,σ_P 可减少,所以信用资产管理人员可以适当利用资产之间的相关关系来选择资产、构造信用资产组合,从而达到有效地分散风险的目的。根据 Markowitz 的资产组合选择理论,可以求得有效资产组合集或有效边界,即图 4-7 中 A 点上方的双曲线对应的组合,然后,根据信用资产管理者的偏好可从有效资产组合集中选择出最优资产组合。

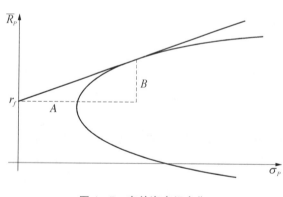

图 4-7 有效资产组合集

但是,由于信用资产管理者的偏好具有主观性,常常难以精确度量。所以,人们又提出了其他的选择方法,其中最常用的就是 Sharp 比率法,Sharp 比率是指 $\dfrac{\overline{R_P} - r_f}{\sigma_P}$,此处的 $\overline{R_P}$ 和 σ_P 分别表示某信用资产组合期望收益率和标准差,r_f 为无风险利率。从图 4-7 可以看出,自起点 r_f 连线到有效边界,连线与有效边界的切点(即 B 点)组合是 Sharp 比率最大的资产组合。我们也可以把 Sharp 比率最大的切点组合作为最优资产组合。

2. 信用资产组合模型的应用障碍

与交易性资产组合相比,信用资产组合模型在应用时存在着很大的障碍,即信用资产收益率的非正态分布和不可观测性以及信用资产组合中资产收益率之间相关系数的不可观测性。

导致出现应用障碍的主要原因是：

（1）信用资产的收益率分布左偏，且具有尖峰厚尾性。

（2）由于多数信用资产具有非交易性或者在场外交易，时间间隔也非常不规则，并缺乏相关的历史数据，所以难以对$\overline{R}_P$和$\overline{\sigma}_P$进行估计，自然也无法得到ρ_{ij}。

因此，要计算信用资产组合的 VaR，首先要估计出两种信用资产收益率之间的相关系数以及信用资产组合的收益率分布状况，下面将分别给予介绍。

（二）基于多因素股票收益率模型的相关系数的计算

为解决相关系数的不可观测性，KMV 公司应用多因素股票收益率模型来导出相关系数。

引例

基于多因素股票收益率模型的相关系数的计算应用举例

我们通过一个简单的例子来介绍该法的基本思路和方法：考察两家上市公司 A 与 B，尽管我们无法观察其公司资产价值或资产收益率，但可观察其股票收益率。假设公司 A 是一家公用实业公司，通过回归分析等方法知道 A 公司的股票收益率 R_A 只受公用收益率指数 R_{PUB} 和一些特殊风险或冲击 U_A 的影响，而且公司 A 的股票收益率 R_A 对公用收益率指数 R_{PUB} 的敏感度为 a，则有

$$R_A = aR_{PUB} + U_A \tag{4.6.6}$$

同样，假设公司 B 是一家银行，通过回归分析等方法可知道公司 B 的股票收益率 R_B 受工业收益率指数 R_{IND}、房地产收益率指数 R_{RE}、商业收益率指数 R_{COM} 以及一些特殊风险或冲击 U_B 的影响，而且公司 B 的股票收益率 R_B 对工业收益率指数 R_{IND}、房地产收益率指数 R_{RE}、商业收益率指数 R_{COM} 的敏感度分别为 b_1, b_2 和 b_3，则有

$$R_B = b_1 R_{IND} + b_2 R_{RE} + b_3 R_{COM} + U_B \tag{4.6.7}$$

于是，由(4.6.6)式和(4.6.7)式就可得到 A 与 B 两公司股票收益率之间的相关系数为

$$\rho_{A,B} = ab_1 \rho_{PUB,IND} + ab_2 \rho_{PUB,RE} + ab_3 \rho_{PUB,COM}$$

即两公司股票收益率之间的相关系数取决于公用收益率指数分别与工业收益率指数、房地产收益率指数、商业收益率指数之间的相关系数 $\rho_{PUB,IND}$、$\rho_{PUB,RE}$ 和 $\rho_{PUB,COM}$。公用收益率指数与工业收益率指数之间的相关系数 $\rho_{PUB,IND}$ 可利用两指数的公开数据和下面公式直接得到：

$$COV_{PUB,IND} = \frac{1}{T-1} \sum_{t=1}^{T} (R_{PUB} - \overline{R}_{PUB})(R_{IND} - \overline{R}_{IND}), \quad \sigma_{PUB} = \frac{1}{T-1} \sum_{t=1}^{T} (R_{PUB} - \overline{R}_{PUB})^2,$$

$$\sigma_{IND} = \frac{1}{T-1} \sum_{t=1}^{T} (R_{IND} - \overline{R}_{IND})^2, \quad \rho_{PUB,IND} = \frac{COV_{PUB,IND}}{\sigma_{PUB} \sigma_{IND}}$$

其中：T 表示所选择的数据期数；$\overline{R}_{PUB}, \overline{R}_{IND}$ 分别表示 T 期内公用收益率指数与工业收益率

指数的平均收益率指数。关于 $\rho_{PUB,RE}$ 和 $\rho_{PUB,COM}$，可类似得到。

然后，我们用 $\rho_{A,B}$ 近似地作为 A 与 B 两公司资产收益率之间的相关系数。这种替代是有一定道理的，该模型实际上包含如下含义：两公司股票收益率之间的相关系数是由系统风险因素之间的相关系数决定的，系统风险因素对两公司股票收益率的影响与对两公司资产收益率的影响是同步或者高度同构的，所以两公司资产收益率之间的相关系数也是由决定两公司股票收益率之间的相关系数相同或类似的系统风险因素之间的相关系数所确定的。

对于没有上市公司的相关系数的确定问题，可以选择行业、资本结构、经营模型等相似的上市公司的有关数据来代替计算。

(三) 正态分布下两笔信用资产组合的 VaR 计算

我们首先考察两笔信用资产构成的组合价值收益率服从正态分布的情况下，如何计算该信用资产组合的 VaR。

VaR 的计算共分以下五步。

第一，先计算两种信用资产收益率之间的相关系数，前文已详细介绍。

第二，计算两种信用资产的联合信用等级转移矩阵 $(P_{ij})_{d \times d}$，其中，P_{ij} 表示两种信用资产分别处于信用等级 i 和 j 时的联合转移概率，d 表示共有 d 个信用评级。我们在第四节已作了详细介绍。

第三，利用第六节给出的信用资产远期价值的计算方法得到每笔信用资产对应期限的远期价值。

第四，确定每个联合转移概率 P_{ij} 所对应的信用资产组合的价值 V_{ij}，即

$$V_{ij} = V_i^{(1)} + V_j^{(2)}, \qquad i,j = 1,2,\cdots,d$$

其中：$V_i^{(1)}$，$V_j^{(2)}$ 分别表示第一种资产处于 i 级、第二种资产处于 j 级时的价值，共有 $d \times d$ 种可能的信用资产组合价值，然后再求出均值和方差：

$$\overline{V} = \sum_{i=1}^{d}\sum_{j=1}^{d} P_{ij}V_{ij}, \quad \sigma^2 = \sum_{i=1}^{d}\sum_{j=1}^{d} P_{ij}(V_{ij}-\overline{V})^2 \tag{4.6.8}$$

第五，在信用资产组合的价值收益率服从正态分布的情况下，可直接根据 (3.4.7) 式得到信用资产组合对应于置信度 c 下的 VaR，即

$$CVaR = \Phi^{-1}(c) \times \sigma \tag{4.6.9}$$

其中，$\Phi(\cdot)$ 是累积的标准正态分布。

(四) 实际分布下两笔信用资产组合的 VaR 计算

上面对信用资产组合的 VaR 计算，是以信用资产组合价值收益率服从正态分布为前提的，但信用资产组合价值收益率的实际分布往往并不服从正态分布，而是呈现出明显的非对称性和尖峰厚尾性。所以，我们要考察在实际分布下信用资产组合的 VaR 计算。

在实际分布下的计算步骤完全类似于在正态假设下的情况,只是在第五步的计算中不能再直接利用公式(4.6.9)。事实上,我们在第四步求得每个联合转移概率 P_{ij} 所对应的信用资产组合的价值 V_{ij} 后,得到的就是信用资产组合价值的实际分布。我们可以利用实际分布将所有的信用资产组合的价值从小到大排列,然后,从最小值开始,由小到大将信用资产组合的价值所对应联合转移概率依次列出并逐个相加,直到相加的和不小于 $1-c$(c 为置信度)为止,等于或超过 $1-c$ 的第一个联合转移概率所对应的信用资产组合的价值就是我们所要找的目标,不妨记作 $V_{i_0 j_0}$,则实际分布下对应于置信度 c 的 VaR 为:$CVaR = \overline{V} - V_{i_0 j_0}$,其中 $\overline{V}$ 是信用资产组合价值的均值,由(4.6.8)式给出。

由于信用资产组合价值的实际分布存在着左偏和尖峰厚尾等问题,所以人们按正态分布情形计算出的某置信水平的受险价值量 VaR,一般都大大低于实际分布下同一置信水平的值。

(五) N 项信用资产组合的 VaR 计算

当将信用资产组合中的风险由两笔扩展到 $N(N>2)$ 笔时,从理论上来说,完全可以仿照两笔信用资产组合的计算方法去进行。但是,随着 N 的增加,计算将变得越来越复杂。假设 $N=5$,有 8 个信用评级,则要计算 8^5 个联合信用等级转移概率和其对应的 8^5 个信用资产组合的价值,这在实践中很难实现。于是,我们需要寻求其他可行的方法来解决。

当假设 N 项信用资产组合的价值服从正态分布时,我们只要求出 N 项信用资产组合价值的方差或标准差即可。我们用 $(V_1, V_2, \cdots, V_N)$ 表示 N 项信用资产价值的组合,则 N 项信用资产组合价值的方差为

$$\sigma_P^2 = \sigma^2(V_1 + V_2 + \cdots + V_N) = \sum_{i=1}^{N} \sigma^2(V_i) + 2 \sum_{i=1}^{N-1} \sum_{j=i+1}^{N} \text{Cov}(V_i, V_j) \quad (4.6.10)$$

(4.6.10)式中的 $\sigma^2(V_i)$ 可用各个单项信用资产的方差计算公式(4.6.3)得到,而 $\text{Cov}(V_i, V_j)$ 则可根据两笔信用资产组合的方差计算公式(4.6.8)求得。最后,利用公式(4.6.9)计算得到一定置信度下 N 项信用资产组合的 VaR。

我们前面已经多次提到,一般情况下信用资产组合的价值并不服从正态分布。此时,我们可以根据每笔信用资产的评级转移概率和信用资产之间的相关系数,运用 Monte Carlo 方法来模拟 10 000 次或者更多次 N 项信用资产组合的价值,然后,得到对应于一定置信水平下 N 项信用资产组合的 VaR。利用 Monte Carlo 方法的具体步骤以及应用时的优缺点,请参见第三章中的第七节。

(六) 信用资产组合的边际风险度量

除了可以对信用资产组合进行整体分析以外,CreditMetrics 模型还可以用来考察单项资产对资产组合的边际风险影响,从而可以利用单个资产的边际风险贡献量来对组合进行积极管理,使组合的风险—收益达到最佳状态。

假设有一个 N 项信用资产组合,考察其中的一笔 B 级信用资产的情况。该 B 级信用资产对组合的边际风险,事实上也是该 B 级资产在组合中的总风险,即

$$\begin{aligned}&\text{B 级资产对组合的边际风险}\\&=\text{含某 B 级资产的 } N \text{ 项信用资产组合的总风险}-\genfrac{}{}{0pt}{}{\text{不含该 B 级资产后余下的}}{N-1 \text{ 项信用资产组合的总风险}}\end{aligned}$$

其中,单项信用资产的风险和信用资产组合的风险可利用上文介绍的 CreditMetrics 方法计算得到。

实证研究结果表明,单项信用资产的总风险总是不小于该笔资产对组合的边际风险,或者说不小于该笔资产在组合中的总风险,所以贷款组合可以降低风险,管理人员可以借此管理信用风险。

三、CreditMetrics 模型的适用范围与优缺点评述

CreditMetrics 模型的最大优点在于其框架具有广泛的兼容性,它既可以用于度量贷款、债券等传统工具的信用风险,又可以度量贷款承诺、由市场因素驱动的诸如互换、远期等较为复杂的现代金融工具的信用风险。当然,在考察现代信用工具的风险时,除了前文提到的几个传统变量外还要引入其他变量或参数,例如,在贷款承诺的风险度量中,要考虑贷款额度使用部分和未使用部分的比例以及使用部分的风险价差和未使用部分的费用随债务人信用等级变化而产生的变化;在度量由市场因素驱动的金融工具的信用风险时,要深入了解风险暴露的有关情况。另外,借助于 CreditMetrics 模型,可以使信用风险管理者更有针对性地搜集、处理有关信息,提高识别、度量和管理信用风险的能力;可使风险管理职能部门能更准确地评估各业务部门信用风险管理的效绩,并在此基础上更有效地配置信用风险资产。

但是,CreditMetrics 模型也存在着一些缺陷和不足,主要表现在:

(1) 应用该模型对信用资产组合的远期价值的估算,本质上是以远期利率期限结构为基础的,或者说是建立在对远期信用价差正确估计的基础之上的。但是,在估算过程中该模型忽略了远期信用价差的随机性。

(2) 模型中的违约率实际上是用过去的统计数据得到的平均历史违约率,不能很好地体现目前和之后的宏观经济状况、市场风险等因素的影响,而且不能适时地进行调整。另外,往往假定处于同一信用等级的债务人,无论行业如何、资产规模有多大,他们的信用等级转移矩阵都是相同的。

(3) 违约回收率或违约损失率的正确与否,决定了能否准确估计违约时信用资产组合的价值。同所有其他信用模型一样,在 CreditMetrics 模型中所使用的违约回收率或违约损失率的可靠性,也缺乏理论基础和验证,尤其对期限长、信用评级低的债券的违约回收率或违约损失率的估计误差将更大。

(4) 模型常常假设信用等级的变化是独立的。事实上,信用资产的等级变化有关联性,同一行业、同一地区的企业关联性将更大一些。例如,在经济萧条时期,大部分信用资产的信用价值变小、信用等级降低。

(5) 信用资产的价值或收益一般不服从正态分布,同时,CreditMetrics 模型对资产价值或收益的实际分布的确定还有待进一步研究和改进。

(6) 该模型假定公司资产收益率之间的相关系数可以用公司股票收益率之间的相关系数来替代,模型的计算结果对这一假定的敏感性和依赖性都很高,但目前该假设缺乏充分的理论基础和验证。

上述缺陷的存在,极大地限制了 CreditMetrics 模型的有效性和适用性,这也是要进一步研究、改进的地方。

四、基于条件信用等级转移的宏观模拟模型:信用组合观点

信用等级概率假定在不同借款人之间以及商业周期不同阶段之间皆是稳定的,这显然与事实不符。实证结果表明,银行控股公司的所有贷款组合中有大量贷款可能低于所标明的投资级别,而且信用等级的转移受经济状况好坏的影响很大,尤其是低质量信用资产对商业周期的状况更是高度敏感。为此,在计算信用资产组合的受限价值时,应该考虑宏观经济因素所产生的影响。麦肯锡公司的信用组合观点就是在此背景下提出来的,而且也恰巧弥补了上节所提到的应用 CreditMetrics 模型的第二个缺陷。

信用组合观点的核心内容和最大创新,同时也是与 CreditMetrics 模型的不同之处,就在于我们在本章第四节已经详细介绍的对条件信用等级概率的估算和使用上。至于利用信用组合观点去计算信用资产组合的受险价值的步骤,除了使用条件信用等级转移矩阵来替代无条件信用等级转移矩阵以外,完全仿照 CreditMetrics 模型的计算方法即可。

信用组合观点模型主要适用于投机级债务人,而不太适合于投资级债务人。因为投资级债务人的违约率相对稳定,而投机级债务人的违约率会受周期性宏观经济因素的影响而剧烈变动,所以要根据宏观经济状况适时调整违约概率及其对应的信用等级转移矩阵。

信用组合观点模型将宏观经济状况纳入模型中,用于模拟信用事件的信用风险,其优点是显而易见的。但同时,该模型也存在着一些局限性。

(1) 该法要求每个国家、甚至每个国家内的每个产业部门都要有完备可靠的违约数据,这显然是很难实现,退一步来说,即使能够实现,但如果模型中所包含的行业越多,关于违约事件的信息就会相对变得越少,这也将不利于条件违约概率的确定,并影响模型的应用效果。

(2) 模型没有考虑诸如债务的剩余期限及其对债务偿还情况等微观经济因素的影响,而是完全依赖宏观经济因素来决定信用等级转移概率,这有点过于武断和片面。

(3) 模型对企业信用等级变化所进行的调整,容易受银行在信贷方面积累的经验和对信贷周期的主观认识等人为因素的影响,从而有可能降低调整后模型的客观性、可信性。

(4) 模型有可能受到调整信用等级转移矩阵的特定程序的限制,而且也无法判定在实践中是否一定比简单的贝叶斯模型[①]表现更好。

---

① 贝叶斯模型是基于银行内部的经验数据和对信用周期阶段的内部评价来修正信用等级转移矩阵的。当然,由于公司资产的市场价值依赖于经济变动的情况,所以这两种方法既有相关性又有互补性,未来的发展方向应是将两种方法结合起来得到信用等级转移矩阵。

第七节　基于市场价值的违约模型(DM)：KMV 模型

自从 Merton(1974)提出运用期权定价理论对风险债券和贷款等非交易性信用资产进行观测和估值的模型以后，Merton 的思想和模型得到了不断推广和扩展，其中最著名的就是 KMV 公司发展的信用监控模型(credit monitor model)，也称为 KMV 模型，该方法运用期权定价思想，通过可观测的公司股市价值来推测公司资产价值以及资产收益的波动性等，据此估计公司的违约概率。KMV 方法的基本思想是，债务人的资产价值变动是驱动信用风险产生的本质因素，所以只要确定了债务人资产价值变动所遵循的规律和模型(例如服从某个随机方程)，就可实现估计违约率的目的。

KMV 方法最适用于上市公司，首先由股票市场公开的数据和信息来确定公司权益的价值，再据此确定公司资产的价值，进而估计违约率。当然，KMV 模型是建立在债务人公司股票价格被正确评估的基础之上的。如果不能正确评估股票价格或者股票市场处于非正常情形时，基于 KMV 模型的结论就可能产生较大偏差。下面将详细介绍 KMV 方法。

一、基于 Merton(1974)公司债务定价思想的 KMV 方法

关于 Merton(1974)公司债务定价模型和思想，我们在前文已多次介绍和应用过，这里不再赘述。

KMV 方法包含三个主要内容，也是用以计算预期违约率的三个基本步骤：第一，公司资产价值和资产收益率波动性的估计；第二，违约距离的计算；第三，利用违约距离推导出预期违约率。

(一) 资产价值和资产收益率波动性的估计

本节将给出如何运用可观测的公司所有者权益，来估计非观测的公司资产价值和波动性。

事实上，公司的所有者权益本质上是对公司资产的或有索偿权。当债务到期时，公司资产价值 V_T 大于借款 D，公司偿还债务以后，股权所有者将保有资产的剩余价值 V_T-D，而且公司资产价值越大，股权所有者所保有的资产剩余价值就越大；否则，公司的股权所有者将无法偿还贷款，在经济上失去清偿能力。因此，我们可以将公司股权所有者持有的股权价值 S_t 看作是一份执行价格为 D 的公司资产的欧式看涨期权。于是，只要确定了资产价值服从的随机方程，就可以利用期权定价方法得到股权价值。用一般形式表示，股权价值 S_t 可用下式估值。

$$S_t = h(V_t, \sigma_V, r, D, \tau) \tag{4.7.1}$$

即股价 S 由公司资产价值 V、公司资产收益率的波动系数 σ_V[①]、无风险利率 r、负债 D 和到期

---

① 须注意的是，公司资产收益率的波动系数与公司资产价值的波动系数具有不同的含义，但两者可以相互推导出。

期限 τ ($\tau = T - t$，T 为到期日，t 为当前时刻)决定,其中参数 S, r, D, τ 的值可以通过市场直接观察到。显然,要确定 V 和 σ_V，还需要另外一个关系式。KMV 公司找到了可观察到的公司股票收益率的波动系数 σ_S 和不可观察到的公司资产收益率的波动系数 σ_V 之间的关系式,可用一般形式表示为

$$\sigma_S = g(\sigma_V) \tag{4.7.2}$$

从理论上来看,利用(4.7.1)式和(4.7.2)式即可求解 V 和 σ_V。问题是函数 $h(\cdot)$ 和 $g(\cdot)$ 的具体形式应如何确定呢?

关于 $h(\cdot)$ 的确定,最简单的方式就是给出与本章第二节相同的假设:公司资产由权益和负债两部分构成;资产的市场价值服从几何 Brown 运动等。于是,直接运用 Black-Scholes 期权定价公式可得

$$S_t = \Phi(d_1)V_t - De^{-r\tau}\Phi(d_2) \tag{4.7.3}$$

$\Phi(d_1), \Phi(d_2)$ 类似于(4.2.9)式中的定义,只是要将(4.2.9)式的参数 d_1, d_2 公式中的初始时刻 0 换为 t、到期期限 T 换为 $\tau (= T - t)$ 即可。

关于 $g(\cdot)$ 的确定,可利用股权价格关于资产价值的弹性 $\eta_{S,V}$ 公式得到,即有

$$\eta_{S,V} = \frac{\Delta S}{S} \Big/ \frac{\Delta V}{V} \Rightarrow \frac{\Delta S}{S} = \eta_{S,V} \frac{\Delta V}{V}$$

由于 σ_S、σ_V 分别表示公司股票收益率和资产收益率的波动系数,所以由上式可得

$$\sigma_S = \eta_{S,V}\sigma_V \tag{4.7.4}$$

根据弹性 $\eta_{S,V}$ 的公式和(4.7.3)式可得 $\eta_{S,V} = \frac{\partial S}{\partial V}\frac{V}{S} = \Phi(d_1)\frac{V}{S}$，利用(4.7.3)式和(4.7.4)式即可计算 V 和 σ_V。

(二) 违约距离(DD)的计算

当假定公司资产价值服从几何 Brown 运动时,前文实质上已经给出了违约距离(DD)的计算方法。我们曾在第二节中讨论过,在 T 时公司资产价值低于总债务值时的概率,并非准确的违约率,需要求出 T 时的违约临界值,此处仍记为 V_{DEF}。KMV 公司将违约临界值设定为短期负债 STD 加长期负债 LTD 的一半。然后,完全仿照(4.2.4)式推导,可得到违约距离 DD 为

$$DD = \frac{\ln(V_t/V_{DEF}) + \left(\mu_V - \frac{\sigma_V^2}{2}\right)\tau}{\sigma_V\sqrt{\tau}} \tag{4.7.5}$$

其中:T 为到期日;t 为当前时刻;$\tau = T - t$；V_t 为资产当前的市场价值;μ_V 为资产的预期收益率;σ_V 为资产收益率的波动系数。

由于公司资产价值并不一定服从几何 Brown 运动,公司资本结构的简化也会导致估测的失真,所以 KMV 公司给出了一个直接计算违约距离的方法,即

$$DD = \frac{V_T - V_{DEF}}{\sigma} \qquad (4.7.6)$$

其中：V_T 表示 T 时的预期资产价值；V_{DEF} 仍为 T 时的违约临界值；σ 表示 T 时段内资产价值的波动系数①。

（三）基于违约距离的预期违约率（EDF）的计算

当假定公司资产价值服从几何 Brown 运动时，类似于(4.2.3)式的推导，将利用(4.7.5)式得到的违约距离 DD 代入累积标准正态分布函数 $\Phi(\cdot)$ 中，即得预期违约率 $EDF = \Phi(-DD)$。

下面给出对应于(4.7.6)式违约距离计算 EDF 的更一般方法，有两种方法：一是基于资产价值分布（例如正态分布）的 EDF 的计算，称为理论 EDF；一是基于历史违约数据的 EDF 的计算，称为经验 EDF。

关于理论 EDF 的计算步骤如下：假设某公司年初的违约距离 DD 为 2.33，且公司资产价值分布服从正态分布。于是，我们知道，若该企业下一年违约，那么资产价值将在违约临界值 V_{DEF} 的基础上下降 2.33 个标准差。也就是说，公司在下一年资产价值将在违约临界值 V_{DEF} 的基础上降低 2.33 个标准差的概率为 $\Phi(-DD) = \Phi(-2.33) = 1\%$，该概率即为理论违约率。

关于经验 EDF 的计算步骤如下：假设拥有大量的企业违约与不违约的历史数据和信息，可以估计出期初在某给定违约距离 DD 的所有企业中，在期末 T 时后实际发生违约的企业比例数，即

$$经验 EDF = \frac{期初违约距离为 DD、期末发生违约的企业数目}{期初违约距离为 DD 的企业总数} \qquad (4.7.7)$$

例如，某公司当前资产的市场价值为 $V_0 = 1\,000$ 万美元，资产的每年增长率预计为 20%，公司资产价值的波动性为 100 万美元，公司 1 年后的违约临界值为 967 万美元，于是

$$DD = \frac{1.2V_0 - 967}{100} = \frac{1\,200 - 967}{100} = 2.33$$

假设共有 5 000 个 DD 为 2.33 的企业，在一年后有 50 个企业违约，则

$$经验 EDF = \frac{50}{5\,000} = 0.01 = 1\%$$

二、预期违约率(EDF)与评级

表 4-25 给出了 EDF 与标准普尔、穆迪以及瑞士银行评级体系之间的关系。表 4-26 给出的则是 KMV 公司基于违约率而不是评级等级建立的信用等级转移矩阵。

---

① 请注意，(4.7.6)式中的 σ 与(4.7.5)式中的 σ_V 含义不同，但两者可以相互推导出，前面已说明过。

表 4-25 EDF 与风险评级公司评级①

EDF	标准普尔	穆迪	瑞士银行
2—4 个基本点	≥AA	≥Aa2	C1
4—10 个基本点	AA/A	A1	C2
10—19 个基本点	A/BBB+	Baa1	C3
19—40 个基本点	BBB/BBB+	Baa3	C4
40—72 个基本点	BBB−/BB	Ba1	C5
72—101 个基本点	BB/BB−	Ba3	C6
101—143 个基本点	BB−/B+	B1	C7
143—202 个基本点	B+/B	B2	C8
202—345 个基本点	B/B−	B2	C9

表 4-26 KMV 公司基于 EDF 的 1 年期信用等级转移矩阵②

初始评级	在年末的评级(%)							
	AAA	AA	A	BBB	BB	B	CCC	违约
AAA	66.26	22.22	7.37	2.45	0.86	0.67	0.14	0.02
AA	21.66	43.04	25.83	6.56	1.99	0.68	0.20	0.04
A	2.76	20.34	44.19	22.94	7.42	1.97	0.28	0.10
BBB	0.30	2.80	22.63	42.54	23.52	6.95	1.00	0.26
BB	0.08	0.24	3.69	22.93	44.41	24.53	3.41	0.71
B	0.01	0.05	0.39	3.48	20.47	53.00	20.58	2.01
CCC	0.00	0.01	0.09	0.26	1.79	17.77	69.94	10.13

KMV 公司基于 EDF 给出的信用等级转移矩阵（即表 4-26）与标准普尔基于评级给出的信用等级转移矩阵（见表 4-16）中的数据差异很大。比较表 4-26 和表 4-16 可以看出：除了 AAA 级以外，KMV 估计的违约率比标准普尔要低，对低信用级别的债务人来说尤其如此；KMV 估计的各级别 1 年后评级不变的概率也比标准普尔小得多；KMV 计算出的信用转移概率要比标准普尔高得多。上述差异对信用风险 VaR 的计算将会有

---

① 该表引自 Micheal Crouhy 等著，曾刚译(2005)。
② 资料来源于 Micheal Crouhy 等著，曾刚译(2005)。

很大的影响。

出现的上述差异主要是因为 KMV 估计方法和外部评级机构估计方法的差异。由于评级机构的评级调整需要一定的时间,而 KMV 则根据债务人公司股票价格的变化随时对违约率和信用等级转移概率作出调整。所以,在外部评级机构估计的信用等级转移概率矩阵中,维持原有评级不变的概率自然就大于实际信用评级不变的概率。于是,为保证信用等级转移矩阵每行概率的和为 1,在原有评级不变的概率和违约率都被高估的情况下,基于评级给出的信用等级转移概率必定很小。

三、KMV 的信用资产组合管理方法

我们在前文已提到过,运用资产组合选择理论管理信用资产组合的基本障碍在于:大多数贷款和债券等非交易性信用资产都存在着收益分布的非正态性、收益的非观测性以及信用资产之间相关系数的非观测性等问题。在本节中,我们将介绍能够用以解决上述问题的 KMV 资产组合管理方法。

（一）信用资产收益率的估计

在缺少信用资产收益的历史数据和信息时,要计算给定时间范围内信用资产(例如贷款)组合中第 i 种信用资产的预期收益率 R_{it},可以用下面公式

$$R_{it} = （价差_i + 收费_i） - （预期损失率_i）①$$
$$= （价差_i + 收费_i） - (EDF_i \times LGD_i) \qquad (4.7.8)$$

其中,收益率的第一部分是这项信用资产的收益率超过某基准利率(如伦敦同业拆借率 LIBOR)的那部分价差,再加上预期给定时间段内(如 1 年)可直接从这项资产中赚取的各项收费,然后再减去该信用资产的预期损失率,即 $EDF_i \times LGD_i$。关于预期违约率 EDF_i,可运用第七节中的 KMV 模型来计算;至于违约损失率 LGD_i 的估计,可运用本章第二节的方法来进行,也可以直接利用银行内部的数据库来计算。

（二）信用资产风险的计量

信用资产(例如贷款)组合中第 i 种信用资产的风险,可以用信用资产损失率的标准差,即未预期损失率 RUL_i 来度量,RUL_i 反映了信用损失率的不确定性程度。至于未预期损失率 RUL_i 的计算,我们已经在第二节第三部分中给出,只不过要将 RUL_i 的计算公式中 η_i 的概率用本节 KMV 模型来计算的预期违约率(EDF_i)替代即可。

（三）相关性的观测

关于信用资产组合中任何两种资产(例如 i 和 j)之间的相关系数 ρ_{ij} 的估计,可以应用第六节中基于多因素股票收益率模型的相关系数的计算方法得到。

---

① 这里的价差和收费都是用比率指标表示的。

（四）信用资产组合的风险计量与边际风险贡献量分析

设信用资产组合为 $X = (x_1, \cdots, x_n)^T$，$x_1 + x_2 + \cdots + x_n = 1$。利用上节计算出的资产 i 和资产 j 之间的相关系数 ρ_{ij}，就可以得到信用资产组合 X 的协方差矩阵 $\sum = \left(\sum_{ij}\right)_{n \times n}$，其中 $\sum_{ij} = RUL_i \rho_{ij} RUL_j$，进而得到信用资产组合 X 的风险或未预期损失 UCL

$$UCL = \sqrt{X^T \sum X} \tag{4.7.9}$$

利用(4.7.9)式可以得到第 i 种信用资产的边际风险贡献量 MRC_i：

$$MRC_i = x_i \frac{\partial UCL}{\partial x_i}$$

边际风险贡献 MRC 反映了信用资产组合风险对资产权重变化的敏感性，而且资产组合中所有资产的 MRC 的和等于 UCL。银行可以用第 i 个借款人的边际风险贡献来确定是否向该借款人发放贷款、发放额度以及发放贷款所需要的经济资本等。

总之，有了上述工作，我们就可以运用已成熟的资产组合的原理和方法，选择最优的信用资产组合，有效地分散信用风险[①]。

四、KMV 模型适用范围与优缺点评述

KMV 模型利用期权定价思想，通过可直接观测到的上市公司的股价 S 和股票收益率的波动性 σ_S，估计出不能直接观测到的该公司资产价值和资产收益率的波动性，在此基础上推算出企业的预期违约率 EDF。由于 KMV 模型中上市公司的股价 S 和股票收益率的波动性 σ_S 可以根据股市的交易数据随时进行调整，从而在每个交易时刻都可以得到该上市公司的新的预期违约率 EDF，所以该模型具有很高的灵敏度和适用性等特点。实证研究也证实了上述特点，这主要体现在以下三个方面。

(1) 在债务人的信用评级开始恶化之前，其 EDF 就呈上升趋势；而以会计为基础估算的违约率或以信用评级为基础估算的违约率则往往需要至少本周期结束后才能得到调整，因而不能及时反映信用评级变化的情况。通过比较可以看出，运用 KMV 模型计算的 EDF 更具有前瞻性。

(2) 与以信用评级为基础的风险度量模型如 CreditMetrics 模型相比，KMV 公司的 EDF 在短期内具有更好的预测性，但在超过两年以上的时间段内则没有优势。EDF 的计算是以当前时刻的股价 S 和股价变化的模型（或随机方程）为基础的，所以当前时刻的股价体现了 KMV 模型在短期内的适时性和预测性；而股价变化的模型（或随机方程）则是从目前和历史数据及信息中归纳出的股价随经济周期等因素变化的规律，这与标准普尔公司和穆迪公司的评级完全依赖过去 20 年以上的违约历史数据的情形有相似和交叉之处，所以在较长的时间段

---

① 具体讨论可参见本章第六节第一部分。

内 KMV 公司的 EDF 预测没有特别优势。

(3) KMV 模型既可以用于股票交易高度活跃的发达股票市场,也可以用于不太发达的新兴市场。这是由于许多交易量不大的股票常常为那些联系相对紧密的股东所持有,所以股价的变动更能反映"内部人"的主要交易,并载有企业未来前景的大量信息。

当然,该模型也有一些要进一步改进的地方。

(1) 利用期权定价方法可以求解公司资产价值和波动率,但对结果的精确性缺乏有效的检验方法。

(2) 在 KMV 模型的应用过程中,一直假定公司的债务结构是静态不变的,这通常与事实不完全符合。

(3) 假定负债企业的资产价值呈对数正态分布,这与实际情况也不完全相符,从而会影响模型应用时的准确性。

(4) 运用该模型对经验 EDF 的估计一般要依赖大量违约的历史数据,历史数据的完备性、可靠性等会影响预测 EDF 的准确性,而且大量历史数据的收集、储存、处理等需要付出很大的成本。

(5) 该模型本质上只考虑违约和非违约两种状态,属于违约模型(DM)。目前,KMV 公司已对此做了些改进,开始提供盯市模型(MTM)的版本。

第八节 基于财险精算方法的违约模型(DM):CreditRisk$^+$ 模型

在财产保险精算思想和方法的启发下,瑞士信贷银行金融产品部(Credit Suisse Financial Products,CSFP)开发出了信贷风险模型,记为 CreditRisk$^+$ 模型,也称为 CSFP 信用风险附加法。

该模型只考虑违约或不违约两种状态,同时假定违约率是随机的,并以此为前提度量预期损失、未预期损失及其变化,而 CreditMetrics 模型得到的是预期价值、未预期价值及其变化。所以,CreditMetrics 模型是一个盯市模型(MTM),而 CreditRisk$^+$ 模型则是一个违约模型(DM)。

一、基本原理和模型

CreditRisk$^+$ 模型的基本思想来源于财产保险(例如住房火灾保险)方法。先考察已投保火灾险的房屋,其实每处房屋被烧毁的概率是很小的,而且一般情况下不同处房屋烧毁事件之间是相互独立的。然后,再观察诸如抵押贷款和小企业贷款等许多类型的贷款,这些贷款的违约风险也具有类似的特点,即每笔贷款具有很小的违约概率,而且每笔贷款的违约独立于其他贷款的违约,这个特点恰好符合 Poisson 分布的特征。瑞士信贷银行金融产品部首先意识到了贷款违约事件的上述特点及其 Poisson 分布的特征,据此创立了 CreditRisk$^+$ 模型。利用

CreditRisk$^+$模型可得到贷款组合的损失分布情况。对 CreditRisk$^+$模型及其应用程序,我们下面将给予详细介绍。

(一) 贷款违约事件的描述与违约损失或风险暴露的估计

众所周知,债务人违约所导致的损失不仅取决于贷款违约的可能性,同时还与违约后损失的严重程度有关。CreditRisk$^+$模型同时将这两种情况考虑在内。

CreditRisk$^+$模型关于贷款违约事件的描述如下。

(1) 债务人的违约行为是随机的,违约概率为 P。

(2) 对大量的债务人而言,单个债务人违约的概率很小,而且每个债务人的违约行为与其他债务人的违约行为无关。

(3) 所有债务人在一个时期发生的违约数量与另一个时期的违约数量无关。

(4) 给定期间内,违约的概率分布服从 Poisson 分布,即

$$P(n \text{ 个债务人违约}) = \frac{\lambda^n e^{-\lambda}}{n!} \qquad (4.8.1)$$

其中,λ 为给定期间(例如 1 年)内的平均违约数,可根据历史数据估计。根据 Poisson 分布可知,给定期间内的违约数 n 为一个随机变量,其均值和方差均为 λ。

关于债务人违约后损失的严重程度,我们用违约损失或风险暴露来计量,违约损失或风险暴露等于违约损失率 LGD 和信用暴露(CE)的乘积①。可估计出所有贷款的违约损失或风险暴露。

(二) 风险暴露频段分级法

我们以 N 笔贷款构成的组合为例,具体介绍频段分级法。

第一,先根据所有贷款的风险暴露情况设定风险暴露频段值,记为 L,例如可以取 $L=2$ 万美元作为一个频段值。

第二,用 N 笔贷款中最大一笔贷款风险暴露值除以频段值 L,将计算数值按照四舍五入凑成整数,称为风险暴露的频段总级数,设为 m,于是就得到 m 个风险暴露频段级②,依次为 $v_1, v_2, \cdots, v_m$,v_i 所对应的风险暴露量为 L_i。

第三,将每笔贷款的风险暴露数量除以频段值 L,再按照四舍五入的规则将计算数值凑成整数,然后将该笔贷款归类到该整数值所对应的频段级,类似地,可将所有贷款归类。

例如,假设有 100 笔贷款,其中最大一笔贷款为 11 万美元,选频段值 $L=2$ 万美元,按照上述方法可得到风险暴露的频段级数 $m=6$,于是,得到 6 个风险暴露频段级,依次为 v_1, v_2, v_3, v_4, v_5 和 v_6,各级所对应的风险暴露数量分别为 2 万美元、4 万美元、6 万美元、8 万美元、10 万美元、12 万美元。对于其中一笔 4.6 万美元的贷款,按照上述计算方法,可归类到频段级 v_2,该频段级所对应的风险暴露数量为 4 万美元;对于一笔 7.6 万美元的贷款,可归类到频段级 v_4,该频段级所对应的风险暴露数量为 8 万美元。

---

① 关于违约损失或风险暴露以及违约损失率 LGD 的计算,我们已在前文介绍过。
② 显然,频段值 L 越小,频段总级数 m 就越大,此时每笔贷款归类时估算的风险暴露的精确度就越高。

（三）各个频段级的贷款违约概率分布及损失分布

假设处于 υ_i 频段级的贷款的平均违约数为 λ_i，同时设将 N 笔贷款划级归类后处于 υ_i 频段级的贷款数目为 N_i，显然 $N_1 + N_2 + \cdots + N_m = N$。于是，按照(4.8.1)式可求出处于 υ_i 频段级的 N_i 笔贷款中有 j 笔违约的概率 $P_i(j)$ 及其对应的预期损失 $EL(i, j)$，即

$$P_i(j) = \frac{\lambda_i^j e^{-\lambda_i}}{j!}, EL(i, j) = jL_i \frac{\lambda_i^j e^{-\lambda_i}}{j!}, j = 0, 1, 2, \cdots, N_i \quad (4.8.2)$$

其中：$L_i = L \cdot i$ 为 υ_i 频段级对应的风险暴露数；L 为频段值。于是，我们就可以得到处于 υ_i 频段级的违约概率分布及其对应的损失分布。

（四）N 笔贷款组合的违约概率和损失分布

求出各个频段级的贷款违约概率及预期损失后，要加总共 m 个风险暴露频段级的损失，以得到 N 笔贷款组合的损失分布。

首先要考虑各种预期损失可能的结合来计算概率。假设 N 笔贷款中处于 υ_i 频段级的违约数为 n_i，这样得到一个依次对应于 m 个频段级的违约组合 $(n_1, n_2, \cdots, n_m)$，于是，根据 $L_i = L \cdot i$ 可计算出该违约组合对应的风险暴露量为

$$L_1 n_1 + L_2 n_2 + \cdots + L_m n_m = nL$$

其中，$n = n_1 + 2n_2 + \cdots + mn_m$ 为大于或等于0的正整数。根据贷款违约事件的独立性假设和(4.8.2)式，我们可得到对应于违约组合 $(n_1, n_2, \cdots, n_m)$ 的 N 笔贷款组合的违约概率为

$$P_n(n_1, n_2, \cdots, n_m) = \prod_{i=1}^{m} \frac{\lambda_i^{n_i} e^{-\lambda_i}}{n_i!} \quad (4.8.3)$$

我们用 G 表示满足 $n_1 + 2n_2 + \cdots + mn_m = n$ 的所有不同的违约组合 $(n_1, n_2, \cdots, n_m)$ 的集合，即

$$G = \{(n_1, n_2, \cdots, n_m) \mid n_1 + 2n_2 + \cdots + mn_m = n, n_1, n_2, \cdots, n_m = 0, 1, 2, \cdots\}$$

则由贷款违约事件的独立性假设和(4.8.3)式知，N 笔贷款组合的风险暴露或违约损失 $=nL$ 的概率及其对应的预期损失分别为

$$P(损失 = nL) = \sum_{(n_1, n_2, \cdots, n_m) \in G} P_n(n_1, n_2, \cdots, n_m), \quad EL_n = nL \times P(损失 = nL)$$

(4.8.4)

其中，$n = 0, 1, 2, \cdots$ 于是，通过(4.8.4)式就可以得到 N 笔贷款组合的违约概率和损失分布。

（五）N 笔贷款组合的预期损失、未预期损失和资本要求

根据上步计算的 N 笔贷款组合的违约概率分布及其损失分布，可估计出 N 笔贷款组合的预期损失和给定置信度 c 下的最大损失，即为未预期损失。置信度 c 下的未预期信用损失与预期信用损失的差额即为经济资本。

经济资本也可以作为监管机构对银行的资本要求。银行应按照既定置信度 c 持有可防范

未预期损失的资本准备金,以确保将银行在给定时间段内遭受超过资本准备金损失的可能性限定在 $1-c$ 的范围内。

引例

CreditRisk$^+$模型的应用举例

考察一家银行 100 笔贷款的情况。为清楚起见,假设按照上节的应用程序可将风险暴露的频段值选定为 $L=2$ 万美元,共有两个风险暴露的频段级,分别记为 υ_1 和 υ_2,即把风险暴露数量接近于 2 万美元的所有贷款归到频段 υ_1,把风险暴露数量接近于 4 万美元的所有贷款归到频段 υ_2。

第一步,计算 100 笔贷款在各自频段级的违约率和预期损失分布。假设在两个频段级,贷款违约的平均数目皆为 $\lambda=3$,违约数 n 服从(4.8.1)式的 Poisson 分布,例如,$P(违约数=3)=\dfrac{e^{-3}3^3}{3!}=0.224$,$P(违约数=8)=\dfrac{e^{-3}3^8}{8!}=0.008$;$\upsilon_1$ 频段内对应的损失分别为 6 万美元和 16 万美元。这样我们就可以分别得到频段级 υ_1 和 υ_2 的对应于违约数目的违约率分布和对应于违约率的损失分布,见表 4-27。

表 4-27 违约概率列表

n	概 率	累积概率	处于 υ_1 的损失量(万美元)	处于 υ_2 的损失量(万美元)
0	0.049 787	0.049 789	0	0
1	0.149 361	0.199 148	2	4
2	0.224 042	0.423 19	4	8
3	0.224 042	0.647 232	6	12
⋮	⋮	⋮	⋮	⋮
8	0.008 102	0.996 197	16	32

从表 4-27 中可以看出,频段级 υ_1 中的贷款组合的预期损失为 6 万美元,近似地可找到 99% 置信水平下的最大可能损失额为 16 万美元,则贷款的未预期损失为 $16-6=10$ 万美元。对频段级 υ_2 的情况可类似得到。

第二步,利用(4.8.3)式和(4.8.4)式,通过两种贷款可能的结合来计算违约概率,将两种损失分布加总。具体计算贷款组合的违约率的方法见表 4-28。

表 4-28 加总后贷款组合的违约率计算

$2n$(万美元)	违约组合(n_1, n_2)	违约率 $P(损失=2n)$
0	(0, 0)	$0.049\ 7 \times 0.049\ 7 = 0.002\ 5$
2	(1, 0)	$0.149\ 4 \times 0.049\ 7 = 0.007\ 4$

续表

$2n$(万美元)	违约组合(n_1, n_2)	违约率 $P(损失 = 2n)$
4	(2, 0), (0, 1)	$0.224 \times 0.0497 + 0.0497 \times 0.1494 = 0.0186$
6	(3, 0), (1, 1)	$0.224 \times 0.0497 + 0.1494 \times 0.1494 = 0.0335$
8	(4, 0), (2, 1), (0, 2)	$0.168 \times 0.0497 + 0.224 \times 0.1494 + 0.0497 \times 0.224 = 0.0530$
10	(5, 0), (3, 1), (1, 2)	$0.1008 \times 0.0497 + 0.224 \times 0.1494 + 0.1494 \times 0.224 = 0.0719$
⋮	⋮	⋮

表 4-28 中的 $2n$ 表示贷款组合的总风险暴露量,$n = 0, 1, 2, \cdots$ 按照与表 4-28 同样的方法可求出加总后贷款组合的其他违约概率。下面再利用(4.8.4)式可得到加总后贷款组合的违约概率和损失分布,见表 4-29。

表 4-29 加总后的贷款组合的损失分布

$2n$(万美元)	$P(损失 = 2n)$	累积概率	$EL_n = 2n \times P(损失 = 2n)$ (万美元)
0	0.0025	0.0025	0
2	0.0074	0.0099	0.0149
4	0.0186	0.0285	0.0742
6	0.0335	0.0620	0.2007
8	0.0530	0.1150	0.4236
10	0.0719	0.1869	0.7194
12	0.0889	0.2758	1.0668
14	0.0998	0.3756	1.3972
16	0.1194	0.4950	1.9104
18	0.1012	0.5962	1.8216
20	0.0928	0.6890	1.8560
22	0.0805	0.7700	1.7715
24	0.0665	0.8365	1.5968
26	0.0525	0.8890	1.3650
28	0.0398	0.9288	1.1144

续 表

$2n$(万美元)	P(损失 $= 2n$)	累积概率	$EL_n = 2n \times P$(损失 $= 2n$) (万美元)
30	0.028 0	0.956 8	0.840 0
32	0.020 1	0.976 9	0.643 2
34	0.013 6	0.990 5	0.462 4
36	0.009 0	0.999 5	0.324 0
⋮	⋮	⋮	⋮
			均值≈17.600 0

利用表 4-29 可求出两笔贷款组合的预期损失的近似值为 17.6 万美元，以及 99% 置信水平下的最大损失为 34 万美元，对应的未预期损失或经济资本为 16.4 万美元。对银行来说，这意味着在给定时间段内超过资本准备金 16.4 万美元的损失的可能性在 1% 以内。

二、CreditRisk$^+$ 模型适用范围与优缺点评述

CreditRisk$^+$ 模型可以替代 CreditMetrics 模型、KMV 方法，主要用来计算信用资产组合的损失分布和经济资本或资本要求。

CreditRisk$^+$ 模型只考虑违约或不违约两种状态，不像 CreditMetrics 模型一样还要考虑降级风险；也与 KMV 方法不同，CreditRisk$^+$ 模型不要建立违约风险与企业资产价值间的关系，对违约发生的原因也没有做任何假设，而是基于财险精算的思想直接假定债务人违约数量为服从 Poisson 分布的随机变量。因此，CreditRisk$^+$ 模型具有很多优势，主要表现在：首先，该模型的计算简单，便于实施；其次，该模型要求的估计量和数据输入较少，仅需要债务工具的违约和风险暴露的数据，因此模型的应用较为便捷；再次，该模型可以完整地推导出债券、贷款等信用资产组合的违约概率和损失分布。

当然，CreditRisk$^+$ 模型也存在局限性：

第一，该模型事实上蕴涵着利率是确定的假设，这意味着信用风险同市场风险水平没有关系，这显然与实际不符。

第二，与计算 VaR 的其他模型不同，该模型只考察违约所导致的信用资产组合的损失分布，而没有关注信用资产组合的价值变化；同时，该模型假定每一个债务人的风险暴露都是固定的，而且对该债务人的信用质量将来可能发生的变化不敏感，或者说对远期利率变动不敏感，因而忽略了"信用转移风险"。

第三，该模型假定各频段的违约率是固定的，忽视了各个频段级的违约率会受国家宏观经济等因素的影响并随时间而发生变化的可能性。

第四，与实际违约率相比，该模型利用 Poisson 分布所得到的平均违约率较低，所得到的损失分布也比实际的损失分布有较小的尾部，从而低估了违约率和损失。

其实，CreditRisk$^+$已意识到上述问题，并为此做了一些改进和修正：首先假设平均违约率服从一个期望为$\bar{n}$，标准差为$\sigma\sqrt{\bar{n}}$的Γ-分布随机过程，然后再用Poisson分布来描述违约过程。另外，对于诸如期权和外汇互换等非线性产品的处理也不能令人满意。

第九节 基于寿险精算方法的违约模型(DM)：死亡率模型

1989年，Altman和其他学者运用保险精算的思想，以贷款和债券组合及其在历史上的违约记录为基础，开发出死亡率模型，用以估计信用资产1年或边际死亡率MMR(marginal mortality rate)和多年或累积死亡率CMR(cumulative mortality rate)，再将边际死亡率和累积死亡率同违约损失率LGD相结合，得到预期损失和未预期损失的估计值。

一、基本原理和模型

（一）边际死亡率和累积死亡率的计算

关于边际死亡率MMR和累积死亡率CMR的定义、计算原理和方法，完全类似于本章第二节第一部分中的累积违约率CDR和边际违约率MDR，只要将CDR和MDR计算公式中债务的数目对应地换成债务的价值即可。

为清楚起见，以B级债券为例，简单介绍边际死亡率MMR和累积死亡率CMR的计算方法。第一年和第二年的边际死亡率MMR_1，MMR_2的计算方法分别为

$$MMR_1 = \frac{发行第一年里违约的B级债券总价值}{发行第一年里未偿还的B级债券总价值}$$

$$MMR_2 = \frac{发行第二年里违约的B级债券总价值}{发行第二年里未偿还的B级债券总价值}$$

依此类推，可得到MMR_3, ⋯, MMR_n。用w_i表示第i年发行的债券规模在整个n年内发行的债券总规模中所占的比例，则$\sum_{i=1}^{n} w_i = 1$。以w_i为权数可以计算n年内B级债券每年的平均边际死亡率$\overline{MMR}$，即

$$\overline{MMR} = \sum_{i=1}^{n} MMR_i \times w_i$$

用SR_i表示第i年的存活率，则有$MMR_i = 1 - SR_i$，则n年里累积死亡率为

$$CMR_n = 1 - \prod_{i=1}^{n} SR_i = 1 - \prod_{i=1}^{n}(1 - MMR_i)$$

（二）边际死亡率估计值的标准差和稳定性控制

由于一笔债务或者死亡或者生存下来，所以第 i 年的边际死亡率 MMR_i 的标准差 σ_i 可用下式估计，即

$$\sigma_i = \sqrt{\frac{MMR_i(1-MMR_i)}{N}} \qquad (4.9.1)$$

标准差 σ_i 反映了边际死亡率估计值的稳定性。为将边际死亡率估计值的稳定性保持在事先要求的置信区间内，我们可以通过增加债务数目来实现，即由(4.9.1)式得

$$N = \frac{MMR_i(1-MMR_i)}{\sigma^2} \qquad (4.9.2)$$

例如，设某一信用评级中债务的边际死亡率估计值 $MMR_i = 0.01$，要求边际死亡率的波动范围不大于边际死亡率估计值的 10%，即 $\sigma = 0.001$。而根据(4.9.2)式，该信用评级至少需要 $N = 9\,900$ 笔债务才能达到所要求的置信度，也就是说，至少需要 9 900 笔债务才能实现死亡率波动率不超过 10% 的目标。

（三）信用损失的计算

该模型假定各债务违约事件相互独立，相同信用等级的债务违约情况相同，而且不同类型债务的违约损失率也相互独立。在此假设下，先根据第一步计算出某一信用评级中债务的死亡率（也就是违约率），然后，运用第二节的方法，根据该信用评级中的债务所对应的违约损失率 LGD 以及风险暴露就可以算出某项债务或债务组合的预期信用损失和未预期信用损失。

二、对死亡率模型的评价

死亡率模型是从大量样本中统计出来的一个模型，采用的参数较少，并且违约概率可以通过查表直接得到，而不需要计算。因此，死亡率模型的应用和操作甚至比 CreditRisk$^+$ 模型还方便简单。但该模型也存在一些明显的缺点。

首先，该模型是运用历史数据来估计不同信用评级债务的边际死亡率、累积死亡率以及违约损失率 LGD，所以，要确保估计值的准确性，一般需要大量的历史数据，而单个商业银行常常无法实现。

其次，该模型假定各债务违约事件相互独立，相同信用等级的债务违约情况相同，而且不同类型债务的违约损失率相互独立，这一假定比较苛刻。也就是说，该模型没有考虑宏观经济环境变化以及不同债券的相关性对计算结果的影响，当然利用最新数据及时更新死亡率表可以降低上述影响，然而数据更新的工作量和计算量很大，难以实时实现。

另外，与 CreditRisk$^+$ 模型一样，该模型也忽略了"信用转移风险"，不属于充分估值的受限价值模型，仅考虑违约损失，而忽视了贷款价值变化。对于诸如期权和外汇互换等非线性产品的处理，同样不能令人满意。

第十节　不同信用风险度量模型的比较

CreditMetrics、CreditRisk$^+$、Credit Portfolio View、KMV 等四个模型是当今国际上最具代表性的、主要用于金融机构内部的信用风险度量模型。Saunders（1999）、Crouhy（2000）、巴塞尔银行监管委员会（Basle Committee on Banking Supervision）（1999）、Lopez 及 Saidenberg（2000）等对这些模型之间的异同作了许多比较分析，发现这些模型之间的实质差异并非像各自的表述形式那样差别很大。关于上述四个模型的比较主要集中在以下几个方面。

（1）风险界定的模式。CreditMetrics 模型主要通过考察债务人违约和信用级别升降变化所导致的债务价值变化来度量信用风险，被称为盯市（MTM）模型。Credit Portfolio View 模型可以看作是 Credit Metrics 模型的推广，所以也采用 MTM 模型。而 CreditRisk$^+$ 则只考虑违约和非违约两种状态，故称为违约模型（或 DM 模型）。KMV 模型本质上是 DM 模型，目前 KMV 公司也开始提供 MTM 版本。

（2）风险来源。在 KMV 与 CreditMetrics 模型中，风险主要来自企业资产未来的价值变化；在 CreditRisk$^+$ 模型中，风险主要来源于违约概率的预期水平及其波动；Credit Portfolio View 模型则主要考察因宏观经济指标变动所导致的风险。

（3）违约率的稳定性。在 CreditMetrics 模型中，违约概率被认为是相对稳定的；而在 CreditRisk$^+$、Credit Portfolio View、KMV 模型中，违约概率均被认为是变动的，只不过要服从不同的概率分布。

（4）信用事件的相关性。各模型均需要考察违约事件之间的相关性结构，以反映债务与主要风险因素的系统联系。

（5）违约损失率或回收率。在 CreditMetrics、Credit Portfolio View 以及新版的 KMV 模型中，贷款违约后的损失率或回收率是随机的；而简单的 KMV 模型以及在 CreditRisk$^+$ 中每一频段的损失率或回收率被看作是固定的。

（6）计算方法。CreditMetrics 模型对单项贷款的 VaR 计算可通过解析方法实现，但对大规模贷款组合的 VaR 计算则往往需要通过模拟技术来实现；Credit Portfolio View 模型也主要采用模拟技术和方法；由于 CreditRisk$^+$、KMV 模型的计算方法比较简单，则只需要解析技术就可实现。

为简便和清楚起见，借鉴菲利普·乔瑞（2004 年）的方式，将上述四个信用风险度量模型的基本特征总结在下列的表 4-30 中。

表 4-30　主要信用风险度量模型的比较

	CreditMetrics	CreditRisk$^+$	KMV	Credit Portfolio View
创始者	J.P.摩根	瑞士信贷	KMV	麦肯锡
模型类型	从下至上	从下至上	从下至上	从上至下

续 表

	CreditMetrics	CreditRisk$^+$	KMV	Credit Portfolio View
风险定义	市场价值(MTM)	违约损失(DM)	违约损失(DM/MTM)	市场价值(MTM)
风险来源	资产价值	违约率	资产价值	宏观因素
信用事件	信用级别变化/违约	违约	连续违约概率	信用级别变化/违约
概 率	无条件概率	无条件概率	条件概率	条件概率
波动性	常量	变量	变量	变量
相关性	来自股权	违约过程	来自股权	来自宏观因素
可收回率	随机	频段级内为常量	随机	随机
求解方法	模拟过程/解析	解析	解析	模拟过程

表面看来,这几个模型的理论基础和计算结果都有较大差异,但实际上,它们在某种程度上是相通的。例如,在根据债务人违约率的不同对债务人的信用情况作出等级划分后,违约模型也可以转化为盯市模型,反之盯市模型也可以转化为违约模型。Gordy(2000)的研究表明,透过具体的表述方式,CreditMetrics 与 CreditRisk$^+$ 两个模型具有相同的数理结构及相似的模拟结果。

事实上,将几个关键变量充分协调之后,运用上述几个模型也可得到类似结果。我们相信,随着信用风险管理理论的发展和实践经验的积累,应该可以在已有风险度量模型的基础上,建立一个更加完善、统一、适用的信用风险度量框架。

本章小结

本章首先从信用风险度量方法的演变脉络出发,展现了不同阶段信用风险度量方法的基本思想与特点。然后,介绍了在度量信用风险时有可能涉及的几个重要概念,包括信用评级体系、用于度量信用风险大小的常用参数及其估计、信用等级转移概率及其计算,等等。再次,依次详细介绍了目前最为流行和常用的信用风险度量模型与方法及其应用步骤、适用范围和优缺点等。

重要概念

信用风险　专家分析法　内部评级　外部评级　违约率　违约损失率　信用风险暴露　信用损失分布　信用在险价值　信用价差　信用等级转移概率　信用等级转移矩阵　条件信

用等级转移　Z值模型　ZETA模型　CreditMetrics模型　信用组合观点　KMV模型　CreditRisk$^+$模型　死亡率模型

 思考题

1. 简述信用风险度量的三个发展阶段的基本特点,并列举每个阶段的主要方法。

2. 列举度量信用风险时有可能涉及的主要参数,并阐述其含义和作用。

3. 通过举例对累计违约率和边际违约率进行刻画,并分析两者的作用和两者之间的关系。

4. 简述如何运用Merton公司债务定价模型计算某家上市公司的信用价差。

5. 试述外部评级的评级程序与评级体系,并结合此次金融危机分析外部评级所存在的问题。

6. 对持有一项包含两种或两种以上贷款的组合,给出计算该组合在一定时期内等级转移概率的方法和步骤。

7. 简述Z值模型与ZETA模型及其优点与局限性。

8. 试述CreditMetrics模型的基本思想、应用步骤,并说明该模型的假设对应用效果的影响。

9. 试选择我国一家上市公司及其相关数据,运用KMV方法对该公司的信用风险状况进行实证评估。

10. 通过与市场风险度量模型和方法的比较,说明已有信用风险度量模型和方法所存在的问题和未来发展的方向。

第五章

操作风险的度量

我们在第一章中已经指出,长期以来,操作风险并没有得到足够重视。直到20世纪90年代,因操作风险而引发的一系列金融灾难才促使巴塞尔委员会将操作风险纳入资本监管的范畴,此后对操作风险的度量才有了实质性进展。目前,操作风险度量方法主要有基本指标法、标准法、各种高级度量法以及对上述方法的改进。上述方法几乎都是由巴塞尔委员会主导的,为计量操作风险的监管资本[1]而开发的,因而这些方法大多具有浓重的为监管机构服务的特征。其中最先进、最前沿的操作风险度量方法,是基于VaR方法的损失分布法及其一些改进方法。这里要指出的是,尽管近年来对操作风险的度量取得了许多新进展、新突破,但到目前为止,与市场风险、信用风险相比还远谈不上成熟。

于是,人们自然会问,已有的、比较成熟的市场风险、信用风险度量理论和方法是否对操作风险的度量有所启示和帮助呢?这可从以下两方面来考察。

一方面,操作风险度量近来所取得的新进展、新突破,的确与市场风险和信用风险的度量理论和方法密不可分,例如,广泛应用于度量市场风险和信用风险的VaR方法和极值理论等在操作风险度量中已有用武之地。

另一方面,我们也应看到,操作风险所独有的内生性、人为性、不对称性以及高频率低损失、高损失低频率等众多特性[2],注定了操作风险的度量方法与市场风险、信用风险会有根本不同。事实上也确实如此,而且对操作风险的度量也更加复杂困难。

上述两方面事实表明,对操作风险的度量,除了继续充分借鉴比较成熟的度量市场风险和信用风险的思想、理论、方法以外,更重要的是对操作风险大小有影响的相关特性上多下工夫,才有可能在操作风险度量方面取得更大突破和进展。

本章将基于本书第一章对操作风险的认识和界定,介绍现有的度量操作风险的主要理论和方法。

---

[1] 有关金融风险、未预期损失、监管资本以及经济资本四者之间的关系,请参见本书的第一章第一节。
[2] 关于操作风险定义和诸多特性的具体阐释,请参见本书第一章第二节。

学习目标

通过本章学习,您可以了解或掌握:
◆ 操作风险度量方法的历史演变过程;
◆ 基本指标法、标准法、内部度量法、损失分布法及其改进方法、记分卡法与其他度量法的基本原理与应用步骤;
◆ 各类操作风险度量方法的比较与分析。

第一节 操作风险度量的历史演变
——兼述巴塞尔委员会对操作风险的度量与监管

伴随着经济、金融全球一体化进程的不断深入,操作风险管理的紧迫性、重要性显得越来越突出:日益增多的诉讼、迅速调整的法律和监管体系、不断涌现的网络银行和网上贸易等新的经济模式,更为复杂的交易工具和交易战略、快速攀升的各类产品交易量、更加动荡的金融市场、不断升级的技术系统等等,使得金融机构所面临的操作风险越来越细碎而繁杂,操作风险所带来的威胁越来越严重而且防不胜防。尤其是 20 世纪 90 年代以来,为追逐更高的盈利空间,并应对与高收益相匹配的不断加剧的金融市场动荡,各个金融机构进一步加快了金融创新的步伐,于是新的金融产品和金融工具爆发式地涌向市场,随之而来的是诸如高损失低频率等许多操作风险所独有的、威胁性巨大的特性迅速突显出来。例如,一批像巴林银行一样声名远播的大银行的相继倒闭,就是因操作风险高损失低频率的特性突显而导致的结果。这表明操作风险已成为目前金融机构生存的主要威胁之一,甚至很多时候比传统的市场风险和信用风险还要凶险。

与上述情景很不相称的是,人们对操作风险的重视程度,尤其是度量与管理操作风险的能力与水平却不容乐观:据统计,美国 1979—2003 年出现经营问题的 163 家银行中,有 81% 的问题银行缺乏良好的信贷政策或者即使有好政策也形同虚设,有 63% 的问题银行对关键部门及其高管人员的内部监管不到位,有 59% 的问题银行没有在事先、事中和事后对贷款逐笔进行有效的风险管理。更令人难以置信的是,许多历史悠久、人才济济、号称管理水平达国际一流的世界顶级大银行,也会不断重复一些与其声名极不相称的低级操作失误,并为此蒙受重大损失甚至倒闭。上述事实说明,尽管很多银行声称已建立了自己的数据库以及可以识别、监督、控制操作风险的系统,并具有能够为上述数据库、风险管理系统提供技术支持和软件服务的研发团队,但不可否认,对操作风险的管理至今仍存在许多薄弱环节甚至致命漏洞,尤其是与信用风险和市场风险相比,目前用于衡量、监控操作风险的各种模型、技术等工具,总体上尚处于初级的开发阶段,远未成熟可靠。

当然,我们也无须过度悲观。应该承认,事物的发展总会遵循相应的规律。对操作风险的度量与管理也不例外,这需要一定的时间和过程。自20世纪90年代中后期以来,各个金融机构对操作风险进行内部管理或外部监管的措施接连出台,这至少表明金融机构对控制与管理操作风险重要性的认识在不断加深。毕马威公司的全球风险调查结果也印证了上述状况:信用风险、市场风险、操作风险及其他风险所要求的经济资本占资本总额的比例,依次由20世纪90年代初期之前的55%、35%、5%和5%,变为现在的40%、35%、20%和5%,将来有可能进一步演变为30%、25%、40%和5%。

鉴于巴林银行在1995年的倒闭,是因为对操作风险的管理不足而导致的众多金融灾难中最具震撼性的标志性事件。而且,巴塞尔委员会于1999年6月公布的新巴塞尔协议,又是在度量与控制操作风险方面最具里程碑意义的标志性文件,所以本节将操作风险度量方法的演进过程以20世纪90年代中后期为界进行划分:一是20世纪90年代中后期之前以定性为主的度量或评估阶段;二是在20世纪90年代中后期之后定性与定量方法相结合的阶段,在该阶段,比较系统、认可程度也比较高的量化操作风险的思想和方法才相继出现,并逐渐与已有的定性方法进行结合。在下文中,本书也将本阶段称为新巴塞尔协议框架下操作风险度量与管理的阶段,理由请参见本章第二节。

一、第一阶段:以定性为主的操作风险度量方法

(一)第一阶段中操作风险度量的主要方法

在20世纪90年代中后期,特别是20世纪90年代初期之前,操作风险的高频率低损失的特性相当明显,而高损失低频率的事件则比较少见,再加上操作风险的内生性以及与预期收益的不对称性[①]等特征,使得操作风险的影响总体上来说并不十分突出和普遍,对应地,金融机构对操作风险的重视程度也比较有限,这从前文提到的毕马威公司的全球风险调查结果中也可以看出来:在20世纪90年代初期之前,操作风险所要求的经济资本仅占资本总额的5%,远远低于信用风险55%以及市场风险35%的比例。自然地,当操作风险管理处于一个不被重视的边缘位置时,操作风险度量的状况也就可想而知了,在本阶段,已有的度量方法相当粗糙、原始,再加上缺乏可被接受的、具体有效的量化方法,甚至连操作风险度量的概念都很少被提及,即使是有关度量或评估操作风险的内容,也往往因为内容少和不突出而与其他内容融合在一起一并被认为或统称为操作风险管理。

在本阶段,对操作风险的度量和管理,主要通过业务流程规定和操作手册并配以外部或内部的审计、监察、评估、控制等管理措施进行。其中,我们将有关操作风险度量的成分从操作风险管理的流程中分离出来,再按照复杂程度递增的次序把本阶段的操作风险度量方法分为四类:一是外部审计监督法,即由外部审计部门检查业务过程以找到漏洞或薄弱环节的方法;二是内部自我评价法,即要求每个业务部门都对操作风险来源、发生的可能性以及严重程度做出主观评价的方法;三是风险指示器预测法,即由风险管理部门通过风险指示器发布主观风险预测的方法;四是组合管理法,即视情况将上述三种方法采用不同的组合进

[①] 有关操作风险的上述特性的详细介绍,请见本书第一章相关内容。

行管理的方法。

上述四种方法皆是以定性为主的评估方法，而且不论运用何种方法对操作风险进行度量或评估时，基本都要遵循以下方式和步骤：先了解企业的业务流程以及每个流程中控制、管理操作风险的措施，然后由经验丰富的专家或管理人员做出分析、判断，在此基础上对操作风险进行估测。显然，早期的操作风险度量方法，主要靠专家或管理人员运用上述四种定性方法对业务运营状况进行度量或评估，所以本章将该阶段的方法称为以定性为主的操作风险度量方法。

（二）控制、评估操作风险的一个代表性程序和方式：COSO 的内部控制系统

从上文的分析中容易判断，企业内部业务流程设计的有效性、合理性，是预防、减少、消除企业运营过程中发生操作风险的基础和关键。美国 Committee of Sponsoring Organizations（以下简称为 COSO）在 1992 年发布的著名的《内部控制——整体框架》（简称为 COSO 报告）中，提出了适用于包括金融机构在内的所有企业的内部控制思想和框架。后来的实践证明，该框架在预防、减少、消除、评估企业内部业务流程中的操作风险方面极为有效，从而在企业尤其是金融企业进行操作风险控制、评估的过程中逐渐得到推崇和应用。2004 年，COSO 委员会在 1992 年 COSO 报告的基础上，结合《萨班斯—奥克斯法案》的相关要求，发布了《企业风险管理：总体框架》[1]的研究报告，主要内容有以下两点。

一是 COSO 对 1992 年版的内部控制框架做了进一步改进、完善和发展。

二是进一步确认了以下事实：内部控制是实现现代企业风险控制目标的重要方式，尤其对操作风险最为有效。

这一报告也引起了中国金融界特别是商业银行界的广泛关注。例如，中国人民银行和中国银行业监督管理委员会分别在 2002 年 9 月和 2007 年 7 月发布的有关商业银行内部控制方面的文件时，都借鉴了 COSO 报告提出的内部控制设计思想和框架。

鉴于 COSO 设计的内部控制框架在金融企业用于控制、评估操作风险方面的巨大作用和影响力，下面给予详细介绍。

COSO 设计的内部控制框架，是一个受董事会、管理阶层和其他人员影响的大系统，所以我们认为，将这个框架称为内部控制系统感觉含义更明了一些。尽管 COSO 在 2004 年发布的报告中提出了企业风险管理框架的"八大要素"[2]，但内部控制系统的构成与 1992 年提出的划分方式相同，仍然分为环境控制、行为控制、信息与沟通、风险评估以及监控五大子系统。这五大子系统相互交叉、相互作用、相互补充而且不可分割。客观地说，该系统本是为确保企业经营的效果和效率、报告的可靠性、法律法规的遵从性以及企业的战略目标的可实现性四大目标

---

[1] 除了 COSO 设计的结果以外，另一个有代表性的全面风险管理框架，是由全球风险专业人员协会（以下简称为 GARP）发布的。关于 GARP 框架的具体内容，请参见：*Enterprise-wide Risk Management for the Insurance Industry: Global Study*，Pricewaterhouse Coopers。由于 GARP 框架与 COSO 框架并无实质区别，故此，下文仅介绍 COSO 设计的内部控制框架。

[2] 具体包括内部环境、目标制定、事项识别、风险评估、风险反应、控制活动、信息和沟通、监控等八个相互关联的要素。

而设计的①,其在操作风险控制方面的独特功效是系统实施后才逐渐显露并被发现的。其实这不仅不矛盾,相反比较自然、合理,因为如果内部控制系统不能用来有效地控制操作风险,就难以用来确保实现企业经营的预期目标。下面逐一介绍五个子系统。

1. 环境控制子系统

环境控制中的"环境",是指企业运营过程中的企业文化、经营理念、组织结构、人力素养与人力资源配置等状况,具体内容主要包括管理阶层的经营理念与营运风格、员工的诚信度与道德观、企业运营的组织结构、员工的职责划分和人力资源政策等。于是,环境控制子系统,是对上述环境因素的要求和控制。显然,环境控制子系统的良好运作,是降低和预防操作风险、确保企业内部控制系统有效运转、求得企业经营目标顺利实现的前提和基础。

2. 行为控制子系统

行为控制子系统,是为确保企业经营目标的顺利实现而对包括董事会、管理层在内的所有企业人员的行为进行规范、约束所采取的相关政策、措施和程序,旨在对企业人员有可能出现的妨碍实现企业经营目标的不当行为进行及时有效的控制,从而确保企业内部控制系统免受人为因素的干扰,以最大限度地降低和预防操作风险。

3. 信息与沟通子系统

信息与沟通子系统,是为确保企业员工顺利获得企业经营活动所需要的各种信息而设立的信息系统。该系统具有信息搜集、存储、传递、反馈、交换、处理等功能,可确保人们获得信息、交流业务经营经验、管理与控制信息以及下达各级领导指令、上传员工诉求等,从而保证各种信息在子系统之间能够及时、准确和通畅地流动与转换。显然,该系统的正常运转,可以起到降低或消除操作风险的作用。

4. 风险评估子系统

风险评估子系统,旨在对包括企业的生产、营销、财务以及其他运营活动在内的整个运营过程中有可能妨碍实现经营目标的所有风险因素②进行辨识、分析和评估,从而能及时预防、化解企业经营活动中的各种风险,以确保企业内部控制系统尽可能免受风险的干扰和威胁。COSO 在 2004 年的报告中将 1992 年报告提出的"风险评估"进一步扩展为"事件识别"、"风险评估"和"风险反应",从而突出和强化了内部控制在企业风险管理过程中的重要价值。一般地,风险评估的主要步骤为风险评估对象和范围的确定、风险的辨识与分析、风险威胁的评估、风险评估结果分析,等等。

5. 监控子系统

监控子系统,是对企业经营活动的全过程、所有环节进行适时的监督、检查,并在必要时、在授权范围内及时做出矫正、调整和补救的动态系统。该子系统可确保内部控制系统中的每个子系统都能减少操作失误,并实现协同作战、高效运转。

从上面的阐释和分析中不难看出,上述五个子系统中的环境控制、行为控制、信息与沟通

---

① COSO 在 1992 年的报告提出内部控制有三个目标,即经营的效果和效率、财务报告的可靠性和法律法规的遵从性。COSO 在 2004 年的报告则把"财务报告的可靠性"发展为"报告的可靠性",从而将报告拓展到"内部的和外部的""财务的和非财务的报告",该目标涵盖了企业的所有报告。除此之外,2004 年的报告还增加了一类新的目标——战略目标,该层次的目标比其他三个层次的目标更高,企业的风险管理框架在应用于实现企业其他三类目标的过程中,也应用于企业的战略制定阶段。

② 当然也包括操作风险。

和监控等四个子系统,都具有预防、降低、消除操作风险的功效;而风险评估子系统则可以确定操作风险的诱因、发生的可能性和严重程度。

至于上述系统在实际应用中的有效可靠程度,尚须进一步检验和评判。大多数公司在对内部控制系统进行检验和评判时会选择前文提到的自我评价法,该法的具体实施步骤是:首先,内部审计人员与被评价单位管理人员组成一个小组,管理人员在内部审计人员的帮助下,对本部门内部控制的合理性和有效性进行初步评价;然后,对初步评价结果进行集体讨论和分析,在此基础上确认评价结果,提出改进建议,并将最终的内部控制评价结果连同改进建议整理成文,出具内部控制的评价报告;最后,根据内部控制评价报告,按照轻重缓急对内部控制各子系统的缺陷进行排序,以确定解决问题的优先顺序和资源分配方案。

(三)以定性为主的操作风险度量方法的评述

上面的阐述和分析表明,以定性为主的操作风险度量与管理方法,在很大程度上依赖于审计人员、业务管理者或操作风险管理者的知识、经验和操作水平,所以容易受到人为因素的干扰,从而具有较大的主观随意性。特别地,与市场风险、信用风险相比,操作风险包含了更多不可量化的因素和内容,而且这些因素和内容大都具有刚性,因此,对于操作风险的度量与管理而言,无论将来发展到何种程度,都难以像市场风险、信用风险一样,可以不断减少对主观性比较大的定性方法的依赖,进而更大幅度地运用客观性比较强的量化方法。这注定了在操作风险的度量与管理方面,定性方法必将承担更多的量化方法所难以替代的使命。

二、第二阶段:定性与量化结合的操作风险度量方法——基于新巴塞尔协议的框架

我们之所以也把本阶段也称为新巴塞尔协议框架下的操作风险的度量与管理阶段,主要理由如下。

首先,从下文的"巴塞尔委员会的基本情况介绍"中容易看出,自20世纪90年代中后期以来,巴塞尔委员会在界定和度量操作风险的各个方面一直都是开路先锋,起着主导作用。

其次,新巴塞尔协议提出的度量操作风险的三种方法已成为量化操作风险的基础性工具。到目前为止,有关操作风险度量与管理方法的研究和实施,基本上都以新巴塞尔协议提出的框架为基础而展开,是对新巴塞尔协议框架下操作风险度量与管理方法的补充和完善。

最后,巴塞尔委员会在银行监管中长期发挥着基础性作用并保持着持久影响力。以1997年9月巴塞尔委员会与一些非十国集团国家联合起草、发布的《有效银行监管的核心原则》为标志,巴塞尔委员会事实上已成为银行监管国际标准的制定者。

从上面的分析中不难判断,要对本阶段操作风险度量与管理方法的演进过程有一个全面系统的了解和把握,其实只要弄清楚巴塞尔委员会度量与管理操作风险的过程也就相差不多了。为此,我们有必要介绍一下巴塞尔委员会的基本状况。

(一)巴塞尔委员会的基本状况介绍

巴塞尔委员会于1974年由十国集团中央银行行长倡议成立,其成员包括十国集团中央银行和银行监管部门的代表。自成立以来,巴塞尔委员会制定并发布了一系列重要的银行监管

规定或文件。为清楚起见，我们按照规定或文件的发布时间次序来介绍。

1975年9月，第一个巴塞尔协议出台。该协议的出台源于前联邦德国赫尔斯塔特银行（Herstatt Bank）和美国富兰克林国民银行（Franklin National Bank）两家著名的国际性银行的倒闭。这个协议极为简单，核心内容就是针对国际性银行监管主体缺位的状况，突出强调以下两点：一是任何银行的国外机构都不能逃避监管；二是明确指出了母国和东道国应共同承担的职责。

1983年5月，巴塞尔委员会推出了修改后的《巴塞尔协议》。总体上来看，该协议是对前一个协议的具体化和明细化。例如，明确了母国和东道国的监管责任和监督权力；明确了分行、子行和合资银行的清偿能力、流动性、外汇活动及其头寸应该由哪方负责等，由此体现了"监督必须充分"的监管原则。

1988年7月，巴塞尔委员会提出了《关于统一国际银行的资本计算和资本标准的报告》（以下简称为《巴塞尔报告》），也就是目前所谓的旧巴塞尔协议。与之前的协议相比，本报告有了很多实质性进步，主要内容包括资本的分类、风险权重的计算标准、1992年资本与资产的标准比例和过渡期的实施安排、各国监管当局自由决定的范围等。其中，前两点是《巴塞尔报告》的核心思想和内容。为此，许多人直接将《巴塞尔报告》称为规定资本充足率的报告。由于该报告提出的监管思想、监管理念较为深刻、新颖，监管方法较为合理有效，操作性也较强，而且更为重要的是，该报告推动了商业银行由传统的资产负债管理时代向更先进的风险管理时代转变，所以该报告逐渐成为影响最大、也最具代表性的监管准则。尽管巴塞尔委员会并不是一个超越成员国政府的监管机构，发布的文件也不具备法律效力，但各国监管当局都自愿以《巴塞尔报告》的准则来约束本国商业银行。

20世纪90年代以后，1988年制定的《巴塞尔报告》已难以适应银行实践中所面临的诸多新挑战，为此，巴塞尔委员会花费了很大的时间和精力对报告进行了全面修改与补充。主要包括以下三个方面。

第一，针对准备金对银行经营的重要性及其在不同条件下的实质差异，于1991年11月重新详细定义了可计入银行资本并用以计算资本充足率的普通准备金与坏账准备金，以确保用于弥补未来不确定损失的准备金计入附属资本，而将那些用于弥补已确认损失的准备金排除在外。

第二，鉴于经合组织（以下简称为OECD）成员国与非成员国之间、OECD成员国之间存在国别风险的现状，巴塞尔委员会于1994年6月重新规定了OECD成员国资产的风险权重，对《巴塞尔报告》中关于所有OECD成员国的主权风险权重均确定为零的做法进行了纠正，并调低了墨西哥、土耳其、韩国等国家的信用等级。

第三，针对《巴塞尔报告》难以有效防范类似于巴林银行事件等以金融衍生工具为主引致的市场风险，巴塞尔委员会于1995年4月对银行某些表外业务的风险权重进行了调整，并在1996年1月推出了《资本协议关于市场风险的补充规定》（以下简称《补充规定》），正式将市场风险与信用风险一道纳入资本金充足率的计量框架之中。同时，《补充规定》还提出了两种计量市场风险的办法：标准计量法和内部模型计量法[①]。标准计量法是将市场风险分解为利率

---

① 上述主要方法已在第三章中给予介绍。

风险、股票风险、外汇风险、商品风险和期权的价格风险,然后对各类风险分别进行计算并加总。内部模型计量法是基于银行内部 VaR 模型的计量方法:首先,将借款人分为政府、银行、公司等多个类型,分别按照银行内部风险管理的计量模型来计算市场风险;然后根据风险权重的大小确定资本金的数量要求。尽管内部模型计量法是一大创新,但限于当时的条件和方法本身的不完善,该方法在起初并未得到广泛运用。

1995 年起陆续发生的巴林银行、大和银行等著名银行的倒闭事件以及 1997 年 7 月全面爆发的东南亚金融风暴,促使巴塞尔委员会对金融风险监管进行了全面而深入的审视与思考。巴塞尔委员会开始意识到,要解决金融业的问题,仅考虑信用风险或市场风险是远远不够的,还要考虑操作风险及其与信用风险、市场风险三种风险共同交叉作用的影响。为此,1997 年 9 月巴塞尔委员会与一些非十国集团国家共同起草并发布了《有效银行监管的核心原则》(以下简称《核心原则》),《核心原则》明确提出了涉及银行监管 7 个方面、共 25 条核心原则,并确立了全面风险管理的理念。《核心原则》得到了世界各国监管机构的普遍赞同,并已构成国际社会普遍认可的银行监管国际标准。这也标志着巴塞尔委员会已成为事实上的银行监管国际标准的制定者。

1998 年 9 月,在 1997 年 9 月发布的《核心原则》的基础上,巴塞尔委员会首次发布《操作风险管理》的咨询文件,开始强调控制银行操作风险的重要性。

1999 年 6 月,巴塞尔委员会公布了著名的《新巴塞尔资本协议》征求意见稿(第一稿),2001 年 1 月和 2001 年 9 月又依次推出了两个新巴塞尔协议征求意见稿,作为第一稿的充实与完善。这三个征求意见稿构成了所谓的新巴塞尔协议。新巴塞尔协议开创性地提出了以资本充足率、监督检查和市场约束为支柱的资本监管框架。三大支柱相互补充、浑成一体,从而可以弥补和改善旧协议单靠资本充足率难以确保银行稳健经营的状况。在资本充足率的规定中,巴塞尔委员明确提出将操作风险纳入资本监管的范畴,并分别给出了计算信用风险和操作风险的三种新方法,即对于信用风险有标准法、内部评级初级法、内部评级高级法①;而对于操作风险有基本指标法、标准法、高级计量法②。关于监督检查的要求,巴塞尔委员指出,应按照可测量性、可执行性、平等性、灵活性、简易性与复杂性的平衡以及良好的风险管理动机等原则,监督检查金融机构为应对信用风险、市场风险、操作风险而需要计提的资本金状况;除此之外,还鼓励金融机构开发、使用更加有效的风险管理技术。在市场约束的要求中,巴塞尔委员会提出了全面信息披露的理念,规定银行不仅要披露风险和资本充足状况的信息,还应披露风险评估和管理过程、资本结构以及风险与资本匹配状况的信息;不仅要披露定性的信息,还应披露定量的信息;不仅要披露核心信息,还应披露附加信息;不仅要考虑强化市场约束、规范经营管理的因素,还应考虑到信息披露的安全性与可行性。对市场约束的要求表明,巴塞尔委员会期望建立一个可以使得信息披露程度与银行经营的规模、风险状况和复杂性相适应的激励相容框架。

2003 年 2 月,巴塞尔委员会又提出了管理操作风险的十项原则,供跨国银行进行讨论。详细介绍和分析见本章附录。

---

① 我们已经在第四章中给予介绍。
② 下文将给予详细介绍。

2006年12月,巴塞尔新协议及其补充规定开始正式实施。

(二) 在新巴塞尔协议框架下对操作风险的度量与管理

本部分将主要梳理和介绍巴塞尔委员会对操作风险进行度量与管理的基本历程。从上文的介绍中可以看出,巴塞尔委员会对操作风险的重视,始于1998年9月发布的《操作风险管理》的咨询文件,该文件首次提出并强调了控制银行操作风险的重要性。从1999—2001年发布了三个征求意见稿,构成了所谓的新巴塞尔资本协议,该协议进一步对度量与控制操作风险提出了详细而又明确的规定,主要有:对操作风险进行了明确界定;正式将操作风险与信用风险、市场风险一起纳入到资本充足率的计算框架中;为计算资本充足率提出了三类复杂性和风险敏感度渐次加强的操作风险度量方法——基本指标法(basic indicator approach, BIA)、标准法(standardized approach, SA)、高级度量法(advanced measure approach, AMA),其中,高级度量法又可分为内部度量法(internal measurement approach, IMA)、损失分布法(loss distribution approach, LDA)和记分卡法(scorecard approach, SCA)等多种方法;为确保操作风险度量与监管方法的有效性和可靠性,新协议进一步要求"银行应当披露更为详细的操作风险信息"。2003年2月,巴塞尔委员会又提出了管理操作风险的十条原则[①],以确保新巴塞尔协议中有关度量、管理、监管操作风险条款的有效、顺利实施;同时,这十条原则也是对量化与定性方法相结合的度量、管理、监管操作风险的重要探索和具体指导。

关于操作风险的量化方法,除了巴塞尔协议提出的上述三类度量方法以外,目前还有许多其他新进展,主要有贝叶斯神经网络法、因果关系模型法等,这些方法基本上都是对巴塞尔协议提出的三类度量方法的补充、改进和发展。我们将在下文一并给予介绍,这里不再赘述。

(三) 其他金融机构对操作风险的度量与管理

在巴塞尔委员会的示范和大力推动下,各国金融监管当局和金融机构也纷纷将操作风险的监管或管理提上议事日程,其中最主要的四个举措如下。

(1) 2002年7月,英国金融服务管理局(以下简称为FSA)在一系列咨询文件的基础上,发布了关于操作风险系统和控制的文件(以下简称为CP142)。在操作风险内容管理上,CP142采用SMASC(senior management arrangements, systems and controls)的方法来管理或控制人为因素、系统及运行过程、外部事件及其他变化、外部采购和保险等可能导致操作风险的诸种因素;在流程管理上,FSA建议使用集成式审慎监管办法(integrated prudential sourcebook, PSB)对操作风险进行辨识、评估、监测、控制和记录。

(2) 2003年6月,美国联邦银行监管机构联合发布了《操作风险高级计量法监管指引》(草案),对操作风险管理涉及的组织框架、政策和程序、识别和计量、监测与报告、内部控制等主要内容做出了具体安排。

---

① 鉴于十条原则的重要性,我们将在本章附录中给予介绍。

（3）2004年，美国著名的职业监管机构COSO基于1992年的COSO报告①，提出了更加完善的全面风险管理框架。不仅如此，银行机构自身也开始将操作风险管理纳入到全面风险管理的框架之中：例如，荷兰合作银行（Rabobank）在互联网上公开提出了引入全面管理的操作风险管理框架，并将所有风险都纳入该框架中。可以肯定，遵循操作风险的监管规则、充分运用量化工具、将操作风险纳入全面风险管理，已成为未来不可逆转的发展趋势。

（4）2005年3月，中国银行业监督管理委员会出台了《关于加大防范操作风险工作力度的通知》，对操作风险管理提出了十三点要求②，以指导各金融机构对操作风险进行有效防范和管理。

第二节 基本指标法和标准法

基本指标法和标准法赖以建立的前提是以下隐含假设：操作风险所引致的损失与金融机构总收入之间存在一种线性关系。于是，可按照总收入的一定比例即操作风险敏感系数③来度量操作风险，进而计量操作风险的监管资本。两种方法的主要差异在于：基本指标法对所有业务类型设定了相同的操作风险敏感系数；而标准法则先区分了业务类型，然后针对于不同的业务类型分别设定不同的操作风险敏感系数。

一、基本指标法（BIA）

根据基本指标法，机构持有的操作风险资本④应等于该机构前3年中各年正的总收入加总后的均值乘以一个固定比例（用α表示），即

$$K_{BIA} = GI \times \alpha \tag{5.2.1}$$

其中：K_{BIA}为根据基本指标法计算得到的操作风险资本；GI为前3年中各年正的总收入加总后的平均值。如果某年的总收入为负值或零，在计算平均值时就剔除该年数据。新巴塞尔资本协议对总收入的定义为：根据各国监管当局要求或者会计准则计算得到的净利息收入加上非利息收入，但不包括出售证券实现的利润或损失、特殊项目以及保险的收入。

α为操作风险敏感系数，是巴塞尔委员会设定的对总收入提取的固定比例，表示为获得单位总收入该机构可能面临的操作风险损失值。一般情况下，巴塞尔委员会根据行业范围的监管资本要求将α设定为15%。

---

① 前文已介绍过。
② 由于具体要求很容易查询到，故这里就不赘述了。
③ 所谓操作风险敏感系数，是指操作风险有可能引致的损失占金融机构总收入的比重。
④ 从监管者角度应称为操作风险的监管资本。为简便起见，本章都简写为操作风险资本。

基本指标法简单易行，便于操作，特别是选择历史总收入作为计量指标具有很大的便利：在众多财务指标中，各国金融机构历史总收入的数据可得性最强；而且选择该指标作为度量操作风险的基本指标，可以对不同机构之间的操作风险状况进行横向比较。尤其是对于业务类型特别少、规模较小的金融机构而言，基本指标法仍不失为一种经济、有效的操作风险度量方法。

当然，该法也存在着过于粗糙等缺陷，其表现在以下三个方面。

(1) 由于不同业务类型的操作风险差异很大，而对所有金融机构的所有业务类型都采用统一的 α 计量操作风险资本却隐含着所有业务类型对操作风险的敏感度都相同的假设，所以，这必将导致具有不同风险特征和风险管理状况的金融机构的每单位总收入被要求配置相同资本，从而使得计量结果有可能严重偏离于现实状况，并使得操作风险的资本配置机制以及管理优劣奖惩机制失灵，难以自动发挥作用。对于业务类型非常多的金融机构，情况将更加严重。

(2) 对于选择机构的历史总收入作为度量操作风险的基本指标是否合适，一直存在着争议。历史总收入反映的是业务的历史收入水平，而操作风险度量模型应考察的是机构在未来业务经营中有可能发生的风险损失，两者在时间上具有明显的不同步性。这种不同步性或计量总收入的"后视镜"方法，极有可能导致操作风险度量结果出现很大偏差，对于那些业务类型变动较频繁的机构来说尤其如此。

(3) 该法不能反映引致操作风险的内部流程、人员、技术或系统的不完善或故障出现在何处，从而无法即时地发现、度量、控制操作风险。

鉴于基本指标法过于粗糙、简单，新巴塞尔协议并未对该法提出具体的实施标准。但是，巴塞尔委员会鼓励采用该法的金融机构遵循该委员会于 2003 年 2 月发布的指引——《操作风险管理和监管的稳健做法》。

二、标准法(SA)

针对于上文指出的基本指标法不区分业务类型使用相同风险敏感系数的缺陷，标准法进行了改进，即对金融机构的所有业务类型进行了细分和归类，然后根据各业务类型的不同风险特性分别确定了更加合理的、对应于各业务类型的操作风险敏感系数，在此基础上再对操作风险进行度量。具体步骤如下。

第一，对金融机构所有业务类型的细分和归类。

标准法将金融机构的业务活动按照互相排斥且为唯一选择的原则[1]归类到以下 8 种不同的业务类型之中，即公司金融、交易和销售、零售银行业务、商业银行业务、支付和清算、代理服务、资产管理和零售经纪[2]，详细介绍见表 5-1。

---

[1] 该原则的更详细解释为：所有业务活动必须按表 5-1 中 1 级目录规定的 8 个业务类型对应归类，相互不重合，列举须穷尽，从而实现全面且不重复度量金融机构操作风险的目的。

[2] 我们已经在本书第一章第二节对上述业务类型进行过介绍。

表 5-1　业务类型对应表（mapping of business lines）①

1级类别	2级类别	具 体 业 务
公司金融	公司金融	兼并与收购,承销,私有化,证券化,研究,政府和高收益投资者债权融资,股权融资,银团融资,首次公开上市发行,配股
	市政/政府金融	
	商业银行	
	咨询服务	
交易和销售	销售	固定收益证券,股权,外汇,商品期货,信贷,融资,自营证券头寸,贷款与回购,经纪,债务,经纪人业务
	做市	
	自营头寸	
	资金业务	
零售银行业务	零售银行业务	零售贷款和存款,银行服务,信托和不动产
	私人银行业务	私人贷款和存款,银行服务,信托和不动产,理财、咨询
	银行卡服务	商户/商业/公司卡,企业联名卡和零售卡业务
商业银行业务	商业银行业务	项目融资,不动产,出口融资,贸易融资,保理,租赁,贷款,担保,汇票
支付和清算	外部客户	支付和托收,资金转账,清算和结算
代理服务	托管	第三方账户托管,存托凭证,消费者证券借贷,代理公司行为
	公司代理	发行和支付代理
	公司信托	资金、财产与财产权的信托
资产管理	全权委托基金管理	联合基金,独立基金,零售基金,机构基金,封闭式基金,开放式基金,私人直接投资基金
	非全权委托基金管理	联合基金,独立基金,零售基金,机构基金,封闭式基金,开放式基金
零售经纪	零售经纪业务	指令执行与完全经纪服务

第二,依次选择、确定各业务类型的基本指标（主要为总收入指标）。
第三,根据各业务类型的风险特性对 β 系数进行设定。

---

① 资料引自：International Convergence of Capital Measurement and Capital Standards: A Revised Framework, Comprehensive Version, *Basel Committee on Banking Supervision*, June 2006。

β 系数表示某特定业务类型的操作风险所导致的损失占该业务类型总收入的比重；或者说，要在某特定业务类型中欲获得单位收入有可能需要付出的操作风险值。表 5-2 列出了由巴塞尔委员会设定的风险敏感系数。

表 5-2 各业务类型的指标和风险敏感系数

业 务 单 元	业 务 类 型	风险敏感系数（β 系数）
投资银行业务	公司金融（β_1）	18%
	交易和销售（β_2）	18%
	零售银行业务（β_3）	12%
商业银行业务	商业银行业务（β_4）	15%
	支付和清算（β_5）	18%
	代理服务（β_6）	15%
其 他	资产管理（β_7）	12%
	零售经纪（β_8）	12%

表 5-2 中各业务类型的 β 系数，主要根据历史经验值确定。经营环境、业务类型以及组织结构的变化，都可能导致 β 系数发生改变，此时应该重新评估 β 系数。因此，为保证实施标准法取得良好效果，巴塞尔委员会应根据各业务类型风险特性的变化趋势，定期或不定期评估标准法中所设定的各业务类型的 β 系数的合理性及其变动趋势，并视情况对 β 系数做出适当调整。

第四，对操作风险总资本的计算。

操作风险总资本是将各业务类型的操作风险资本按年简单加总后取前三年和的平均值。在按年加总时，任何业务类型负的资本（由负的总收入造成）可在不加限制的情况下，用以抵消其他业务类型正的资本。在计算前三年平均值时，如果在给定年份，各业务类型加总后的资本为负值，则当年分子项为零。于是，操作风险资本的计算公式为

$$K_{SA} = \frac{1}{3} \left\{ \sum_{y=1}^{3} \max\left[\sum_{j=1}^{8} (GI_{-y,j} \times \beta_j), 0 \right] \right\} \tag{5.2.2}$$

其中：K_{SA} 表示用标准法计算的操作风险资本；$GI_{-y,j}$ 表示 8 个业务类型中第 j 个业务类型在过去第 y 年的总收入，$y=1,2,3$；β_j 表示由巴塞尔委员会设定的第 j 个业务类型的操作风险系数，$j=1,2,\cdots,8$[①]。

标准法改进了上文指出的基本指标法的第一个缺陷，但仍存在着与基本指标法同样的第二和第三个缺陷。另外，标准法对金融机构的风险管理能力也提出了比基本指标法更高的要

---

① 更一般的情况是 $y=1,2,\cdots,M; j=1,2,\cdots,N$，其中 M 与 N 可为任意正整数。此时，公式(5.2.2)仍成立。

求。一般而言，标准法在满足以下条件的情况下比较适用，即董事会和高级管理层制定了正确可行的操作风险管理目标和策略，并积极参与操作风险管理框架的构建与维护；操作风险管理系统的相关概念清晰、稳健，执行准确有效；在主要业务类型上以及控制与审计领域对采用标准法有充足的资源支持，如能系统、连续地跟踪、处理与操作风险相关的数据，包括各业务类型有可能发生的巨额损失等等。

第三节 内部度量法

操作风险的高级度量法与基本指标法和标准法的根本不同在于：高级度量法通过估计操作风险事件所引致的未预期损失来计算操作风险资本。高级度量法中各种方法的主要差别在于操作风险未预期损失的估计方法的不同。内部度量法的基本思想是：先根据历史数据通过估计损失次数与损失严重程度的平均值得到操作风险的预期损失；然后，假设操作风险的预期损失与未预期损失之间存在某种线性关系，由此即可得到未预期损失。

其中，损失次数是指因操作风险而引起的损失事件发生的次数或频率；损失程度是指因操作风险而引起的损失事件发生后的损失严重程度。损失严重程度的平均值既可以用损失发生后的平均损失比率表示，例如本节在下文定义的 LGE^r；也可以用损失发生后的平均损失金额表示，例如下文第四节定义的 LGE^v。两者之间的关系为：$LGE^v = LGE^r \times EI$，EI 为对应的操作风险暴露。

一、内部度量法的一般步骤

一般而言，在使用内部度量法时，要经过以下五个步骤。

第一，对金融机构的所有业务/损失类型进行划分。

首先，将金融机构的所有业务划分为 8 种业务类型；然后，再进一步将每个业务类型分为 7 种不同的操作风险损失类型，这样就可以得到 $8 \times 7 = 56$ 种业务/损失类型或称为 56 个风险单元①。把 56 个风险单元排列成矩阵的形式，其中的第 i 行第 j 列位置上的风险单元称为 $i \times j$ 风险单元，该单元表示第 i 类业务以及与之对应的第 j 种损失类型，其中 $i = 1, 2, \cdots, 8$ 表示业务类型，$j = 1, 2, \cdots, 7$ 表示损失类型，下面的含义相同。

第二，基本风险指标的确定或估计。

确定每个风险单元的风险暴露指标（EI）；同时搜集所有风险单元的历史损失数据，在此基础上计算出每个风险单元出现损失的概率（PE）以及损失发生后的平均损失比率（LGE^r）。

历史损失数据主要包括所有风险单元的损失金额、损失事件发生的时间以及导致损失事件发生的主要因素的描述性信息等等。根据新巴塞尔协议的要求，用于计算监管资本的高级

---

① 各种损失类型的详细介绍，请参见本书第一章第二节。另外，将此处的 8×7 个风险单元换成更一般的 $S \times T$ 个类型，本书的相关结论和方法仍然成立，其中 S 与 T 为任意的正整数，下同。

度量法,一般要有 5 年以上的内部损失历史数据作为计量依据。对于首次使用高级度量法的金融机构,可暂时使用 3 年的历史数据。

第三,计算每个风险单元的预期损失。

此处的操作风险预期损失的计算公式类似于第四章介绍的预期信用损失,即

$$EL_{ij} = EI_{ij} \cdot PE_{ij} \cdot LGE_{ij}^r \tag{5.3.1}$$

其中:EL_{ij} 表示 $i \times j$ 风险单元的预期损失;EI_{ij} 表示 $i \times j$ 风险单元的风险暴露;PE_{ij} 表示 $i \times j$ 风险单元发生损失的概率;LGE_{ij}^r 表示 $i \times j$ 风险单元发生损失后的平均损失比率。

第四,对应于每个风险单元转换因子 γ_{ij} 的确定及未预期损失的计量。

γ_{ij} 是指将 $i \times j$ 风险单元的预期损失 EL_{ij} 转化成未预期损失 UL_{ij} 的转换因子,或称为操作风险的预期损失与未预期损失之间的线性关系系数。于是,有

$$UL_{ij} = \gamma_{ij} \cdot EL_{ij} \tag{5.3.2}$$

对于 γ_{ij} 的取值大小和范围,新巴塞尔资本协议并没有明确规定,只是建议监管当局参考基本指标法和标准法中操作风险敏感系数的设定方法,以行业标准和惯例或者说以整个行业的损失分布来确定其大小。

第五,整个机构的未预期损失的计算。

假设各个风险单元相互独立,那么整个机构的未预期损失就等于所有风险单元未预期损失之和。于是,根据(5.3.2)式可得

$$K = \sum_{i=1}^{8} \sum_{j=1}^{7} \gamma_{ij} \cdot EL_{ij} = \sum_{i=1}^{8} \sum_{j=1}^{7} \gamma_{ij} \cdot EI_{ij} \cdot PE_{ij} \cdot LGE_{ij}^r \tag{5.3.3}$$

其中,K 为操作风险引致的整个机构的未预期损失。

二、内部度量法在应用中的不足与修正

从上面的描述中不难看出,内部度量法的优势主要在于银行可以采用自身的损失数据去计算未预期损失,进而确定应持有的操作风险资本,这比基本指标法和标准法更能真实地反映银行所面临的操作风险,从而为银行实施更加有效的操作风险管理措施、进一步提高自身竞争力奠定了坚实的基础。当然,内部度量法在实际应用时也存在着一些问题和不足。下文将指出这些问题和不足,并提出相应的修正方法。

(一)内部历史数据的不足与修正

从前面的步骤中可以看出,PE 和 LGE^r 的计量有赖于大量的内部历史数据,而这在实际应用中很难做到:一方面,作为操作风险度量对象的低频率高损失事件很少在单个金融机构内多次发生,甚至从未发生过;另一方面,金融机构的新业务不断涌现,而对于新业务来说,根本就不可能存在历史数据。

为解决内部历史数据不足的问题,新巴塞尔协议建议使用内部计量法的金融机构选择外部数据来弥补内部数据的不足。具体办法是:引进可平衡或降低其至消除单个银行和整个行

业之间的损失概率差异的调整因子 $\theta(0 \leqslant \theta \leqslant 1)$，从而将行业的外部数据内部化，以实现从行业角度去修正银行内部 PE 值的目的，修正公式为

$$PE = \theta \cdot PE_{内部} + (1-\theta) \cdot PE_{行业} \tag{5.3.4}$$

（二）公式(5.3.2)的不足与修正

基于预期损失与未预期损失之间线性关系假设而得到的 $UL_{ij} = \gamma_{ij} \cdot EL_{ij}$ 在实际中往往不成立。由于操作风险损失在很大程度上是内生的，所以外部数据与银行自身潜在损失通常并不具有严格的相关性，这就意味着现实中单一银行的操作风险损失分布几乎不可能与行业损失分布完全一致。显然，在计算某银行的未预期损失时，采用由该银行自身的损失分布所决定的转换因子 γ_{ij} 才比较合理。事实上，所采用的转换因子 γ_{ij} 却是由与该银行损失分布并不一致的整个行业损失分布来确定的。因此，借助于含有关键因素 γ_{ij} 的公式 $UL_{ij} = \gamma_{ij} \cdot EL_{ij}$ 而计算出的未预期损失值很可能与现实存在较大偏差。另外，预期损失与未预期损失之间也未必是线性关系，这也会加大上述偏差。

为解决上述问题，通常会引入风险特征指数（risk profile index，RPI）来调整基于内部度量法所计算出的操作风险资本值。RPI 反映的是单一银行各风险单元的具体操作风险状况与整个行业操作风险的区别，所以引入 RPI 的目的就是为了减少甚至消除银行自身与整个行业损失分布的不一致性，以最大限度地减少运用内部度量法计算未预期损失的偏差。

在实际应用中，RPI 的大小主要取决于银行自身的某风险单元与整个行业对应风险单元的操作风险损失分布的偏移程度。如果某风险单元（不妨仍设为 $i \times j$ 风险单元）和全行业对应单元的操作风险损失分布没有偏移，则 $RPI_{ij} = 1$，此时的未预期损失 $UL_{ij} = \gamma_{ij} \cdot EL_{ij}$，这与内部度量法保持一致；如果该单元的操作风险损失分布较之行业整体分布呈厚尾分布，则 $RPI_{ij} > 1$，此时的未预期损失 $UL_{ij} = RPI_{ij} \cdot \gamma_{ij} \cdot EL_{ij}$，该单元承受的未预期损失高于行业平均水平；若该单元的操作风险损失分布是薄尾分布，则 $RPI_{ij} < 1$，此时的未预期损失 $UL_{ij} = RPI_{ij} \cdot \gamma_{ij} \cdot EL_{ij}$，该单元承受的未预期损失低于行业平均水平。

引入 θ 和 RPI 后的修正公式为

$$K = \sum_{i=1}^{8} \sum_{j=1}^{7} \gamma_{ij} \cdot EL_{ij} \cdot RPI_{ij} = \sum_{i=1}^{8} \sum_{j=1}^{7} \gamma_{ij} \cdot EI_{ij} \cdot PE_{ij} \cdot LGE_{ij}^{r} \cdot RPI_{ij} \tag{5.3.5}$$

这里，PE_{ij} 是经调整因子 θ 调整后 $i \times j$ 风险单元出现损失的概率。

第四节 损失分布法

2001 年 9 月，损失分布法被巴塞尔委员会正式纳入到用以估计操作风险的高级度量法的框架之中，此后，该法逐渐成为高级度量法中最具代表性的方法。与内部度量法不同，损失分布法假设由操作风险引致的损失次数以及损失发生后的损失程度皆为随机过程；然后，根据损失次数以及损失发生后的损失程度的概率分布估计出操作风险的损失分布；最后，再借助于第

三章介绍的 VaR 方法得到一定置信度水平①下发生操作风险的未预期损失,并据此计算操作风险资本。

更为具体地,可从内部度量法公式(5.3.1)中相关指标的确定方式来考察。在实施内部度量法时,公式(5.3.1)中的 EI 由金融机构设定,PE 和 LGE^r 为通过历史数据计算得到的平均值。而损失分布法确定上述指标的方式与内部度量法有着根本的不同,其主要表现在以下四个方面。

第一,损失分布法将每个风险单元失控或者发生损失的次数看作为随机过程,于是,$i \times j$ 风险单元出现损失的概率 PE_{ij} 是由该风险单元发生损失的概率密度函数(不妨设为 f_{ij})所确定。

第二,损失分布法将每个风险单元损失发生后的损失程度也视为一个随机事件,此处 $i \times j$ 风险单元损失发生后损失程度的期望值用金额来表示,仍记为 LGE^v_{ij},于是对应于内部度量公式(5.3.1)中的 $EI_{ij} \cdot LGE^r_{ij} = LGE^v_{ij}$,是由该风险单元发生损失后损失程度的概率密度函数 g_{ij} 所决定。

第三,$i \times j$ 风险单元未来的操作风险大小或损失 L_{ij} 自然也是随机过程,即操作风险的损失分布可通过 f_{ij} 与 g_{ij} 两者的卷积计算。

第四,根据损失分布即可获得操作风险在一定置信度水平②下的未预期损失。

显然,类似于第三、四章所介绍的市场风险与信用风险的度量,运用损失分布法度量操作风险的本质,就是估计每个风险单元进而整个金融机构因操作风险而导致的损失分布。

一、操作风险事件描述

为全面、准确地理解运用损失分布法度量操作风险的思路、步骤和方法,我们先对拟解决的问题进行刻画。

假设某金融机构共有 $S \times T$ 个风险单元,第 $i \times j$ 风险单元在某个时间段内(例如 1 年)发生的损失事件为独立同分布的随机事件,损失发生后对应于 n 次损失的损失程度(此处用损失额表示)依次用 $L^v_{ij,1}, L^v_{ij,2}, \cdots, L^v_{ij,n}$ 表示。上述事件依然为独立同分布的,其中:$i = 1, 2, \cdots, S$;$j = 1, 2, \cdots, T$;$n = 1, 2, \cdots$ 同时,假设发生损失事件与损失事件发生后的损失严重程度 $L^v_{ij,k} (k = 1, 2, \cdots, n)$ 独立③。下面就介绍如何利用损失分布法对操作风险进行度量。

二、基于损失分布法度量操作风险的一般步骤④

(一) 各风险单元损失次数与损失程度的概率分布模型的设定

1. 损失次数的概率分布模型

设 $i \times j$ 风险单元在某个时间段内(例如 1 年)出现 n 次损失的概率密度函数为

---

① ② 新巴塞尔资本协议要求使用高级度量法时,置信度水平不低于 99.9%。

③ 事实上,在很多情况下,损失程度分布与损失事件的分布并不独立,例如,具有低频特性的事件往往会造成较大损失,而具有高频特性事件的损失往往较小。但对于给定的、具有相同特性的风险单元来说,假设两者之间相互独立具有一定合理性。

④ 若由操作风险引致的损失次数以及损失发生后的损失程度两者其中之一或两者都为非随机过程,此时属于本书的特殊情况,仍可以仿照本书步骤进行。

$$p_{ij}(n), n = 1, 2, \cdots \qquad (5.4.1)$$

一般都假定损失次数 n 服从的概率分布为几何分布、二项分布、Poisson 分布或负二项分布等。下面分别予以介绍。

(1) 几何分布。假设某风险单元发生的操作事件与贝努利试验的条件完全吻合,即所有操作事件相互独立;每次操作事件发生的结果或者为损失或者为不损失,其中结果为损失的概率为 p。于是,该风险单元前 n 次连续出现损失而第 $n+1$ 次不出现损失的次数服从几何分布,即

$$p(n) = p^n(1-p), n = 0, 1, 2, \cdots, 0 < p < 1 \qquad (5.4.2)$$

该分布的期望为 $1/(1-p)$,方差为 $p/(1-p)^2$。

(2) 二项分布。假设某风险单元在一段时间内的操作事件总数为 N,N 个操作事件相互独立;每次操作事件发生的结果或者为损失或者为不损失,其中结果为损失的概率为 p。于是,该风险单元发生损失的次数服从二项分布,即

$$p(n) = \binom{N}{n} p^n (1-p)^{N-n}, n = 1, 2, \cdots, N$$

其中,n 表示发生损失的次数。此时,操作风险事件发生的均值和方差依次为 Np 和 $Np(1-p)$。

(3) Poisson 分布。运用二项分布的一个主要障碍是要确定一年内的事件总数 N。当概率 p 很小、N 很大,亦即操作风险发生的次数很少时,可以用 Poisson 分布来近似代替二项分布,Poisson 分布的密度函数为

$$p(n) = \frac{\lambda^n e^{-\lambda}}{n!}, n = 1, 2, \cdots$$

上式只有一个参数 λ,表示损失事件发生的期望频率,相当于二项分布中的 Np。根据 Poisson 分布,操作风险事件发生的均值和方差均为 λ。

(4) 负二项分布(或帕斯卡分布)。损失次数的分布有时还可以用负二项分布来刻画,即

$$p(n) = \binom{k+n-1}{n} p^n (1-p)^k, n = 1, 2, \cdots$$

该分布表示某风险单元下,在不发生损失的事件出现 k 次以前损失事件发生 n 次的分布。其中,各个事件相互独立,每次事件只出现发生损失和不发生损失两种结果;p 表示一次损失事件发生的概率,n 表示损失事件出现的次数。根据负二项分布,操作风险事件发生的均值和方差期望依次为 $\dfrac{kp}{1-p}$、$\dfrac{kp}{(1-p)^2}$。

2. 损失程度的概率分布模型

设 $i \times j$ 风险单元在某个时间段内(例如 1 年)损失事件 k 发生时对应的损失严重程度 $L_{ij,k}^v (k=1, 2, \cdots, n)$ 的概率密度函数为

$$g_{ij}(x\mid k), k=1, 2, \cdots \text{①} \tag{5.4.3}$$

我们在第一章中就已经指出,操作风险具有高频率低损失和高损失低频率的特点,也就是说,高频事件往往造成的损失较小,而低频事件则往往较大。这表明不同风险类型的损失程度常常不同,因此对于具有不同特点的风险单元一般要选用不同的损失程度分布形式来刻画。

(1) 指数分布、对数正态分布。对于高频风险事件,损失程度通常选用指数分布、对数正态分布等来描述。指数分布的密度函数为

$$g(x) = \lambda e^{-\lambda x}, x \geqslant 0, \lambda > 0 \tag{5.4.4}$$

对数正态分布的密度函数为

$$g(x) = \frac{1}{\sqrt{2\pi}\sigma}\exp\left[-\frac{1}{2}\left(\frac{\ln x - \mu}{\sigma}\right)^2\right], x > 0$$

(2) Gamma 分布。对于可能有较大偏度和峰度的损失程度分布来说,可以选用 Gamma 分布等来刻画,即

$$g(x) = \frac{x^{\alpha-1}\exp(-x/\beta)}{\beta^\alpha \Gamma(\alpha)}, x > 0$$

其中,$\Gamma(\cdot)$ 为 Gamma 函数。

对于低频高损失事件的损失程度分布,通常可采用极值理论来解决。关于极值理论的具体介绍,请参见第三章第八节。

3. 对损失次数分布与损失程度分布的贝叶斯估计——基于历史数据

要估计损失次数与损失程度的概率分布模型及其参数,需要使用与各个风险单元的实际损失相关的所有历史数据,历史数据积累期限应至少 3 年,倾向于使用 5 年以上数据。我们前文已经指出,这很难做到,其中低频高危损失事件(如内部欺诈等)的有关历史数据尤其缺乏,而这些数据往往更加重要。

在历史数据缺乏的情况下,仅仅使用少量数据对损失次数与损失程度的概率分布进行估计,会产生很大的抽样误差,这必将导致对损失分布的估计进而对操作风险的度量出现谬之千里的状况。为此,根据新巴塞尔协议的建议,可以使用外部的、行业的损失数据对内部数据加以补充,也可以使用基于风险经理或专家观点的内部记分卡数据、外部协会的数据或其他公开数据。然而,这又出现了新问题,即内部数据与外部数据存在着很大差异:一般情况下外部样本数据的不确定性大于内部数据,所以在高级度量法中,金融机构的内部历史损失数据被认定为是客观数据或称为"硬数据",外部数据和记分卡的数据被认定为主观数据或称为"软数据"。依据这些不确定性程度有区别的历史数据对概率分布进行估计,自然会存在偏差。那么,如何解决这个新问题呢?

实践证明,贝叶斯估计②是目前为止可担当此任的最佳选择。在操作风险度量中,贝叶斯

---

① 注意这是一个条件概率密度函数。
② 贝叶斯估计是综合未知参数的先验信息与样本信息,依据贝叶斯定理求出后验分布,再根据后验分布推断未知参数的估计方法。贝叶斯估计与经典统计推断的主要区别为:一是对概率的定义不同。在经典统计推断中,将概率定义为相对频率的极限;而在贝叶斯推断中,将概率定义为个人对事件发生可能性的一种信念。二是贝叶斯估计一般将未知参数看作是随机变量,而经典统计则相反。

估计可以将相对客观的"硬数据"和相对主观的"软数据"结合在一起对参数进行估计。具体思路和方法如下。

根据贝叶斯定理,由事件 Y 的事前信息改变事件 X 的概率的公式为

$$P(X \mid Y) = \frac{P(Y \mid X) \times P(X)}{P(Y)}$$

于是,将贝叶斯规则运用于分布模型参数估计的公式为

$$P(参数 \mid 数据) = \frac{P(数据 \mid 参数) \times P(参数)}{P(数据)} \quad (5.4.5)$$

贝叶斯估计方法基于两种不同的信息源,一种是用于估计相关参数的先验分布密度函数的"软数据",另一种是用于估计"样本似然密度"的"硬数据"。在使用贝叶斯估计方法时,先分别计算出主观数据和客观数据的相关参数的"先验分布密度函数"和"样本似然密度",再利用公式(5.4.5)把这两个参数的密度函数相乘就得到模型参数的"后验分布密度函数",最后从"后验分布密度函数"中获得参数的点估计。

图 5-1 中的左边和右边图形依次显示了贝叶斯估计和经典统计的结果差异:左边图形中的"软数据"是不确定的,而右边图中的"软数据"是确定的;两种情况下"硬数据"的样本似然密度都相同。可以看出:当"软数据"是不确定的时候,运用贝叶斯估计得到的后验分布更接近于基于内部数据("硬数据")得到的似然性分布,表明此时贝叶斯估计更多地利用了来自"硬数据"的信息;当"软数据"是确定的时候,运用贝叶斯估计得到的后验分布更接近于先验分布,表明贝叶斯估计除了会利用"硬数据"的信息之外,还会更多地利用"软数据"的信息。

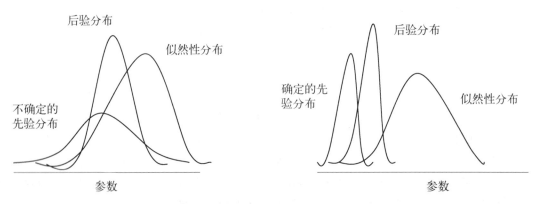

图 5-1 先验分布、似然性与后验分布①

根据公式(5.4.5)容易判断,假定先验分布和样本似然性分布都是正态的,那么基于贝叶斯估计的后验分布自然也是正态分布。在这种假设下,平均损失分布的贝叶斯估计就是外部样本的均值与内部样本均值的加权平均数,权数是各自分布方差的倒数。于是,可得到预期损失程度的贝叶斯估计公式为

$$EL_B = \frac{N \cdot I/\sigma_I^2 + E/\sigma_E^2}{N/\sigma_I^2 + 1/\sigma_E^2} \quad (5.4.6)$$

---

① 该图取自于 Alexander(2000),请查阅。

其中：I 与 E 分别表示损失程度的内部数据均值与外部数据均值；σ_I 与 σ_E 分别表示损失程度的内部数据标准差和外部数据标准差；EL_B 表示基于贝叶斯估计的预期损失程度；N 是样本数。

类似地，损失程度标准差（设为 UL_B）的贝叶斯估计公式为

$$UL_B = \sqrt{\left(\frac{N}{\sigma_I^2} + \frac{1}{\sigma_E^2}\right)^{-1}} \tag{5.4.7}$$

使用上述公式得出的预期损失程度更接近内部样本均值，因为内部权数的不确定性较低；损失程度的标准差会比内部数据和外部数据的标准差都小，因为损失程度标准差的贝叶斯估计中信息量加大了许多。

类似地，可以运用贝叶斯估计法推断损失次数的概率分布及相关参数。

（二）各风险单元的操作风险损失分布的估计

根据前文分析，当 $i \times j$ 风险单元发生了 n 次损失时的总损失为

$$L_{ij} = \sum_{k=1}^{n} L_{ij,k}^v \tag{5.4.8}$$

于是，求 $i \times j$ 风险单元的操作风险损失分布的问题即转换为计算总损失 L_{ij} 的概率分布。根据假设，损失次数 n 独立于总损失 L_{ij}，于是 $i \times j$ 风险单元的总损失小于 x 的概率为

$$P(L_{ij} \leqslant x) = \sum_{n=1}^{\infty} P\left(\sum_{k=1}^{n} L_{ij,k}^v \leqslant x \mid n\right) p_{ij}(n) \tag{5.4.9}$$

根据 $L_{ij,1}^v, L_{ij,2}^v, \cdots, L_{ij,n}^v$ 的独立同分布性将 (5.4.9) 式进行处理、转化，然后把具体表达式 (5.4.1) 和 (5.4.3) 代入 (5.4.9) 的转化式中，即得 $P(L_{ij} \leqslant x)$ 的具体表达式，不妨设为

$$P(L_{ij} \leqslant x) = F_{ij}(x) \tag{5.4.10}$$

对上式关于 x 求导，即可得到 $i \times j$ 风险单元总损失的概率分布密度函数 $L_{ij} = \dfrac{\mathrm{d}F_{ij}}{\mathrm{d}x}$，于是得到 $i \times j$ 风险单元总损失 L_{ij} 的概率分布。

（三）$i \times j$ 风险单元在一定置信水平下的 VaR 与未预期损失的计算

运用第三章介绍的 VaR 方法，借助于 $i \times j$ 风险单元总损失 L_{ij} 的概率分布会立即获得一定置信水平下的 VaR_{ij}，于是该置信水平下 $i \times j$ 风险单元的未预期损失 UL_{ij}[①] 为

$$UL_{ij} = VaR_{ij} - EL_{ij} = VaR_{ij} - E\left(\sum_{k=1}^{n} L_{ij,k}^v\right) \tag{5.4.11}$$

（四）整个金融机构操作风险总体损失分布的估计

经过前面三步，我们得到了金融机构各个风险单元的操作风险损失分布及对应于置信度 c 下的未预期损失。下面就可以对整个金融机构的总体损失分布和对应于置信度 c 下的未预期

[①] 这里利用 VaR 方法计算操作风险未预期损失的方法完全类似于本书第四章第二节。

损失进行估计。

其中，最简单的处理方式是将各风险单元在置信度 c 下未预期损失之和作为整个金融机构在置信度 c 下的未预期损失 UL，即

$$UL = \sum_i \sum_j UL_{ij} = \sum_i \sum_j \left[VaR_{ij} - E\left(\sum_{k=1}^n L_{ij,k}^v\right) \right] \quad (5.4.12)$$

上式成立的一个重要前提是各个风险单元的操作风险事件将同时发生，但发生的结果互不影响。显然，这并不符合事实，各个风险单元的操作风险事件通常具有相关性。此时，可以采用与处理市场风险相类似的方法，即将所有风险单元之间的关系表示成为一个协方差矩阵，再利用完全类似于第三章对资产组合的市场风险进行度量的方法来解决。

然而，这仍然存在着不尽完善之处。前文已经指出，与市场风险不同，操作风险具有典型的内生性特征，即市场风险一般由外部不确定因素引发；而操作风险则主要由金融机构内部的不确定因素所导致，机构的各风险单元之间的内部联系非常紧密而又复杂，有可能出现某一风险单元失控直接导致其他一系列风险单元失控的状况，这就是所谓的机构内部独有的"职能依赖"。在金融机构内部因操作风险而导致的这种失控一般为服从一定概率分布的随机事件，所以仅仅以协方差矩阵来刻画上述状况显然是不够的。为此，需要对前述的损失分布法进行改进。

三、损失分布法的改进

目前对损失分布法的改进主要有三种方法：一是描述多元随机变量相关结构的 Copula 法；二是考虑职能依赖的失控随机模型；三是因果关系模型。这里将介绍前两种方法，第三种方法将在下节给予介绍。

（一）Copula 法——Copula 函数的构建

关于 Copula 法，我们已经在本书第三章第一节中给予简单介绍。运用 Copula 法的关键是构造 Copula 函数，而构造 Copula 函数的关键是确定边缘分布函数、变量相关关系和 Copula 函数形式。下文就拟要解决的问题介绍这个构造过程。

为简单起见，假设某金融机构有两个风险单元，于是该机构的操作风险事件①可以视为起因于 A，B 两个风险单元操作风险事件的随机过程，并可用某个联合分布函数（即二维 Copula 函数）来描述。为求得联合分布函数，要依次确定每个风险单元的边缘分布函数、变量相关关系和 Copula 函数形式。

1. 边缘分布函数的确定

用 $F(t)$ 表示在 t 期内某风险单元发生操作风险事件的概率分布函数，于是该风险单元在 t 期内保持正常运转的概率 $S(t) = 1 - F(t)$。令 $F(t)$ 的概率密度函数为 $f(t)$，根据程晓民等（2003）的推导结果，可获得该风险单元的故障率函数：

---

① 事实上，此处的操作风险事件，不论是用损失程度还是用总损失来刻画，这里介绍的 Copula 法皆适用。

$$h(t) = \frac{f(t)}{1-F(t)}$$

假设该风险单元在 x 时刻之前保持正常,则其在 t 期内发生操作风险事件的概率(不妨记作 $H(t/x)$)可用下面公式计算:

$$H(t/x) = 1 - \exp\left\{-\int_x^{x+t} h(s)\mathrm{d}s\right\} ① \qquad (5.4.13)$$

在实际操作过程中,故障率函数可以由历史数据估计得到,然后根据公式(5.4.13)即可获得用以估计联合分布函数的每个风险单元发生操作风险事件的边缘分布函数 $H(t/x)$。

2. 相关关系的确定

选择 A,B 单元的历史数据并依据下列公式获得该机构 A、B 两个风险单元在 t 期内发生操作风险事件的相关系数:

$$\rho_{AB} = \frac{\mathrm{Cov}(\xi_A, \xi_B)}{\sqrt{\mathrm{var}(\xi_A) \cdot \mathrm{var}(\xi_B)}} \qquad (5.4.14)$$

其中:ξ_A, ξ_B 分别表示 A,B 两个风险单元发生的操作风险事件。

3. Copula 函数形式的选择与确定

Copula 函数形式有很多种,最常用的有正态 Copula、极值 Copula、阿基米得 Copula 和 Archimax Copula 等四种函数族,每种函数族又包含若干种类。至于如何选择 Copula 函数形式,并利用公式(5.4.13)和(5.4.14)的计算结果确定整个机构发生故障或损失的概率分布,可参见 Nelsen(1999)和张金清、李徐(2008)。因篇幅所限,这里不再赘述。

对包含三个与三个以上风险单元的金融机构,可类似进行讨论,只是 Copula 函数的构建过程会更加复杂。

(二)考虑职能依赖的失控随机模型

针对前文所提到的金融机构各风险单元之间有可能存在的"职能依赖"的状况②,此处试图通过建立相应的随机模型予以刻画。

首先,定义 n_i 为第 i 个风险单元的状态变量:$n_i = 0$ 表示正常状态,$n_i = 1$ 表示失控。于是,可把第 i 个风险单元在第 t 期维持正常运行需要的各种资源支持表示为

$$h_i(t) = \theta_i - \Sigma w_{ij} n_j(t) + \eta_i(t), \quad i, j = 1, 2, \cdots, S \times T; i \neq j (\text{下同}) \qquad (5.4.15)$$

其中:θ_i 表示第 i 个风险单元可获得的无条件系统支持,不会失控;w_{ij} 是 h_i 中来自第 j 个风险单元的支持比重,表示第 i 单元对第 j 单元职能依赖的程度;$\Sigma w_{ij} n_j$ 表示所有失控单元对 i 单元的负面影响之和;η_i 是随机扰动项。显然,$h_i(t) < 0$ 意味着第 i 个单元在 t 期会失控。

关于随机扰动项 η_i,可参考巴塞尔委员会考察信用风险相关模型时建议使用的均等机会

---

① 此处的故障率函数和公式(5.4.13)的详细推导过程,可参见程晓民等(2003)。因篇幅所限,这里不再赘述。
② 即指在含有若干个风险单元的金融机构中,有可能出现某一风险单元失控直接引发其他一系列风险单元失控的状况。

交叉相关性(equal-time cross correlation)来确定：

$$\eta_i(t) = \sqrt{\rho}Y(t) + \sqrt{1-\rho}\varepsilon_i(t) \tag{5.4.16}$$

其中，$Y(t)$，$\varepsilon_i(t)$ 均服从标准正态分布，只是前者表示所有风险单元的公共因子，后者为第 i 个风险单元的特征项；ρ 表示均等机会相关性的相关系数。

然后，定义函数 Θ_i 如下：当 $x \geqslant 0$ 时，定义 $\Theta_i(x) = 1$；$x < 0$ 时，$\Theta_i(x) = 0$。于是，$\Theta_i(x) = 1$ 表示第 i 个风险单元失控；$\Theta_i(x) = 0$ 表示第 i 个风险单元处于正常状态。于是，由(5.4.15)式和(5.4.16)式可定义第 i 个风险单元在 $t + \Delta t$ 期的状态变量为

$$n_i(t+\Delta t) = \Theta_i\left[-\theta_i + \sum w_{ij}n_j(t) - (\sqrt{\rho}Y(t) + \sqrt{1-\rho}\varepsilon_i(t))\right] \tag{5.4.17}$$

假设所有 $n_i(t)$ 构成的集合 $n(t)$ 以及 $Y(t)$ 给定，利用公式(5.4.17)和 $\varepsilon_i(t)$ 服从标准正态分布的假定，就可以得到第 i 个风险单元在 Δt 时间段内失控的概率，亦即得到 Θ 的概率分布函数

$$P(\Theta_i(x) = 1 \mid n(t), Y(t)) = \Phi\left(\frac{\Phi^{-1}(p_i) + \Sigma w_{ij}n_j(t) - \sqrt{\rho}Y(t)}{\sqrt{1-\rho}}\right) \tag{5.4.18}$$

其中：$\Phi(\cdot)$ 表示标准正态分布函数；$\Phi^{-1}(p_i) = -\theta_i$，$p_i$ 表示风险单元 i 失控的无条件概率，即第 i 单元自身失控的概率；职能依赖项 $w_{ij}n_j$ 决定了职能依赖概率 p_{ij}，表示单元 j 失控后导致单元 i 失控的可能性。

(5.4.18)式给出了在考虑职能依赖的情况下第 i 个风险单元在 Δt 时间段内失控的概率。(5.4.18)式表明，当职能依赖项 $w_{ij}n_j$ 决定的职能依赖概率 p_{ij} 很大时，即使第 i 单元自身失控的概率 p_i 并不大，也有可能导致系统性的失控以及重大风险损失。

运用(5.4.18)式，除了可以估计系统失控的概率以外，还可以借助于 Monte Carlo 方法考察在不同的职能依赖水平下每个风险单元失控对其他风险单元乃至整个机构运行的影响程度。具体方法介绍如下。

为简单起见，假设 $Y(t) = 0$。于是由(5.4.18)式容易推导出：

$$w_{ij} = \sqrt{1-\rho}\Phi^{-1}(p_{ij}) - \Phi^{-1}(p_i) \tag{5.4.19}$$

上式中的 ρ 可由历史数据估计，显然 $P(\Theta_i(x) = 1 \mid n(t), Y(t))$ 仅取决于 p_i 和 p_{ij}。设 $p_{\max,i}$ 为第 i 个风险单元失控的最大概率，该值容易由历史数据模拟得到。从 $[0, p_{\max,i}]$ 区间中随机选取 p_i；再令 $p_{ij} = p_i(1+\xi_{ij})$，其中 ξ_{ij} 在 $[0, \xi_{\max,ij}]$ 区间上随机取值，ξ_{ij} 与 $\xi_{\max,ij}$ 分别表示第 j 单元对 i 单元职能依赖的相对水平和最高水平。于是，通过随机选取不同的 p_i、p_{ij} 值就可以进行模拟和考察。

为更加清楚起见，下面通过一个具体例子来说明这个模拟过程：假设某机构包含 50 个风险单元，先选定无条件概率 $p_{\max,i} = 0.02$，共模拟 50 000 次，每次随机模拟其中一个单元失控导致其他单元乃至整个机构的损失情况。模拟结果见图 5-2，其中，图中的横轴表示模拟次数，纵轴表示根据概率分布函数计算得到的损失值。图 5-2 显示了以下三种模拟结果。

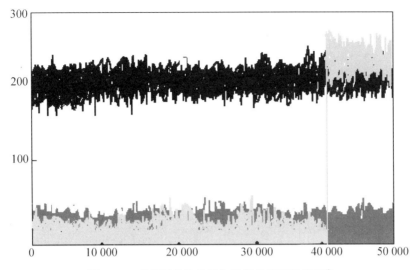

图 5-2 考虑职能依赖的失控随机模型的模拟[1]

结果一,灰色部分表示,当 $\xi_{\max,ij} = 1.6$,整个机构在初始状态运行正常时的状态变化情况。

结果二,黑色部分表示,当 $\xi_{\max,ij} = 1.6$,整个机构在初始状态运行失控时的状态变化情况。

结果三,部分表示,当 $\xi_{\max,ij} = 2.0$,整个机构在初始状态运行正常时的状态变化情况。

由模拟结果可见,当职能依赖程度较低时,无论整个机构运行的初始状态如何,某风险单元的失控并没有使得其他单元和整个机构在未来运行的状态发生明显变化,从而表明该风险单元失控并没有导致其他单元和整个机构失控并出现大的损失;但当职能依赖程度较高时,则出现了由较小损失值向大损失值突变的情况,表明某风险单元的失控导致了其他单元乃至于整个机构失控并出现损失突变。

引例

操作风险损失分布与未预期损失的计算举例

假设某金融机构有 $S \times T$ 个相互独立的风险单元,其中 $i \times j$ 风险单元的损失次数 n 与损失程度 $L_{ij,k}^{v}(k=1, 2, \cdots, n)$ 的概率分布分别由几何分布和指数分布所刻画,即由 (5.4.2) 式和 (5.4.4) 式可分别设

$$p_{ij}(n) = p_{ij}^{n}(1-p_{ij}), \; n=1, 2, \cdots, 0 < p_{ij} < 1; \; g_{ij}(x) = \lambda_{ij} e^{-\lambda_{ij} x}, \; x \geqslant 0, \lambda_{ij} \geqslant 0$$

其他假设以及相关符号同上文。下面计算该单元的损失分布及该单元在置信度 c 下的未预期损失。

---

[1] 该图取自 Kühn, Neu (2004)。

根据独立同分布且服从指数分布的随机变量之和为 Gamma 分布的结论可得

$$P\Big(\sum_{k=1}^{n} L_{ij,k}^{v} \leqslant x \mid n\Big) = \int_{0}^{x} \frac{1}{(n-1)!} \lambda_{ij}^{n} s^{n-1} \mathrm{e}^{-\lambda_{ij} s} \mathrm{d}s$$

将上式代入公式(5.4.9)中,并利用公式(5.4.10)经计算可分别得 $i \times j$ 风险单元的损失分布函数及密度函数为

$$P(L_{ij} \leqslant x) = F_{ij}(x) = 1 - \mathrm{e}^{-\lambda_{ij} p_{ij} x}, \quad L_{ij}(x) = \frac{\mathrm{d}F_{ij}}{\mathrm{d}x} = \lambda_{ij} p_{ij} \mathrm{e}^{-\lambda_{ij} p_{ij} x}$$

于是,根据损失分布的密度函数 $L_{ij}(x)$ 和第三章计算 VaR 的方法可依次得到各风险单元预期损失和置信度 c 下的 VaR 值:

$$EL_{ij} = \frac{1}{\lambda_{ij} p_{ij}}, \quad VaR_{ij} = \frac{-\ln(1-c)}{\lambda_{ij} p_{ij}}$$

根据公式(5.4.11)可计算出该风险单元在置信度 c 下的未预期损失 UL_{ij}:

$$UL_{ij} = VaR_{ij} - EL_{ij} = \frac{1}{\lambda_{ij} p_{ij}}[-\ln(1-c) - 1]$$

最后,根据公式(5.4.12)和上式可得到整个金融机构在置信度 c 下的未预期损失 UL 为

$$UL = \sum_{i=1}^{S} \sum_{j=1}^{T} UL_{ij} = [-\ln(1-c) - 1] \sum_{i=1}^{S} \sum_{j=1}^{T} \frac{1}{\lambda_{ij} p_{ij}}$$

四、基于 Monte Carlo 模拟法的损失分布的估计

在多数情况下,很难像前文引例一样可以直接利用公式(5.4.9)和公式(5.4.10)计算出损失分布的密度函数,进而获得未预期损失值。此时,需要寻求其他的估计损失分布的方法,目前主要有 Monte Carlo 模拟法、逼近法(approximation methods)、倒置法(inversion methods)、回归法(recursive methods)等等。其中,基于 Monte Carlo 模拟法估计损失分布的方法最为常见,而且应用效果也比较好。下面给予详细介绍。

该法的第一步与前文完全相同,主要区别是从第二步确定某机构 $i \times j$ 风险单元的损失分布开始,即

第一,从 $i \times j$ 风险单元的损失次数分布中随机抽取一个损失事件次数 N。一般情况下,最有可能被抽中的应是该风险单元发生损失事件次数的平均值;再就是离平均值越近的次数,被抽中的可能性越大;而离均值越远的次数,被抽中的可能性则越小。这样,每个次数被抽中的概率与其在频率分布中对应的概率相一致。

第二,从 $i \times j$ 风险单元的损失程度分布中随机抽取 N 个样本,即为 $L_{ij,1}^{v}, L_{ij,2}^{v}, \cdots, L_{ij,N}^{v}$。显然,每一个样本都代表该风险单元的一次损失事件。

第三,加总 N 个样本数据之和,即得到该持有期(通常为一年)内的总损失为 $L_{ij}^{(1)} = \sum_{k=1}^{N} L_{ij,k}^{v}$。

第四,前三步构成了一次 Monte Carlo 模拟过程。不断重复上述过程,每次都得到一个总损失值,直到模拟的次数足够大(不妨设为 m)。于是,依次得到 m 个总损失 $L_{ij}^{(1)}$, $L_{ij}^{(2)}$, …, $L_{ij}^{(m)}$。

第五,绘制 $L_{ij}^{(1)}$, $L_{ij}^{(2)}$, …, $L_{ij}^{(m)}$ 的直方图,就可以得到 $i \times j$ 风险单元的模拟损失分布。

第六,先将以上各次 Monte Carlo 模拟过程中求得的总损失量进行加总,再取其平均数,即得到 $i \times j$ 风险单元的总损失平均值,记为 EL_{ij}。

第七,根据 $i \times j$ 风险单元的模拟损失分布,计算该风险单元在一定置信度水平下的 VaR 值。例如,共进行了 10 000 次 Monte Carlo 模拟,置信度水平为 99%。选取其中最大的 100 个损失,则其中的最小值就是 $i \times j$ 风险单元对应于 99% 置信度水平下的 VaR 值,记为 VaR_{ij}。

第八,$i \times j$ 风险单元以及整个金融机构的未预期损失的计算步骤和方法,完全仿前文总结的基于损失分布法度量操作风险的一般步骤。

图 5-3 是通过选择实证数据并运用 Monte Carlo 模拟法估计操作风险损失分布的示意图。图 5-3 中的上图是假设损失次数服从 Poisson 分布而绘制的概率分布图;中图是假设损失程度服从对数正态分布而绘制的概率分布图;下图是基于上图和中图并经过 10 000 次 Monte Carlo 模拟得到的某风险单元的损失分布。其中,上图和中图的模拟参数根据实证数据估计得到。

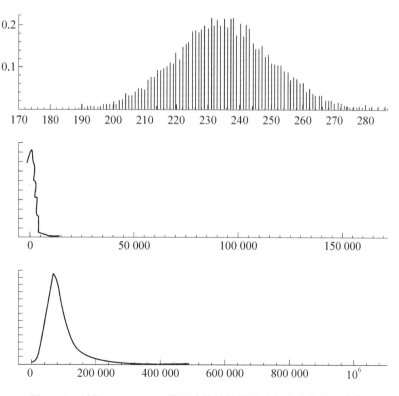

图 5-3　利用 Monte Carlo 模拟法估计操作风险损失分布的示意[①]

第五节 记分卡法与其他度量法

除了内部度量法、损失分布法以外,记分卡法也是巴塞尔协议建议使用的度量操作风险的三种高级度量法之一。记分卡方法与损失分布法的主要差别在于:损失分布法要通过搜集历史数据来估计各风险单元的损失次数和损失强度的概率分布;而采用记分卡法对损失分布进行估计时则较少采用历史数据,而更多偏重于专家的主观估计。由于金融机构未必能够搜集到足够多的历史数据,所以从某种意义上来说,也可以将记分卡法视作为损失分布法的一种补充。

一、运用记分卡法度量操作风险的基本步骤

概括起来,运用记分卡法度量操作风险时一般需要以下六个步骤。

(1) 对金融机构的所有业务/损失类型进行划分。这一步与内部度量法的第一步完全相同。

(2) 对每个风险单元进行流程细分,找出每个业务/损失类型的全部业务流程,例如结算流程等。

(3) 确定每个流程的风险因子,如系统故障等。

(4) 为每个流程建立一张记分卡,用以记录专家对全部相关风险因子发生概率的评分。

(5) 由流程的评分汇总得到各个风险单元损失事件发生次数的概率。同时,根据专家的主观评分,确定该风险单元损失事件发生时的损失程度。

(6) 在前面五步的基础上,计算出操作风险资本。计算公式为

$$K_{SCA} = \sum_i \sum_j L_{ij} \quad (5.5.1)$$

其中: $L_{ij} = EI_{ij} \times \omega_{ij} \times RS_{ij}$; i,j 分别表示业务和损失类型; L_{ij} 为 $i \times j$ 风险单元的操作风险损失; EI_{ij} 为 $i \times j$ 风险单元的操作风险暴露; RS_{ij} 是由专家评分得到的 $i \times j$ 风险单元损失事件发生的概率; ω_{ij} 是通过主观评分确定的 $i \times j$ 风险单元的损失程度。

在高级度量法中,对使用记分卡数据的最低要求是:从有可能全部是定性数据的记分值中估计出期望频率和期望损失。在通常情况下,记分卡会为期望频率指定一个范围,取值可通过与历史损失数据比较的情景分析法来确定。例如,表 5-3 给出一个记分卡的例子。

---

① 该图取自 Chapelle, Crama, Hübner, Peters(2004)。

表 5-3 记分卡示例

定 义	概 率,p	期望频率,Np①
不可能	[0,0.01%]	10 年少于一次
几乎不可能	[0.1%,1%]	10 年 1 次到 1 年 1 次
极 少	[1%,10%]	1 年 1 次到 1 月 1 次
很 少	[10%,50%]	每月 1—5 次
可 能	[50%,90%]	每月 5—9 次
很可能	[90%,100%]	每月超过 9 次

在记分卡法中,各风险单元的损失次数、损失程度的指标值以及每项指标的权重等等都需要依赖专家经验来确定,从而有比较强的主观性和随意性。为减少这种主观依赖性,经常需要将该法与其他方法结合使用,例如,可以选用历史数据对主观估计的风险评分进行验证等。

二、操作风险的其他度量方法

前文详细介绍了巴塞尔委员会建议使用的三种高级度量法,除此之外,还有贝叶斯神经网络模型和因果关系模型,下面分别给予介绍。

(一) 贝叶斯神经网络模型

贝叶斯神经网络模型(Bayesian belief networks,BBN)实质上是一个多元化的概率分布模型,其本身并不是一种独立、完整的风险度量模型,而需要与其他度量模型结合起来才能发挥作用。贝叶斯神经网络在识别风险因子、计算风险因子的灵敏度与波动性,简化损失分布以及基于情景生成超额损失事件等诸多方面都有重要应用。

事实上,用贝叶斯神经网络模型度量操作风险的历史并不长,但优势明显。一般地,基于贝叶斯神经网络模型对操作风险的度量主要包括以下六个步骤。

(1) 对金融机构的流程进行分析,识别关键流程、重要活动、风险诱因等因素,建立业务模型。

(2) 根据业务模型,建立因果关系图,反映出各个因素之间的因果关系与层次关系。

(3) 参照因果关系图搜集相关数据或模拟生成数据。

(4) 利用以上数据对模型进行训练,生成各个节点的分布或条件分布。

(5) 利用训练后的模型来度量与管理操作风险。包括计算损失分布,进行情景分析或压力测试,评估模型因素以辨识重要风险等。

(6) 模型的适时改进。一方面,金融机构持续运转,新业务不断产生,业务流程也不断改

---

① N 表示可能发生操作风险的固定事件个数。

进;另一方面,环境不断变化,新的风险因素也会不断涌现,因此模型也要适时地进行持续的修正、调整和改进。

运用贝叶斯神经网络模型度量操作风险具有以下优势。

(1) 运用贝叶斯神经网络模型,可以借助于情景分析法来度量最大的操作损失,并可以与市场风险和信用风险的度量相结合。

(2) 贝叶斯神经网络模型适用于度量不同形式、不同类型的操作风险,包括难以量化的人员风险。

(3) 贝叶斯神经网络模型提供了一种适宜于风险控制的成本—收益分析模型,并有助于金融机构发现操作风险诱因、完善内部业务流程、促进业务操作质量提升,进而形成系统有效的操作风险控制与管理系统。

(二) 因果关系模型

因果关系模型(intensity based factor model,IBFM)是指金融机构在判断操作风险损失与可能原因之间因果关系的基础上,通过采集历史数据建立关于操作风险的度量模型。因果关系模型主要包括定义操作风险、搜集损失及损失诱因的相关信息与数据、建立系统模型等三个主要步骤。

1. 定义操作风险

为及时准确找到操作风险的诱因及其可能性,首先要对操作风险做出与度量方法相一致的定义。本书第一章已对操作风险做出详细定义,这里不再赘述。

2. 搜集损失及损失诱因的相关信息与数据

这里不仅要观测操作风险的结果即损失,还要考察造成损失的原因。一般情况下,损失的数据比较容易得到,但搜集与损失原因有关的信息和数据则比较困难。为此,通常要同时召集风险管理人员及相关业务人员对操作风险进行分类,共同寻找每类操作风险可能造成的损失、损失的原因以及损失发生的可能性等等。表5-4列举了经常出现的操作风险的损失种类及其诱因。

表5-4 操作风险的结果与原因

风险类型	结果/可能损失	损失的原因
流程风险	流程成本与预计水平的偏差(排除流程故障)	规模增大时生产率下降
控制风险	控制失败导致的成本变化,例如,由于未能按时将资金入账引起的账面价值损失	流程故障,控制失败,欺诈
项目风险	项目成本过高/失败	较差的计划与项目管理,范围过大,预算不妥等
技术风险	技术运行成本与预计水平的偏差	升级费用、应用开发
人力资源风险	收入/利润的变化	由于竞争对手吸引关键员工

续 表

风险类型	结果/可能损失	损失的原因
客户服务风险	由于失去客户引起的收入/利润变化	不适当的初始销售策略,导致种族歧视等诉讼;不完善的客户服务
供应商管理风险	输入成本的变化	由不利的谈判合同引起预算咨询费用增加
监管风险	声誉毁损、监管部门征收罚金	未能遵循监管法规

首先,根据损失发生的可能性和损失诱因,搜集结果和原因的相关信息与数据;然后,运用经验分析法评估原因和结果之间的联系。其中,应将相似的损失归在一起以便用以测度不同原因的频率。当然,不同原因之间可能存在依赖关系,此时可运用主成分分析法找到原因链的起始点,以获得操作风险的关键诱因,并按一定的优先次序建立一套完整有效的补救管理措施。

3. 建立系统模型

在具备了充分的原因和结果相关信息和数据的基础上,就可以建立因果关系模型,并通过模型分析、估计原因和结果之间的联系。

由于因果关系模型综合考虑了损失和造成损失的可能原因,并且促使前台的业务人员积极参与操作风险管理,这将有助于提高度量与管理操作风险的可靠性和有效性。但是,该模型对内部数据的采集要求最高,而且模型的开发、实施与维持须投入大量的人力、物力、技术资源,所以在整个金融业实施该法的难度通常很大。

第六节 操作风险度量方法的比较与分析

尽管前面章节在介绍各种操作风险度量方法时也讨论这些方法的适用性、优缺点,但总体来说比较零散、细碎,不容易把握。为确保能系统、全面、准确地理解、把握和应用上述诸方法,本节专门对此进行概括、分析、比较。

一、关于基本指标法和标准法的比较与分析

基本指标法和标准法的优势非常突出:首先,这两种方法简单易懂,可操作性强。其次,这两种方法所要求的数据既容易获得,也容易校验,而且在不同地区还具有连贯性与可比性。再次,利用这两种方法很容易识别风险暴露并估计其潜在影响,还可以通过风险报告等制度和措施对操作风险进行持续的跟踪。最后,标准法还可以将操作风险归入所有业务战略的计划和实施中,并便于管理者制定出更加合理的激励措施。

但是,基本指标法和标准法也存在着局限性,主要表现在:首先,两种方法皆把总收入作

为计算操作风险资本的基本指标不尽合理。一方面，总收入表示的是过去已经实现的状态，而未来往往并不是对过去的简单重复，所以用总收入估测操作风险未来损失的可靠性值得商榷；另一方面，从收入来源的角度看，总收入也包括了那些没有操作风险的业务收入，因此，按总收入计提的操作风险资本将被高估。其次，基本指标法和标准法中 α 和 β 系数（即操作风险损失占总收入的比重）的取值标准与相应业务的操作风险特征可能并不匹配，同时也缺乏检验，这必将影响应用两种方法的可靠性和可信性。

二、高级度量法

高级度量法采用了许多高深、前沿的数学模型、计算机技术等手段来度量操作风险，并充分搜集和应用了多维度数据（例如，既有历史数据也有专家经验数据，既有内部数据也有外部数据等等），从而使得操作风险的度量过程和度量结果更加科学、可信，这一点是基本指标法和标准法所无法比拟的。

但是，高级度量法也有不可忽视的缺点：（1）高级度量法（尤其是其中的损失分布法）的应用过程过于复杂，难以理解。（2）前面已经提及数据的可得性是具体应用高级度量法的最大障碍。无论是内部数据还是外部数据都不易获得，即使获得，也无法保证数据的真实性和完整性。（3）不能用来判断操作风险的损失来源。事实上，高级度量法只给出了度量操作风险的损失结果，但并不关心操作风险的损失来源。（4）高级度量法不能反映操作风险与市场风险、信用风险之间的联系。事实上，有些信用风险或市场风险很可能来源于操作风险，例如人员的不作为或道德风险等因素。

三、贝叶斯神经网络模型和因果关系模型

贝叶斯神经网络模型与因果关系模型有许多相似的特征。例如，都提出了关键性风险诱因和关键性风险指标；把重点都放在了寻找导致操作风险的原因以及这些原因与结果的相关性等方面；都试图从源头上根除或控制操作风险，等等。因此，这两个模型对管理者从根源上防范、控制操作风险具有重要意义。此外，这两个模型也比较直观，实践性较强。但在实际运用中，寻找合适的、相关性强的关键性风险指标并不容易，而关键性风险指标却关系到贝叶斯神经网络模型和因果关系模型的应用效果，所以至关重要。因为相关性不大的关键性风险指标无法反映操作风险的真实来源，从而导致模型的应用效果被大大弱化。

综上所述，每种模型都同时具有各自的优势和不足，从而也具有各自的适用范围。模型使用者应根据实际情况有针对性地选择适当的模型来计量操作风险，也可以视情况综合应用多种模型，以取得最佳的应用效果。

 本章小结

本章首先阐述了操作风险度量方法的演进过程以及基于新巴塞尔协议框架下对操作风险

进行度量与管理的基本原则。然后,依次详细介绍了度量操作风险的基本指标法、标准法和高级度量法,其中高级度量法是本章的核心内容,主要包括内部度量法、损失分布法和记分卡法。最后,本章对上述操作风险度量模型和方法的基本原理、适用范围、优缺点等进行了深入、系统的比较与分析,指出了上述模型和方法所存在的问题和改进思路。

重要概念

操作风险　COSO 内部控制系统　新巴塞尔协议　操作风险敏感系数　基本指标法　标准法　风险单元　内部度量法　风险特征指数　损失分布法　贝叶斯估计　操作风险损失分布　Copula 法　职能依赖　失控随机模型　记分卡法　贝叶斯神经网络模型　因果关系模型

复习思考题

1. 简述有关操作风险度量在各个发展阶段的主要理论、方法及基本特点。
2. 阐述 COSO 内部控制系统的设计原理、基本框架和作用。
3. 试举例说明度量与管理操作风险的重要性。
4. 分析基本指标法与标准法的异同之处以及这两种方法所存在的缺陷。
5. 简述内部度量法、损失分布法的基本原理和应用步骤,并对上述方法在应用过程中的优劣势进行分析。
6. 结合高频低损失事件和低频高损失事件的特点,分析如何选择和运用相应的损失程度分布模型。
7. 选择我国某家上市的商业银行及其相关数据,运用损失分布法和 Monte Carlo 模拟法对该银行的操作风险状况进行实证评估。
8. 讨论如何应用 Copula 法和考虑职能依赖的失控随机模型对损失分布法进行改进。
9. 简述贝叶斯神经网络模型和因果关系模型的基本原理及两者之间的关系。
10. 结合操作风险的特点,并通过与市场风险和信用风险度量方法的比较,谈谈您对操作风险度量模型和方法的认识。

附录　巴塞尔委员会对操作风险管理与监管的十项原则

巴塞尔委员会在《操作风险管理与监管的稳健做法》中提出的十项原则,可以进一步归纳为以下四个方面。

一、对风险管理环境的规范性要求

董事会和高级管理层有责任营造适宜的风险管理环境,从而确保所有员工在各项业务活动中遵守统一的

行为规范,具体包括:

原则一,董事会应将操作风险作为一种必须管理的主要风险类别。为此,必须了解本机构的主要操作风险所在,核准并定期审核本机构的操作风险管理系统。操作风险管理系统主要用于界定存在于各类业务中的操作风险,并为正确辨识、评估、监测与控制或缓释操作风险提供依据和原则。

原则二,董事会应确保内审部门对操作风险管理系统能进行全面、有效的监督,但内审部门不应直接负责操作风险的管理。

原则三,高级管理层应负责执行经董事会批准的操作风险管理系统。高级管理层应确保各级员工了解操作风险管理系统以及各自在操作风险管理中的责任,以确保该系统在各部门能有效运转;高级管理层还应制定相关政策、程序和步骤,以确保对存在于重要产品、活动、程序和系统中的所有操作风险能进行有效控制和管理。

二、对操作风险管理流程:辨识、评估、监测和缓释或控制的规范性要求

原则四,应该确保对所有重要产品、活动、程序和系统中有可能存在的操作风险给予可靠、适时的辨识和评估。

原则五,提出并设计一套可靠的程序和方法,以便能迅速发现和纠正操作风险管理的政策、程序和流程中的缺陷和不足,同时能定期监测操作风险的状况和有可能发生的重大损失,并定期或不定期地向董事会和高级管理层提供书面报告。

原则六,提出并设计一套可控制或缓释①重大操作风险的政策、程序和步骤,定期检查风险限额和控制战略,随时掌控操作风险的状况及其变化。

原则七,提出并设计一套可应急并继续经营的方案,以确保即使出现严重的业务风险事件也能够持续经营并将损失控制在可承受的范围内。

事实上,上述四项原则提供了一个可持续运营的、规范性的操作风险管理流程,该流程包含辨识、评估、监测和缓释或控制四个环节。

三、对监管者行为的规范性要求

原则八,监管者应要求金融机构提供有效的制度、程序,以供辨识、评估、监测和控制或缓释重大操作风险之用,并将其纳入全面风险管理流程之中。

原则九,监管者应定期对有关操作风险管理的政策、程序、效果进行独立的检查与评估。

四、对信息披露的规范性要求

原则十,应该定期披露相关信息,以确保信息披露数量与金融机构的经营规模、风险状况和复杂性相适应,使得市场参与者都可以借助于所披露的信息评估金融机构的操作风险管理状况,从而提高市场约束力,促成更加有效的风险管理。

---

① 风险缓释措施主要用于应对发生概率虽低但潜在影响却非常大的风险类型,如保险单可以用来转嫁低频率但很严重的损失风险。风险缓释措施只能作为操作风险管理的补充手段,不能代替全面的内部控制。

第六章

JIN RONG FENG XIAN GUAN LI

流动性风险的度量

　　流动性风险往往是市场风险、信用风险和操作风险等其他各种风险的最终表现形式,而且在很多时候会更加凶险,甚至单个商业银行流动性风险的持续恶化,都有可能演变成整个金融系统的流动性危机。所以,商业银行、金融监管部门等金融机构对流动性风险尤为敏感。与之对应地,流动性管理在金融机构的经营管理中也一直占据着举足轻重的地位。作为确保有效管理流动性风险的基础性环节,对流动性风险作出准确度量就显得极为重要。

　　关于流动性风险的度量,在20世纪90年代之前主要以筹资流动性风险为主。90年代以后,随着金融市场在金融体系中的地位的不断提升以及金融市场不稳定性的进一步加剧,金融机构借助金融市场进行的各种交易业务大幅度增加,所面临的市场流动性风险也迅速放大,甚至开始超越传统的筹资流动性风险。此时,对流动性风险度量的重点开始转移到市场流动性风险方面。

　　也是从20世纪90年代开始,一些相对比较成熟的市场风险度量方法,例如经典的、但目前仍是主流的VaR方法,被广泛应用到流动性风险的度量之中;并产生了一些重要的流动性风险度量方法,其中最典型的有:主要用以度量筹资流动性风险的基于VaR的流动性风险价值法,主要用以度量市场流动性风险的La_VaR法等,这些方法目前已经是而且在未来很长一段时间仍然将是度量流动性风险的主流方法。本章试图对度量流动性风险的各种方法进行全面、详细的介绍。

学习目标

通过本章学习,您可以了解或掌握:
- ◆ 筹资流动性风险和市场流动性的管理理论的发展演变过程;
- ◆ 筹资流动性风险度量的主要方法,包括指标体系分析法、缺口分析法、期限结构分析法、现金流量分析法、基于 VaR 的流动性风险价值法等;
- ◆ 市场流动性风险度量的主要方法,包括基于买卖差价的外生性 La_VaR 方法和基于最优变现策略的内生性 La_VaR 方法。

第一节 流动性风险度量方法概述

根据本书第一章的阐述,金融机构目前所面临的流动性风险主要分为筹资流动性风险和市场流动性风险[①]。筹资流动性风险是指金融机构的资产负债不匹配所引致的风险。商业银行负债经营的特点以及所面临的诸多不确定性,使得筹资流动性风险伴随着其产生、发展而持续存在。与筹资流动性风险的状况相类似,商业银行经营管理理论也几乎与商业银行同时产生并不断地得到完善和发展,其中如何评估、管理筹资流动性一直是商业银行经营管理理论的核心内容之一。可以说,商业银行经营管理理论是可以用来度量流动性风险的最早方法。20世纪90年代以后,随着混业经营模式的迅速扩展,金融机构借助于金融市场所进行的各种交易的规模、频率和复杂程度也急剧增加,与之对应地,金融机构以有利价格在市场上完成资产变现的不确定性,即所谓的市场流动性风险也日益凸显,并大有后来居上、逐渐取代筹资流动性风险的传统核心地位之势,从而成为决定金融机构流动性状况的主要力量。于是,人们对市场流动性风险度量的重视程度越来越大。

为了使得读者对流动性风险度量方法及演变过程能有一个全面的了解和把握,以利于后续的学习和研究,本节将先对流动性风险度量方法给予概述。由于筹资流动性风险和市场流动性风险之间的诸多不同特性,致使两者的度量方法存在诸多差异,所以下面需要分开介绍。

一、筹资流动性风险度量方法简介——兼述筹资流动性风险管理的理论与策略

为有效应对、防范伴随商业银行而生的筹资流动性风险,筹资流动性风险管理理论也几乎与商业银行同步产生并一直居于银行经营管理的核心地位,自然也得到了不断的充实、发展和完善。在某种意义上,将银行的经营管理直接视作为流动性管理其实并不为过。从表面看,筹

---

① 关于筹资流动性风险和市场流动性风险的详细定义,请参见第一章。

资流动性风险管理理论并没有直接、明确地提出流动性风险度量方法,但事实上却蕴含着丰富的流动性风险度量思想。这个时期的流动性风险度量思想以定性为主,并与流动性风险管理理论融为一体。为此,要了解流动性风险度量的基本思想、基本方法和演变过程,就不能不了解筹资流动性风险管理理论以及基于其上的流动性风险管理策略和方法。

（一）筹资流动性风险管理理论介绍

随着各个历史时期银行经营条件的变化,筹资流动性风险管理理论主要经历了三个阶段：在银行经营早期主要是资产管理理论;到 20 世纪 60 年代以后主要以负债管理理论为代表;20 世纪 70 年代末 80 年代初出现了资产负债综合管理理论。

1. 资产管理理论

在商业银行产生后很长的一段时期内,银行的资金来源渠道比较狭窄,主要局限于活期存款。与此同时,企业的资金需求也相对单一。所以,这一时期商业银行流动性管理的重点主要在资产方面。总体来看,在 20 世纪 60 年代之前资产管理理论一直占据着商业银行管理理论中的主导地位。传统的资产管理理论认为,银行资金来源的规模和结构是银行无法控制的外生变量,完全取决于客户存款的意愿和能力,银行所能做的仅仅是通过适当安排资产结构来保持资产的流动性。资产管理理论主要包含以下三种理论。

（1）商业贷款理论。商业贷款理论又称真实票据论,源于亚当·斯密 1776 年发表的《国富论》。该理论认为,银行的资金来源于与商业流通有关的闲散资金。为确保能随时满足客户的提款要求,银行资产必须储备较大的流动性,因而银行只宜发放与商品周转相联系或与生产物资储备相适应的自偿性贷款,而不宜发放长期贷款或进行长期投资。也就是说,该理论认为,银行的流动性来自资产的短期性和自偿性。

商业贷款理论产生于资本主义的自由竞争阶段,对商业银行的业务经营起到了一定的积极作用,保证了银行的流动性和安全性,满足了商品交易对银行信贷的需求。商业贷款理论也有其自身的局限性：首先,该理论忽略了贷款自我清偿的外部条件。流动性并不完全来自资产的短期性,在正常的经济循环中,短期自偿性的商业贷款可以提供流动性,但在经济衰退时,存货和应收账款的周转率下降,企业贷款就难以偿还,银行的流动性难以得到保障。其次,该理论没有考虑到银行存款的相对稳定性。经验表明,银行存款具有相对的稳定性,即便是活期存款,也会有相当部分的沉淀,存款的这种稳定性使银行可以把短期资金作为长期资金来使用,例如发放长期贷款等,而不会造成银行的流动性不足。最后,该理论忽视了国民经济发展对贷款需求规模扩大和贷款多样化的要求。

（2）转移理论。转移理论又称可转换理论。该理论认为,为保持流动性以应付提现的需要,商业银行可以将资金用来购买可转换的资产。如果银行持有的资产可以在短期内转让变现或者中央银行能够随时购买商业银行转让的资产,那么银行就能保持市场流动性,银行的资产就不必局限于短期商业贷款。

资产转移理论比商业贷款理论前进了一大步,扩大了商业银行的资产范围,使其业务经营更加灵活多样。银行除了可以经营短期贷款业务外,还可以从事有价证券的买卖,并可将部分资金用于长期贷款。资产转换理论的主要缺陷在于片面强调资产的转换能力而忽视了证券和资产的质量,为信用膨胀提供了条件。同时,该理论也忽视了经济发展状况的影响,没有考虑到在危机期间有可能出现大量抛售银行资产,从而导致价格急速下跌并给银行带来巨额损失的状况。因此,资产转换理论可能仅适用于单家银行,却不适用于整个银行体系。

(3)预期收入理论。预期收入理论是在第二次世界大战以后产生的一种资产管理理论。该理论认为,流动性的保障归根结底来源于客户的预期收入。无论是短期商业贷款还是可转让证券,其偿还能力或变现能力都以未来收入为基础。如果一项资产的预期收入有保证,即使是长期资产,仍可以提供流动性。反之,即使是短期资产,如果预期收入没有保证,也不一定能够提供流动性。在商业银行的贷款结构安排中,可以把贷款的归还期与借款人的预期收入联系起来,使到期日多元化,从而增加银行的流动性。

预期收入理论并没有否定商业贷款理论和转移理论,而是强调借款人的预期收入对商业银行流动性的影响。这一理论为商业银行资产业务的发展提供了新的理论根据,使商业银行的资产结构发生了巨大变化。该理论促进了银行业务的进一步扩大以及对新业务的开辟,如住房抵押贷款、消费贷款等。预期收入理论的缺陷主要在于预期收入的主观性,缺乏足够的可靠性。特别在资产期限较长的情况下,不确定性会增加,债务人收入状况可能恶化,未来的偿付能力有可能低于预期水平,此时的银行流动性不能够得到充分保证。

2. 负债管理理论

负债管理理论最早出现于20世纪50年代,到60年代得到了全面发展和应用。根据资产管理理论,银行负债完全由客户决定,银行只能被动接受。但是,随着银行经营环境的变化和竞争的日益激烈,银行的管理理念发生了根本变化,开始从被动接受负债向主动管理负债的方向发展,试图从负债的角度来管理银行流动性,于是出现了负债管理理论。

该理论认为,银行为了维持其流动性,除应注意在资产方面加强管理外,还应该注意负债方面。银行可以通过主动吸收存款,向市场借入资金等办法来满足其流动性需要。商业银行在面临清偿能力不足时,可用短期借入款来弥补流动性缺口,这样负债方一增一减,正好轧平。同样,商业银行在发生可贷资金不足时,也可以通过借入款来满足增加的贷款需求,这样银行可以通过资产的扩大获取额外收益。根据这一理论,为解决银行的流动性和盈利性问题,西方商业银行主要通过以下途径来扩大负债:发行大额可转让定期存单;同业拆借;向中央银行借款;通过回购协议借款;从欧洲货币市场借款,等等。

负债管理理论是对银行筹资流动性管理理论的进一步发展和完善。负债管理理论,既为银行的经营管理和筹资流动性管理提供了新的理论依据,又为银行扩大信贷规模、增强经营能力提供了具体操作程序和方法。但是,负债管理理论也增加了银行的经营成本,因为主动负债的利率较其他利率高,这类负债的增加必然会增加银行的负债成本。同时,该理论也会由于鼓励负债而增加银行的经营风险。

3. 资产负债综合管理理论

资产管理理论侧重于从资产方面来管理其筹资流动性,负债管理侧重于从负债方面获得筹资流动性,两种理论都只涉及资产负债表的一方,不够全面。于是,在20世纪70年代末,产生了综合考虑资产和负债两个方面的资产负债综合管理理论。该理论认为,银行单靠资产管理或负债管理来经营都有不足,在经营过程中银行应该从资产和负债的综合运用角度来实现安全性、盈利性和流动性的协调。在具体的管理过程中,银行应该遵循资产负债在规模、期限、利率结构和流动性水平等方面保持对称的原则。资产负债管理理论较前两种理论又前进了一大步,其中最突出的一点在于,资产负债管理理论使银行能够认识到,利率变化会使得银行的资产负债发生怎样的变化。因此,资产负债管理理论对于完善和推动银行的现代化管理发挥了积极作用,是银行经营管理理论的一次重大变革。

(二) 基于筹资流动性风险管理理论的筹资流动性风险管理策略

筹资流动性风险管理的主要任务,就是确保银行有足够的流动性以适应在流动性需求和来源方面不可预测的变化。为此,必须选择、实施准确有效的筹资流动性风险管理策略和方法。在具体实施过程中,银行首先要谨慎区分银行流动性的需求和来源。然后,再根据各种不同的情况实施相应筹资流动性风险管理策略和方法,这些策略和方法主要有资产管理策略和方法、负债管理策略和方法以及资产负债综合管理策略和方法。下面简单介绍这个过程。

1. 流动性需求及来源分析

要有效实施筹资流动性管理策略和方法,必须分析、预测流动性需求和来源。对大多数商业银行而言,流动性需求的最大压力来自存款客户的提款要求和银行重要客户的新增贷款需求。流动性供给的主要来源是客户存款和回收到期的贷款。在某些时期,通过货币市场借入资金和出售资产也会成为流动性供给的主要来源。由于很少会出现银行的流动性供给恰好等于流动性需求的状况,因此,银行通常都会面临着流动性盈余和赤字的问题。当银行流动性需求大于流动性供给时,就表现为流动性赤字,此时商业银行要设法筹集额外的资金以满足流动性需要;当银行流动性供给大于流动性需求时,就表现为流动性盈余,这时银行应合理运用多余的资金以提高资产收益率。预测银行流动性需求和来源的方法很多,常用的有资金来源与运用法(source and application of funds)、资金结构分析法(analysis of the structure of funds)以及时间序列分析法(time series analysis)。

(1) 资金来源与运用法。由于银行流动性增加主要产生于存款增加和贷款减少,而流动性减少则主要产生于存款减少和贷款增加,因此银行在估计流动性需求时要估计新增贷款需求和潜在的存款流失。

新增贷款需求主要包括:未清偿或未使用的信贷额的运用、银行发行信用卡引起的消费信贷、银行经营区域中企业活动的增长以及银行贷款计划的进取性扩张。潜在的存款流失包括:对利率水平变化敏感的存款、存款的季节性或周期性变化、拥有大额存款的商业机构的计划外开支或转移存款等等。一旦出现存款大量流失,银行必须加速借款或推迟购买资产来弥补流动性不足。

如何预测存贷款的变化是一项技术性很强的工作,而且预测的准确性和可靠性直接决定了银行的盈利水平和风险大小。因此,银行需要运用各种统计和计量技术,并结合管理层的判断和经验,预测存贷款的变化。一般而言,贷款变化主要受经济增长率、公司预期盈利、货币供应增长率、利率水平和通货膨胀等因素影响。存款变化则主要受个人收入增长率、零售量增长率、货币供应增长率、预期的利率水平和通货膨胀等因素影响。通过计算预期存款变化和预期贷款变化之差,就可以得到未来某一时期的预期流动性盈余或赤字。

(2) 资金结构分析法。资金结构分析法将各项资金来源根据稳定性高低分为三类,并据此计算负债的流动性需求,同时根据贷款的需求测算整个银行流动性缺口。按照此方法,商业银行流动性管理分为以下三个步骤。

步骤一,将银行负债分为三类:游资负债,主要指对利率非常敏感或在最近将要提取的存款和其他负债；易损负债，指近期有可能被客户提取的存款和其他负债；稳定负债，指近期内被提取可能性极低的存款和其他负债。

步骤二，对上述资金来源分别提取流动性准备资金。根据管理经验，游资负债提取比例较高，易损负债次之，稳定负债最低。这三种资金流动性准备金的总和就是商业银行的负债流动性需求。

步骤三，估算贷款需求。贷款发放是商业银行主要的流动性需求之一。因为银行一旦与客户签订贷款协议，如果借款人短期内使用该笔贷款，这部分资金便会流向其他银行，相当于减少了银行的流动性。因此，银行必须对其新增贷款计提100％的流动性准备。上述负债流动性和新增贷款需求流动性相加，就是商业银行在某一时期内的总流动性需求。

(3) 时间序列分析法。对于流动性需求，管理者可以依靠银行的历史数据分析过去几年中每天、每周、每月存款的最大变化量，根据其变化来预测未来银行存款的最大变化量。银行可以对存款量建立时间序列模型，来预测未来一定时间内的存款需求。应用同样的程序可以预测银行未来贷款业务的变动。综合这些分析的结果，并结合银行日常的业务操作，就可以对近期的流动性需求做出一个基本预测。须注意的是，预测商业银行流动性需求时需要重点关注预测的时间跨度。如果商业银行需要预测长期流动性需求，就必须考虑时间跨度内的各种中长期因素，如趋势性因素、季节性因素和周期性因素以及临时性因素等。通常情况下，历史数据有助于较准确地估计未来趋势。因此，银行应建立自己的数据库系统，并加以相应的开发和利用，以提高科学预测决策能力。

2. 筹资流动性风险的管理策略和方法

(1) 资产管理策略和方法。从资产负债表上来看，所有银行的资产基本可以分为四种，即现金资产、证券资产、贷款及固定资产，其中固定资产通常只占很小的比重。资产的筹资流动性风险管理，就是将资金如何在前三类金融资产中进行分配，从而保持合理的流动性。

具体地说，资产管理策略就是通过提高资产的变现能力、"储存"流动性来满足银行流动性需求。该策略所采取主要措施是保留一定量的现金、超额准备金和大量持有信誉好、流动性强、易变现的债券或国库券。当银行流动性需求突然增加，超出银行正常资金备付时，可以通过出售部分国债来满足流动性需要。资产管理策略是比较传统但也是银行常用的一种流动性管理策略。该策略的最大优势在于，当银行遭遇到流动性压力时，可以通过资产变现迅速满足流动性需求；银行拥有较大的自主权。但是，持有的流动性过多，将会降低银行资产的收益率。因此，银行在"储存"流动性时应当平衡资产的流动性与盈利性。

(2) 负债管理策略和方法。按照资产管理策略的观点，负债的数量和结构是由客户决定的，所以流动性是一个资产管理的问题，资产结构的合理搭配是保持流动性的唯一手段。于是，对流动性的满足，无论是提款需求还是贷款要求，都只以既定负债为前提。银行所做的只是通过对资产的种类和规模进行安排、调整各类资产的比例结构以使其与负债的数量和结构相适应。负债的流动性管理突破了上述认识：在资金市场不断完善发展的情况下，银行可以通过市场借入资金来满足流动性需要。因为流动性问题就是对外支付能力的问题，既可以通过保持一定现金资产和可变现资产的方式来解决，也可以通过市场借款来解决。负债的流动性风险管理的方法主要包括发行可转让大额定期存单、回购协议、同业拆借、欧洲美元借款及央行借款等。这些方法各有侧重，有扩大资金来源总量的(如可转让大额定期存单)，也有短期资金调剂的(如同业拆借、回购协议等)。银行要根据不同的情境选择成本最低的方法。

(3) 资产负债综合管理策略和方法。上述两种流动性风险管理策略具有明显的片面性和不足。为此,银行开始采取资产负债综合管理的策略,即将资产与负债、资金的来源与使用等相关方面综合起来加以考虑、统筹安排。对于事前可以预测或控制的流动性需求,如正常客户提取存款、基本客户新增贷款等,银行可以通过适当安排资产结构、"储存"流动性来解决;对于一些突发性的流动性需求,如客户临时性大额贷款、提款要求,则通过主动负债的形式解决。现代的资产负债综合管理方法运用了许多新的管理工具和定量分析手段。

第一,资金汇集法。资金汇集法(pooling of funds)的基本思想是,银行首先将各种负债(资金来源)汇集为一个资金池(pool-of-funds),再按照银行的业务需要在不同的资产之间进行分配,如图 6-1 所示。

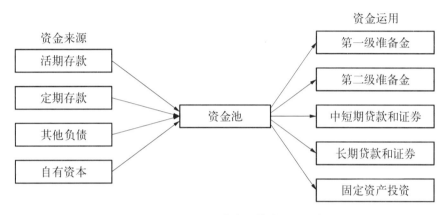

图 6-1 资金汇集法

银行应确定盈利目标和流动性标准,然后按照盈利目标和流动性标准根据图 6-1 的顺序分配资金。第一级准备金是由库存现金、央行存款、同业存放和托收资金组成,第一级准备金是银行流动性的首要来源。第二级准备金是非现金性流动资产,主要包括各种短期的公开市场证券,如国库券、市政债券等。这部分资产不仅能为银行提供较高的流动性,而且可以带来一定的收益,从而可以增强银行的盈利能力。第一级准备金和第二级准备金共同为银行提供了流动性,剩余资金可以用于投资中长期证券和固定资产。总之,资金在各部分的分配比重,应视不同时间、地点、条件而定,同时还应考察各个银行自身的经营重点和经营方针。

资金汇集法重点强调的是资产管理,其缺陷在于忽略了负债方面的流动性,忽略了不同来源的资金具有不同的流动性和稳定性,同时没有在对资产和负债两方面进行统筹考虑的基础上去解决流动性问题。

第二,资金匹配法。资金匹配法(funds matching)是针对于资金汇集法的不足而提出的,该法认为银行的流动性状况与其资金来源密切相关。因此,资金匹配法要求银行按资金来源的不同性质确定资金在各项资产之间的分配,实际上是按照资金来源的稳定性来进行分配。具体做法如图 6-2 所示:按照不同的资金来源,建立数个"流动性—营利性中心",每个中心根据自己资金的稳定性对各个资产项目确定相应的资金分配量。各项资金来源及运用,同各个资金中心交叉对应,与之对应的资金分配量应根据盈利目标、流动性标准和资金的稳定性进行相应配置。

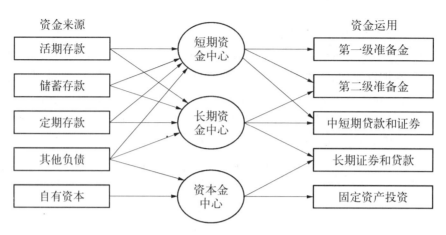

图 6-2 资金匹配法

资金匹配法的主要优点在于从资产负债两方面统筹安排,从而减少了多余的流动性资产,增加了对贷款和证券投资的资金分配,提高了银行的盈利能力。

第三,线性规划法。线性规划法(linear programming)就是在一定的流动性条件下,采用运筹学和数学模型来确定各项资产的数量,使银行经营目标最大化。建立线性规划模型,首先要建立目标函数,即需要一个明确的最优化目标。对于银行经营而言,资产管理的目标一般是在一定的约束条件下,通过资产配置实现最大盈利。银行的资产负债综合管理涉及的约束条件主要有四类:一是金融监管法规的约束,主要是法定准备金率和资本充足率;二是流动性需求的约束;三是安全性的约束;四是贷款需求量的约束。于是根据目标函数和约束条件,就可以建立相应的线性规划模型。再利用线性规划模型的求解技术即可得到该模型的最优解。该最优解表示在既定约束条件下,为实现盈利最大化的目标,在各种资产之间所作的资金分配。通过上述资金配置过程,就可以实现流动性和盈利性的统一。

(三)侧重于量化的筹资流动性风险度量方法

从上文阐述中不难判断,蕴涵在筹资流动性风险管理理论及管理策略之中的流动性风险度量方法,主要以定性为主。作为定性度量方法的完善和补充,也出现一些度量筹资流动性风险的量化方法,主要包括指标体系分析法(index system analysis)、缺口分析法(gap analysis)、期限结构分析方法(term structure analysis)、现金流分析方法(cash flow analysis)以及基于VaR的流动性风险价值法(liquidity VaR,L_VaR)①等等。这些度量方法,主要针对于金融机构整体的资产负债情况,通过考察未来现金流的变化以及未来现金流偿付能力的状况而提供的。将上述定性与定量方法结合来度量筹资流动性风险,可以对流动性风险的类型、受险部位、风险源以及严重程度进行全面的测度和评估。

二、市场流动性风险度量方法概述

关于市场流动性风险的度量,目前的主流方法是在传统的计算 VaR 值的框架内纳入交易

---

① 由于我们将在下文本章第二节中详细介绍这些方法,故此处不再赘述。

资产的市场流动性因素后而展开的,即所谓的由流动性调整的风险价值法(liquidity adjusted value-at-risk),简写为 La_VaR 法。本部分将先介绍 La_VaR 法的相关概念、理论基础,然后再对该法的研究进行概述。

(一) 由流动性调整的风险价值(La_VaR)及其计算方法介绍

不考虑市场流动性的传统 VaR 计算法有一个基本的前提假设,即市场的流动性是完全的。在此假设下,资产的盯市价值就代表了其真实的价值,实际的成交价格等于盯市价值,因此使用中间价格[①]计算的损益可以很好地度量市场风险。然而,在现实市场中市场的流动性是非完全的,此时,中间价格一般不再等于现实市场中的成交价格,即资产的交易价格并不总是在盯市价值处成交,由于市场流动性因素的存在,实际的交易价格有可能会偏离资产的真实价值,并可能出现变现成本损失。所以,资产的实际交易价格应分为两部分:一是代表资产内在价值的中间价格;二是因市场流动性因素而导致的交易成本。仅基于盯市价值来计量市场风险的传统 VaR 方法,实际上只考虑了中间价格的波动,而因市场流动性风险而导致的变现成本则被忽略,这显然与现实状况不相符合。在此背景下,自然产生了所谓的由流动性调整的风险价值法,即 La_VaR 法。该法不仅度量了因中间价格波动所带来的损失,同时还考察了因流动性风险而有可能带来的交易成本损失。于是,由 La_VaR 法所计算的 La_VaR 实质上是对传统 VaR 值的修正。由于这种修正是由市场上所存在的流动性因素而引起的,所以把 La_VaR 称呼为由流动性调整的 VaR 是名副其实的。

由流动性调整的 VaR,即 La_VaR,实质上度量的是由流动性风险因子和市场风险因子构成的集成风险,而基于流动性风险因子和市场风险因子的集成风险因子 I 可以表示为

$$I = M + L \tag{6.1.1}$$

其中:M 为市场风险因子;L 为流动性风险因子。通过考察传统的 VaR 定义不难看出,一定置信水平下的最大可能损失即 VaR,事实上既应包含因中间价格波动所导致的可能损失,也应包括流动性风险所带来的可能损失。所以,从定义上来看,运用传统的 VaR 方法对集成风险因子 I 进行度量并不存在障碍,所得到的计量值即为 La_VaR,即有

$$La\_VaR = VaR(I) = VaR(M+L) \tag{6.1.2}$$

对于式(6.1.2)主要有如下四种解决办法。

(1) 传统的 VaR 法。前文已提到,传统的 VaR 法假设市场流动性是完全的,所以认为市场风险与流动性风险无关,市场风险的度量不需要考虑流动性风险,即

$$VaR(I) = VaR(M) \tag{6.1.3}$$

其中,$VaR(M)$ 为传统的 VaR 值,下同。

(2) 简单加总方法。这种方法实质上假设 M 和 L 完全正相关,即

$$La\_VaR = VaR(I) = VaR(M) + VaR(L) \tag{6.1.4}$$

---

① 这里的中间价格表示资产内在的真实价值,在完全市场条件下中间价格等于现实市场中的成交价格。

其中，$VaR(L)$ 表示流动性风险的度量值。对于外生流动性风险的度量，目前普遍采用公式 (6.1.4) 计算。对内生流动性风险的度量同样如此，只是不像度量外生流动性风险那样容易观察。事实上，在后面将要介绍的基于最优变现策略的内生性 La_VaR 法中，最核心的部分是考虑了交易的永久性影响和暂时性影响的交易价格模型即式 (6.3.16)，该模型的建立也主要采用了公式 (6.1.4) 的思想。

(3) 线性相关系数方法。该法使用线性相关系数衡量风险因子的相关性，进而得到

$$La\_VaR = VaR(I) = \sqrt{VaR(M)^2 + VaR(L)^2 + 2\rho VaR(M)VaR(L)} \quad (6.1.5)$$

其中，ρ 是流动性风险因子和市场风险因子的线性相关系数，这里的 VaR 用正值表示。尽管与式 (6.1.3)、(6.1.4) 相比，式 (6.1.5) 考虑了相关性，但该法仍存在着以下两点明显的不足。

第一，式 (6.1.5) 只有在正态分布和 t 分布的假设条件下才成立[①]，这一点已由 Embrechts et al. (1999, 2002) 论证。由于流动性风险和市场风险一般不服从正态分布和 t 分布，因此根据式 (6.1.5) 度量 La_VaR 存在模型风险。

第二，VaR 方法本身所存在的不足。Artzner et al. (1999) 指出，由于 VaR 不具有次可加性[②]，所以不满足一致性风险度量准则。

(4) 基于 Copula 函数的度量方法。为弥补上述第一点不足，可引入 Copula 函数度量 La_VaR。Copula 函数能够处理流动性风险因子与市场风险因子的非正态特性以及两者之间复杂的相互关系，进而构建两个风险因子的联合分布函数。通过联合分布函数，可以模拟出集成风险因子的概率分布，在此基础上估计出一定置信水平下的 La_VaR。该法的详细介绍，请参见张金清、李徐 (2008) 以及李徐 (2008)。

另外，关于上述提到的第二点不足，可采用另外一种满足一致性风险度量准则的度量方法 ES (Expected Shortfall)，也称为条件 VaR，来对 VaR 进行稳健性检验，ES 的计算公式为

$$ES_R = E[R \mid R \leqslant VaR_R]$$

这里 E 为期望函数。ES 衡量的是收益率发生在低于 VaR 值时的期望。该法的具体介绍与应用，请参见李徐 (2008)。

上述四种方法，主要提供了由流动性风险因子和市场风险因子共同驱动下的集成风险的度量思想和思路，但并没有给出度量流动性风险的具体方法[③]。为此，下文将要介绍的外生性 La_VaR 法和内生性 La_VaR 法，就是根据集成风险度量的基本思想，并针对市场流动性的不同特性而提出的具体度量法。

(二) La_VaR 法的两种主要方法——外生性 La_VaR 法和内生性 La_VaR 法的介绍

市场流动性因素主要包含买卖价差因素以及资产交易数量与变现时间因素。买卖价差因

[①] 原因在于线性相关系数不足以度量除了服从正态分布和 t 分布之外随机变量的相互关系。Embrechts(1999) 举了一个例子说明该问题：两个随机变量 X 和 Y，$X \sim Lognormal(0,1)$，$Y \sim Lognormal(0, \sigma^2)$，当 $\sigma^2 \to \infty$ 时，即使 X 和 Y 的线性相关系数趋于 0，两者也可能完全正相关。

[②] 不满足次可加性的直观理解是：资产组合的 VaR 值可能大于单个资产 VaR 值的简单加总，这样进行分散化投资反而会增加总体风险。

[③] 对于单个市场风险的度量已在前文第三章介绍过，可采用传统的 VaR 方法。

素主要反映的是资产及市场特性,这些特性不以投资者的意志而改变,并将影响市场上的所有投资者,因而买卖价差因素及其反映的资产及市场特性具有外生性。于是,此处给出如下定义:由资产及市场特性所造成的流动性风险称为外生市场流动性风险①;把外生市场流动性风险因素纳入到传统的 VaR 计算框架之内而得到的 VaR 值,称为外生性 La_VaR;把计算外生性 La_VaR 的方法称为外生性 La_VaR 法;由于这里的外生市场流动性风险因素主要指买卖价差因素,所以把买卖价差因素考虑在内计算得到的外生性 La_VaR,称为基于买卖价差的外生性 La_VaR。类似地可考察资产交易数量与变现时间因素。作为影响市场流动性的另外一个重要因素,资产交易数量与变现时间因素,只影响特定的投资者,且与投资者的交易策略②密切相关,所以该因素具有内生性。于是,我们可以对应地给出以下定义:由于投资者的头寸数量超过了一定价格水平下的市场深度③而导致的价格变动给投资者带来的损失,称为内生市场流动性风险;把内生市场流动性风险纳入到传统的 VaR 计算框架之内而得到的 VaR 值,称为内生性 La_VaR;把计算内生性 La_VaR 的方法称为内生性 La_VaR 法;由于此处的内生市场流动性风险因素主要指资产交易数量与变现时间因素,并且依赖于投资者的交易策略,于是变现者总是根据资产交易数量与变现时间因素寻求最优变现策略,以充分降低市场流动性风险,所以这里把根据最优变现策略而计算得到的内生性 La_VaR,称为基于最优变现策略的内生性 La_VaR。

综合上述分析可以看出,La_VaR 法主要包含基于买卖价差的外生性 La_VaR 法和基于最优变现策略的内生性 La_VaR 法。

为清楚起见,我们用图 6-3 将计算 La_VaR 的基本框架直观地展现出来。

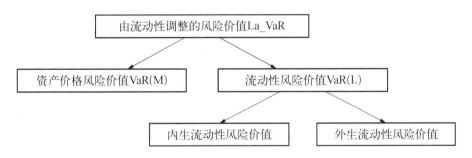

图 6-3 计算 La_VaR 的基本框架

(三)La_VaR 法的研究概述

从 20 世纪 90 年代中期以后,流动性风险度量的重点由筹资流动性风险转向市场流动性风险。从上述分析和图 6-3 中可以看出,对应于市场流动性风险的两类外生性和内生性风险,目前主流的度量方法也分为基于买卖价差的外生性 La_VaR 法和基于最优变现策略的内生性 La_VaR 法。这些方法也都是在 20 世纪 90 年代中期以后才被提出并加以应用的。

对基于买卖价差的④外生性 La_VaR 的度量,最有代表性的结果是由 Bangia,Diebold,

---

① 关于更一般的外生流动性风险和内生流动性风险的定义,我们在第一章中已经介绍过,请查阅。
② 主要指清算头寸和时间选择等内生性因素。
③ 市场深度是指在现有价格水平下市场所能成交的最大数量。
④ 该模型将在本章第三节中给予详细介绍。

Schuermann 和 Stroughair 在 1999 年提出的 BDSS 模型,该模型考虑到了由于买卖价差导致的外生流动性风险,对传统的 VaR 方法进行了扩展,但却忽略了内生流动性风险即交易者本身的交易策略对资产价格的影响,从而对内生流动性风险的度量无能为力。这恰恰成为建立内生性 La_VaR 方法的驱动因素。

对内生流动性风险的度量,最有代表性的结果当属 Hisata and Yamai(2000)与 Shamroukh(2001)的研究。但上述成果是建立在这之前的大量研究成果的基础之上的。为此,我们有必要对此前的主要成果做个简单回顾。针对不同于外生流动性风险的内生特性,对该类流动性风险的度量,一般都会与最优变现策略分析结合在一起进行。Jarrow and Subramanian(1997)通过假定预期变现价值最大化提出了给定持有期下的最优出清策略(optimal execution strategy)。但是,该模型只考察了由于变现成本带来的流动性风险,而没有顾及资产价格波动带来的市场风险,更没有推导 La_VaR 模型的解析式。Bertsimas 和 Lo(1998)运用动态最优化技术获得了给定持有期下的最优变现策略,并将最优策略由静态扩展到动态。但是,与 Jarrow 和 Subramanian(1997)一样,他们仍假定持有期是外生给定的,并且也没有考虑持有期间的市场风险。Almgren 和 Chriss(1999)认为,投资者要减少资产价格的波动就必须迅速变现资产,但迅速变现又会增加变现成本,导致流动性风险增加。因此,投资者在计算风险时,需要权衡价格波动的风险和变现成本两个方面,以寻求最佳的平衡点。基于上述理念,Almgren 和 Chriss(1999)借助于均值—方差准则和优化方法得到了每个离散时点上的最优变现数量,而且由此形成了最优变现轨迹。该模型的最大优点是考察了因投资者变现资产而导致的价格波动,从而将流动性问题与投资者的变现行为联系起来,为 La_VaR 建模提供了有益的指导①。但是该模型仍然存在两方面的不足:一是没有考察外生的流动性风险;二是仍将变现时间设定为外生变量。在上述结果特别是在 Almgren and Chriss(1999)研究框架的基础上,Hisata and Yamai(2000)将市场的流动性水平和投资者交易的头寸对资产变现价值的影响引入到 VaR 模型之中;而 Shamroukh(2001)则将流动性风险调整方法推广到 J. P. Morgan 的 RiskMetrics 体系②之中。至此,计算内生性 La_VaR 的框架体系已基本建立起来。具体内容,将在本章第三节中给予详细讨论。

不可否认,La_VaR 法的应用需要依赖多种限制性前提假设,这无疑会影响模型的可靠性,增加模型风险。另外,该法的理解和应用都比较复杂,为该法的操作、发展和推广带来诸多困难。但从该法目前的重要性以及未来的应用前景来看,随着相关研究的不断深入,La_VaR 法必将继续成为度量市场流动性风险的主流方法。

第二节 筹资流动性风险的度量方法

本节将详细介绍以定量为主的一些重要的筹资流动性风险度量方法,主要包括指标体系

---

① 实际上,第三节中的内生性 La_VaR 模型的构建,主要是以 Almgren 和 Chriss(1999)模型为基础的。
② 该体系的详情请见第四章的介绍。

分析法、缺口分析法、期限结构分析法、现金流量分析方法以及基于 VaR 的流动性风险价值法。

一、指标体系分析法

指标体系分析法是指通过构建基于财务数据的指标体系度量金融机构流动性状况的方法，主要包括流动性指数法(liquidity index ratio)、存款集中度法(loan concentration ratio)和财务比率指标法(financial ratio)三类。

(一) 流动性指数法[①]

流动性指数法是由美国联邦储备银行提出的，主要用以度量银行在特定状况下所面临的风险损失，即与正常的市场状况相比，银行必须立即出售资产时所承担的价格损失。在正常的市场状况下，银行可以经过较长时间的搜索和协商过程，以公平的市场价格出售资产，而在必须即时出售资产的情形下，银行可能不得不以低于公平的市场价格出售。设即时出售资产的价格与公平的市场价格依次为 P_i 和 P_i^*，于是流动性指数的计算公式可以表示为

$$I = \sum w_i^* (P_i/P_i^*) \tag{6.2.1}$$

其中，w_i^* 是每项资产在金融机构资产总额中所占的比重。一般情况下有 $P_i \leqslant P_i^*$，所以流动性指数通常处于 0—1。显然，流动性指数越小，表明即时出售资产的价格与公平的市场价格之间的差距就越大，银行资产的流动性也就越缺乏。为更好地分析流动性指数的合理性，可对同类型银行的流动性指数进行横向比较。

下面举一个例子。假定银行有两种资产：占比 50% 的一月期国债和占比 50% 的房地产贷款。如果银行必须在今天出售国债，则只能以 90 的价格售出面值为 100 的国债，而如果在到期日出售，银行将收回面值 100；如果银行必须在今天出售房地产贷款，则只能从每 100 中收回 85，而如果在一个月后出售该贷款，它将收回 95。于是，该银行资产组合一个月的流动性指数为

$$I = 0.5 \times (90/100) + 0.5 \times (85/95) = 0.90$$

(二) 存款集中度法

存款集中度法主要度量银行所面临的提前支取的风险，从而可以反映银行对大额存款的依赖性。存款集中度的计算公式为

$$L = \sum_{i=1}^{n} E_i w_i \tag{6.2.2}$$

其中：E_i 表示存款规模等级[②] i 的存款份额；w_i 表示存款规模等级 i 的权重。存款集中度的

---

① 流动性指数方法开始是作为筹资流动性风险度量方法被提出来的，但是这种方法实质上度量的是市场流动性风险，是市场流动性风险度量方法的前身。
② 所谓的存款规模等级，是将银行所有存款根据不同规模划分为各个等级。

值越大,说明存款集中度越高,即潜在的存款提前支取风险就越大,从而银行所面临的筹资流动性风险也越大。

(三) 财务比率指标法

财务比率指标法是指根据会计报表的有关数据计算出的流动性指标来度量银行流动性状况的方法。在实践中,通过将流动性指标与银行自身该指标的历史水平以及行业平均水平相对照,可以分析金融机构的流动性状况。度量银行流动性状况的指标主要有两大类:资产流动性指标和负债流动性指标。

1. 资产流动性指标

(1) 现金状况比率。现金状况比率是商业银行的现金项目与总资产的比率,即

$$现金状况比率 = \frac{现金项目}{总资产} \tag{6.2.3}$$

现金项目包括法定准备金、超额准备金、应收现金、同业存放和托收资金。现金项目虽然盈利性很低,却是银行资产流动性的重要保证。现金状况比率越高,意味着银行可动用的付现资产比率越高,流动性状况就越好。

(2) 流动性证券比率。流动性证券比率是指银行持有的1年以内的政府债券(包括政府机构债券)与总资产的比率,即

$$流动性证券比率 = \frac{政府债券总额}{总资产} \tag{6.2.4}$$

1年以内的政府债券是信誉高、期限短、流动性强的资产,可以在任何时候以最小的交易成本出售。该比率越高,表明银行的流动性越强,当银行出现流动性缺口时,可随时出售短期政府债券以弥补流动性缺口。

(3) 净同业拆借比率。净同业拆借比率是指商业银行同业之间资金拆出和资金借入净额与资产总额之间的比率,即

$$净同业拆借比率 = \frac{资金同业拆出 - 资金同业拆入}{资产总额} \tag{6.2.5}$$

同业之间的资金拆借是商业银行调节现金头寸的重要渠道。该比率越高,表明银行的资金越充裕,资金流动性越强。

(4) 能力比率。能力比率指净贷款和租赁资产与总资产的比率,即

$$能力比率 = \frac{净贷款 + 租赁资产}{总资产} \tag{6.2.6}$$

净贷款和租赁资产是银行获利的主要资产,流动性一般比较低。能力比率是流动性的反向指标,该指标越高,表明银行的流动性越差。

(5) 抵押证券比率。抵押证券比率是银行持有的抵押证券与证券总额的比率,即

$$抵押证券比率 = \frac{抵押证券}{证券总额} \tag{6.2.7}$$

抵押证券是银行借款时用作抵押品的证券。如在回购协议借款和向中央银行借款时,往往需要以证券作抵押。抵押证券在债务偿还之前是不能出售的,因此,作为抵押的证券应该从流动性资产中剔除。该比率越高,说明能够满足银行流动性需求的证券比率越小,银行证券资产的流动性越差。

2. 负债流动性指标

(1) 货币资产负债比率。货币资产负债比率是指银行的货币市场资产与货币市场负债的比率,即

$$货币资产负债比率 = \frac{货币市场资产}{货币市场负债} \tag{6.2.8}$$

其中,货币市场资产是指银行流动性极强的短期资产,包括现金、短期政府债券、中央银行超额准备金拆出、央行短期票据及逆回购协议等。货币市场负债是银行流动性极强的负债,包括大额存单、中央银行超额准备金头寸的拆入及回购协议借款等。该指标可以反映银行平衡货币市场资金头寸的能力,指标值越大,表明银行资产的流动性越高。

(2) 短期资产比率。短期资产比率是指银行的短期资产与敏感性负债的比率,即

$$短期资产比率 = \frac{短期资产}{敏感性负债} \tag{6.2.9}$$

其中,短期资产是指短期内能够迅速变现的资产,主要包括在其他银行的短期存款、中央银行超额准备金的拆出和银行持有的短期证券。敏感性负债是指对利率变化反应敏感的负债,主要包括大额存款、外国官方存款、回购协议中的证券出售、政府的即期票据和其他票据等。这些负债对市场利率变化的敏感性很强,容易从银行中流出。该比率越高,表明银行的流动性越强。

(3) 经纪人存款比率。经纪人存款比率是指经纪人存款与存款总额的比率,即

$$经纪人存款比率 = \frac{经纪人存款}{存款总额} \tag{6.2.10}$$

其中,经纪人存款是指证券经纪人代客户存入银行的资金,其特点是数额大、期限短,并以获取高利息收入为目的,因此对利率变化的敏感性很强。该比率越高,银行陷入流动性危机的可能性越大。

(4) 核心存款比率。核心存款比率是指核心存款与总资产的比率,即

$$核心存款比率 = \frac{核心存款}{总资产} \tag{6.2.11}$$

其中,核心存款是商业银行存款中最稳定的部分,其特点在于对利率敏感性不强,且不随经济条件和周期性因素的变化而变化。由于核心存款到期前被提取的可能性很小,所以该比率越高则表明银行的流动性压力越小。

(5) 存款结构比率。存款结构比率是指银行活期存款与定期存款的比率,即

$$存款结构比率 = \frac{活期存款}{定期存款} \tag{6.2.12}$$

该比率用来度量银行资金基础的稳定性。该比率上升,意味着银行存款的稳定性减弱,流

动性需求增加。

上述三类方法的基本思想都是根据某特定的指标来分析流动性状况。其最大的优点是计算简便、较为直观。须注意的是,上述指标易受季节性和周期性因素的影响。在经济繁荣时,由于贷款需求增加,流动性指标往往是下降的,而在经济衰退时,流动性指标又会上升。因此,整个行业的流动性指标并不稳定。一家银行在运用流动性指标时,应与同类银行(包括同等规模、同等地位、同一运作环境)进行比较,以合理分析流动性指标变化的原因。此外,前面得到的流动性指标与流动性的关系,是在某些条件相同的情况下得出的。如果一些条件发生变化,仅仅根据单一指标判断银行的流动性状况容易产生很大偏差。在实际应用中,往往需要通过综合分析各种指标来判断银行的流动性状况。

二、缺口分析法

所谓缺口分析法是指通过分析资产负债之间的差额来评估流动性大小的方法,该法主要有两类:一是流动性缺口分析法;二是净资产缺口分析法。

(一)流动性缺口分析法

流动性缺口管理的基础是对未来的资金供给量[①](例如存款等)与资金需求量(例如贷款需求量)做出及时准确的预测,从而可以从容地安排资金,以满足银行潜在的流动性需求。所谓流动性缺口是指在未来某预测期中预计的资金需求量与预计的资金供给量之间的差额。若流动性缺口为正,表明银行在预测期的流动性不足,需要增加资金来源,而且差额越大,流动性不足就越严重。若流动性缺口为负,表明银行在预测期的资金过剩,即出现流动性过度充分的情况。

流动性缺口主要受资金需求与资金供给的基本趋势以及季节性、周期性、随机性等因素的影响,所以对流动性缺口的预测可以从上述因素入手进行考察。通常情况下,出现流动性缺口的情形主要有两种:一是资金需求量与资金供给量之间的不匹配;二是资金需求量与资金供给量的不断变化。为更加有效地反映资金需求量与资金供给量的变化对流动性的影响,又进一步提出了边际流动性缺口的概念。所谓的边际流动性缺口是指未来某预测期内预计的资金需求量与资金供给量的变化值之间的差额。当边际流动性缺口为正时,表明银行在某预测期内资金需求量变动的代数值大于资金供给量变动的代数值;反之则反是。例如,当资金需求量与资金供给量在不断减少时,正的边际缺口表明资金需求量减少的幅度小于资金供给量减少的幅度,此时资金需求量与资金供给量的变化会降低银行在未来的流动性;而负的边际缺口所反映的状况则正好相反。

流动性缺口分析法也存在着明显不足:该方法将资金需求量与资金供给量进行简单的相减,忽略了不同的资金来源渠道和不同的资金运用方式之间的流动性差异。针对上述不足,人们提出了一种修正的流动性缺口分析法——加权流动性缺口分析法,即采用一个流动性排序程序对

---

① 这里的资金供给反映的是资金来源或者流动性提供的状况,所以下文将资金供给方称为资金来源方或流动性提供方。类似地,资金需求方反映的是资金运用或者流动性运用的状况,所以以下文也将资金需求方称为资金运用方或流动性运用方。

资金来源和运用按其流动性程度进行加权,然后再计算加权流动性缺口。具体操作步骤如下。

首先,把资金来源按照稳定性程度进行排序,资金运用也按同样方式排序,如表 6-1 所示。

表 6-1 资金来源表

公开市场业务	直接融资	非传统方式	核心存款	资本市场资金
不稳定 ←				→ 稳定
经纪人或交易商（可转让 CDs）	批发性融资（如大额 CDs 回购和联邦基金等）	定期性融资（如 5 年期 CDs）	DDAs MMAs 储蓄 存单	普通权益 优先权益 长期票据 长期债券

然后,给每一个稳定性级别打分。打分标准为:根据稳定性程度对每个稳定性级别赋予相应的正的分值,而且稳定性程度越高,得分越高。该标准同时适用于流动性提供和流动性运用双方。例如,根据表 6-1 可以从流动性提供的角度对公开市场业务到资本市场资金的五个稳定性级别依次打分为 +1,+2,+3,+4,+5;同样,也可以从流动性使用的角度对公开市场业务到资本市场资金的五个稳定性级别依次打分为 +1,+2,+3,+4,+5。

最后,对流动性的提供和使用两方分别以所得分数为权重进行加总后即可得到流动性提供方和使用方的加权值,或依次称为资金供给加权值和资金需求加权值。将资金需求加权值减去资金供给加权值即为加权流动性缺口。

下面通过一个例子予以说明。假定某业务部门既是流动性的提供者也是流动性的使用者,该部门在未来某预测期内资金需求和资金供给的相关金额及其对应稳定性级别的打分见表 6-2。于是,根据上述步骤,可计算得到该业务部门的资金供给加权值为 $10 \times 5 + 3 \times 4 + 6 \times 3 + 5 \times 2 + 4 \times 1 = 94$(百万美元);资金需求加权值为 $4 \times 1 + 8 \times 2 + 6 \times 3 + 3 \times 4 + 10 \times 5 = 100$(百万美元)。两者相抵,即可得到该部门潜在的加权流动性缺口为 600 万美元。而按照传统的流动性缺口分析法计算的流动性缺口为 300 万美元,远低于加权流动性缺口额。这表明,与修正的加权流动性缺口分析法相比,根据传统的流动性缺口分析法对流动性风险的估计会存在很大偏差。可见,传统的流动性缺口分析法由于忽略了供给方和需求方的各种流动性差异,可能导致对未来流动性风险状况的错误估计。

表 6-2 某业务部门的加权流动性缺口计算

资 金 供 给		资 金 需 求	
排序分数	金额(百万美元)	排序分数	金额(百万美元)
+5	10	+5	10
+4	3	+4	3
+3	6	+3	6

续表

资金供给		资金需求	
排序分数	金额(百万美元)	排序分数	金额(百万美元)
+2	5	+2	8
+1	4	+1	4
加权值	94		100
加权流动性缺口	6(=100-94)		

(二) 净资产缺口分析法

所谓的净资产缺口是指银行流动性资产和不稳定负债的差额。计算净资产缺口的方法称为净资产缺口分析方法。采用该法时，银行首先将其资产负债表两边的项目按照流动性的状况重新进行划分：在资产负债表的左边，资产被分为流动性和非流动性两类；在资产负债表的右边，负债被分为不稳定性和稳定性两类。表 6-3 列出了美国银行对各项目的分类。如果流动性资产大于不稳定性负债，净资产缺口为正；否则为负。通过正负流动性缺口的估计，银行可以大致了解目前是否有足够的流动性资产能够为即将到期的负债项目提供资金来源。

表 6-3 美国银行关于资产负债项目的流动性分类

资产	流动性	联邦资金出售，短期政府债券，短期市政债券，逆回购协议，银行同业拆出
	非流动性	存放同业的现金储备，抵押贷款，商业贷款，银行楼宇及设备
负债	不稳定	季节性存款，偶发性存款，短期借款，联邦资金购买和回购协议
	稳定	稳定的活期存款，支票储蓄存款，浮动利率存款，长期存款，资本票据和股本

缺口分析法主要用于分析由于资产负债的规模不匹配所引致的筹资流动性风险，但无法很好考察资产负债的期限不匹配带来的流动性风险。这恰是下文要介绍的期限结构分析法要解决的问题。

三、期限结构分析法

众所周知，对于负债，银行必须无条件地按期偿付；对于资产，银行只能在资产到期以后才依法收回，因此，商业银行的资产和负债确实存在着期限结构的匹配问题，在银行经营中必须将两者的期限搭配合理。一般来讲，银行资金来源的期限结构在一定程度上制约着资金运用的期限结构，即短期负债主要与短期资产搭配，长期负债主要与长期资产搭配。这就是所谓的偿还期对称原理。当商业银行资产和负债期限不能很好匹配，或者说短期负债过度用于长期资产投资时，就容易导致资金周转不灵，不能及时偿付到期的负债，从而产生流动性风险。相反,如果资产负债的期限结构匹配得比较好,流动性风险发生的可能性就较小。资产负债管理应该尽量使资产收入现金流的时间和数额与负债支出现金流的时间和数额相匹配。用以考察资产与负债的期限结构匹配问题的方法就是所谓的期限结构分析法。该法主要包含久期缺口(duration gap analysis)和到期日结构法(maturity structure)。

(一) 久期缺口

我们在本书第三章已经介绍过久期的概念及计算公式。一个资产组合的久期等于各单个资产久期的加权平均,其中权重是各单个资产的市场价值占资产组合总市场价值的比重。例如,一个资产组合由数量分别为 $x_1,x_2,\cdots,x_n$ 的 n 种资产组成,该组合的久期分别为 D_1, $D_2,\cdots,D_n$。则这个资产组合的久期为

$$D_p = \sum_{i=1}^{n} \left[\frac{x_i}{\sum_{i=1}^{n} x_i} \cdot D_i \right] \tag{6.2.13}$$

可以利用久期公式(6.2.13)来分析商业银行资产和负债的结构是否合理。如果商业银行的资产和负债在一定时期内的平均久期比较接近,则表明该时期的流动性状况较好①,反之则较差。

不妨假设某商业银行的资产共有 s 种,数量分别为 $x_1,x_2,\cdots,x_s$;负债共有 t 种,数量分别为 $y_1,y_2,\cdots,y_t$。根据公式(6.2.13)可以分别计算出资产组合和负债组合的久期,依次记为 D_a、D_l。令 $\Delta = D_a - D_l$,于是可得到如下结论。

(1) 当 $\Delta > 0$ 时,说明在这一时期内,资产的平均到期期限大于负债的平均到期期限。此时,如果主动性负债同时遇到困难,银行就容易面临支付困难,进而产生流动性风险。

(2) 当 $\Delta < 0$ 时,说明在这一时期内,资产的平均到期期限小于负债的平均到期期限,表明银行的流动性状况较好。

(二) 资产负债到期日结构法

资产负债到期日结构法主要通过比较在不同时段内到期的资产和负债额,以确定缺口的大小,即每个时段内资金来源不足的程度或者资产过剩的程度。

结构性缺口的计算公式为

$$结构性缺口 = 资产 - 负债 \tag{6.2.14}$$

当资产大于负债,即流动性缺口为正值时,说明到期资产总额大于到期负债总额,便出现资金盈余,这时不会产生流动性风险;当资产小于负债时,即流动性缺口为负值时,说明到期资产总额小于到期负债总额,便出现资金紧缺,此时流动性风险增大。银行面临着无法从金融市场获得资金以及为满足资金需要必须承担比正常情况更高的成本的风险。为了经营的稳健性,巴塞尔委员会要求银行在计算其到期资产额时,要充分考虑到资产的市场风险及变现成本风险。

该方法主要用于未来流动性分析,操作相对复杂,对数据的要求较高。在估算流动性缺口

---

① 这里未考虑信用风险。

时，银行需要预测未来各个时段内的新增贷款量、新增存款量以及到期的资产和负债等关键变量。实际操作中，我们一般通过资产负债表的到期结构表格，清晰地列明未来各个时段内到期的资产和负债，计算出每个时间段的流动性缺口大小。对于即期和一周以内的差额，银行要给予必要的关注，因为这是银行最缺乏控制力的时段。

四、现金流量分析法

现金流量分析法通过考察实际和潜在的现金流量来评估金融机构的流动性大小。该方法不仅阐述了现金流量的概念，而且还特别强调了所谓"实际和潜在的现金流量"的概念。"实际现金流量"仅指那些按合同规定发生的现金流量，例如即将到期的资产（现金流入）和即将到期的负债（现金流出）。在实际业务中，还存在大量潜在性的现金流量：例如，一部分即将到期的资产和负债可能被展期①，银行可能会出售部分资产等等，因此银行的大多数现金流量为潜在的现金流量。表6-4大致反映了一家银行实际和潜在的现金流量。通过分析实际和潜在的现金流量，可以评估银行的流动性大小，并找到流动性风险的来源，以进行有效管理。

表6-4 现金流量表

现金流入量	现金流出量
实际现金流量	
即将到期资产②	即将到期的批发性负债及固定的贷款承诺
尚未到期资产产生的利息	尚未到期负债支付的利息 零售存款的季节性变动
潜在现金流量	
可变现的未到期资产	无固定期限的零售存款
已经建立的信贷额度③	不固定的贷款承诺和其他表外活动

无论是资产负债的规模不匹配还是期限不匹配，往往都集中体现为现金流量的不匹配。从这个角度看，现金流量分析法是一种比缺口分析法和期限结构分析法更一般的方法。当然，该方法在估计潜在现金流量时对数据的要求较高。

五、基于VaR的流动性风险价值法

基于VaR的流动性风险价值法，就是借助于第三章的VaR方法，通过计算净现金流量的

---

① 展期即指延期交割。进行展期后就会有展期收益和展期亏损。展期盈亏由合约之间的价差来决定。价差的大小反映了展期效应或者说展期收益/亏损的大小。
② 长期的客户关系可以对某些资产/负债自动进行展期，从而减少现金流量的实际流进和流出。
③ 这些信贷额度有时受到实际条款变更的不利影响。另外，如果信贷额度要求抵押，则会限制银行资产的出售。

流动性风险值来评估流动性风险的方法。为计算净现金流量的 L_VaR,首先要给出计算现金流量的公式以及现金流未来变化的概率分布,最后得到一定显著水平[①]下的 L_VaR。一定显著水平下的 L_VaR 表示在该显著水平下流动性不足时的最大可能净现金流量或流动性过剩时的最小可能净现金流量[②]。下面予以分别介绍。

(一) 净现金流量与远期支付结构

假设仅考虑单种货币、一个支付系统、一个经济实体。记 d 为一笔交易,$CF(d,k)$ 为交易 d 在 k 日产生的实际现金流,有

$$CF(d,k) = CF_+(d,k) + CF_-(d,k) \tag{6.2.15}$$

其中:$CF_+(d,k)$ 为交易 d 在 k 日产生的现金流入,取正值;$CF_-(d,k)$ 为交易 d 在 k 日产生的现金流出,取负值;$CF(d,k)$ 就是交易 d 在 k 日产生的实际净现金流量,也就是此处拟要考察的对象。

净现金流量 $\{cumCF(d,1), cumCF(d,2), \cdots, cumCF(d,k)\}, \forall k \in \{1,2,\cdots,K\}$,称为交易 d 的远期支付结构,其中 $cumCF(d,k) = \sum_{t=1}^{k} CF(d,t)$。根据定义,远期支付结构就是交易所产生的累计净现金流量。通过远期支付结构可以考察一定时间内一项交易、一个资产组合以及一个机构的偿付能力。

假设一个资产组合的交易集合为 $D = (d_1, d_2, \cdots, d_i, \cdots, d_n)$,$d_i$ 为构成资产组合的每一笔交易。把交易 d_i 在每一日 k 发生的现金流划分为正的现金流 $CF_+(d_i, k)$ 和负的现金流 $CF_-(d_i, k)$,其中 $i \in \{1, 2, \cdots, n\}$。对于 k 日,将所有交易的现金流入相加可得到资产组合的总现金流入

$$CF_+(D,k) = \sum_i CF_+(d_i, k) = CF_+(d_1, k) + \cdots + CF_+(d_n, k) \tag{6.2.16}$$

同样,对 k 日,将所有交易的现金流出相加得到资产组合的总现金流出

$$CF_-(D,k) = \sum_i CF_-(d_i, k) = CF_-(d_1, k) + \cdots + CF_-(d_n, k) \tag{6.2.17}$$

则 k 日资产组合的净现金流量为

$$CF(D,k) = CF_+(D,k) + CF_-(D,k), \forall k \in \{1,2,\cdots,K\} \tag{6.2.18}$$

同理,资产组合的远期支付结构可表示为

$$cumCF(D,k) = \sum_{t=1}^{k} CF(D,t) \tag{6.2.19}$$

(二) 对净现金流量未来变化分布的估计

目前,估计净现金流量未来变化分布的方法主要有两大类:一是概率模型,包括 Monte

---

① 显著水平通常是一个比较接近于 0 的数字,如 0.01,0.05 等,主要用以刻画小概率事件;而置信水平通常是一个比较接近于 1 的数字,如 0.95,0.99 等,主要用以刻画某事件在未来发生的可信程度。
② 借助于下文的式(6.2.20)和(6.2.21)将很容易理解这段解释。

Carlo 模拟模型和期限结构模型;二是行为模型,包括趋势模型、周期模型和关联模型等。

1. Monte Carlo 模拟模型

Monte Carlo 模拟模型可以对未来时刻不同情况下的净现金流量进行模拟。其基本思路是,给定某一变量(如利率、波动率)及其变化范围,对随机过程不断进行足够多的重复模拟之后,即可得到目标时刻净现金流量的概率分布。

要进行模拟,首先必须建立可以描述净现金流行为的随机模型。使用 Monte Carlo 方法对净现金流量的概率分布进行模拟的过程基本类似于第三章中基于 Monte Carlo 模拟的 VaR 计算方法,只不过在 VaR 计算中采用的是现值,而此处则应用现金流而已。其中随机模型需要符合一定的要求,包括能够描述金融工具的现金流特性、使用变量不能太多、能够描述新业务带来的现金流等等。

运用 Monte Carlo 模拟方法获知净现金流未来变化的概率分布后,就可以通过计算概率分布的均值得到预期现金流 ECL,同时可获得满足一定置信水平下净现金流量的最大可能值或最小可能值。

2. 对利率变量使用期限结构模型

另一种常用的方法是计算余额与利率之间的相关性。当存款余额与短期利率有明显的相关关系时,就可以用短期利率作为变量建立简单的回归模型,也可以通过考察历史余额、时间趋势、利率变动等变量建立更复杂的回归模型。

建立了与短期利率相关的模型后,就可以用各种利率期限结构模型来计算存款余额对收益率的敏感性,再运用这些敏感性数据来计算活期存款的存续概率。

3. 行为模型

行为模型是指通过分析历史时间序列来确定该序列的"行为"特征的方法,这些"行为"特征主要包括趋势、周期性、发生频率以及同其他时间序列的相关关系与自相关性。行为模型既可以用来考察一个没有到期日的资产或负债组合,例如活期存款就是一个很好的例子,其支付日和支付金额都是未知的,其与利率曲线的相关程度低;也可以用来直接考察历史的净现金流量,对其行为特征进行建模拟合,以预测未来。

(三)净现金流量的流动性风险值 L_VaR 的估计

由于预期现金流 ECL 所能预测的只是某日最可能发生的净现金流,但并没有估计在最坏的情况下的净现金流量,即流动性风险。另外,由于闲置的流动性资产收益率低于市场收益率,过多的现金头寸有可能导致损失。所以,我们不仅应考虑流动性不足处于最坏情况下的风险,还要考虑流动性头寸过多所带来的机会成本。

与 VaR 的计算相似,当按照上述方法获得了净现金流 $CF(d, k)$ 的概率分布之后,就可以度量一定显著水平下的 L_VaR。

对于给定的显著性水平 α 和 β,定义 l_k 和 h_k 如下:

(1) l_k 是使得 $CF(d, k)$ 小于 l_k 的概率为 α 的最大值,即

$$P\{CF(d, k) < l_k\} = \alpha \qquad (6.2.20)$$

(2) h_k 是使得 $CF(d, k)$ 大于 h_k 的概率为 β 的最小值,即

$$P\{CF(d,k) > h_k\} = \beta \qquad (6.2.21)$$

l_k 和 h_k 可以分别看作为给定显著水平 α 和 β 下净现金流 $CF(d,k)$ 在 k 日的最高和最低的净现金流量。l_k 通过现金流 $CF(d,k)$ 的左尾分布计算得到，反映了在给定的显著水平 α 下在 k 日出现流动性不足的最大可能净现金流量；h_k 通过现金流 $CF(d,k)$ 的右尾分布计算得到，反映了在给定的显著水平 β 下在 k 日出现流动性过剩的最小可能净现金流量。显然，在通常情况下公式 $l_k \leqslant h_k$ 成立。其中，显著水平 α 和 β 的值一般由风险管理部门根据需要设定。

无论是单笔交易还是组合，l_k 和 h_k 都是从统计描述或从风险部门为某项产品所做的统计假设中推导出来的，因此构造合理的概率分布就成为解决该问题的关键和难点。须注意的是，目前对单笔交易的方法无法直接扩展到整个组合，即不能通过对组合各元素 $CF(d,k)$ 的 l_k 和 h_k 简单加总得到组合的 L_k 和 H_k。这是因为各交易之间有可能是相关的，而且不同交易之间的相关关系还没有达到可以忽略的程度。因此，在运用 l_k 和 h_k 估计组合的 L_k 和 H_k 时应充分考虑到所涉及的各交易之间的相关性水平。

下面就以单笔交易 d 为例，类似于 VaR 的计算，考察一定显著水平下某交易在未来一定时间内的流动性风险值 L_VaR。

假定考察从现在时刻起未来 1 天到 k 天的最高可能净现金流量和最低可能净现金流量，则分别为

$$L\_VaR\_l_k = \text{cum}l_k = \sum_{t=1}^{k} l_t \qquad (6.2.22)$$

$$L\_VaR\_h_k = \text{cum}h_k = \sum_{t=1}^{k} h_t \qquad (6.2.23)$$

其中，$l_k \leqslant CF_{\text{expect}}(d,k) \leqslant h_k$，$CF_{\text{expect}}(d,k)$ 表示交易 d 在 k 日的预期现金流量 ECL，因此，

$$\text{cum}l_k \leqslant \text{cum}CF_{\text{expect}}(d,k) \leqslant \text{cum}h_k$$

当 k 增加时，最低值和最高值两条曲线与累计 ECL 的差别越来越大，呈现出分散的趋势。由于 $\text{cum}l_k$ 和 $\text{cum}h_k$ 给出了所在区间的极端情况，但是极端情况一般不容易发生，因此，这种方法有可能夸大了流动性风险。为此，这里提出一种修正做法：假设只考虑第 k 日极端波动的影响，把 l_k 和 h_k 与累计净预期现金流量相加，所得结果与 $\text{cum}CF(d,k)$ 的值就不会相差太大，即

$$L\_VaR\_l_k = \text{cum}l_k = \sum_{t=1}^{k-1} CF(d,t) + l_k \qquad (6.2.24)$$

$$L\_VaR\_h_k = \text{cum}h_k = \sum_{t=1}^{k-1} CF(d,t) + h_k \qquad (6.2.25)$$

这种做法与前述的累计最高净现金流量 l_k 和最低净现金流量 h_k 的做法还是有明显区别的，该法剔除了众多极端事件的影响，不是一个过分保守的估计。当 k 增加时，最低值和最高值两条曲线基本上围绕着累计 ECL 曲线以一定幅度上下波动，表现比较稳定。可见，流动性风险价值法考虑到了一定置信水平下现金流量的最好和最坏情况，对于机构进行流动性风险的管理更具有现实指导意义。

六、行为 L_VaR 的估计

根据历史数据的行为模型来计算的流动性风险值,简称为行为 L_VaR 或 BehL_VaR。流动性风险的本质是由于预期现金流量与未来实际发生的现金流量之间存在差异。如果两者相符,那么机构就可以事先采取合理的流动性管理策略将其化解;相反,如果两者不相符,机构就会产生预期之外的流动性冲击,从而会带来偿付能力不足的流动性风险或者是流动性过剩的机会损失,对机构盈利产生影响。

计算行为 L_VaR 的基本步骤如下。

首先,结合过去的预测对足够长的时间序列行为进行观察,并根据历史上的各个预测值与实际值的差距描述概率分布。记 $CF(d,m,k)$ 为在 m 日预测交易 d 在 k 日的净现金流量;$CF(d,k,k)$ 为交易 d 在 k 日的实际净现金流量。则

情形一:若 $CF(d,m,k) < CF(d,k,k)$,取

$$\Delta l_k = CF(d,m,k) - CF(d,k,k) \tag{6.2.26}$$

情形二:若 $CF(d,m,k) > CF(d,k,k)$,取

$$\Delta h_k = CF(d,m,k) - CF(d,k,k) \tag{6.2.27}$$

其中,Δl_k 和 Δh_k 依次表示上述两种情形下净现金流量预测值和实际值的差价。通过固定 k、令 m 变动,就可以得到 Δl_k 和 Δh_k 的足够长的数据序列,然后借此分别构建 Δl_k 和 Δh_k 两个序列的概率分布。

然后,完全类似于前文的步骤,根据概率分布就可以分别估计出一定置信水平(或显著水平)下在 k 日的最高和最低可能净现金流量 l_k 和 h_k。

最后,对于 $BehL\_VaR\_l_k$ 与 $BehL\_VaR\_h_k$ 的计算,完全可借助于类似于前文的公式(6.2.22)与(6.2.23)或(6.2.24)与(6.2.25)获得,这里不再赘述。

可见,行为 L_VaR 的主要思路就是根据现金流量历史时间序列的行为特征来构建概率分布(仅计算历史最大误差),并据此计算未来一段时间的最大流动风险价值。当然,我们也可以利用模拟方法等构造概率分布并计算 L_VaR 值。而这主要的区别在于概率分布的构造方法不同。相比而言,历史模拟方法更简单明了一些。

第三节 市场流动性风险的度量方法

上节介绍的筹资流动性风险度量方法,主要针对金融机构整体的资产负债情况,分析未来现金流的变化,以确保整个机构对负债的偿付能力。但是,对于交易者在交易过程中出现的市场流动性风险,或者说交易者在交易过程中因市场流动性风险所导致的资产损失,筹资流动性风险度量方法不再有效,而这恰恰是市场流动性风险度量方法的用武之地。其实前文也已经

指出过，筹资流动性风险与市场流动性风险有着许多不同的性质，但两者之间也有密切联系：一般情况下，对于那些交易账户资产较小的金融机构而言，流动性风险主要来源于整体的资金不匹配风险，而因交易所产生的市场流动性风险，由于交易规模和数量一般较小所以通常被忽略；对于那些需要进行大量资产交易的金融机构而言，因交易而产生的市场流动性风险则通常很大，甚至有时会决定整个机构的流动性状况，所以此时的市场流动性风险不仅不能忽略，相反会成为主要的考察对象。

根据本章第一节中的介绍，度量市场流动性风险的主要方法——La_VaR 法，包括基于买卖价差的外生性 La_VaR 法和基于最优变现策略的内生性 La_VaR 法两种方法，下面分别予以考察。

一、基于买卖价差的外生性 La_VaR 法

由于买卖价差可分为固定和非固定的情况，所以这里又把基于买卖价差的外生性 La_VaR 法按照买卖价差分为固定和非固定两种情况来进行讨论。

（一）买卖价差固定时的外生性 La_VaR 法

如果买卖价差（设为 s）是固定的，采用公式（6.1.4）在传统的风险价值上增加一项便可以简单地得到外生性 La_VaR 为

$$La\_VaR = VaR(I) = VaR(M) + VaR(L) = W\alpha\sigma + \frac{1}{2}Ws \tag{6.3.1}$$

其中：W 表示初始资本或组合价值；σ 为盯市价格的波动率；s 为买卖价差；α 为一定置信水平下的分位数。

例如，如果我们用 1 000 万美元投资于一支股票，该股票的日波动率 $\sigma = 1\%$，价差 $s = 0.25\%$，再假设 95% 的置信水平所对应的分位数为 1.645，那么在 95% 的置信水平下的日 La_VaR 为

$$La\_VaR = (1\,000 \times 1.645 \times 0.01) + 1/2(1\,000 \times 0.002\,5) = 17.7(万美元)$$

此时，流动性市场风险占总风险的比重为 7%，是对传统 VaR 值的修正。

这种调整可对投资组合的全部资产重复进行，从而可得到一系列修正值，总修正值为 $\frac{1}{2}\sum_{i}|w_i|s_i$。显然，总修正值将随着资产数量的增加而增加，但与之相反，传统的 VaR 值往往会因为存在着资产分散化效应而出现随着资产数量的增加而减小的情况。可见，随着组合中资产数量的增加，流动性风险占总风险的比重将越来越大。因此，总修正值对于大型资产组合而言尤为重要。

（二）买卖价差不固定时的外生性 La_VaR 法

在现实市场中，买卖价差一般并不固定，相反还具有随机波动的特性。此时，只有在准确估计中间价格的波动以及价差波动的基础上，才能计算出更加真实的市场风险值。下面将详

细介绍该情形下的 La_VaR 计算。

定义 t 时间的资产价格的对数收益率 r_t 为

$$r_t = \ln(P_t) - \ln(P_{t-1}) = \ln(P_t/P_{t-1}) \tag{6.3.2}$$

其中，P_t 为 t 时刻的市场中间价。那么，考虑了流动性风险后的 VaR 值计算公式为

$$La\_VaR = P_t\left\{1 - \exp[E(r_t) - \alpha\theta\sigma_t]\right\} + \frac{1}{2}[P_t(\overline{S} + \gamma\bar{\sigma})] \tag{6.3.3}$$

其中：公式右边前半部分测度的是市场风险；后半部分测度的是流动性风险。式中 $E(r_t)$，σ_t 为资产回报的两个参数，分别表示对数收益率 r_t 的均值和方差。α 是一定置信水平下的分位数。θ 为一个调整参数，即有 $\theta = 1 + \phi\ln(k/3)$，表示对数收益率分布与正态分布偏离的程度；这里的 ϕ 由尾部概率决定，如取 1%；k 是对数收益率分布的峰度：若是正态分布 k 等于 3，此时 θ 等于 1；若 $k > 3$，则 $\theta > 1$，表明存在厚尾现象。$\overline{S}$，$\bar{\sigma}$ 分别表示买卖价差的均值和标准差。γ 是一定置信水平下买卖价差实际分布的分位数，γ 值取决于具体的买卖价差的统计分布特征。

假设对数收益率服从正态分布，买卖价差具有不可确定性，则再次采用公式(6.1.4)可得一定置信水平下由流动性调整的 VaR 为

$$La\_VaR = VaR(I) = VaR(M) + VaR(L) = W\alpha\sigma + \frac{1}{2}W(\overline{S} + \alpha\bar{\sigma}) \tag{6.3.4}$$

与传统的 VaR 相比，La_VaR 因为考虑了外生市场流动性风险的影响而对总市场风险的度量将更加客观合理，但 La_VaR 法并非完全令人满意：首先，该法只考虑了外生的流动性风险，也就是交易成本中的买卖价差部分，而忽略了资产的交易数量对流动性的影响。这可能仅适用于一个小型的投资组合，但一般不适用于变现头寸非常大的投资组合。其次，该法在传统 VaR 方法的基础上直接加上流动性调整项即得 La_VaR，这意味着中间价格的波动与买卖价差的波动完全正相关且同步，但在通常情况下这很难与实际相符，只有在极端市场条件下才有可能出现。

二、内生市场流动性风险度量方法——基于最优变现策略的内生性 La_VaR 法

根据前文分析，基于买卖价差的外生性 La_VaR 法仅考虑了市场流动性风险导致的成本，而在很大程度上忽略了投资者本身的交易策略（主要是指变现头寸和时间的选择）对价格的影响。由于市场的不完全性及投资者信息之间的不对称性，金融市场上存在着明显的"柠檬效应"，也就是存在所谓的市场"卖出效应"，即当投资者变现头寸，特别是大额头寸时，其他投资者由于信息不对称会认为存在对证券价格不利的私人信息，也会跟着卖出资产，从而导致资产价格的大幅下降。显然，这种交易会对市场价格造成进一步的冲击，并增大变现头寸时的额外损失，所以在计算 La_VaR 时应将上述情形考虑在内。基于最优变现策略的内生性 La_VaR 法，正是在传统 VaR 的基础上进一步考虑流动性的数量属性（即交易量）对价格的冲击效应而产生的。

在正式介绍基于最优变现策略的内生性 La_VaR 法之前,还要先做一些预备工作,即弄清楚是否需要估计交易量对市场价格的冲击效应以及如何确定最优变现策略。

(一)预备工作

1. 基于线性市场冲击效应函数的不同变现策略下流动性成本的估计与比较

假定投资者拥有一定数量的资产头寸 X(数量相当大)需要变现;同时,为便于观察不同的变现策略对股票价格有可能造成的不同冲击效应,此处特别假定市场冲击效应函数为具体的线性形式:

$$P(q) = P_0(1-kq) \tag{6.3.5}$$

其中:q 为交易量;k 为交易量的市场冲击系数;$P(q)$ 表示在某种变现策略下交易量 q 有可能导致资产价格下跌后的价格。

根据公式(6.3.5),可分别得到即时变现(immediate liquidation)和分批变现(Batch Liquidation)两种不同的变现策略所带来的流动性成本或变现成本。在即时变现策略下,流动性成本为

$$C_{IL}(W) = q(P_0 - P(q)) = kq^2 P_0 \tag{6.3.6}$$

用 n 表示变现的天数,在 n 天内每日以 q/n 的固定比例进行变现,直到变现结束,这种变现策略即所谓的分批变现策略。在分批变现策略下,第一次变现后的流动性成本为

$$C_{BL}(W) = q(P_0 - P(q/n)) = (kq^2 P_0)/n \tag{6.3.7}$$

下面通过一个例子来考察即时变现策略和分批变现策略两种不同的变现方式对股票价格的冲击效果。假设 $P_0 = 10$ 美元,$k = 0.5 \times 10^{-7}$,投资者拥有 100 万股的股票头寸。如果采用即时变现策略,那么该股票价格将下跌 $P_0 kq = 10 \times (0.5 \times 10^{-7}) \times 1\,000\,000 = 0.5$(美元),该策略下的流动性成本为 50 万美元,即该策略将对总价格产生 50 万美元的影响。如果采用某种分批变现策略,例如在五天内以每天 20 万股的固定比例进行变现,那么在没有其他价格变动的情况下,价格将下降 0.1 美元,该策略下第一次变现后的流动性成本为 10 万美元,第二次变现后新增的流动性成本为 9.9 万美元,全部变现后的总流动性成本为 49 万美元,比采用即时变现策略有可能产生的 50 万美元的流动性成本要低。

可见,两种变现策略对股票价格的冲击效应存在很大差异。总体上来说,上述两种交易策略各有利弊:在立即销售变现的情况下,会导致很高的变现成本,但承担的市场风险较小;在分批销售变现的情况下,头寸等量分批出售产生的变现成本较低,但是由于交易时间比较长,投资者又会面临较高的市场风险。因此,为选择合适的交易策略,需要对变现成本和市场风险同时进行权衡。

于是,除了要根据公式(6.3.6)和公式(6.3.7)估计这些策略下的变现成本以外,还应估计对应策略下的市场风险情况。在即时变现情形下,资产的市场风险(或方差)为零,即 $V_{IL}(W) = 0$;而对于分批变现策略,由于变现交易需要一段时间才能完成,所以在这个变现过程中资产价格将有可能发生波动,从而导致资产的市场风险,此时资产的市场风险或(方差)将大于零,即 $V_{BL}(W) > 0$。可见,虽然较慢变现速度可以降低交易量对价格冲击的影响,进而降低所谓的

内生市场流动性风险,然而,变现速度较慢的一个缺点是投资组合在一个较长的时间内需要承担市场风险。在快速变现的情况下,承担的市场风险较小,可以忽略不计,但是会导致较高的变现成本。因此,投资者需要权衡并选择一种交易策略以使得变现过程中所面临的风险最小化。

另外,上述即时变现或分批变现策略都属于比较特殊的情况,还可以考察介于两者之间的更一般的情形。容易看出,可以采用的变现策略其实有很多,而且不同的变现策略所导致的流动性成本和市场风险可能存在很大差异。那么,如何从中选择和确定最优变现策略呢?这正是下节要讨论的问题。

2. 最优变现策略的分析与确定

在已有文献中,曾被使用过的确定最佳变现策略或最佳执行策略的模型主要有以下三种。

(1) 基于变现成本的最佳变现策略确定模型,即求使得变现成本最小,亦即满足下式

$$\min_x C_x(W) \tag{6.3.8}$$

的可选择交易策略 x。该模型有三点不足:第一,只考察了由变现成本带来的流动性风险,没有考察资产价格波动带来的市场风险。第二,该模型将变现时间假设为外生变量并由投资者事先主观确定。事实上,在不确定的市场环境下,一个理性投资者在变现资产时很难事先就确定需要多少时间才能变现全部头寸,通常理性投资者会采取一种"相机抉择"的策略。第三,没有推导出计算 La_VaR 模型的解析式。

(2) 基于变现成本与市场风险之间均衡值的最佳变现策略确定模型,即求使得变现成本和市场风险之间的搭配值最小,亦即满足下式

$$\min_x [C_x(W) + \lambda V_x(W)] \tag{6.3.9}$$

的可选择交易策略 x,其中 λ 表示投资者对市场风险的厌恶程度。该模型修正了模型(6.3.8)中的第一点不足,但仍然存在模型(6.3.8)中的第二和第三点不足。为此,人们又提出了新的改进方法,即

(3) 基于投资者期望效用最大化的最佳变现策略确定模型,即求使得投资者期望效用最大,亦即满足下式

$$\max_x E_x(u(\pi)) \tag{6.3.10}$$

的可选择交易策略 x。其中:$u(\pi)$ 为投资者的随机效用函数;π 为采用变现策略 x 完成变现行为的损益;$E_x(u(\pi))$ 为随机效用函数 $u(\pi)$ 的期望效用。利用该模型可以较好地解决模型(6.3.8)中所指出的三点不足,为此下文仅对第三种情况给予详细介绍。

(二) 基于最优变现策略的 La_VaR 计算——模型(6.3.10)的实现

运用模型(6.3.10)的思想计算基于最优变现策略的 La_VaR,需要经历以下过程。

1. 问题提出和模型描述

假定投资者在初始时刻 t_0 持有数量为 $x_0 = X$ 的风险资产(假定 X 的值很大)。该投资者欲将此风险资产变现。投资者可以选择即时交易策略,但是这种策略会由于交易的市场影响带来很大的变现成本,未必是最优的交易策略。另一种可能的策略是投资者采取有序变现策略,将所有头寸在一定时间内分期变现。假定投资者每间隔 τ 时间观察市场并决定

是否变现部分头寸以及变现的数量,不妨称 τ 为时节(time interval)或销售间隔(sales interval)[①]。若投资者变现全部资产 X 需要 N 个时节,则称 N 为时节数。若变现全部头寸所需要的时间为 T,T 为内生变量,则有 $T = N\tau$,即变现时间 T 取决于 N,最优的时节数 N 决定了最优的变现时间。进一步,假定离散的变现时点为 $t_k = k\tau$,$k = 0, 1, \cdots, N$,显然有 $t_0 = 0$,$t_N = T = N\tau$。假设投资者在 t_k 时刻持有的(待变现)证券数量为 x_k,则称 x_k 为 t_k 时刻的待变现量,显然 t_0 时刻投资者的待变现量 $x_0 = X$,t_N 时刻的待变现量 $x_N = 0$。由于投资者采取有序变现策略且在变现过程中资产数量单调下降,即 $x_k < x_{k-1}$ ($k = 1, 2, \cdots, N$),因此可定义投资者在 t_k 时刻(即第 k 个时间间隔 τ 内)资产变现数量为 n_k。显然,$0 < n_k < x_0$,且有

$$n_0 = 0, \quad n_k = x_{k-1} - x_k, k = 1, 2, \cdots, N \tag{6.3.11}$$

从而有

$$x_k = x_0 - \sum_{j=0}^{k} n_j = \sum_{j=k+1}^{N} n_j, k = 0, 1, \cdots, N \tag{6.3.12}$$

为便于分析,定义每个时间间隔 τ 的平均变现速度为 v_k,即

$$v_k = \frac{n_k}{\tau}, k = 0, 1, \cdots, N \tag{6.3.13}$$

至此,拟要求解的最优交易策略就转化为计算最优的变现时间 T(也即最优时节数 N)以及每次需要变现的数量 n_k(也即每个时点上持有的待变现量 x_k)。可以看出,由变现的时节数 N 和每个变现时点上持有的待变现量 x_k 组成的变现对 (N, x_k) ($k = 0, 1, \cdots, N$),对应着某个变现策略。于是,为简便起见,此处把这样的策略称为 (N, x_k) 交易策略。这部分所言的最优变现策略,就是从所有的 (N, x_k) 交易策略中寻找出来的。

2. 考虑市场冲击效应的拟变现资产价格模型的建立

显然,用式(6.3.5)刻画、估计交易量对市场价格的冲击反应有些过于简单,而且该式也不能很好地反映变现过程中除了冲击反应以外由其他因素所导致的资产价格波动。因此,需要寻求一种更贴近于现实并能描述市场冲击效应的资产价格模型。此处将采用 Holthausen,Leftwich 和 Mayers(1987)的处理方法,将交易量的市场影响分为暂时性冲击(temporary market impact)和永久性冲击(permanent market impact)两部分,两者都是交易量的函数。永久性冲击会导致资产均衡价格的下降[②],而暂时性冲击只是暂时性的推动资产价格的下降。也就是说,交易量对于市场价格存在着这样一种影响机制:一旦交易行为发生,资产价格会同时受到交易量的永久性冲击和暂时性冲击,并导致资产价格的下降,但暂时性冲击部分经过一个时间段后会消失,资产价格会回升一个相当于暂时性冲击的部分。具体影响过程,见图 6-4。

[①] 此处采用 Holthausen,Leftwich and Mayers(1987)对 τ 的分析,τ 被定义为从出售行为发生到暂时性市场冲击消失的时间长度,他们认为 τ 的大小取决于价格的恢复速度,是由特定金融资产和金融市场的性质决定的。本书假定 τ 是外生的,当然使 τ 内生化会进一步优化交易策略,但也会使分析更加复杂。关于暂时性冲击的定义见后文。

[②] 这里我们仅考虑资产的卖出交易。但分析思路同样适用于买入交易的情形。

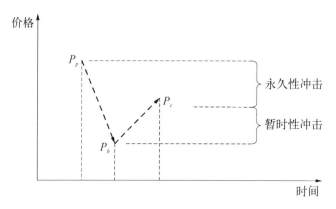

图 6-4 交易量对市场价格的永久性和暂时性冲击[①]

下面分两种情况建立拟变现资产价格模型。

(1) 仅考察永久性冲击的情况。

根据 Almgren 和 Chriss(1999)的观点,资产市场价格的变动是由漂移、波动以及交易量对于价格的永久性冲击三方面原因所致。其中,价格的漂移和波动是由资产基本面信息变动所导致,与投资者自身的交易行为无关;而市场冲击则与投资者自身的交易行为密切相关,具有内生性。假定市场冲击是交易量的线性函数,并将第 k 次交易量 n_k 对于市场价格的永久性冲击定义为 γn_k,其中 γ 为永久性影响系数。同时,假定不受交易行为影响的资产价格的变动可以采用一个包含漂移项和波动项的算术 Brown 运动过程来描述[②],那么考虑到交易的永久性冲击的市场价格 S_k 可以表示为

$$S_k = S_{k-1} + \sigma \tau^{1/2} \xi_k + \mu \tau - \gamma n_k$$

$$= S_0 + \sigma \sum_{j=1}^{k} \tau^{1/2} \xi_j + \mu k \tau - \gamma (X - x_k) \quad (6.3.14)$$

其中:μ 为资产价格的平均漂移,单位为美元;σ 为资产价格的波动,单位也为美元;ξ_j 是一个服从标准正态分布的独立随机变量。式(6.3.14)中的前三项刻画了资产价格的算术 Brown 运动过程;第四项描述了交易对市场价格的永久性影响。

(2) 同时考察永久性冲击和暂时性冲击的情况。

假定投资者的交易价格 $\widetilde{S}_k$(sales price)可以在式(6.3.14)给出的市场价格 S_k 的基础上考虑交易的暂时性影响而得到。于是,假定单位时间交易量 v_k 的暂时性市场影响为 $\varepsilon + \eta v_k$,则投资者的交易价格可以表示为

$$\widetilde{S}_k = S_k - (\varepsilon + \eta v_k) \quad (6.3.15)$$

其中:ε 为反映市场交易买卖价差的常数;η 为暂时性市场影响系数。联立(6.3.14)和(6.3.15)两式,就会得到可以同时考虑交易的永久性影响和暂时性影响的交易价格模型,即

---

① 在图中,P_p 为交易前资产的市场价格,P_b 为资产的交易价格,P_c 为交易后资产的市场价格。
② 在金融理论中,资产价格的波动一般被表示为几何 Brown 运动过程。为了计算的简便性,此处采用了 Almgren and Chriss(1999)所建议的算术 Brown 运动过程。因为他们证明,当持有期相对很短时,几何 Brown 运动过程和算术 Brown 运动过程的差异很小,可以忽略不计。

$$\widetilde{S}_k = S_0 + \sigma \sum_{j=1}^{k} \tau^{1/2} \xi_j + \mu k\tau - \gamma(X - x_k) - (\varepsilon + \eta v_k) \tag{6.3.16}$$

在(6.3.16)式中,投资者的交易价格由三部分组成:一是反映资产基本面信息的算术 Brown 运动过程;二是由于交易的永久性影响而导致资产价格下降的部分;三是由于交易的暂时性影响而导致资产价格下降的部分。于是,我们把(6.3.16)式称为考虑了市场冲击效应的拟变现资产价格模型。

3. (N, x_k) 交易策略下的变现损益与 La_VaR 的估计

根据公式(6.3.16),就可以得到持有头寸为 X 的投资者采用 (N, x_k) 交易策略后的变现价值 $V_{L,X}$,即

$$V_{L,X} = \sum_{k=1}^{N} n_k \widetilde{S}_k \tag{6.3.17}$$

其中,$\widetilde{S}_k$ 和 n_k 分别为时刻 t_k 的交易价格和交易量。将式(6.3.16)代入上式并注意到式(6.3.12—6.3.13)可得

$$\begin{aligned}
V_{L,X} &= XS_0 + \sigma \sum_{k=0}^{N-1} \tau^{1/2} x_k \xi_{k+1} + \mu \sum_{k=0}^{N-1} \tau x_k - \gamma \sum_{k=1}^{N} n_k(X - x_k) - \varepsilon X - \eta \sum_{k=1}^{N} \tau v_k^2 \\
&= XS_0 + \sigma \sum_{k=0}^{N-1} \tau^{1/2} x_k \xi_{k+1} + \mu \sum_{k=0}^{N-1} \tau x_k - \frac{1}{2}\gamma X^2 - \varepsilon X - \left(\eta + \frac{1}{2}\gamma\tau\right) \sum_{k=1}^{N} \tau v_k^2
\end{aligned} \tag{6.3.18}$$

我们知道,头寸变现前的初始市场价值为 XS_0,而变现后的总价值为 $V_{L,X}$,这两者之间的差额就是此次变现交易的损益 π,即

$$\begin{aligned}
\pi &= V_{L,X} - XS_0 \\
&= \sigma \sum_{k=0}^{N-1} \tau^{1/2} x_k \xi_{k+1} + \mu \sum_{k=0}^{N-1} \tau x_k - \frac{1}{2}\gamma X^2 - \varepsilon X - \left(\eta + \frac{1}{2}\gamma\tau\right) \sum_{k=1}^{N} \tau v_k^2
\end{aligned} \tag{6.3.19}$$

在式(6.3.19)中,由于 ξ_k 是一个服从标准正态分布的随机变量,所以损益 π 作为 ξ_k 的线性函数也是一个随机变量且服从正态分布。正态分布的基本特征可以通过分布的均值和方差来刻画。于是,对 π 进行求均值和方差可得

$$E(\pi) = \mu \sum_{k=0}^{N-1} \tau x_k - \frac{1}{2}\gamma X^2 - \varepsilon X - \left(\eta + \frac{1}{2}\gamma\tau\right) \sum_{k=1}^{N} \tau v_k^2 \tag{6.3.20}$$

$$V(\pi) = \sigma^2 \sum_{k=0}^{N-1} \tau x_k^2 \tag{6.3.21}$$

由于损益 π 服从正态分布,根据(6.3.20)式、(6.3.21)式以及 VaR 的计算方法可知,置信水平为 c(分位数为 Z_c)的最小损失 π^*,即由流动性调整的 VaR 为

$$La\_VaR = Z_c \sigma \sqrt{\sum_{k=0}^{N-1} \tau x_k^2} \tag{6.3.22}$$

式(6.3.22)表明,在其他参数不变的条件下,La_VaR 值取决于不同的变现策略 (N, x_k)。将所有可选择的变现策略 (N, x_k) 的集合,记为 Θ。对集合 Θ 中每个变现策略都可以根据公式(6.3.22)得到相应的 La_VaR 值。下面就是要先确定出投资者变现的效用

函数，然后从集合 Θ 中寻找一个满足投资者期望效用最大化的策略，即所谓的最优变现策略，最后计算出对应于该最优变现策略的 La_VaR 值，就是我们要求的基于最优变现策略的 La_VaR。

4. 效用函数以及最优变现策略的确定

假定投资者是理性的且是风险厌恶者，于是此处采用此假设下人们所普遍使用的负指数效用函数，即

$$u(\pi) = -\exp(-\rho\pi) \tag{6.3.23}$$

来衡量投资者变现时的效用，其中 ρ 为 Arrow-Pratt 绝对风险规避系数，用以反映投资者的风险厌恶程度。(6.3.19)式表明，变现全部资产获得的损益 π 是一个随机变量，因此，对应于损益 π 的效用函数 $u(\pi)$ 也是不确定的。于是可对 $u(\pi)$ 求数学期望，以得到期望效用函数。通过直接计算可得

$$E(u(\pi)) = -\exp\left[\rho\left(\frac{1}{2}\rho V(\pi) - E(\pi)\right)\right] \tag{6.3.24}$$

其中，$E(\pi)$ 和 $V(\pi)$ 分别表示损益的期望值和方差，并依次由公式(6.3.20)和公式(6.3.21)给出。

观察(6.3.24)式很容易得到如下结论：期望效用 $E(u(\pi))$ 最大等价于计算 $U = U(\pi)$ 最大，其中

$$U = U(\pi) = E(\pi) - \frac{1}{2}\rho V(\pi) \tag{6.3.25}$$

于是，要得到最大化的期望效用 $E(u(\pi))$，只要求 $U = U(\pi)$ 的最大值即可。

根据公式(6.3.25)以及(6.3.20)式和(6.3.21)式，可直接推导出 $U = U(\pi)$ 的表达式为

$$U = U(\pi) = \mu \sum_{k=0}^{N-1} \tau x_k - \frac{1}{2}\gamma X^2 - \varepsilon X - \left(\eta + \frac{1}{2}\gamma\tau\right)\sum_{k=1}^{N} \tau v_k^2 - \frac{1}{2}\rho\sigma^2 \sum_{k=0}^{N-1} \tau x_k^2 \tag{6.3.26}$$

对上式计算出满足

$$\max_{(N, x_k)} U = \max_{(N, x_k)}\left(\mu \sum_{k=0}^{N-1} \tau x_k - \frac{1}{2}\gamma X^2 - \varepsilon X - \left(\eta + \frac{1}{2}\gamma\tau\right)\sum_{k=1}^{N} \tau v_k^2 - \frac{1}{2}\rho\sigma^2 \sum_{k=0}^{N-1} \tau x_k^2\right)$$

的交易策略 (N, x_k) 就是我们所要求的最优变现策略。对应于该最优变现策略，根据(6.3.22)式就可以得到 La_VaR 值。

5. 在持有期内生化条件下最优变现策略及对应的 La_VaR 的估计

前文已经指出，实际交易中的投资者一般很难在交易之前就确定持有时间 T，往往是采用一种相机抉择的方法来确定持有期 T 的长短，所以此处可以假定投资者的持有期 T 是内生的，即 (N, x_k) 是内生的。假定变现速度是固定的，即有 $v_k = v = X/T = X/\tau N$，则由(6.3.12)式可得

$$x_k = (1 - k/N)X \tag{6.3.27}$$

将(6.3.27)式代入(6.3.20)式和(6.3.21)式,可得

$$E(\pi) = \frac{1}{2}\mu\tau X(N+1) - \frac{1}{2}\gamma X^2 - \varepsilon X - \frac{\eta X^2}{\tau N} - \frac{\gamma X^2}{2N} \qquad (6.3.28)$$

$$V(\pi) = \frac{1}{3}\sigma^2\tau X^2 N\left(1+\frac{1}{N}\right)\left(1+\frac{1}{2N}\right) \qquad (6.3.29)$$

再根据(6.3.26)式可得

$$U(\pi) = \frac{1}{2}\mu\tau X(N+1) - \frac{1}{2}\gamma X^2 - \varepsilon X - \frac{\eta X^2}{\tau N} - \frac{\gamma X^2}{2N} - \frac{1}{6}\rho\sigma^2\tau X^2 N\left(1+\frac{1}{N}\right)\left(1+\frac{1}{2N}\right) \qquad (6.3.30)$$

$U(\pi)$的一阶最优条件为

$$\frac{\partial U(\pi)}{\partial N} = \frac{\mu\tau X}{2} + \frac{\eta X^2}{\tau N^2} + \frac{\gamma X^2}{2N^2} - \frac{1}{6}\rho\sigma^2\tau X^2\left(1-\frac{1}{2N^2}\right) = 0$$

经简化可得

$$\left(\mu\tau^2 X - \frac{1}{3}\rho\sigma^2\tau^2 X^2\right)N^2 + 2\eta X^2 + \gamma\tau X^2 + \frac{1}{6}\rho\sigma^2\tau^2 X^2 = 0 \qquad (6.3.31)$$

根据上式解得最优变现次数为

$$N^* = \sqrt{\frac{2\eta X^2 + \gamma\tau X^2 + \frac{1}{6}\rho\sigma^2\tau^2 X^2}{\frac{1}{3}\rho\sigma^2\tau^2 X^2 - \mu\tau^2 X}} = \sqrt{\frac{(12\eta + 6\gamma\tau + \rho\sigma^2\tau^2)X}{2\rho\sigma^2\tau^2 X - 6\mu\tau^2}} \qquad (6.3.32)$$

特别地,当交易时间间隔比较短时,价格的漂移项可以忽略不计,即 $\mu = 0$,则

$$N^* = \sqrt{\frac{12\eta + 6\gamma\tau + \rho\sigma^2\tau^2}{2\rho\sigma^2\tau^2}} \qquad (6.3.33)$$

可以看出,在 $\mu = 0$ 的假设条件下,最优变现策略不受初始持有头寸的影响。而式(6.3.32)中得出的最优变现策略则受到初始头寸 X 的影响。

将 N^* 代入(6.3.27)式即可得到最优变现策略为

$$x_k^* = (1 - k/N^*)X \qquad (6.3.34)$$

最后将 N^* 和 x_k^* 代入到式(6.3.22)中得到最优变现策略下的 La_VaR 为

$$La\_VaR = Z_c\sigma\sqrt{\sum_{k=0}^{N^*-1}\tau x_k^{*2}} = Z_c\sigma X\sqrt{\sum_{k=0}^{N^*-1}\tau(1-k/N^*)^2} \qquad (6.3.35)$$

可以看出:当 $\mu = 0$ 时,La_VaR 同传统 VaR 一样都是交易头寸 X 的线性函数;而当 $\mu \neq 0$ 时,上述结论不再成立。

Hisata 和 Yamai(2000)利用东京股票交易所一些股票的历史数据对 La_VaR 模型进行了检验。结果发现，运用传统的 VaR 法计算的风险价值和通过 La_VaR 法计算的风险价值之间具有较大差异，尤其是对于流动性较差或较好的股票而言，差异更加明显：对于流动性好的股票，传统的 VaR 法往往高估了风险；而对于流动性较差的股票，传统的 VaR 法则又低估了风险。

三、外生和内生市场流动性风险度量方法比较

根据前文分析，由于内生市场流动性风险和外生市场流动性风险产生的原因不同，所以度量方法也存在很大差异。针对外生市场流动性风险，本书提出了基于买卖价差的 La_VaR 法；而对于内生市场流动性风险，本书则构建了最优变现策略下的 La_VaR 法。这两种度量方法既有共同之处又存在很大差别。

（一）共同之处

两者的共同之处主要在于：两种度量方法都是在传统的 VaR 计算框架内考虑了市场流动性因素的影响，是对传统 VaR 方法的进一步修正，所得到的由流动性调整的 VaR 能更加真实、准确地刻画包含市场流动性风险在内的总风险大小。

（二）主要差别

两者的主要差别之处在于：

首先，不同于内生市场流动性风险，外生市场流动性风险对所有市场投资者的影响都相同，只要在市场中发生交易就需要承担买卖价差损失，因此外生市场流动性风险具有广泛影响性。在此种情况下，投资者变现资产时不仅应考虑到资产价格波动带来的损失，还应考虑由于买卖价差的波动所带来的潜在损失，于是，基于买卖价差的外生性 La_VaR 法就是因此而被提出的。当然，本书假设了流动性风险和市场风险完全相关，从而可以通过两者直接相加的方式得到投资者变现时所面临的总体风险大小。但由于在一般市场情况下两者并不完全相关，所以这样的处理方式往往会在一定程度上高估总体风险。不过相对于传统的 VaR 方法而言，这种方法由于考虑了市场流动性风险的影响，所以应该更贴近于现实。

其次，对于内生市场流动性风险而言，该风险则主要考虑了交易量的影响：当投资者的交易头寸超过一定额度①以后，投资者不仅要承担买卖价差损失，还要承担巨大交易量所带来的市场冲击成本，此时的流动性风险大小与投资者本身的变现策略密切相关。与外生市场流动性风险相比，内生市场流动性风险度量方法采用最优化思想，在包含外生市场流动性风险的情况下，又进一步考虑了交易量的市场冲击影响，所以该法将更加准确、合理。但也要看到，相对于外生市场流动性风险度量方法而言，应用内生性方法需要估计大量参数，计算比较复杂，从而这既会增加应用难度，也会加大模型风险。因此，除非投资者持有的资产头寸超过市场深

---

① 这里指市场深度所代表的量。

度,交易对市场价格的冲击效应比较大,否则,最好避免采用内生市场流动性风险度量方法,而直接采用外生性度量方法即可。

本章小结

本章按照将流动性风险分为筹资流动性风险和市场流动性风险的分类方法,首先对筹资流动性风险和市场流动性风险的度量方法的历史演进过程进行了全面回顾和综述。随后,详尽介绍了各种筹资流动性风险的度量方法,主要包括指标体系分析法、缺口分析法、期限结构分析法、现金流量分析法、基于 VaR 的流动性风险价值法等。最后,详细讨论了因交易而产生的市场流动性风险的两类主要度量方法:基于买卖价差的外生性 La_VaR 法和基于最优变现策略的内生性 La_VaR 法。

重要概念

筹资流动性风险　市场流动性风险　流动性调整的风险价值(La_VaR)　指标体系分析法　缺口分析法　期限结构分析法　现金流量分析法　基于 VaR 的流动性风险价值法　买卖价差　最优变现策略　外生性 La_VaR 法　内生性 La_VaR 法

思考题

1. 简述筹资流动性风险和市场流动性风险的内涵与基本特征。
2. 简述流动性风险度量方法的演变过程及每个过程所包含的主要理论与方法。
3. 简述筹资流动性风险度量方法的基本原理和框架。
4. 简述市场流动性风险度量方法的基本原理和框架。
5. 结合久期的概念,阐述久期缺口模型的基本原理以及如何利用久期缺口模型评估某家金融机构的筹资流动性风险状况。
6. 试选择我国某家上市金融机构及其相关数据,利用基于 VaR 的流动性风险价值法对该机构的筹资流动性风险进行度量。
7. 试对本章第二节中所介绍的五种筹资流动性风险度量方法进行比较与分析。
8. 试对传统的 VaR 方法与 La_VaR 方法的异同之处进行比较和考察。
9. 请详细阐述基于买卖价差的外生性 La_VaR 法和基于最优变现策略的内生性 La_VaR 法的基本原理、应用步骤,并对上述两种方法的优缺点进行辨析。
10. 试对本书介绍的有关市场风险、信用风险、操作风险、流动性风险的主要度量模型和方法进行比较与分析。

附录 经济学和金融学中的随机理论初步

金融资产的价格随时间而变化而且在未来每个时刻都具有不确定性,这是包括金融风险度量与管理在内的几乎所有金融问题都躲不开而必须面对的基本课题。人们因此把变化性和不确定性视为研究对象的随机理论作为解决金融问题的最基本工具,也就不足为奇了。然而,学习和掌握随机理论的确具有相当的难度,即使是数学专业的学生也不例外,更不要说是经管类专业的读者了。这固然有随机理论本身难度大的原因,同时与教材编写存在的问题也不无关系。目前已出版的与随机理论有关的著作、教材,要么是从纯数学的角度出发编写,至多把经济金融问题作为例证而已;要么仅为解决经济金融问题,才将所用到的随机工具列出来,对随机理论的介绍缺乏基础性、系统性和连续性,这两种状况都不利于经管类专业的读者学习和吸收。笔者认为,随机理论的基本思想主要体现在一些最基本的概念和原理中,如果经管类专业的读者能发挥自己的优势,结合自己熟知的经济金融原理和例子先去学习、理解随机理论中那些最基本的概念和原理,就容易激发自己的学习热情和信心,并能尽快地掌握最基本的随机思想,在此基础上再全面掌握随机理论就比较容易了。

为此,笔者试图在介绍随机理论的方式方面做一些新探索。尽管由于本书的需要和篇幅所限,笔者在附录中仅能介绍随机理论中一些最基本的概念、原理和方法,无法全面深入地阐述随机理论。但笔者在有限的篇幅里,将针对经管类学生和其他读者的特点和要求,尽可能从经济金融的角度去进行介绍、阐释,以期在如何将随机思想与经济金融思想融合起来、如何向经管类读者介绍随机理论、经管类读者如何学习随机理论等等方面,提供一些有益的心得和体会,供有兴趣的读者参考。

一、概率空间和随机变量

(一) 概率空间

人们习惯于把对某一现象的观察或科学试验称为试验。如果某个试验在相同条件下可以重复进行,每次试验的结果不止一个,所有可能的结果事先都知道,但事前不能确定哪个结果将会发生,就称为随机试验;随机试验的每个可能结果称为事件;不可能再分的事件称为基本事件,常用只包含一个元素 ω 的单点集 $\{\omega\}$ 来表示;由若干基本事件组成的事件称为复合事件,一般用包含若干个元素的集合表示;所有基本事件对应的元素的全体组成的集合,称为样本空间,记作 Ω;样本空间中的每一个元素称为样本点。

显然,样本空间是一个必然事件,其逆事件是一个空集 φ。样本空间既可以是一个离散的集合,也可以是一个连续的区间或空间。例如,抛一枚硬币,分别用 $\{\omega_1\}$ 和 $\{\omega_2\}$ 表示正面和反面两个事件,则样本空间 $\Omega = \{\omega_1, \omega_2\}$ 是由有限个离散点组成的集合;考察 2004 年我国大学生的就业比率,其基本事件为 $[0,1]$ 区间中每一个有理数组成的单点集合,于是样本空间可用区间 $[0,1]$ 中所有有理数组成的集合表示,是含有无限个样本点的集合;最后,考察某三支股票未来某个时刻价格(分别设为 p_1, p_2, p_3)的变化情况,其基本事件为 $\{(p_1, p_2, p_3)\}$,其中 $p_1 \geq 0, p_2 \geq 0, p_3 \geq 0$,于是样本空间

$$\Omega = \{(p_1, p_2, p_3) \mid 0 \leq p_1 \leq +\infty, 0 \leq p_2 \leq +\infty, 0 \leq p_3 \leq +\infty\}$$

是一个含有无限个样本点的连续三维空间。

在实际应用中,我们并不一定对随机试验的所有事件都感兴趣,而且当样本空间 Ω 无限时,考察所有事件的成本可能还很大,所以我们只要把关心的那些事件找出来组成一个新集合进行考察和评价即可。但为了避免运算、推理过程出现矛盾,就必须把拟要考察和评价的事件按照一定规则进行选择,再构成集合。σ-代数的定义就给出了组成上述集合的规则,即有

定义 1.1 设 Ω 为样本空间,$\mathcal{F}$ 是由 Ω 的一些子集(或事件)组成的集合簇,若 $\mathcal{F}$ 满足下列条件:

(i) $\Omega \in \mathcal{F}$;
(ii) 若 $A \in \mathcal{F}$，则 A 的逆事件 $\bar{A} \in \mathcal{F}$;
(iii) 若 $A_i \in \mathcal{F}$，$i = 1, 2, \cdots, +\infty$。

则 $\bigcup\limits_{i=1}^{\infty} A_i \in \mathcal{F}$。

则称 $\mathcal{F}$ 为 Ω 上的一个 σ-代数。

显然，样本空间 Ω 的 σ-代数不止一个，其中最大的 σ-代数是 Ω 的幂集，即 Ω 的所有子集构成的集合；最小的 σ-代数为由 Ω 和空集 φ 构成。

令 $\mathcal{G}$ 为 Ω 的任一子集簇，包含 $\mathcal{G}$ 的所有 σ-代数的交是包含 $\mathcal{G}$ 的最小 σ-代数，称为由 $\mathcal{G}$ 生成的 σ-代数，记为 $\sigma(\mathcal{G})$。由实数集 R^1 中的所有子集 $(a, b]$ 组成的集合簇而生成的 σ-代数是包含所有 R^1 区间的最小 σ-代数，称为 Borel 代数，记作 $\mathcal{B}(R^1)$。$\mathcal{B}(R^1)$ 包含了 R^1 中的所有开集和闭集，也可以看作是从 R^1 的区间开始经过一系列所有可能的有限和可列个集合的并、交、补等运算而获得的。对于一般的 n 维 Euclid 空间 R^n，可类似得到 R^n 的 Borel 代数，记作 $\mathcal{B}(R^n)$，只不过 R^n 的区间应为

$(a, b] = \{(x_1, x_1, \cdots, x_n) \mid a_i < x_i \leqslant b_i, a = (a_1, a_2, \cdots, a_n), b = (b_1, b_2, \cdots, b_n), i = 1, 2, \cdots\}$

$\mathcal{F}$ 为 Ω 的 σ-代数表明：$\mathcal{F}$ 中的元素，是由 Ω 中元素构成、并属于 $\mathcal{F}$ 的事件，是可测的，于是将 $\mathcal{F}$ 中的所有元素称为可测集，将 Ω 与其可测集簇 σ-代数 $\mathcal{F}$ 组成的一对 $(\Omega, \mathcal{F})$ 称为可测空间。

对可测空间 $(\Omega, \mathcal{F})$，我们需要知道 $\mathcal{F}$ 中的可测集即事件出现的可能性大小，即需要对 $\mathcal{F}$ 中的事件进行评价和测度。为避免出现矛盾的情况，测度方式也需要按照一定的规则进行，于是有

定义 1.2 对可测空间 $(\Omega, \mathcal{F})$，在 $\mathcal{F}$ 上定义的函数 $\mu: \mathcal{F} \to R^1$ 称为一个测度：若满足

(i) $\mu(\varphi) = 0$；
(ii) $\forall A \in \mathcal{F}, 0 \leqslant \mu(A) \leqslant +\infty$；
(iii) $A_i \in \mathcal{F}, i = 1, 2, \cdots, +\infty$ 且当 $i \neq j$ 时，$A_i \cap A_j = \varphi$。

则 $\mu(\bigcup\limits_{i=1}^{\infty} A_i) = \sum\limits_{i=1}^{\infty} \mu(A_i)$。

例如，经常使用的、在 R^1 空间的 Borel 集 $\mathcal{B}(R^1)$ 上定义的 Lebesgue 测度（用 μ_λ 表示），对 R^1 中每一个区间的测度就是区间的长度，即 $\mu_\lambda((a, b]) = b - a$。对于 n 维空间 R^n 的 Borel 集上的 Lebesgue 测度也可类似得到。

对随机事件的测度，人们普遍习惯于使用概率测度，记为 P。概率测度 P 满足 $P(\Omega) = 1, P(\varphi) = 0$，并对于 $\forall A \in \mathcal{F}$，皆有 $0 \leqslant P(A) \leqslant 1$。于是，由样本空间 Ω、σ-代数 $\mathcal{F}$ 与定义在 $\mathcal{F}$ 上的概率测度 $P: \mathcal{F} \to [0, 1]$ 构成的三元组合 $(\Omega, \mathcal{F}, P)$，称为概率空间。为保持概率空间的完备性，一般都会假设 $\mathcal{F}$ 包含了 Ω 的所有对 P 可忽略的子集，此时称 $(\Omega, \mathcal{F}, P)$ 是完备的概率空间。所谓对 P 可忽略的子集，是指对 $A \in \mathcal{F}, P(A) = 0$，则称包含于 A 的子集为对 P 可忽略的子集。

为清楚起见，我们将本节定义概率空间的基本思路用图示方法表示出来：

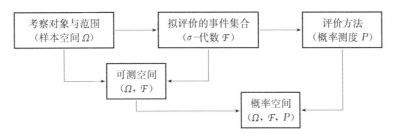

图 1　概率空间的定义过程

(二) 随机变量

观察一个随机现象,其随机事件有些是数量性质的,例如前文列举的有关三支股票价格变化的例子;有些是非数量性质的,例如前文抛硬币的例子。非数量性质的随机事件很难运用成熟的数学方法去处理,即使以数量方式刻画的随机事件由于缺乏规范性和统一性在进行数学处理时通常也会存在一些问题。为此,人们提出了一种与事件的原始描述形态相对应、易于数学处理、比较规范、并有许多共性的数学描述方法,这就是所谓的随机事件的随机变量表示。借助于随机变量对 Ω 上的事件进行数学化刻画以后,我们既可以利用概率测度 P 评价 $\mathcal{F}$ 中的事件,又可以广泛借助于数学方法对 $\mathcal{F}$ 中的事件进行更全面、更深入的认识。

当然,随机变量的定义也必须遵循一定的规则。对于概率空间 $(\Omega, \mathcal{F}, P)$,尽管 Ω 的所有随机事件皆可以用随机变量来描述,但我们只对评测 $\mathcal{F}$ 中的事件感兴趣,而且也只有 $\mathcal{F}$ 中的随机事件才是可测的,或者说只有对 $\mathcal{F}$ 中事件才能进行概率测度。为解决上述问题,我们按照以下方法来定义随机变量。

定义 1.3 称映射 $\xi: \Omega \to R^1$ 是随机变量或者 $\mathcal{F}$-可测的:若 $\forall A \in \mathcal{B}(R^1)$, $\xi^{-1}(A) = \{w \mid \xi(w) \in A\} \in \mathcal{F}$,即 $\xi^{-1}(A)$ 是 $\mathcal{F}$ 中的事件。也可以等价地定义为:若对 $\forall x \in R^1$, $\{\xi < x\} = \{w \in \Omega \mid \xi(w) < x\} \in \mathcal{F}$。

显然,$\mathcal{G} = \{\xi^{-1}(A) \mid A \in \mathcal{B}(R^1)\}$ 是 $\mathcal{F}$ 中的集合簇。把由 $\mathcal{G}$ 生成的 σ-代数 $\sigma(\mathcal{G})$ 称为由随机变量 ξ 生成的 σ-代数,记作 $\sigma(\xi)$,$\sigma(\xi)$ 是使 ξ 可测的最小 σ-代数。

事实上,随机变量是一类特殊的可测函数。更一般的可测函数的定义为

定义 1.4 设 $(\Omega, \mathcal{F})$ 与 $(\Omega', \mathcal{F}')$ 为两个可测空间,称映射 $f: \Omega \to \Omega'$ 为 $\mathcal{F}$ 可测,若对 $\forall A \in \mathcal{F}'$,$f^{-1}(A) = \{w \mid f(w) \in A\} \in \mathcal{F}$,即 $\mathcal{F}'$ 中任何事件关于映射 f 的原像是 $\mathcal{F}$-可测的。

也就是说,一个映射 f 的可测性是指像空间 Ω' 中每个可测度的事件,总可以在原像空间 Ω 中找到某个可测度的事件与之对应。特别地,当像空间 Ω' 为实数集 R^1 时,若取 $\mathcal{F}' = \mathcal{B}(R^1)$,即 $\mathcal{F}'$ 为 Borel 集,此时可测函数 f 就是一个随机变量,从而随机变量本质上就是一个可测的实函数。

设 $(\Omega, \mathcal{F}, P)$ 为概率空间,$\xi: \Omega \to R^1$ 为一个随机变量,对 $\forall A \in \mathcal{B}(R^1)$,定义 ξ 的分布律 P_ξ 为

$$P_\xi(A) = P(\xi^{-1}(A)) = P(\{w(\Omega \mid \xi(w) \in A\}).$$

上式表明,ξ 的分布律 P_ξ 实质上是借助于 $\mathcal{F}$ 上的概率测度 P 对 Borel 集 $\mathcal{B}(R^1)$ 赋予了一个概率测度。由于对 $\forall x \in R^1$, $(-\infty, x] \in \mathcal{B}(R^1)$,借助于 ξ 的分布律 P_ξ 可定义 ξ 的分布函数,即

$$F(x) = P_\xi((-\infty, x]) = P(\{w \in \Omega \mid \xi(w) \in (-\infty, x]\}) = P(\{w \in \Omega \mid \xi(w) \leqslant x\})$$

显然,$F(x)$ 是定义在 R^1 上单调不减的右连续函数,且 $\lim_{x \to -\infty} F(x) = 0$, $\lim_{x \to +\infty} F(x) = 1$。

设 $(\Omega, \mathcal{F}, P)$ 为概率空间,称 $\xi = (\xi_1(w), \xi_2(w), \cdots, \xi_n(w)): \Omega \to R^n$ 是多维随机变量,当且仅当 ξ 的每个分量都 $\mathcal{F}$-可测。同样,可以定义多维随机变量 $\xi: \Omega \to R^n$ 的分布函数:对 $\forall x = (x_1, \cdots, x_n) \in R^n$,定义

$$F(x) = F(x_1, x_2, \cdots, x_n) = P(\{w \mid \xi_1(w) \leqslant x_1, \xi_2(w) \leqslant x_2, \cdots, \xi_n(w) \leqslant x_n\}),$$

则称 F 为 ξ 的 n 维联合分布函数。对 $m < n$,在联合分布函数中将其中 $n-m$ 个变量用 $+\infty$ 来代替,就可得到对应于 ξ 的 m 个分量的边际分布函数。例如

$$F(x_1, +\infty, \cdots, +\infty) = P(\{w \mid \xi_1(w) \leqslant x_1, \xi_2(w) \leqslant +\infty, \cdots, \xi_n(w) \leqslant +\infty\})$$

是一维边际分布函数,实质上也是分量 ξ_1 的分布函数。若存在一个非负实函数 $f: R^n \to R^1$,使得对 $\forall A \in \mathcal{B}(R^n)$,满足

$$P_\xi(A) = P(\{w \in \Omega \mid \xi(w) \in A\}) = \iint \cdots \int_{x \in A} f(x) \mathrm{d}x$$

则称 f 为 n 维随机变量 ξ 的密度函数，此时 n 维随机变量的联合分布函数可表示为

$$F(x) = F(x_1, x_2, \cdots, x_n) = \int_{-\infty}^{x_1} ds_1 \int_{-\infty}^{x_2} ds_2 \cdots \int_{-\infty}^{x_n} f(s_1, s_2, \cdots, s_n) ds_n$$

我们经常使用的概率分布有二项分布、Poisson 分布、正态分布、对数正态分布、高斯分布、χ^2-分布、t-分布、F 分布等，由于这些分布是大家所熟知的，而且在一般的概率论书籍中都可以查阅到，故此处略去，详细内容可参见劳斯（1997）。

（三）随机变量的独立性

定义 1.5 设 $\xi_1, \xi_2, \cdots, \xi_n$ 为定义在 $(\Omega, \mathcal{F}, P)$ 上的随机变量，若对 $\forall A_i \in \mathcal{B}(R^1)$, $i = 1, 2, \cdots, n$，有

$$P(\{w \mid \xi_1(w) \in A_1, \xi_2(w) \in A_2, \cdots, \xi_n(w) \in A_n\}) = \prod_{i=1}^{n} P(\{w \mid \xi_i(w) \in A_i\}), \tag{1.1}$$

则称 $\xi_1, \xi_2, \cdots, \xi_n$ 相互独立。

另外，还有等价定义为：称 $\xi_1, \xi_2, \cdots, \xi_n$ 相互独立，若对任意实数 $x_1, x_2, \cdots, x_n$，有

$$P(\xi_1 \leqslant x_1, \xi_2 \leqslant x_2, \cdots, \xi_n \leqslant x_n) = P(\xi_1 \leqslant x_1) P(\xi_2 \leqslant x_2) \cdots P(\xi_n \leqslant x_n) \tag{1.2}$$

上式等价于

$$F(x_1, x_2, \cdots, x_n) = F_1(x_1) F_2(x_2) \cdots F_n(x_n) \tag{1.3}$$

其中：F 是随机向量 $(\xi_1, \xi_2, \cdots, \xi_n)$ 的联合分布函数；$F_1, F_2, \cdots, F_n$ 分别为随机变量 $\xi_1, \xi_2, \cdots, \xi_n$ 的一维边际分布函数。

同理，上述定义可以推广到多维随机变量的情形，只要将 ξ_i 视为 k_i 维随机向量、并取 $A_i \in \mathcal{B}(R^{k_i})$ 即可。

（四）随机变量的积分

设 ξ 为概率空间 $(\Omega, \mathcal{F}, P)$ 上的一维非负随机变量，对于 Ω 的任意有限分割集合 $\{A_i\}_{i=1}^{n}$，即 $A_i \in \mathcal{F}$，当 $i \neq j$ 时，$A_i \cap A_j = \varphi$，$i = 1, 2, \cdots, n$，且 $\bigcup_{i=1}^{n} A_i = \Omega$，则将随机变量 ξ 在 Ω 上对概率测度 P 的积分定义为

$$\int_{\Omega} \xi dP = \sup_{\{A_i\}_{i=1}^{n} \in \Delta} \sum_{i=1}^{n} \left[\inf_{w \in A_i} \xi(w) \right] P(A_i)$$

其中：Δ 表示定义在 $\mathcal{F}$ 上 Ω 的所有有限分割组成的集合；$\{A_i\}_{i=1}^{n}$ 属于 Δ 中的任意有限分割。对于任意随机变量，都有 $\xi = \xi^+ - \xi^-$，其中 ξ^+ 表示 ξ 的正部，ξ^- 表示 ξ 的负部。显然，ξ^+ 和 ξ^- 都非负可测。于是，可将任意随机变量 ξ 的积分定义为

$$\int_{\Omega} \xi dP = \int_{\Omega} \xi^+ dP - \int_{\Omega} \xi^- dP \tag{1.4}$$

若 (1.4) 式右端任意一项都有限，则称 ξ 在 Ω 上可积。显然，$|\xi| = \xi^+ + \xi^-$，所以 ξ 可积的充要条件是 $\int_{\Omega} |\xi| dP < +\infty$。

当随机变量可积时，随机变量的积分一般也具有与实数域上的 Riemann 积分相类似的性质。

（五）随机变量的矩与相关系数

定义 1.6 设 ξ 为概率空间 $(\Omega, \mathcal{F}, P)$ 上的随机变量，若积分 $\int_{\Omega} |\xi|^k dP < +\infty$，则称 $\int_{\Omega} \xi^k dP$ 为 ξ 的 k 阶矩，记作 $E\xi^k$；同理，可定义 k 阶中心矩 $E((\xi - E\xi)^k)$；称一阶矩 $E\xi$ 为 ξ 的数学期望，记为 $E\xi$；称二阶中心矩 $E((\xi - E\xi)^2)$ 为 ξ 的方差，记作 σ^2 或 $V\xi$；称 σ 为 ξ 的标准差。

设 ξ 为 $(\Omega, \mathcal{F}, P)$ 上的随机变量，$g: R^1 \to R^1$ 为一可测函数，则 $g(\xi)$ 也是一随机变量。于是，$g(\xi)$ 的数学期望也可以进行定义，即有 $Eg(\xi) = \int_{\Omega} g(\xi) dP$。特别地，若 $F(x)$ 为 ξ 的分布函数，则上式可以变成通常的 Riemann 积分，即 $Eg(\xi) = \int_{-\infty}^{+\infty} g(x) dF(x)$。

多维随机变量的数学期望和方差可类似定义。对 n 维随机向量 $(\xi_1, \xi_2, \cdots, \xi_n)$，若每个随机变量 $\xi_i (i=1, 2, \cdots, n)$ 都存在有限数学期望，则称

$$\mathrm{Cov}(\xi_i, \xi_j) = E[(\xi_i - E\xi_i)(\xi_j - E\xi_j)] = E\xi_i\xi_j - E\xi_i E\xi_j, \quad i \neq j \tag{1.5}$$

为随机变量 ξ_i 与 ξ_j 的协方差，或称为二阶混合中心矩；若 ξ_i、ξ_j 的方差 $V\xi_i$ 和 $V\xi_j$ 非零有限，则定义 ξ_i 与 ξ_j 的相关系数为

$$\rho(\xi_i, \xi_j) = \frac{\mathrm{Cov}(\xi_i, \xi_j)}{(V\xi_i \cdot V\xi_j)^{\frac{1}{2}}} \tag{1.6}$$

容易推理得 $0 \leqslant |\rho(\xi_i, \xi_j)| \leqslant 1$。称 n 阶方阵

$$\begin{pmatrix} V\xi_1 & \mathrm{Cov}(\xi_1, \xi_2) & \cdots & \mathrm{Cov}(\xi_1, \xi_n) \\ \mathrm{Cov}(\xi_2, \xi_1) & V\xi_2 & \cdots & \mathrm{Cov}(\xi_2, \xi_n) \\ \cdots & \cdots & \cdots & \cdots \\ \mathrm{Cov}(\xi_n, \xi_2) & \mathrm{Cov}(\xi_n, \xi_2) & \cdots & V\xi_n \end{pmatrix}$$

为 n 维随机向量 $(\xi_1, \xi_2, \cdots, \xi_n)$ 的协方差矩阵，记为 Σ。显然，协方差矩阵 Σ 为非负定的对称矩阵。同理也可以得到由 $\rho(\xi_i, \xi_j)$ 组成的相关系数矩阵。

数学期望和方差有一条重要性质：若 $\xi_1, \xi_2, \cdots, \xi_n$ 相互独立，则

$$E(\xi_1, \xi_2, \cdots, \xi_n) = E\xi_1 \cdot E\xi_2 \cdots E\xi_n, \tag{1.7}$$

$$V\left(\sum_{i=1}^{n} c_i \xi_i\right) = \sum_{i=1}^{n} c_i^2 V\xi_i \tag{1.8}$$

通过(1.5)式至(1.7)式可以知道，当两个随机变量 ξ 与 η 相互独立时，$\rho(\xi, \eta) = 0$，即两随机变量不相关。但是，此结论的逆不一定成立。

（六）随机变量分布的峰度和偏度

在金融研究中，人们会经常用峰度和偏度来分别刻画某随机变量分布曲线的陡缓程度和偏斜程度，并与正态分布进行比较。

设 ξ 为定义在概率空间 $(\Omega, \mathcal{F}, P)$ 上的某随机变量，则用 ξ 的标准化的三阶中心矩来定义 ξ 的偏度，即

$$S(\xi) = \frac{E(\xi - E\xi)^3}{(V\xi)^{\frac{3}{2}}},$$

用 ξ 的标准化的四阶中心矩来定义 ξ 的峰度，即

$$K(\xi) = \frac{E(\xi - E\xi)^4}{(V\xi)^2}$$

所有对称分布的偏度都为 0、偏度不为 0 的分布曲线是右偏斜或左偏斜。正态分布的偏度为 0，峰度为 3，厚尾分布的峰度大于 3，甚至有无限峰度。

在实际应用中，也可以用样本数据去估计偏度和峰度，以找到样本数据的变化规律。假设有样本数据

$\{X_i\}_{i=1}^n$，则样本均值$\hat{u}$和方差$\hat{\sigma}^2$分别为

$$\hat{u} = \frac{1}{n}\sum_{i=1}^n X_i, \qquad \hat{\sigma}^2 = \frac{1}{n-1}\sum_{i=1}^n (X_i - \hat{u})^2$$

同理，可采用类似方式估计k阶矩和k阶中心矩。于是，样本的偏度$\hat{s}$和峰度$\hat{k}$可分别用下面公式估计

$$\hat{s} = \frac{1}{(n-1)\hat{\sigma}^3}\sum_{i=1}^n (X_i - \hat{u})^3, \qquad \hat{k} = \frac{1}{(n-1)\hat{\sigma}^4}\sum_{i=1}^n (X_i - \hat{u})^4$$

另外，人们还经常用上面两个公式检验数据的正态性。

（七）随机变量的特征函数和母函数

从前面的分布中可以看出，我们可以用随机变量分布函数、数学期望、方差等数字特征来了解随机变量某些特征和统计规律。数字特征是由随机变量的各阶矩决定的。随着矩阶数的提高，例如偏度和峰度，矩的直接计算越来越复杂，非常需要一个简便有效的计算工具，于是特征函数和母函数就应运而生了。特征函数是将数学中著名的Fourier变换应用到分布函数或密度函数而产生的。由于特征函数比分布函数具有更好的性质，例如连续性、可导性等，所以凭借这些良好特性和反演公式，我们既可以很方便用以求分布函数、各阶矩，也可以用来研究随机变量其他方面更多的规律。当处理离散型随机变量时，用母函数更为方便，因为此时可以充分利用幂级数的性质而避免再引进更复杂的复函数积分。具体内容可参见Robert和Catherine(1999)。

（八）大数定律和中心极限定理

通过概率理论得到的基本认识为：大量个体的随机现象的共同运动产生了确定性的规律，其中最主要的规律就是大数定律和中心极限定理。大数定律的基本含义是随着独立同分布的随机现象的大幅度增加，事件发生的频率将呈现出稳定性的规律。中心极限定理处理的是下述一类现象，即由彼此不相干的随机因素叠加而成，而每一因素作用不大，但由项数越来越多、值越来越小的随机变量的和组成的序列呈现出正态性的规律。大数定律和中心极限定理是自然科学、工程技术、经济金融，甚至日常生活中经常见到的随机规律。由于一般的教科书中都可以见到，经管类学生在初等概率里也普遍学过，故在这里略去。具体内容请参见Robert和Catherine(1999)。

二、条件概率和条件期望

（一）条件概率

在实际工作中，我们会经常考察有条件的随机事件，即在一些信息已知情况下某一随机现象的变化，例如，央行加息后股票价格或债券价格的涨跌情况、国家的税收政策发生变化后投资回报将如何变动等等，都是典型的条件随机现象，这也就是所谓的条件事件和条件概率问题。在后面有关鞅的定义和讨论中，人们会发现条件概率和条件期望将有更多的作用。

我们曾在初等概率论中学过，当事件B发生时事件A的概率为

$$P(A/B) = P(A \cdot B) / P(B), \qquad P(B) > 0, \qquad (2.1)$$

其中A/B表示条件事件。然而，上述公式并不全面，因为当事件B已知后，B的逆$\bar{B}$也成为已知信息，人们自然也会关心在$\bar{B}$已知情况下事件A的概率，即$P(A/\bar{B})$。即使求出$P(A/\bar{B})$，也仍存在美中不足的地方，因为信息的最完备形式是σ-代数，所以只有在考察了由B与$\bar{B}$生成的σ-代数$\sigma(B \cup \bar{B})$下事件A的概率后，才可能对事件B发生以后事件A发生的可能性有更深刻、更全面的认识和了解。为此，我们需要进一步定义和计算$P(A/\sigma(B \cup \bar{B}))$。

由于条件概率和条件期望在经济金融中非常重要，而且又是比较难以理解的概念，故这里将给予较为详细介绍。另外，在稍后的学习中可以发现，条件概率是条件期望的特殊形式，所以下文把主要精力放在考察条件

期望上。

(二) 条件期望

设 $(\Omega, \mathcal{F}, P)$ 为概率空间，$A \in \mathcal{F}, B \in \mathcal{F}$，且 $P(B) > 0$。利用公式(2.1)，可知 $P_B = P(\cdot/B)$ 是由事件 B 和概率测度 P 诱导出来，定义在可测空间 $(\Omega, \mathcal{F})$ 上的概率测度，于是得到一个新的概率空间 $(\Omega, \mathcal{F}, P_B)$。对 $(\Omega, \mathcal{F}, P_B)$ 上的随机变量 ξ 关于概率测度 P_B 求积分。若该积分存在，则称此积分为已知事件 B 发生条件下 ξ 的条件期望，记为 $E(\xi/B)$，即

$$E(\xi/B) = \int_\Omega \xi(w) \mathrm{d}P_B = \int_\Omega \xi P(\mathrm{d}w/B) \tag{2.2}$$

由于对任意 $A \in \mathcal{F}$，事件 $A\bar{B}$ 关于概率测度 P_B 的值为 0，即 $P_B(A\bar{B}) = P(A\bar{B}/B) = 0$，则利用(2.1)式得

$$E(\xi/B) = \int_\Omega \xi(w) P(\mathrm{d}w/B) = \frac{1}{P(B)} \int_B \xi(w) P(\mathrm{d}w) = \frac{1}{P(B)} E(\xi I_B) \tag{2.3}$$

其中：I_B 为 B 上的示性函数，即 $w \in B$ 时，$I_B(w) = 1$；$w \bar{\in} B$ 时，$I_B(w) = 0$。特别取 $\xi(w) = I_A(w)$，由(2.1)式和(2.3)式知

$$E(I_A/B) = P(A \cdot B) / P(B) = P(A/B) \tag{2.4}$$

(2.4)式证实了条件概率是条件期望的特殊情况。

与前文对条件概率的认识一样，我们需要更进一步给出条件期望的完备定义，即给出 $E(\xi/\sigma(B \cup \bar{B}))$ 的定义如下

$$E(\xi/\sigma(B \cup \bar{B})) = \begin{cases} E(\xi/B), & w \in B \\ E(\xi/\bar{B}), & w \bar{\in} B \end{cases}$$

在 $E(\xi/\sigma(B \cup \bar{B}))$ 的定义下，可将条件 B 发生时 ξ 的条件期望理解为 $E(\xi/\sigma(B \cup \bar{B}))$ 的一个可能值。更一般的，假定 $B_k(k = 1, 2, \cdots)$ 是 Ω 的一个可数分割，即 $k \neq j$ 时，$B_k \cap B_j = \phi$，且 $\bigcup_{k=1}^\infty B_k = \Omega$，令 $\mathcal{G}$ 为由 $\{B_k\}$ 生成的最小子 σ-代数，即 $\mathcal{G} = \sigma(B_k, k = 1, 2, \cdots)$，设 $(\Omega, \mathcal{F}, P)$ 上随机变量 ξ 的数学期望 $E\xi$ 存在，且 $P(B_k) > 0$，$\forall k = 1, 2, \cdots$ 再注意到(2.2)式，在子 σ-代数 $\mathcal{G}$ 下定义 ξ 的条件期望为

$$E(\xi/\mathcal{G}) = \sum_{k=1}^\infty \left[\frac{1}{P(B_k)} \int_{B_k} \xi(w) P(\mathrm{d}w) \right] = \sum_{k=1}^\infty E(\xi/B_k) \tag{2.5}$$

于是，对任意 $\mathcal{G}$ 可测的事件 B，利用(2.5)式可得到条件期望 $E(\xi/B)$，对 $B \in \mathcal{G}$，B 必然是 $B_k(k = 1, 2, \cdots)$ 中某些不交集合的并。设这些集合的下标集合为 Γ，则 $B = \bigcup_{i \in \Gamma} B_i$，于是由(2.2)式、(2.3)式得

$$E(\xi/B) = \frac{1}{P(B)} \int_B \xi \mathrm{d}P = \frac{1}{P(B)} \sum_{i \in \Gamma} \int_{B_i} \xi \mathrm{d}P$$

$$= \frac{1}{P(B)} \sum_{i \in \Gamma} P(B_i) \cdot E(\xi/B_i) = \frac{1}{P(B)} \int_B E(\xi/\mathcal{G}) \mathrm{d}P \tag{2.6}$$

(2.6)式表明，我们可以利用 $E(\xi/\mathcal{G})$ 求出 $E(\xi/B)$。同时，受(2.6)式启发，可以对 $\mathcal{F}$ 的任何子 σ-代数 $\mathcal{G}$ 给出条件期望 $E(\xi/\mathcal{G})$ 的一般定义，即

定义 2.1 设 ξ 为概率空间 $(\Omega, \mathcal{F}, P)$ 上的随机变量且积分存在，$\mathcal{G}$ 为 $\mathcal{F}$ 的一个子 σ-代数，则 ξ 在 $\mathcal{G}$ 下的条件数学期望，记为 $E(\xi/\mathcal{G})$，是指在 $(\Omega, \mathcal{F}, P)$ 上满足公式

$$\int_B \xi \mathrm{d}P = \int_B E(\xi/\mathcal{G}) \mathrm{d}P \qquad \forall B \in \mathcal{G} \tag{2.7}$$

按"等价意义"①理解的一个 $\mathcal{G}$-可测函数。特别地取 $A \in \mathcal{F}$，令 $\xi = I_A(w)$，则(2.7)式变为

$$P(A \cap B) = \int_B I_A \mathrm{d}P = \int_B E(I_A/\mathcal{G}) \mathrm{d}P, \quad \forall B \in \mathcal{G} \tag{2.8}$$

称 $E(I_A/\mathcal{G})$ 为在子 σ-代数 $\mathcal{G}$ 下 A 的条件概率，记作 $P(A/\mathcal{G})$，即

$$E(I_A/\mathcal{G}) = P(A/\mathcal{G})$$

定义 2.1 似乎很完美，但明显存在一个问题，即上述有关条件概率和条件期望的定义是否合理。判断是否合理的本质在于：对于一般的子 σ-代数 $\mathcal{G}$ 是否存在一个满足(2.7)式按"等价意义"理解的可测函数 $E(\xi/\mathcal{G})$。这个问题由 Radon-Nikodym 定理作出了回答。

Radon-Nikodym 定理 设 V, P 为可测空间 $(\Omega, \mathcal{F})$ 上两个 σ-有限测度②，且 V 由 P 控制，即对 $\forall A \in \mathcal{F}$，$P(A) = 0$，必有 $V(A) = 0$，则存在一个按"等价意义"理解的唯一非负可测函数 η，使

$$V(A) = \int_A \eta(w) \mathrm{d}P, \quad \forall A \in \mathcal{F}$$

可测函数 η 称为 V 关于测度 P 的 Radon-Nikodym 导数，记为 $\eta = \dfrac{\mathrm{d}V}{\mathrm{d}P}$。对 $(\Omega, \mathcal{F}, P)$ 上任一非负随机变量 ξ，令 $\varphi(B) = \int_B \xi \mathrm{d}P$，$\forall B \in \mathcal{G}$。可以证明，$\varphi$ 是受测度 P 控制的一个测度，则由 Radon-Nikodym 定理，存在一个按"等价意义"理解的唯一函数 η，亦即为满足(2.7)式的 Radon-Nikodym 导数 $\eta = \dfrac{\mathrm{d}\varphi}{\mathrm{d}P}$，于是有 $\int_B \xi \mathrm{d}P = \int_B \eta \mathrm{d}P = \int_B \dfrac{\mathrm{d}\varphi}{\mathrm{d}P} \mathrm{d}P$。显然，$\eta$ 即为前述定义的条件数学期望，即 $E(\xi/\mathcal{G}) = \eta = \dfrac{\mathrm{d}\varphi}{\mathrm{d}P}$。

当 ξ 为一般随机变量时，可利用 $\xi = \xi^+ - \xi^-$ 得到 $E(\xi/\mathcal{G}) = E(\xi^+/\mathcal{G}) - E(\xi^-/\mathcal{G})$。于是就证明了上述关于条件期望从而条件概率 $P(A/\mathcal{G})$ 的一般定义的合理性。

为便于读者理解，我们将条件概率和条件期望的定义过程用图示方式表示出来，图 2 的 $(\Omega, \mathcal{F}, P)$ 为概率空间，$P(B) > 0$，则有

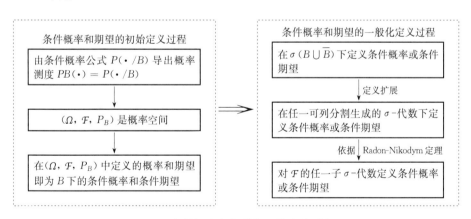

图 2 条件概率和条件期望的定义过程

---

① 这里的"等价意义"是指可以在 $\mathcal{G}$ 的零概率集合上不计。
② 所谓 P 为 σ-有限测度，是指样本空间 Ω 可由 $\mathcal{F}$ 中至多可数多个集合的并组成，每个集合关于概率测度 P 都有限。

(三) 条件数学期望的性质

由条件数学期望里的定义容易得到:

(1) $E(E(\xi/\mathcal{G})) = E\xi$。

(2) 若 ξ 为 $\mathcal{G}$-可测,则 $E(\xi/\mathcal{G}) = \xi$。

(3) 对常数 c, $E(c/\mathcal{G}) = c$。

(4) 对 $\xi \leqslant \eta$, $E(\xi/\mathcal{G}) \leqslant E(\eta/\mathcal{G})$。

(5) 对常数 a 与 b, $E[(a\xi \pm b\eta)/\mathcal{G}] = aE(\xi/\mathcal{G}) \pm b E(\eta/\mathcal{G})$。

(6) 若 f 是一凸函数,则 $f(E(\xi/\mathcal{G})) \leqslant E(f(\xi/\mathcal{G}))$。

(7) $E(\xi/\mathcal{G}) \leqslant E(|\xi|/\mathcal{G})$。

(8) 若 $\mathcal{G}_1 \subset \mathcal{G}_2 \subset \mathcal{F}$,则 $E[E(\xi/\mathcal{G}_2)/\mathcal{G}_1] = E(\xi/\mathcal{G}_1)$。

(9) 若 ξ 为 $\mathcal{G}$-可测,则 $E(\xi \cdot \eta/\mathcal{G}) = \xi E(\eta/\mathcal{G})$。

另外,也可以利用条件概率判断事件的独立性。若 $A, B \in \mathcal{F}, P(B) > 0$,则 A 与 B 独立的充要条件 $P(A/B) = P(A)$。对于随机变量 ξ,若 ξ 独立于 $\mathcal{G}$,则 $E(\xi/\mathcal{G}) = E\xi$。

三、随机过程与鞅

(一) 随机过程

金融问题中一些主要价格指标,例如股票价格、利率、汇率等,既随着时间变化又在任一时点上表现出相应的不确定性,这就是我们要讨论的随机过程。

简单一点来定义,可以把带 σ-代数流的概率空间 $(\Omega, \mathcal{F}, \{\mathcal{F}_t\}_{t \in \Gamma}, P)$ 上一簇在 R^n 中取值的随机变量 $\{\xi_t, t \in \Gamma\}$ 称为随机过程,其中 $\xi_t: \Gamma \times \Omega \rightarrow R^n$,$t$ 通常理解为时间,Γ 为 $[0, +\infty)$ 或其中的子集,$\mathcal{F}_t$ 为 $\mathcal{F}$ 上的子 σ-代数,且当 $t \leqslant s$ 时,$\mathcal{F}_t \subset \mathcal{F}_s$,于是称 $\{\mathcal{F}_t\}_{t \in \Gamma}$ 为 $\mathcal{F}$ 中的 σ-代数流,$(\Omega, \mathcal{F}, \{\mathcal{F}_t\}_{t \in \Gamma}, P)$ 也常被称为是带 σ-代数流的概率空间。若 Γ 为 $[0, +\infty)$ 中的连续区间,即时间参数属于 $[0, +\infty)$ 中的连续区间,则称 $\{\xi_t, t \in \Gamma\}$ 是连续时间的随机过程;若 $t = 0, 1, 2, \cdots$,则称为离散时间的随机过程。随机过程 ξ_t 实质是一个"二元函数" $\xi(t, w)$,通常将 w 略去。当 w 给定 t 为变量时,$\xi(\cdot, w)$ 是关于时间的函数,称为样本路径;当 t 固定 w 变化时,$\xi(t, \cdot)$ 就是一个普通的随机变量,当 w, t 同时变化时,$\xi(t, w)$ 就是在 R^n 中取值的一个随机过程。

显然,随机过程的随机性既与时间有关,又与由 Ω 决定的不确定性有关。另外,我们会经常用到由随机过程 $\{\xi_t\}$ 产生的 σ-代数流 $\{\sigma_t^\xi, t \in \Gamma\}$,其中 $\sigma_t^\xi = \sigma(\xi_s, s \leqslant t)$,即由 t 时刻以前的 ξ_t 产生的 σ-代数,也是使得 ξ_t 可测的最小 σ-代数。

设 $\mathcal{B}(R^+)$ 为实数集 $R^+ = [0, +\infty)$ 的 Borel 集,$\mathcal{B}(R^+) \times \mathcal{F}$ 为 $R^+ \times \Omega$ 上的乘积 σ-代数,若随机过程 $\{\xi_t, t \in \Gamma\}$ 满足:对每个 $t \in \Gamma$, ξ_t 是 $\mathcal{F}_t$-可测的,则称 ξ_t 是 $\{\mathcal{F}_t\}$-适应的;若 $\xi_t: R^+ \times \Omega \rightarrow R^n$ 为 $\mathcal{B}(R^+) \times \mathcal{F}$-可测的,则称 ξ_t 是 $\mathcal{B}(R^+) \times \mathcal{F}$-可测过程;若 σ-代数流 $\{\mathcal{F}_t\}_{t \in \Gamma}$ 连续,则 $\{\mathcal{F}_t\}$-适应过程也称为 $\{\mathcal{F}_t\}$-可料过程。

(二) 随机过程分类

1. 按统计特性是否变化分为平稳随机过程和非平稳随机过程

统计特性不随时间变化而变化的随机过程,称为平稳过程,否则,统计特性随时间变化而变化的随机过程,称为非平稳过程。平稳过程的严格定义为:对于时间 t 的 n 个任意的时刻 $t_1, t_2, \cdots, t_n$ 和任意实数 C,若随机过程 $\{\xi_t\}_{t \geqslant 0}$ 的分布函数满足

$$F_n(x_1, x_2, \cdots, x_n; t_1, t_2, \cdots, t_n) = F_n(x_1, x_2, \cdots, x_n; t_1+C, t_2+C, \cdots, t_n+C)$$

则称为平稳过程。

由于平稳随机过程在实际应用中有诸多不便,于是人们又提出了宽平稳随机过程:若随机过程$\{\xi_t\}_{t\geqslant 0}$的均值和协方差存在,且对任意$t\geqslant 0,s\geqslant 0$,都有$E\xi_t=a$,$\text{Cov}(\xi_t,\xi_{t+s})=R(s)$①,则称为宽平稳过程或二阶平稳过程。宽平稳的不变性表现在统计平均的一、二阶矩上,而平稳过程的不变性表现在统计平均的概率分布上,所以两者不同,并且不能由平稳随机过程得到宽平稳随机过程。二阶矩存在的平稳随机过程一定是宽平稳随机过程。另外,正态分布的平稳随机过程与宽平稳随机过程相同。

2. 按照是否具有记忆性分为纯粹随机过程、Markov 过程、独立增量过程

纯粹随机过程是指对过去没有任何记忆力的一类随机过程,即在各个时刻的变化都相互独立,用分布函数描述为

$$F_n(x_1,x_2,\cdots,x_n;t_1,t_2,\cdots,t_n)=F_1(x_1,t_1)F_2(x_2,t_2)\cdots F_n(x_n,t_n)$$

Markov 过程是指对每个 n 和任意 $0\leqslant t_1<t_2<\cdots<t_n$,随机过程$\{\xi_t\}_{t\geqslant 0}$的条件分布函数满足

$$F_n(x_{n+1},t_{n+1}/x_1,t_1,x_2,t_2,\ldots,x_n,t_n)=F_n(x_{n+1},t_{n+1}/x_n,t_n)$$

Markov 过程的记忆性比纯粹随机过程要好点,但变量未来的变化也只与当前时刻有关,与该变量的历史及其到现在以前的演变形式无关,这种性质称为马氏性。

独立增量过程是指对任意 n 和任意 $0\leqslant t_1<t_2<\cdots<t_n$,随机过程$\{\xi_t\}_{t\geqslant 0}$的增量 $\Delta_1\xi(t),\Delta_2\xi(t),\cdots,\Delta_n\xi(t)$ 相互独立,其中 $\Delta_n\xi(t)=\xi(t_n)-\xi(t_{n-1})$。独立增量过程是指随机过程的变化量独立,也属于 Markov 过程的一种类型。

3. 按照一阶变差是否有限分类

若随机过程$\{\xi_t\}_{t\geqslant 0}$的一阶变差有限,称为有界变差过程。

4. 按照二阶矩是否有限分类

若随机过程的均值和方差都有限,称为二阶矩过程,例如前面提到的宽平稳过程。

5. 按照概率的分布特征分类

如 Weiner 过程、Poisson 过程等。

(三) 最常见的随机过程或随机模型

1. Brown 运动或 Wiener 过程

Brown 运动是 1827 年由英国生物学家 Brown 在研究花粉运动时发现的。1918 年,Wiener 对 Brown 运动给出了严格的数学描述,所以 Brown 运动也被称为 Wiener 过程。目前,在经济金融研究中,Brown 运动被广泛用于描述股票价格的变化过程。Brown 运动的严格数学描述为

定义 3.1 在带 σ-代数流的概率空间$(\Omega,\mathcal{F},\{\mathcal{F}_t\}_{t\geqslant 0},P)$上$\{\mathcal{F}_t\}_{t\geqslant 0}$-适应的随机过程$\{w_t\}_{t\geqslant 0}$(在$R^1$中取值)称为标准 Brown 运动:若 $w(0)=0$,对任何的 $0\leqslant s<t$,随机变量 w_t-w_s 与 $\mathcal{F}_s$ 独立(或者说不同时间间隔的 w_t-w_s 相互独立),且服从均值为 0、方差为 $t-s$ 的正态分布。

考察 Brown 运动$\{w_t\}$在一个很短的时间间隔 Δt 之间的变化 $\Delta w=w_{t+\Delta t}-w_t$。显然,$\Delta w$ 服从均值为 0、方差为 Δt 的正态分布,即 $\Delta w\sim N(0,\Delta t)$,也可以写作 $\Delta w=\varepsilon\sqrt{\Delta t}$,$\varepsilon\sim N(0,1)$。当 $\Delta t\to 0$ 时,就得到极限形式 $\mathrm{d}w=\varepsilon\sqrt{\mathrm{d}t}$。

若随机过程$\{S_t\}_{t\geqslant 0}$遵循

$$\mathrm{d}S=a(S,t)\mathrm{d}t+b(S,t)\mathrm{d}w \tag{3.1}$$

---

① $\text{Cov}(\xi_t,\xi_{t+s})=R(s)$ 表示协方差只与时间间隔 s 有关,而与 t 无关。

称为一般 Itô 过程,其中设 $a(S,t)$、$b(S,t)$ 是变量 S,t 的函数,$\{w_t\}_t \geqslant 0$ 为标准 Brown 运动。(3.1)式右边有两项组成:第一项 $a(S,t)\mathrm{d}t$ 称为漂移项,$a(S,t)$ 称为漂移率;第二项 $b(S,t)\mathrm{d}w$ 称为扩散项,$b(S,t)$ 称为扩散率或波动率,所以 Itô 过程也称为扩散过程。当用 Itô 过程描述股票价格的变化时,第一项 $a(S,t)\mathrm{d}t$ 表示股票价格瞬时变化的期望值;$b(S,t)\mathrm{d}w$ 表示股票价格的瞬时波动值,反映股票价格变化中由不确定性造成的随机冲击,随机冲击将通过波动率的放大或缩小传导给股票价格。

特别地,当 $a(S,t) = S\mu$,$b(S,t) = S\sigma$ 时,(3.1)式变为

$$\frac{\mathrm{d}S}{S} = \mu \mathrm{d}t + \sigma \mathrm{d}w, \tag{3.2}$$

其中,μ 与 σ 为常数,此时的随机过程称为几何 Brown 运动,经常用以描述股票收益率的变化情况。

2. 二项过程

1979年 Cox,Ross,Rubinstein 利用二项过程提出了二叉树期权定价模型,用以构造股票价格运动过程,进行股票期权定价分析。目前,二叉树模型已被广泛应用于金融资产定价领域,并为直观理解金融资产价格的复杂随机行为提供了最佳认识工具,为金融计算提供了可行的数值方法。

二项分布是指随机变量 ξ 满足概率分布 $P(\xi = k) = c_n^k p^k (1-q)^{n-k}$, $k = 1, 2, \cdots, p < 1, q = p - 1$。二项过程实质上是将二项分布作为一个过程来描述金融资产价格变化的。假设股票价格在 t 时刻为 $S(t)$,当时间变化到 $t + \Delta t$ 时,价格要么以概率 p 从 S 上涨到 $uS(u > 1)$,要么以概率 q 下降到 $dS(d < 1)$;时间为 $t + 2\Delta t$ 时有三种可能:$u^2 S$、udS、$d^2 S$,以此类推,见树型结构图3。

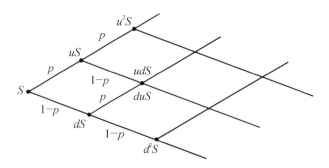

图3 股票价格的树型结构

显然,在 $t + \Delta t$ 时刻,股票的期望价格为

$$E(S_{t+\Delta t}) = puS + (1-p)dS$$

在 $t + 2\Delta t$ 时刻,股票的期望价格为

$$E(S_{t+2\Delta t}) = p^2 u^2 S + 2p(1-p)udS + (1-p)^2 d^2 S = \sum_{i=0}^{2} c_2^i p^i (1-p)^{2-i} u^i d^{2-i} S$$

在 $t + n\Delta t$ 时刻,股票的期望价格为

$$E(S_{t+n\Delta t}) = \sum_{i=0}^{n} c_n^i p^i (1-p)^{n-i} u^i d^{n-i} S$$

3. Poisson 过程

Brown 运动描述的是金融资产价格随时间连续变化的情况,但金融资产价格并不总随时间连续变化,有时还会出现跳跃的情况,Poisson 过程就是时常用以模拟跳跃的一类随机过程。

对 $t \geqslant 0$，用 ξ_t 表示 t 时刻以前某随机事件出现的次数，称 $\{\xi_t\}_{t \geqslant 0}$ 为计数过程。显然，ξ_t 取正整数值，且 $\xi_0 = 0$；对于任意时刻 $0 \leqslant s < t$，有 $\xi_s \leqslant \xi_t$，$\Delta \xi_t = \xi_t - \xi_s$ 表示从 s 到 t 时间段内出现的事件次数。于是，可定义 Poisson 过程为

定义 3.2 若计数过程 $\{\xi_t\}_{t \geqslant 0}$ 是独立增量过程，且满足：$\xi_0 = 0$，对 $0 \leqslant s < t$，增量 $\Delta \xi_t = \xi_t - \xi_s$ 服从参数为 $\lambda(t-s)$ 的 Poisson 分布，即

$$P(\xi_t - \xi_s = k) = \frac{\lambda^k (t-s)^k e^{-\lambda(t-s)}}{k!}, k = 0, 1, 2, \cdots, \lambda > 0$$

则称 $\{\xi_t\}_{t \geqslant 0}$ 为 Poisson 过程。

通过直接计算可知，$E\xi_t = V\xi_t = \lambda t$，即 $\lambda = \dfrac{E\xi_t}{t}$，所以 λ 表示单位时间内事件出现的平均次数，因而 λ 也常被称为事件发生的频率或强度。

4. 白噪声过程

随机过程 $\{a_t\}_{t \geqslant 0}$ 称为白噪声过程，若 $Ea_t = 0$，且满足

$$E(a_t \cdot a_{t-j}) = \begin{cases} \sigma^2, j = 0 \\ 0, j \neq 0 \end{cases}$$

显然，白噪声过程是一个平稳的纯粹随机过程，在金融研究中主要用于模型无法解释的随机扰动或随机冲击。

5. 自回归过程

按 $t = 1, 2, \cdots$ 的时间次序依次排列的随机过程 $\{\xi_t\}$，称为时间序列。若时间序列相互独立，则说明事件后一刻的行为与前一刻毫无关系，即系统无记忆性。若情况相反，则前后时刻事件之间就有一定的依存性。其中最简单的关系就是事件后一刻的行为只与前一刻的行为有关，而与其前一刻以前的行为无直接联系，即 ξ_t 只与 ξ_{t-1} 相关。从记忆的角度理解，是最短的记忆，称为一期记忆。描述这种关系的模型称为一阶自回归过程，记为 $AR(1)$，即

$$\xi_t = \alpha_0 + \alpha_1 \xi_{t-1} + a_t, t = 1, 2, \cdots$$

其中：α_0, α_1 皆为常数；a_t 为白噪声过程，称为扰动项；当 $|\alpha_1| < 1$ 时为平稳过程；$\alpha_1 = 1$ 时为所谓的随机游走过程；$|\alpha_1| > 1$ 时为非平稳过程。

更一般的 m 阶自回归过程 $\{\xi_t\}(t = 1, 2, \cdots)$，记为 $AR(m)$，满足

$$\xi_t = \alpha_0 + \alpha_1 \xi_{t-1} + \alpha_2 \xi_{t-2} + \cdots + \alpha_m \xi_{t-m} + a_t, t = 1, 2, \cdots$$

其中 $\alpha_0, \alpha_1, \cdots, \alpha_m$ 皆为常数，下同。m 阶自回归过程具有 m 期记忆或者说 m 阶动态性。若 $1 - \alpha_1 z - \alpha_2 z^2 - \cdots - \alpha_m z^m = 0$ 的根在单位圆之外时，为平稳过程。否则，就是非平稳的。

6. 移动平均过程

自回归过程表示在 t 时刻的事件 ξ_t 只与其以前的行为 $\xi_{t-1}, \xi_{t-2}, \cdots, \xi_{t-m}$ 有关，而与以前时刻的扰动无关。若时间序列 $\{\xi_t\}$ 与其以前的冲击或扰动 $a_{t-1}, a_{t-2}, \cdots, a_{t-n}$ 有关，而与以前时刻的行为无关，那就是 n 阶移动平均过程，记为 $MA(n)$，即

$$\xi_t = \beta_0 + a_t + \beta_1 a_{t-1} + \beta_2 a_{t-2} + \cdots + \beta_n a_{t-n}, t = 1, 2, \cdots$$

其中 $\beta_0, \beta_1, \cdots, \beta_n$ 皆为常数，下同。当 $|\beta_j| < 1$ 时，表示冲击在一段时间内会消失；$|\beta_j| = 1$ 时表示冲击永远保持下去；$|\beta_j| > 1$ 时表示冲击将放大，这里 $j = 1, 2, \cdots, n$。

7. 混合自回归—移动平均过程

若时间序列 $\{\xi_t\}$ 在 t 时刻既与其以前的自身值有关,又与以前时刻的冲击或扰动存在着一定的依存关系,则称为混合自回归—移动平均过程,记作 $ARMA(m,n)$,其一般形式为

$$\xi_t = \alpha_0 + \alpha_1 \xi_{t-1} + \alpha_2 \xi_{t-2} + \cdots + \alpha_m \xi_{t-m} + a_t + \beta_1 a_{t-1} + \beta_2 a_{t-2} + \cdots + \beta_n a_{t-n}, \ t=1,2,\cdots$$

8. 利率期限结构或均值回复模型

在金融市场中,许多情况下的金融资产价格变化,随着时间的推移常常趋于某个长期平均水平,称为均值回复现象,例如利率的变化就时常如此。最常用的利率期限结构或均值回复模型为

$$dS = \lambda(\mu - S)dt + \sigma S \varepsilon \sqrt{dt},$$

其中:$\lambda > 0$;μ 为均值;ε 服从标准正态分布。当资产价格 S 低于均值 μ 时,$\mu - S$ 取正值,即 S 具有正的漂移率,dS 将会变为正值。反之,当股票价格 S 高于均值 μ 时,$\mu - S$ 取负值,即 S 具有负的漂移率,dS 将会变为负值。尽管变化过程中价格可能会偏离均值,但长期来看 S 都会向均值靠近。变化过程中价格偏离均值的程度由参数 $\lambda > 0$ 决定,并与 λ 的大小相反。资产价格表现出来的某种长期可预测性,不符合市场有效性的假定。

9. ARCH 类模型与 GARCH 类模型

事实上,现实中的金融资产收益变化和分布一般会呈现出以下基本特征:金融资产收益变化和分布表现出明显的非线性特点;与正态分布相比,金融资产收益分布的尾部通常较厚,方差小的变量绝大多数集中在均值附近,而方差大的变量则多集中于分布的尾部;收益的波动性有时很大,有时却很小,而且有关波动性的冲击常常要持续一段时间才会消失,即同时呈现出集聚性、爆发性和持久性,这表明资产收益序列具有条件异方差的特性;金融资产收益呈现出明显的自相关性;金融市场尤其是股票市场,负的回报要比正的回报导致更大的条件方差。

传统的随机过程和模型对金融资产收益的模拟和描述主要是线性的,不能很好处理上述特征,自然也常常无法准确估计和预测金融资产的收益及其波动性。为此,经济学家们提出了许多解决办法。其中最典型的就是 Engle 于 1982 年提出的自回归条件异方差模型(autoregressive conditional heteroscedasticity,ARCH 模型)以及此后不断出现的基于 ARCH 模型基础之上的广义自回归条件异方差类模型(generalized autoregressive conditional heteroscedasticity,GARCH 类模型)。事实表明,ARCH 类模型可以较好地描述金融时间序列的波动性和相关性等特征。

ARCH 类模型一般由条件均值方程和条件方差方程两个方程组成。但由于此类方程主要用于估计波动性和相关性,所以重点在条件方差方程,而条件均值方程常常比较简单,例如最常见的形式是 $r_t = \mu_t + a_t$,$a_t = \sigma_t \varepsilon_t$,其中 μ_t 为条件均值;σ_t 为条件标准差;扰动项 a_t 表示非预期收益的平均偏差;ε_t 常被假设服从正态分布、t-分布、混合正态分布等,对应的模型就称为正态 GARCH 模型、t-分布 GARCH 模型、混合正态分布 GARCH 模型。尽管正态 GARCH 模型比正态分布可以更好地模拟收益序列的尖峰厚尾特征,但对高频数据却力不从心,而 t-分布 GARCH 模型、混合正态分布 GARCH 模型等则更为合适些。各类 GARCH 模型都是为处理不同特征的实际问题而获得不断扩展的,这些模型的主要区别在于:要么条件方差方程采用的形式不同,要么假定扰动项 ε_t 的分布不同。下面给出最常用的 ARCH 类模型和 GARCH 类模型。

(1) ARCH 模型。1982 年,Engle 提出的 ARCH 模型的一般形式为

$$\sigma_t^2 = \alpha_0 + \alpha_1 a_{t-1}^2 + \cdots + \alpha_p a_{t-p}^2, \quad \alpha_0 > 0, \alpha_1 \geqslant 0, \cdots, \alpha_p \geqslant 0$$

简记为 ARCH(p)。ARCH(p) 表示具有 p 期记忆,即通过对过去 p 期非预期收益 $a_{t-1}, a_{t-2}, \cdots, a_{t-p}$ 的平方的移动平均来模拟收益序列的条件异方差性。但 ARCH 模型存在着明显缺陷,主要有:一是为保证 ARCH 模

的精确性,往往需要用非常高的阶数,即 p 值很大,而高的阶数就意味需要有更多的参数估计、更复杂的计算和更大容量的样本;二是为保证方差的非负性,必须要求模型中的参数为正,但在 p 值较大的情况下难以保证。

(2) GARCH 模型。为修正 ARCH 模型的缺陷,Bollerslev 于 1986 提出了 GARCH 模型:

$$\sigma_t^2 = \alpha_0 + \sum_{i=1}^{p} \alpha_i a_{t-i}^2 + \sum_{k=1}^{q} \beta_k \sigma_{t-k}^2, \alpha_i \geqslant 0, i = 0, 1, 2, \cdots, p; \beta_k \geqslant 0, k = 1, 2, \cdots, q$$

简记为 GARCH(p, q)。其中:α_i 为回报系数,$i = 1, 2, \cdots, p$;β_k 为滞后系数,$k = 1, 2, \cdots, q$。GARCH(p, q)等价于 ARCH(∞)模型,但待估参数大幅度减少,从而比 ARCH 模型更加方便实用。另外,在 GARCH(p, q)模型中,回报系数与滞后系数的大小决定着波动序列的形状,大的回报系数意味着波动性对市场运动反应非常敏感,大的滞后系数表明对条件方差的冲击要经过一段时间才会消失,因此,两者的结合反映出了波动序列长而尖的特性。在实际操作中,GARCH(1, 1)为最常用的模型,即

$$\sigma_t^2 = \alpha_0 + \alpha_1 a_{t-1}^2 + \beta_1 \sigma_{t-1}^2 \tag{3.3}$$

当 $\alpha_1 + \beta_1 < 1$ 时,GARCH(1, 1)模拟的过程二阶平稳;当 $\alpha_1 + \beta_1 = 1$ 时,称 GARCH(1, 1)为方差无穷的模型,简记为 IGARCH。IGARCH 模型表示收益无条件方差并不存在,方差的多步预测不靠近无条件方差。当 $\alpha_0 = 0$ 时,IGARCH 模型相当于一个无限期的指数移动平均模型。

因为 GARCH 模型在目前应用的重要性、有效性和普遍性,也因为 GARCH 模型对初学者来说有一定难度,所以下文将以最常用的 GARCH(1, 1)模型为例,较为详细地介绍 GARCH 模型在描述资产收益率变化时的基本原理和应用方法。

设某项资产组合的收益率时间序列为$\{r_t\}$,同时把 t 时刻所拥有的历史信息记为 $\mathcal{F}_{t-1}$,一个典型的情形是 $\mathcal{F}_{t-1}$ 是资产组合历史收益率的所有线性函数构成的一个集合。GARCH 模型根据历史信息对资产组合的收益率进行建模,定义 r_t 的条件均值和条件方差为

$$\mu_t = E(r_t/\mathcal{F}_{t-1}), \quad \sigma_t^2 = \text{Var}(r_t/\mathcal{F}_{t-1}) = E[(r_t - \mu_t)^2/\mathcal{F}_{t-1}] \tag{3.4}$$

于是,可以把资产组合的收益率 r_t 表示为

$$r_t = \mu_t + a_t, \quad a_t = \sigma_t \varepsilon_t \tag{3.5}$$

其中,$\{\varepsilon_t\}$ 是一个均值为 0、方差为 1 的独立同分布随机变量序列,我们总是在信息 $\mathcal{F}_{t-1}$ 下假设 ε_t 的条件分布。(3.5)式中的 a_t 被称为 t 时刻的冲击,可以反映新到达市场的信息对资产组合收益率产生的影响(或冲击)。由于 a_t 包含了新到达的信息,因此基于历史信息 $\mathcal{F}_{t-1}$ 无法知道其确切值,但是 GARCH 类模型认为,可以基于历史信息 $\mathcal{F}_{t-1}$ 确定其条件分布函数。显然,根据上述 a_t 的定义知,a_t 的条件方差就等于资产组合收益率的条件方差,即

$$\sigma_t^2 = \text{Var}(r_t/\mathcal{F}_{t-1}) = \text{Var}(a_t/\mathcal{F}_{t-1}) \tag{3.6}$$

GARCH(1, 1)模型假设资产组合收益率的条件方差满足模型(3.3),这里只讨论 $0 \leqslant \alpha_1, \beta_1 \leqslant 1, \alpha_1 + \beta_1 < 1$ 的情况。

容易看出:α_1 越大,则市场前一期的冲击 a_{t-1}(无论是正向冲击还是负向冲击)所导致的当期波动率的增加幅度就越大;β_1 越大,则市场一次发生的冲击对以后各期波动率的影响就越持久。另外,由于 GARCH(1, 1)模型中的系数 α_1 和 β_1 都不可能是负值,所以以前期波动率的增加以及市场上发生的一次大的冲击都能够导致当期市场波动率的增加。于是,如果市场前一期的冲击 a_{t-1}(无论是正向冲击还是负向冲击)很大,就会导致市场当期的波动率 σ_t 很大,这意味着市场很可能会在当期出现一个很大的冲击 a_t。由此可以得出如下结论:GARCH(1, 1)模型能够生成从而也可以解释波动率集聚现象,这一点已经被经验证据所证实。

GARCH(1,1)模型还能够解释资产组合收益率厚尾分布的特征。假设$\{\varepsilon_t\}$的条件分布是正态分布,可以证明[①]:当$1-2\alpha_1^2-(\alpha_1+\beta_1)^2>0$时,市场冲击$a_t$的无条件分布的峰度为

$$\frac{E(a_t^4)}{[E(a_t^2)]^2}=\frac{3[1-(\alpha_1+\beta_1)^2]}{1-(\alpha_1+\beta_1)^2-2\alpha_1^2}>3 \tag{3.7}$$

(3.7)式表明,在参数满足一定条件的情况下,GARCH(1,1)模型中市场冲击的无条件分布的峰度会大于正态分布的峰度。因此,GARCH(1,1)模型能够生成从而也可以刻画资产组合收益率无条件分布的厚尾特征。

在估计出 GARCH(1,1)模型之后,既可以用该模型来计算现在和过去各期的资产组合收益率的波动率,又可以用此模型预测未来一段时间内资产组合收益率的波动率。实际上,这也正是 GARCH 类模型在风险管理中大有用武之地的根本原因所在。

关于现在和过去各期资产组合收益率的波动率σ_t的计算步骤如下:当估计出 GARCH(1,1)模型以后,就可以通过$a_t=r_t-\mu_t$得到样本期间内每一期的市场冲击a_t的数据。为进一步估计样本期间内每一期资产组合收益率的波动率σ_t,还需要对σ_t设定一个初始值,通常的做法是要么取为 0,要么取为a_t的无条件标准差

$$\sqrt{\frac{\alpha_0}{1-\alpha_1-\beta_1}} \tag{3.8}$$

有了这些数据,就可以根据公式(3.3)通过迭代方法计算出样本期间内每一期的波动率数据σ_t。

关于未来一段时间内资产组合收益率波动率σ_t的预测方法为:假设预测的时间起点为h,于是就可以获得有关a_h和σ_h的数据,未来一期的波动率预测可以通过下式计算得到

$$\sigma_{h+1}^2=\alpha_0+\alpha_1 a_h^2+\beta_1\sigma_h^2$$

即

$$\sigma_h^2(1)=E[\sigma_{h+1}^2/\mathcal{F}_h]=E[\alpha_0+\alpha_1 a_h^2+\beta_1\sigma_h^2/\mathcal{F}_h]=\alpha_0+\alpha_1 a_h^2+\beta_1\sigma_h^2 \tag{3.9}$$

对于未来两期的波动率预测,可以进一步通过迭代得到

$$\sigma_{h+2}^2=\alpha_0+\alpha_1 a_{h+1}^2+\beta_1\sigma_{h+1}^2=\alpha_0+\alpha_1\sigma_{h+1}^2\varepsilon_{h+1}^2+\beta_1\sigma_{h+1}^2$$
$$=\alpha_0+(\alpha_1+\beta_1)\sigma_{h+1}^2+\alpha_1\sigma_{h+1}^2(\varepsilon_{h+1}^2-1)$$

注意到$E[(\varepsilon_{h+1}^2-1)/\mathcal{F}_h]=0$,于是

$$\sigma_h^2(2)=E[\sigma_{h+2}^2/\mathcal{F}_h]=E[\alpha_0+(\alpha_1+\beta_1)\sigma_{h+1}^2+\alpha_1\sigma_{h+1}^2(\varepsilon_{h+1}^2-1)/\mathcal{F}_h]$$
$$=\alpha_0+(\alpha_1+\beta_1)\sigma_h^2(1) \tag{3.10}$$

将(3.10)式推广到多期情形,可得

$$\sigma_h^2(l)=\alpha_0+(\alpha_1+\beta_1)\sigma_h^2(l-1),\ l>1 \tag{3.11}$$

将前面计算步骤中求得的$\sigma_h^2(l-1)$依次代入(3.11)式中并整理得

$$\sigma_h^2(l)=\frac{\alpha_0[1-(\alpha_1+\beta_1)^{l-1}]}{1-\alpha_1-\beta_1}+(\alpha_1+\beta_1)^{l-1}\sigma_h^2(1),\ l>1 \tag{3.12}$$

在(3.12)式中令$l\to+\infty$取极限得

---

① 推导过程实际上用到的就是一些简单的关于数学期望运算的性质,这里省略掉繁琐的细节,直接给出结果。

$$\lim_{l \to \infty} \sigma_h^2(l) = \frac{\alpha_0}{1 - \alpha_1 - \beta_1} \tag{3.13}$$

(3.13)式证实了当预测期限无限增大时,GARCH(1,1)模型对资产组合未来收益率方差的预测值就是其无条件方差。

虽然(3.7)式表明,当 ε_t 服从正态分布时(3.3)式也能够描述资产组合收益率的厚尾分布特征,但是来自高频数据的实证表明,这还不能准确刻画资产组合收益率的厚尾程度。于是,人们又进一步提出了具有更厚尾分布特征的 ε_t,例如 t-分布、广义误差分布等。通过假设 ε_t 服从不同形式的条件分布,得到了不同的 GARCH 模型。

我们先看(3.5)式中 ε_t 的条件分布服从 t-分布①的情况,此时 ε_t 的概率密度函数为

$$f(x) = \frac{\Gamma((v+1)/2)}{\Gamma(v/2)\sqrt{(v-2)\pi}}\left(1 + \frac{x^2}{v-2}\right)^{-(v+1)/2}, \quad v > 2 \tag{3.14}$$

其中

$$\Gamma(x) = \int_0^\infty y^{x-1} e^{-y} dy$$

是 Gamma 函数; v 是 t-分布的自由度,当 $v = 1$ 时, t-分布就是 Cauchy 分布;当 $v \leqslant 2$ 时, t-分布的方差是无限的,而 $v > 2$ 时, t-分布具有有限方差;当 $v > 3$ 时, t-分布具有有限偏度;当 $v > 4$ 时, t-分布具有有限峰度 $3(v-2)/(v-4)$,并且峰度的最大值可以达到 9;当 t-分布的自由度 v 无限大时, t-分布收敛于正态分布。显然, t-分布比正态分布具有更厚的尾部,所以可以用来刻画资产组合收益率变化的更厚尾分布特征,同时由于正态分布为 t-分布的极限分布,所以 t-分布是正态分布的推广。

然后,再观察在(3.5)式中将 ε_t 的条件分布换为广义误差分布的情况,此时 ε_t 的概率密度函数为

$$f(x) = \frac{v\exp(-|x/\lambda|^v/2)}{\lambda\Gamma(v^{-1})2^{(1+v^{-1})}}, \quad v > 0 \tag{3.15}$$

其中 Γ 的定义和 t-分布中的一样,也是 Gamma 函数,而 λ 为

$$\lambda = (2^{-(2/v)}\Gamma(1/v)/\Gamma(3/v))^{1/2}$$

(3.15)式中的 v 是广义误差分布的尾部厚度参数:当 $v = 2$ 时,广义误差分布就是正态分布;当 $v < 2$ 时,广义误差分布的尾部厚于正态分布,并且随着 v 的减小,其尾部越来越厚;当 $v = 1$ 时,广义误差分布就是双指数分布;当 $v > 2$ 时,正态分布的尾部厚于广义误差分布的尾部; v 取无穷大时,广义误差分布就是均匀分布。

如果在 GARCH 模型中, ε_t 的条件分布被确定为(3.14)式中的 t-分布或者是(3.15)式中的广义误差分布,则对于模型中的参数 v,通常可以用两种方式来确定:第一,可以事先确定一个 v 的取值,然后给出模型的似然函数,采用极大似然方法对模型中的其他参数进行估计;第二,直接将 v 当作一个需要估计的模型参数,采用极大似然方法和其他参数一起估计出来。

事实上,GARCH(1,1)模型的估计可以借助于 Eviews,Matlab 等许多计量软件来实施,这里不再赘述。

(3) EGARCH 模型。关于资产组合收益率的经验研究表明,资产组合的波动率具有如下几个重要特征。

第一,波动率集聚,也就是说大幅度的收益率波动往往紧跟着另外一个大幅度的收益率波动,而较小幅度的收益率波动通常也伴随着另外一个小幅度的收益率波动。

第二,波动率往往以一种连续的方式随着时间的变化而变化,而不会发生不连续的跳跃行为。

---

① 和前文保持一致, ε_t 是均值为 0、方差为 1 的 t-分布。

第三，资产组合的波动率一般在一个固定范围内变动，而不会变得无限大，因此，可以认为资产组合的波动率过程是一个平稳的时间序列。

第四，资产组合的波动率对资产组合大幅度的价格上升和大幅度的价格下跌将会做出不同的反应，Engle、Ng(1993)发现市场发生的负向冲击(即资产组合价格下跌)对资产组合的波动率影响更大，这就是所谓的"杠杆效应"(leverage effect)。

GARCH 模型对资产组合波动率的前三个特征都能比较好地予以刻画，但不能很好刻画资产组合波动率的最后一个特征。以 GARCH(1, 1)模型为例，从(3.3)式中可以看出，对于前一期发生的市场冲击 a_{t-1}，不管是正向还是负向冲击，只要绝对值相等，该冲击对资产组合下一期波动率的影响都一样。为此，Nelson(1991)提出了指数 GARCH 模型(exponential GARCH，EGARCH)，EGARCH 模型能较好描述资产组合波动率对收益率的正向冲击和负向冲击所做出的非对称反应。

首先，对 GARCH(1, 1)模型 $a_t = \sigma_t \varepsilon_t$ 中的 ε_t，构造一个新冲击 $g(\varepsilon_t)$ 如下。

$$g(\varepsilon_t) = \theta \varepsilon_t + \gamma [|\varepsilon_t| - E(|\varepsilon_t|)] \tag{3.16}$$

其中 θ 和 γ 是常数，而 ε_t 和 $[|\varepsilon_t| - E(|\varepsilon_t|)]$ 都是均值为 0 的独立同分布随机变量序列，并且都具有连续的分布函数。显然，$g(\varepsilon_t)$ 的均值也为 0。通常，把 ε_t 取为标准正态分布，从而 $E(|\varepsilon_t|) = \sqrt{2/\pi}$。(3.16)式所定义的 $g(\varepsilon_t)$ 对于市场的正向冲击($\varepsilon_t > 0$)和负向冲击($\varepsilon_t < 0$)具有非对称反应，因为

$$g(\varepsilon_t) = \begin{cases} (\theta + \gamma)\varepsilon_t - \gamma E(|\varepsilon_t|), & \varepsilon_t \geqslant 0 \\ (\theta - \gamma)\varepsilon_t - \gamma E(|\varepsilon_t|), & \varepsilon_t < 0 \end{cases} \tag{3.17}$$

在引入非对称冲击 $g(\varepsilon_t)$ 之后，EGARCH(1, 1)模型具有如下形式。

$$a_t = \sigma_t \varepsilon_t, \ln(\sigma_t^2) = \alpha_0(1-\alpha) + \alpha \ln(\sigma_{t-1}^2) + g(\varepsilon_{t-1}) \tag{3.18}$$

其中，$g(\varepsilon_t)$ 就是(3.16)式所刻画的冲击，而 ε_t 是一个独立同分布的标准正态随机变量序列。把(3.17)式代入(3.18)式中整理得

$$\ln(\sigma_t^2) - \alpha\ln(\sigma_{t-1}^2) = \begin{cases} \alpha^* + (\gamma+\theta)\varepsilon_{t-1}, & \varepsilon_{t-1} \geqslant 0 \\ \alpha^* + (\gamma-\theta)(-\varepsilon_{t-1}), & \varepsilon_{t-1} < 0 \end{cases} \tag{3.19}$$

即

$$\sigma_t^2 = \sigma_{t-1}^{2\alpha} \exp(\alpha^*) \cdot \begin{cases} \exp\left((\gamma+\theta)\dfrac{a_{t-1}}{\sigma_{t-1}}\right), & a_{t-1} \geqslant 0 \\ \exp\left((\gamma-\theta)\dfrac{|a_{t-1}|}{\sigma_{t-1}}\right), & a_{t-1} < 0 \end{cases} \tag{3.20}$$

其中 $\alpha^* = \alpha_0(1-\alpha) - \gamma\sqrt{2/\pi}$。根据(3.20)式，可以进一步深入分析 EGARCH 模型的结构及其对资产组合收益率的不同冲击所做出的非对称反应。首先，EGARCH(1, 1)模型中 $\ln(\sigma_t^2)$ 是 ε_{t-1} 的非线性函数；其次，(3.20)式中不同的系数($\gamma+\theta$)和($\gamma-\theta$)可以反映出资产组合波动率对上一期发生的不同方向的收益率冲击所做出的非对称反应。由于杠杆效应表明，负向冲击对资产组合的波动率将产生更大的冲击或影响，因此在利用 EGARCH 模型对资产组合收益率数据进行建模时，理论上 θ 应该取负值。

除了(3.19)式的表达形式之外，EGARCH(1, 1)模型还有另外的形式，例如

$$\ln(\sigma_t^2) = \alpha_0 + \alpha\frac{|a_{t-1}| + \gamma a_{t-1}}{\sigma_{t-1}} + \beta\ln(\sigma_{t-1}^2)$$

其中,仍用 $a_t = \sigma_t \varepsilon_t$ 表示资产组合收益率的冲击。类似地,可以分析这种模型结构如何能够刻画资产组合的波动率对不同方向的收益率冲击所做出的非对称反应。

(3.18)式中的 EGARCH(1,1)模型和(3.3)式中的 GARCH(1,1)模型主要存在以下差别:首先,EGARCH 模型对资产组合收益率方差的对数进行建模,而不是 GARCH 中直接对资产组合收益率的方差建模,从而 EGARCH 模型放松了 GARCH 模型中要求参数必须取正值的约束;其次,冲击 $g(\varepsilon_t)$ 的引入使得资产组合的波动率能够对资产组合收益率的正向冲击和负向冲击做出非对称反应。

关于 EGARCH 模型其他的性质可以参见 Nelson(1991)的文章。

(4) 多元 GARCH 模型。前面介绍的都是一元 GARCH 模型,即只能用来描述一个市场风险因子动态行为的模型。然而,资产组合的价值一般会受到多个风险因子的影响,不同风险因子的波动性及其相关性都会对资产组合的风险产生重要影响。此时,就需要用多元 GARCH 来描述资产组合收益率的动态行为。下文仅仅以二元 GARCH 模型为例,说明多元 GARCH 模型的一般结构。

假设有两个市场风险因子 x_1 和 x_2,其收益率为 2×1 向量 $\boldsymbol{r}_t = (r_{1t}, r_{2t})'$。假设在历史信息 $\mathcal{F}_{t-1}$ 下 $\boldsymbol{r}_t$ 的条件均值向量为 $\boldsymbol{\mu}_t = E(\boldsymbol{r}_t \mid \mathcal{F}_{t-1}) = (\mu_{1t}, \mu_{2t})'$,因此收益率的市场冲击向量可以定义为 $\boldsymbol{a}_t = \boldsymbol{r}_t - \boldsymbol{\mu}_t = (a_{1t}, a_{2t})'$。多元 GARCH 模型假设 $\boldsymbol{a}_t$ 的条件分布是正态分布 $N(\boldsymbol{0}, \boldsymbol{\Sigma}_t)$,其中 $\boldsymbol{\Sigma}_t$ 是 $\boldsymbol{a}_t$ 的时变协方差矩阵,即

$$\boldsymbol{\Sigma}_t = \begin{pmatrix} \sigma_{11,t} & \sigma_{12,t} \\ \sigma_{21,t} & \sigma_{22,t} \end{pmatrix}$$

多元 GARCH 模型关注的焦点就是 $\boldsymbol{\Sigma}_t$ 随着时间的变化所表现出的规律。

多元 GARCH 模型对 $\boldsymbol{\Sigma}_t$ 的变化规律可以用很多不同的结构表示。这里仅介绍由 Baba、Engle、Kraft 以及 Kroner 首先提出的著名的 BEKK 模型。BEKK 模型①假设市场冲击 $\boldsymbol{a}_t$ 的时变协方差矩阵 $\boldsymbol{\Sigma}_t$ 遵循如下动态变化规律

$$\boldsymbol{\Sigma}_t = \boldsymbol{CC}' + \boldsymbol{A}\boldsymbol{a}_{t-1}\boldsymbol{a}'_{t-1}\boldsymbol{A}' + \boldsymbol{B}\boldsymbol{\Sigma}_{t-1}\boldsymbol{B}' \tag{3.21}$$

其中:$\boldsymbol{C}$ 是一个 2×2 的下三角矩阵;$\boldsymbol{A}$ 和 $\boldsymbol{B}$ 是 2×2 的实矩阵。BEKK 模型的优点主要在于:第一,只要 $\boldsymbol{CC}'$ 正定,利用公式(3.21)计算得到的 $\boldsymbol{\Sigma}_t$ 就一定非负定,这满足了协方差矩阵必须是非负定矩阵的条件;第二,BEKK 模型还允许两个风险因子波动率之间的相关关系能够随着时间的改变而改变。

但是,BEKK 模型也存在以下不足:第一,模型中矩阵 $\boldsymbol{A}$ 和 $\boldsymbol{B}$ 中的参数含义不直观;第二,模型中待估参数太多,特别当模型中包含更多的滞后项时上述状况将更加严重,当然,可以通过对 $\boldsymbol{A}$ 和 $\boldsymbol{B}$ 中的参数设置一些约束条件来减少待估参数的数目;第三,一些实证研究表明,对 BEKK 模型所估计出的许多参数往往都不显著。

(四) 鞅与下鞅分解定理

"鞅"一词来自法文 Martingale 意译,原指马的笼套或船的索具,后指恶性赌博方法,目前赋予了新的含义。

为便于对鞅的理解,下面通过赌博的例子加以说明。用 ξ_i 表示第 i 次赌博后的所得,假设赌徒已进行了 n 次赌博,他为了赢得财富,当然希望从前 n 次赌博的所得 $\xi_1, \xi_2, \cdots, \xi_n$ 中获得有益信息,于是他在第 $n+1$ 次赌博期望的财富为 $E(\xi_{n+1}/\sigma(\xi_1, \xi_2, \cdots, \xi_n))$,$E(\xi_{n+1}/\sigma(\xi_1, \xi_2, \cdots, \xi_n))$ 表示在随机变量 $\xi_1, \xi_2, \cdots, \xi_n$ 产生的 σ-代数下的条件期望,$\sigma(\xi_1, \xi_2, \cdots, \xi_n)$ 包含了赌徒在过去的前 n 次赌博中获取财富的所有信息。假若赌博公平,那么平均而言,赌徒在即将进行的 $n+1$ 次赌博中的期望所得应恰好是第 n 次赌博所得,即

$$E(\xi_{n+1}/\sigma(\xi_1, \xi_2, \cdots, \xi_n)) = \xi_n$$

---

① 这里介绍的只是最简单的 BEKK(1,1)模型。

上述性质即所谓的鞅性,表示在公平博弈中,从平均意义上来说,赌徒在下一次赌局的期望所得就是当前的赌博所得,而与历史无关。

在金融投资分析中,投资者通常会用过去的投资经验指导未来的投资决策。用 ξ_n 表示金融资产价格的波动,用 $\mathcal{F}_n$ 表示第 $n+1$ 次投资之前的所有信息,那么下一次投资的期望所得为 $E(\xi_{n+1}/\mathcal{F}_n)$。若 $E(\xi_{n+1}/\mathcal{F}_n) = \xi_n$ 就表明市场公平有效;若 $E(\xi_{n+1}/\mathcal{F}_n) > \xi_n$ 就表明下一次投资对投资者有利,否则就无利。于是可定义离散时间随机过程的鞅为对 $n = 1, 2, \cdots$,设 ξ_n 为概率空间 $(\Omega, \mathcal{F}, P)$ 上的 $\mathcal{F}_n$-可测随机变量,$\mathcal{F}_n \subset \mathcal{F}$,且 $\mathcal{F}_n \subset \mathcal{F}_{n+1}$,$n = 1, 2, \cdots$,若 $E|\xi_n| < \infty$,且

$$E(\xi_{n+1}/\mathcal{F}_n) = \xi_n \tag{3.22}$$

则称离散时间随机过程 $\{\xi_n\}$ 为离散时间鞅,或简称为离散鞅。在(3.22)式中若将"="变为"≥",称为下鞅;若"="变为"≤",称为上鞅。

$\forall A \in \mathcal{F}$,对(3.22)式两边求积分

$$\int_A E(\xi_{n+1}/\mathcal{F}_n) \mathrm{d}P = \int_A \xi_n \mathrm{d}P$$

利用 $E(\xi_{n+1}/\mathcal{F}_n)$ 的定义和归纳法可知,对任意正整数 k,$\int_A \xi_n \mathrm{d}P = \int_A \xi_{n+k} \mathrm{d}P$,于是也可以用上式代替(3.22)式来定义鞅。

类似地,可以仿上文定义连续时间随机过程的鞅。

对于 $\Gamma = [0, +\infty)$,设 $\{\xi_t\}_{t \in \Gamma}$ 为一个带 σ-代数流 $\{\mathcal{F}_t\}_{t \in \Gamma}$ 的概率空间 $(\Omega, \mathcal{F}, \{\mathcal{F}_t\}_{t \in \Gamma}, P)$ 上的 $\{\mathcal{F}_t\}$-适应过程,若 $E|\xi_t| < \infty$,且

$$E(\xi_t/\mathcal{F}_s) = \xi_s, \quad \forall s < t \tag{3.23}$$

则称连续时间随机过程 $\{\xi_t\}$ 为连续时间鞅,或简称为连续鞅。在(3.23)式中若将"="变为"≥",称为下鞅;若"="变为"≤",称为上鞅。

前文所述的 Brown 运动、随机游走等随机过程都是鞅。

1970 年,Fama 利用 σ-代数的大小程度给出了不同信息级别的市场有效性的定义和数学描述。当市场有效时,金融资产的价格变化过程就是一个鞅过程,然而在实际问题中,金融市场常常处于非有效状态,对应的风险资产的价格往往具有一定的预测性。例如,股票价格 S_t 一般会有一个正的预期收益,即 $E(S_t/\mathcal{F}_s) \geq S_s$,$s < t$。

显然,股票价格变化是个下鞅,因而不具有鞅性,债券、金融类衍生品的价格变化也具有类似的特性;而期权的时间价值会随着到期日的临近逐渐减少,这是一个上鞅,也不具有鞅性。可见,在多数情况下,金融产品的价格变化或者是上鞅,或者是下鞅,并不具备鞅性,这似乎限制了鞅的作用。然而,幸运的是,目前已经有两种成熟办法将上(下)鞅过程转换成鞅来讨论:一种是利用 Doob-Meyer 定理,可以将上鞅或下鞅分成一个鞅和一个可以预料的增量过程;另一种是利用 Girsanov 定理,通过对信息集合和概率测度进行适当处理就可以把上鞅或者下鞅转化成鞅。下文将给出这两个定理,但由于定理证明比较复杂繁琐,而且相关论证在相关文献里可以很容易找到,故此处略去证明过程,有兴趣的读者可查阅严加安等(2000)。

定理 3.1(Doob 定理) 对 $n = 1, 2, \cdots$,设 $\{\xi_n\}$ 为一个带 σ-代数流 $\{\mathcal{F}_n\}$ 的概率空间 $(\Omega, \mathcal{F}, \{\mathcal{F}_n\}, P)$ 上 $\{\mathcal{F}_n\}$-适应的下鞅,则 $\{\xi_n\}$ 可唯一分解成一个鞅和 $\{\mathcal{F}_n\}$-可料的递增随机序列的和。

定理 3.2(Doob-Meyer 定理) 对于 $\Gamma = [0, +\infty)$,设 $\{\xi_t\}_{t \in \Gamma}$ 为一个带 σ-代数流 $\{\mathcal{F}_t\}_{t \in \Gamma}$ 的概率空间 $(\Omega, \mathcal{F}, \{\mathcal{F}_t\}_{t \in \Gamma}, P)$ 上 $\{\mathcal{F}_t\}$-适应的右连续下鞅,则 $\{\xi_t\}$ 可唯一分解成一个右连续鞅和 $\{\mathcal{F}_t\}$-可料的增量过程的和。

定理 3.1 与定理 3.2 显示了下鞅、鞅和可料增量过程之间的关系,只是定理 3.1 给出的是离散时间鞅的分

解形式,而定理3.2则给出了连续时间鞅的分解。

(五) 停时(stopping time)与Doob有界停时定理

停时也称为停止子集规则或停时变量,是定义在带σ-代数流$\{\mathcal{F}_t\}_{t\in\Gamma}$的概率空间$(\Omega, \mathcal{F}, \{\mathcal{F}_t\}_{t\in\Gamma}, P)$上的一个随机变量,常常用以表示某一特定的随机事件首次发生的那一刻。例如一个赌徒期望只要他累积赢得1 000元后就立即收手,由于赌徒事先并不知道需要赌多少次才能达到目的,因而他停止赌博的时刻τ即停时是一个在$\{1, 2, \cdots, n, \cdots\}$中取值的随机变量,这意味着当他赌到第$n$次的累积赢得达到或超过1 000元时将会收手。赌徒在n时刻停时的决策只取决于n时刻以前的全部信息,或者说依赖于包含在σ-代数$\mathcal{F}_n$中的过去信息,亦即

$$\{\tau \leqslant n\} = \{w \in \Omega \mid \tau(w) \leqslant n\} \in \mathcal{F}_n$$

换句话说,任何未来的信息都不会影响时刻n停时的决策。这样就可以给出停时的一般定义:设$(\Omega, \mathcal{F}, \{\mathcal{F}_t\}_{t\in\Gamma}, P)$是一个带$\sigma$-代数流$\{\mathcal{F}_t\}_{t\in\Gamma}$的概率空间,其中$\Gamma$为$[0, +\infty)$中的子集,若对$\forall t \in \Gamma$,随机变量$\tau$满足:

$$\{\tau \leqslant t\} = \{w \in \Omega \mid \tau(w) \leqslant t\} \in \mathcal{F}_t \tag{3.24}$$

则称随机变量τ为一个$\{\mathcal{F}_t\}_{t\in\Gamma}$停时。

停时有一个重要而又常用的性质:设$\{\tau_i\}_{i=1}^{\infty}$为一个停时序列,则$\tau_1 + \tau_2, \sup_{i \geqslant 1}\tau_i, \inf_{i \geqslant 1}\tau_i, \overline{\lim_{i \to \infty}}\tau_i, \underline{\lim_{i \to \infty}}\tau_i$均为停时。

(3.24)式表明,在时刻t停时的决策仅取决于包含在σ-代数$\mathcal{F}_t$中的过去信息,不受包含在σ-代数$\mathcal{F}_s (s > t)$中的任何未来信息的影响。

为清楚起见,我们需要进一步澄清下面几个符号的含义。设τ为一停时,对任意整数n,将满足$A \cap \{\tau = n\} \in \mathcal{F}_n$的所有$A \in \mathcal{F}$的集合所构成的$\mathcal{F}$的最小子$\sigma$-代数,记为$\mathcal{F}_\tau$;用$R_t$表示$t$时刻的累积收益,则对停时$\tau$,有

$$R_\tau = \sum_{n=1}^{\infty} R_n I_{\{\tau = n\}}$$

其中,$I_{\{\tau = n\}}$为$\{\tau = n\}$上的指标函数,$n = 1, 2, \cdots$。

有了停时的概念,就可以用最大化的原则选择停时。仍用前面赌博的例子来说明:

用$Y_i = 1$和$Y_i = -1$分别表示赌徒第i次赌博赢钱或输钱的事件,假设$\xi_1, \xi_2, \cdots$为连续赌博结果的独立随机变量,其概率分布为$P(\xi_i = 1) = P(\xi_i = -1) = 1/2$。$R_n$表示第$n$次赌博后的获利,则$R_n$取决于前$n$次赌博的结果,即$R_n = f(\xi_1, \xi_2, \cdots, \xi_n)$。下面要讨论的问题是,为达到赌博获利最大的目的,何时停止赌博最好。对于停时τ,用ER_τ表示相对于停时τ的预期收益,设A为使$ER_\tau < +\infty$的所有停时的集合,若存在停时τ_0满足

$$ER_{\tau_0} = \sup_{\tau \in A} ER_\tau$$

则称τ_0为最优停时。

最优停时问题在金融投资中会经常遇到。例如,你购买了一笔债券,在t时刻的价值为$P(t), t = 0, 1, 2, \cdots$。若贴现率为$r$,则何时卖出获利最大?这也是一个求最优停时的问题,即选择停时τ,以使得该债券的现值$E[e^{-r(\tau-t)}P(\tau)]$最大,其中$\tau > t$, t表示当前时刻。那么,什么情况下存在最优停时呢?下面的最优停时的充分条件定理将对此做出回答。详细的证明请参见DeGoot(1986)。

定理3.3(最优停时的存在性定理) 设$\{R_n\}_{n=1}^{\infty}$为定义在$(\Omega, \mathcal{F}, P)$上的收益序列,若

$$E(|\sup_n R_n|) < \infty, \lim_{n \to \infty} R_n = -\infty$$

以概率为 1 成立,则最优停时存在。

最后,我们还希望简单说明一下鞅与停时的关系。为清楚起见,我们仍然以前面赌博的例子说明问题。假设赌徒参加的赌博是公平的,即赌博的收益序列 $\{R_n\}_{n=1}^{\infty}$ 是一个鞅,我们的问题是:赌徒能否通过选择停止赌博的次数来使他的收益最大化? 或者说,在任意停时 τ 下,公平博弈的性质是否存在? 答案是公平博弈的性质仍然存在,即赌徒不可能通过选择停止赌博的次数来实现收益的最大化,这就是 Doob 有界停时定理,即

定理 3.4(Doob 有界停时定理) 若 $\{R_n\}_{n=1}^{\infty}$ 是含 σ-代数流 $\{\mathcal{F}_n\}$ 的概率空间 $(\Omega, \mathcal{F}, \{\mathcal{F}_n\}, P)$ 上的一个 $\mathcal{F}_n$-适应的离散鞅(或下鞅),τ, σ 为有界停时且 $\sigma \leqslant \tau$,则

$$R_\sigma = E(R_\tau / \mathcal{F}_\sigma) \qquad (\text{或} \leqslant)$$

从而有

$$ER_\sigma = ER_\tau \qquad (\text{或} \leqslant)$$

四、随机积分与几个常用定理

考虑简单随机过程:

$$f(t, w) = f_0(w) I_{\{0\}}(t) + \sum_{i \geqslant 0} f_i(w) I_{(t_i, t_{i+1}]}(t), \qquad t \in [0, T] \tag{4.1}$$

其中:$0 = t_0 < t_1 < \cdots < t_i \leqslant T$;$f_i(\cdot)$ 是 $\mathcal{F}_{t_i}$-可测的随机变量,且

$$\sup_{i \geqslant 1} \sup_{w \in \Omega} | f_i(w) | < \infty \tag{4.2}$$

将满足(4.2)式的形如(4.1)式的所有随机过程的集合记为 $L_0[0, T]$。另外,我们还会经常用到如下空间:对 $1 \leqslant p < \infty$,可定义

$L_F^p(\Omega; R) = \{\xi: \Omega \to R \mid \xi \text{为} \mathcal{F}\text{-可测}, E \mid \xi \mid^p < \infty\}$;

$L_F^\infty(\Omega; R) = \{\xi: \Omega \to R \mid \xi \text{是} \mathcal{F}\text{-可测的且有界}\}$;

$L_F^p(0, T; R^m) = \left\{\xi: [0, T] \times \Omega \to R^m \mid \xi(\cdot) \text{是} \{\mathcal{F}_t\}_{t \geqslant 0}\text{-适应的,且} E \int_0^T \mid \xi(s, w) \mid^p \mathrm{d}s < \infty\right\}$。

显然 $L_0[0, T] \subseteq L_F^2(0, T; R)$,并可以证明 $L_0[0, T]$ 在 $L_F^2(0, T; R)$ 中稠密。于是,对任何满足(4.2)式的形如(4.1)式的随机过程 $f \in L_0[0, T]$,可定义

$$\hat{I}(f)(t, w) = \sum_{i \geqslant 0} f_i(w) [w(t \wedge t_{i+1}, w) - w(t \wedge t_i, w)], \qquad t \in [0, T]$$

此处 $w(\cdot)$ 为 1 维标准 Brown 运动。不难证明,$\hat{I}: L_0[0, T] \to L_F^2(0, T; R)$ 是一个线性有界算子。于是,由 $L_0[0, T]$ 在 $L_F^2(0, T; R)$ 中的稠密性可知,$L_0[0, T]$ 可以延拓到 $L_F^2(0, T; R)$ 上。记

$$\hat{I}(f)(t) = \int_0^t f(s) \mathrm{d}w(s), \qquad \forall f(\cdot) \in L_F^2(0, T; R), t > 0 \tag{4.3}$$

称(4.3)式为过程 $f(\cdot)$ 的 Ito 随机积分。对于 $0 \leqslant t_1 < t_2$,可定义

$$\int_{t_1}^{t_2} f(s) \mathrm{d}w(s) = \int_0^{t_2} f(s) \mathrm{d}w(s) - \int_0^{t_1} f(s) \mathrm{d}w(s)$$

下面给出 Ito 随机积分的两个重要性质如下。

定理 4.1 假定 $f(\cdot), g(\cdot) \in L_F^2(0, T; R)$,则

$$E\left[\int_{t_1}^{t_2} f(s) \mathrm{d}w(s) / \mathcal{F}_{t_1}\right] = 0, \qquad 0 \leqslant t_1 < t_2 \leqslant T \tag{4.4}$$

$$E\left\{\left[\int_{t_1}^{t_2}f(s)\mathrm{d}w(s)/\mathcal{F}_{t_1}\right]\left[\int_{t_1}^{t_2}g(s)\mathrm{d}w(s)/\mathcal{F}_{t_1}\right]\right\}=E\left\{\left[\int_{t_1}^{t_2}f(s)\cdot g(s)\mathrm{d}s/\mathcal{F}_{t_1}\right]\right\}$$

特别地，

$$E\left\{\left[\int_{t_1}^{t_2}f(s)\mathrm{d}w(s)/\mathcal{F}_{t_1}\right]^2\right\}=E\left\{\left[\int_{t_1}^{t_2}f^2(s)\mathrm{d}s/\mathcal{F}_{t_1}\right]\right\},\ 0\leqslant t_1<t_2\leqslant T$$

(4.4)式表明 $\int_0^t f(s)\mathrm{d}w(s)$ 是一个 P-鞅。设 $w(\cdot)=(w^1(\cdot),\cdots,w^m(\cdot))$ 为一个 m 维标准 Brown 运动，$f(\cdot)=(f^1(\cdot),\cdots,f^m(\cdot))\in L_F^2(0,T;R^m)$，于是，定义

$$\int_0^t\langle f(s),\mathrm{d}w(s)\rangle=\sum_{i=1}^m\int_0^t f^i(s)\mathrm{d}w^i(s)$$

类似地，对于 $\sigma(\cdot)\equiv(\sigma^{ij}(\cdot))\in L_F^2(0,T;R^{n\times m})$，可定义

$$\int_0^t\sigma(s)\mathrm{d}w(s)=\left\{\begin{array}{c}\sum_{j=1}^m\int_0^t\sigma^{1j}(s)\mathrm{d}w^j(s)\\ \vdots\\ \sum_{j=1}^m\int_0^t\sigma^{nj}(s)\mathrm{d}w^j(s)\end{array}\right\}$$

现在考虑如下形式的随机过程。

$$X(t)=X_0+\int_0^t b(s)\mathrm{d}s+\int_0^t\sigma(s)\mathrm{d}w(s),\qquad t\in[0,T] \tag{4.5}$$

其中：$b(\cdot)\in L_F^1(0,T;R^n)$，$\sigma(\cdot)\in L_F^2(0,T;R^{n\times m})$，$w(\cdot)$ 是一个 m 维标准 Brown 运动。上面右端的第二项是普通的 Lebesgue 积分(以 w 为参数)，第二项为 Ito 积分，有时可将(4.5)写成如下微分形式。

$$\begin{cases}\mathrm{d}X(t)=b(t)\mathrm{d}t+\sigma(t)\mathrm{d}w(t),\qquad t\in[0,T]\\ X(0)=X_0\end{cases} \tag{4.6}$$

显然(4.5)为一个 Ito 过程。于是，有

定理 4.2(Ito 公式)　假如 $X(\cdot)$ 由(4.5)给出，$f:[0,T]\times R^n\to R$ 为一个具有有界偏导的光滑函数，则 $f(\cdot,X(\cdot))$ 也是一个 Ito 过程，并且有

$$\mathrm{d}[f(t,X(t))]=\{f_t(t,X(t))+\langle f_x(t,X(t)),b(t)\rangle+\frac{1}{2}tr[f_{xx}(t,X(t))\sigma(t)\sigma(t)^T]\}\mathrm{d}t$$
$$+\langle f_x(t,X(t)),\sigma(t)\mathrm{d}w(t)\rangle$$

定理 4.3(鞅表示定理)　给定概率空间 $(\Omega,\mathcal{F},\{\mathcal{F}_t\}_{t\geqslant 0},P)$，假定 $w(\cdot)$ 是该空间上的一个 m 维标准 Brown 运动，其自然 σ-代数流恰为 $\{\mathcal{F}_t\}_{t\geqslant 0}$，即 $\mathcal{F}_t=\sigma\{w(s),s\in[0,t]\}$，$X(\cdot)\in L_F^2(0,T;R)$ 是一个 P-鞅，则存在唯一 $Z(\cdot)\in L_F^2(0,T;R^m)$，使得

$$X(t)=\int_0^t\langle Z(s),\mathrm{d}w(s)\rangle,\qquad t\in[0,T]$$

再来考察一个重要情形：仍然假定 $w(\cdot)$ 是 $(\Omega,\mathcal{F},\{\mathcal{F}_t\}_{t\geqslant 0},P)$ 上的一个 m 维标准 Brown 运动，其自然 σ-代数流恰为 $\{\mathcal{F}_t\}_{t\geqslant 0}$。对 $\xi\in L_{\mathcal{F}_T}^2(\Omega;R)$，定义

$$Y(t) = E[\xi/\mathcal{F}_t], \qquad t \in [0, T]$$

则利用条件数学期望的基本性质,很容易证明上述定义的随机过程 $Y(\cdot)$ 是一个鞅。因此,由上面的鞅表示定理,可以找到一个 $Z(\cdot) \in L_F^2(0, T; R^m)$,使得

$$Y(t) = E[\xi/\mathcal{F}_t] = \int_0^t \langle Z(s), \mathrm{d}w(s) \rangle, \qquad t \in [0, T]$$

上式也可以写成

$$\begin{cases} \mathrm{d}Y(t) = \langle Z(t), \mathrm{d}w(t) \rangle, t \in [0, T] \\ Y(T) = \xi \end{cases}$$

定理 4.4(Girsanov 定理) 假如 $\theta(\cdot) \in L_F^1(0, T; R^n)$ 满足 Novikov 条件,即

$$E\left[\exp\left(\frac{1}{2}\int_0^T |\theta(s)|^2 \mathrm{d}s\right)\right] < \infty$$

定义

$$\xi(t) = \exp\left\{-\int_0^t \langle \theta(s), \mathrm{d}w(s) \rangle - \frac{1}{2}\int_0^t |\theta(s)|^2 \mathrm{d}s\right\}, \qquad 0 \leqslant t \leqslant T$$

其中 $w(\cdot)$ 是概率空间 $(\Omega, \mathcal{F}, \{\mathcal{F}_t\}_{t\geqslant 0}, P)$ 上的 m 维标准 Brown 运动。然后,定义

$$P^{\theta}(A) = E[\xi(T)1_A], \qquad \forall A \in \mathcal{F}$$

则 P^{θ} 是 $(\Omega, \mathcal{F})$ 上的一个与 P 等价的概率测度,并且如果定义

$$w^{\theta}(t) = w(t) + \int_0^t \theta(s)\mathrm{d}s, \qquad t \in [0, T]$$

则 $w^{\theta}(\cdot)$ 是概率测度空间 $(\Omega, \mathcal{F}, \{\mathcal{F}_t\}_{t\geqslant 0}, P^{\theta})$ 中的一个 m 维标准 Brown 运动。

五、随机微分方程

考虑一个关于 $X(\cdot)$ 的 Ito 型随机微分方程初值问题:

$$\begin{cases} \mathrm{d}X(t) = b(t, X(t))\mathrm{d}t + \sigma(t, X(t))\mathrm{d}w(t), \\ X(0) = X_0 \end{cases} \tag{5.1}$$

若随机过程 $X(\cdot)$ 满足

$$X(t) = X_0 + \int_0^t b(s, X(s))\mathrm{d}s + \int_0^t \sigma(s, X(s))\mathrm{d}w(s), \qquad t \in [0, T]$$

则称随机过程 $X(\cdot)$ 为(5.1)式的一个(强)解。

先给出如下假定:

(H) 函数 $b: [0, T] \times R^n \to R^n$,$\sigma: [0, T] \times R^n \to R^{n \times d}$ 是可测的,且存在常数 $L > 0$ 使得对任何 $t \in [0, T]$,$x, y \in R^n$ 都有

$$\begin{cases} |b(t, x) - b(t, y)| + |\sigma(t, x) - \sigma(t, y)| \leqslant L|x - y| \\ |b(t, 0)| + |\sigma(t, 0)| \leqslant L \end{cases}$$

于是存在如下结果:

定理 5.1 假定(H)成立,则对任何 $X_0 \in R^n$,随机微分方程(5.1)都存在唯一解 $X(\cdot)$,且对任何 $p \in [1, \infty]$,下述估计式成立:

$$E\left[\sup_{t\in[0,T]}|X(t)|^p\right]\leqslant C_p(1+|X_0|^p) \tag{5.2}$$

其中 C_p 为仅依赖于 L 和 p 的常数。

须注意的是,随机微分方程(5.1)的解 $X(\cdot)$ 一般不是有界的。另外,当(5.2)对某个 $p>1$ 成立时,由 Holder 不等式可得

$$E[|X(t)|I_A]\leqslant\{E[|X(t)|^p]\}^{1/p}P(A)^{1-1/p}\leqslant\widetilde{C}_p(1+|X_0|)P(A)^{1-1/p},\forall A\in\mathcal{F}$$

于是,可知 $\{X(t)|t\in[0,T]\}$ 一致可积。

对应于(5.1)式,考察一个随机微分方程的终值问题。

$$\begin{cases}\mathrm{d}Y(t)=h(t,Y(t),Z(t))\mathrm{d}t+Z(t)\mathrm{d}w(t),t\in[0,T]\\ Y(T)=\xi\end{cases} \tag{5.3}$$

(5.3)式即为一个倒向随机微分方程。(5.3)式中的终值条件 $\xi\in L^2_{\mathcal{F}_T}(\Omega;R^n)$,$h:[0,T]\times R^n\times R^{m\times n}\times\Omega\to R^n$ 为一个给定映射,$w(\cdot)$ 是概率测度空间 $(\Omega,\mathcal{F},\{\mathcal{F}_t\}_{t\geqslant 0},P)$ 上的一个 m 维标准 Brown 运动,且 $\{\mathcal{F}_t\}_{t\geqslant 0}$ 为 $w(\cdot)$ 的自然 σ-代数流。若 $Y(\cdot)$ 与 $Z(\cdot)$ 是 $\{\mathcal{F}_t\}_{t\geqslant 0}$-适应的,并且按通常意义下式成立:

$$Y(t)=\xi-\int_t^T h(s,Y(s),Z(s))\mathrm{d}s-\int_t^T Z(s)\mathrm{d}w(s),\quad t\in[0,T]$$

则随机过程对 $(Y(\cdot),Z(\cdot))$ 称为(5.3)式的一个适应解。

定理 5.2 假定 $h:[0,T]\times R^n\times R^{n\times m}\times\Omega\to R^n$ 可测,而且对任何 $(y,z)\in R^n\times R^{n\times m}$,$h(\cdot,y,z)$ 是 $\{\mathcal{F}_t\}_{t\geqslant 0}$-适应的,若存在一个常数 $L>0$,使

$$\begin{cases}|h(t,y,z)-h(t,\hat{y},\hat{z})|\leqslant L(|y-\hat{y}|+|z-\hat{z}|),t\in[0,T],y,\hat{y}\in R^n,z,\hat{z}\in R^{n\times m}\\ |h(t,0,0)|\leqslant L,t\in[0,T]\end{cases}$$

则对任何 $\xi\in L^2_{\mathcal{F}_T}(\Omega;R^n)$,倒向随机微分方程(5.3)都存在唯一适应解。

有关随机微分方程及其在金融中应用的详细讨论,可参见严加安等(2000)以及雍炯敏和刘道百(2003)。

参 考 文 献

埃里克·班克斯：《流动性风险》，经济管理出版社 2005 年版。

Alexander C., Bayesian Method for Measuring Operational Risk. *Discussion Papers in Finance 2000 - 02*, The University of Reading, 2000.

Alexander C., Sheedy E., The Professional Risk Managers' Handbook: A Comprehensive Guide to Current Theory and Best Practices. *The Official Handbook for the PRM Certification*, 2004.

Almgren R, Chriss N, Optimal Execution of Portfolio Transactions. Working Paper, 1999.

Altman E. I., Caoutte J. B., Narayanan P., Credit Risk Measurement and Management: The Ironic Challenge in the Next Decade. *Financial Analysis Journal*, 1998, (9): 7 - 11.

Altman E. I., Financial Ratios Discriminant Analysis and the Prediction of Corporate Bankruptcy. *The Journal of Finance*, 1968, (23): 589 - 609.

Altman E. I., Haldeman R., Narayanan, P., Zeta Analysis: A New Model to Identifying Bankruptcy Risk of Corporation. *Journal of Banking and Finance*, 1977.

Altman E. I., Measuring Corporate Bond Mortality and Performance. *The Journal of Finance*, 1989, 44(4): 909 - 922.

Altman E. I., Saunders A., Credit Risk Measurement: Development over the Last 20 Years. *Journal of Banking and Finance*, 1998, (20): 1721 - 1742.

安东尼·G·科因等，唐旭，等译：《利率风险的控制与管理》，经济科学出版社 1999 年版。

安东尼·桑德斯，刘宇飞译：《信用风险度量：风险估值的新方法与其他范式》，机械工业出版社 2001 年版。

Anthony Saunders, *Credit Risk Management: New Approaches to Value at Risk and Other Paradiums*. New York: John Wiley and Sons, 1999.

Aparicio J., Keskinery E., A Review of Operational Risk Quantitative Methodologies Within the Basel-II Framework, Accenture Technology Labs. http://www.gloriamundi.org/picsresources/jaek.pdf, 2004.

参 考 文 献

Artzner P., Delbaen F., Eber J. M., Heath D., Coherent Measures of Risk. *Mathematical Finance*, 1999, 9(3): 203-228.

Bangia A., Diebold F. X., Schuermann T., *Basel Committee on Banking Supervisions, Sound Practices for Managing Liquidity in Banking Organizations*. BIS, Basel, Switzerland, 2000.

Bangia A., Diebold F. X., Schuermann T., Stroughair J. D., *Modeling Liquidity Risk with Implication for Traditional Market Risk Measurement and Management*. Working Paper, 1999.

Barone-Adesi G., Giannopoulos K., Non-parametric VaR Techniques, Myth and Realities. *Economic Notes*, 2001, 30(2): 167-181.

Barraquand J., Numerical Valuation of High Dimensional Multivariate European Securities. *Management Science*, 1995, 41(12): 1882-1891.

Basle Committee on Banking Supervision, *Credit Risk Modeling: Current practice and Applications*. Consultative Paper, Basle, 1999.

Berkowitz J., A Coherent Framework for Stress Test. *Journal of Risk*, 2000, (2): 1-15.

Bertsimas D., Lo A., Optimal Control of Execution Costs. *Journal of Financial Markets*, 1998, (1): 1-50.

Black F., Scholes M., The Pricing of Options and Corporate Liabilities. *Journal of Political Economy*, 1973, 81(3): 637-654.

Bodie Z., Merton R. C., *Finance (Forth Edition)*. Harper Collins College Press, 2001.

Bollerslev T., Generalized Autoregressive Conditional Heteroskedasticity. *Journal of Econometrics*, 1986, (31): 307-327.

Bouchaud J. P., Potters M., Worse Fluctuation Method for Fast Value-at-Risk Estimates. *Science and Finance*, 2000.

Boudoukh J., Richardson M., Whitelaw R., The Best of Both Worlds. *Risk*, 1998, (5): 64-67.

Caouette J. B., Altman E. I., Narayanan P., *Managing Credit Risk*. New York: John Wiley & Sons, 1998.

Carol Alexander, *Bayesian Methods for Measuring Operational Risk*. Discussion Paper in Finance, 2000.

Chapelle A., Crama Y. Hübner G., Peters J. P., *Basel II and Operational Risk: Implications for Risk Measurement and Management in the Financial Sector*. NBB Working Paper, No. 51, 2004.

Charles W. Smithson, 应惟伟译:《管理金融风险:衍生产品、金融工程和价值最大化管理》,中国人民大学出版社2003年版。

程晓民、梁方楚、崔玉国:"卧式加工中心早期故障间隔时间分布模型研究",《数理统计与管理》,2003年第1期。

Christoffersen, Peter F., *Elements of Financial Risk Management*. Academic Press, Bk & CD-Rom edition, 2003.

Credit Suisse Financial Products, *Credit Risk: A Credit Risk Management Framework*, New York, 1997.

Crouhy M., Galai D., Mark R., *A Comparative Analysis of Current Credit Risk Models*, 1998.

Danielsson J., *Value-at-Risk and Extreme Returns*. Working Paper, Tinbergen Institute Rotterdam, 1997.

David A. Hsieh, Implications of Nonlinear Dynamics for Financial Risk Management. *Journal of Financial and Quantitative Analysis*, 1993, 28(1): 41-64.

DeGoot M., *Probability and Statistics* (2nd Edition). Addison Wesley, Reading, MA, 1986.

Derivative Policy Group, *A Framework for Voluntary Oversight*. New York: Derivative Policy Group, 1995.

谌红:《模糊数学在国民经济中的应用》,华中理工大学出版社1994年版。

邓永录:《应用概率及其理论基础》,清华大学出版社2005年版。

Diehl Michael, Wolfgang Stroebe, Productivity Loss in Idea Generating Groups: Toward a Solution of the Riddle. *Journal of Personality and Social Psychology*, 1987, (53): 497-509.

Dimitris Bertsimas, Andrew W. Lo, Optimal Control of Execution Costs. *Journal of Financial Markets*, 1998, (1): 1-50.

Duffie D., Lando D., *Term Structures of Credit Spreads with Incomplete Accounting Information*. Working Paper, Graduate School of Business, Stanford University, 1997.

Embrechts P., Kluippelberg C., Mikosch T., *Modeling Extreme Events for Insurance and Finance*. Berlin: Springer-Verlag, 1999.

Embrechts P., McNeil A. J., Straumann D., Correlation: Pitfalls and Alternatives. *Risk*, 1999, 12: 69-71.

Embrechts P., McNeil A. J., Straumann D., *Correlation and Dependence in Risk Management: Properties and Pitfalls*. Dempster, M. A. H. (Ed.), *Risk Management: Value at Risk and Beyond*. Cambridge: Cambridge University Press, 2002: 176-223.

Engle R. F., Autoregressive Conditional Heteroscedasticity with Estimates of the Variance of United Kingdom inflation. *Econometrica*, 1982, (50): 987-1006.

Engle R. F., Ng V., *Measuring and Testing the Impact of New Volatility*, 1993.

方开泰:《实用多元统计分析》,华东师范大学出版社1989年版。

菲利浦·乔瑞,陈跃,等译:《VaR:风险价值——金融风险管理新标准》(第二版),中信出版社2005年版。

菲利浦·乔瑞,张陶伟、彭永江译:《金融风险管理师手册》(第2版),中国人民大学出版社2004年版。

Fisher R. A., Tippet L. H. C., Limiting Forms of the Frequency Distributions of the Largest or Smallest Members of a Sample. *Proceedings of the Cambridge Philosophical Society*, 1928, (24): 180 – 190.

甘当善:《商业银行经营管理》,上海财经大学出版社 2004 年版。

葛奇等:《美国商业银行流动性风险和外汇风险管理》,中国经济出版社 2001 年版。

Glasserman P., Heidelberger P., Shahabuddin P., Importance Sampling and Stratification for Value-at-Risk. *Computational Finance*, 2000, (1): 7 – 24.

Gordy Michael, A Comparative Anatomy of Credit Risk Models. *Journal of Banking and Finance*, 2000, (24): 119 – 149.

Hall P. G., Using the Bootstrap to Estimate Mean Squared Error and Select Smoothing Parameter in Nonparametric Problems. *J. Multivariate Ann*, 1990, 32: 177 – 203.

Hereford Shuetrim, *Using Stratified Sampling Methods to Improve Percentile Estimates in the Context of Risk Measurement*. Working Papers wp0005, *Australian Prudential Regulation Authority*, 2000.

Hill B M., A Simple General Approach to Inference about the Tail of a Distribution. *Ann. Statistics*, 1975, 3: 1163 – 1174.

Hisata Y., Yamai Y., Research Toward the Practical Application of Liquidity Risk Evaluation Methods. *Monetary and Economic Studies*, 2000.

Holthausen R. W, Leftwich R. W., Mayers D., Large Block Transactions, the Speed of Response, and Temporary and Permanent Stock Price Effects. *Journal of Financial Economics*, 1990, (26), 71 – 95.

Holthausen R. W., Leftwich R. W., Mayers D., The Effect of Large Block Transactions on Security Prices: A Cross-Sectional Analysis. *Journal of Financial Economics*, 1987, (19): 237 – 268.

胡庆康:《现代货币银行学教程》,复旦大学出版社 2001 年版。

黄宪、金鹏:"商业银行全面风险管理体系及其在我国的构建",《中国软科学》,2004 年第 11 期。

Hull J., Options, *Futures and Other Derivatives*, Prentice Hall, 2003.

Hull J., White A., Incorporating Volatility Updating into the Historical Simulation Method for Value-at-Risk. *Journal of Risk*, 1998, 1(1): 5 – 19.

Hull J., White A., Value at Risk When Daily Changes in Market Variables Are Not Normally Distributed. *Journal of Derivatives*, 1998, 5(3): 9 – 19.

Hull J., White A., The Impact of Default Risk on the Prices of Options and Other Derivatives Securities. *Journal of Banking and Finance*, 1995, 19(2): 299 – 322.

Hussain A., *Managing Operational Risk in Financial Markets*. Butterworth-Heinemann, 2000.

Ikeda N., Watanabe S., *Stochastic Differential Equations and Diffusion Processes*. North Holland, Amsterdam: 1981.

Jackson P., Perandin W., Regulatory Implications of Credit Risk Modeling. *Journal of Banking and Finance*, 2000, (24): 1-14.

James F. S., Samuel S. S., The Johnson System: Selection and Parameter Estimation. *Technometrics*, 1980, 22(2): 239-246.

Jamshidian F., Zhu Y., Scenario Simulation: Theory and Methodology. *Finance and Stochastic*, 1997, 1(1): 43-67.

Jarrow R., Lando D., Turnbull S., A Markov Model for the Term Structure of Credit Spreads. *Review of Financial Studies*, 1997, 10(2): 481-523.

Jarrow R. A., Subramanian, Mopping up Liquidity, *Risk*, December, 1997.

Jarrow R. A., Turnbull S. M., *The Intersection of Market and Credit Risk*. London: Paper Presented at the Bank of England Conference on Credit Risk Modeling and Regulatory Implications, 1998, (Sep): 21-22.

蒋殿春：《现代金融理论》，上海人民出版社2001年版。

杰克·L·金，陈剑、柳克俊、陈剑锋，等译：《运作风险：度量与建模》，中国人民大学出版社2005年版。

卡罗尔·亚历山大，陈林龙，等译：《商业银行操作风险》，中国金融出版社2005年版。

Karatzas I., Shreve S. E., *Brownian Motion and Stochastic Calculus*. Berlin: Springer-Verlag, 1988.

Karoui N. El., Peng S., Quenez M. C., Backward Stochastic Differential Equation in Finance. *Mathematical Finance*, 1997, (7): 1-71.

科罗赫等，曾刚，等译：《风险管理》，中国财政经济出版社2005年版。

Kealhofer S., *Derivative Credit Risk: Advances in Measurement and Management*. London: Risk Publications, 1995.

KMV, *Credit Monitor Overview*. San Francisco: KMV Corporation, 1993.

Knight Frank H., *Risk, Uncertainty, and Profit*. Houghton Mifflin Company, 1921.

Knopf J., Nam J., Thornton J., The Volatility and Price Sensitivities of Managerial Stock Option Portfolios and Corporate Hedging. *The Journal of Finance*, 2002, 57(2): 801-813.

Kupiec P., Stress Testing in a Value at Risk Framework. *The Journal of Derivatives*, 1998, (6): 7-24.

Kühn R., Neu P., Functional Correlation Approach to Operational Risk in Banking Organizations. *Physica A*, 2004, 322: 650-667.

刘狄：《证券市场微观结构理论与实践》，复旦大学出版社2002年版。

刘家鹏、詹原瑞、刘睿："基于贝叶斯网络的操作风险建模"，《西安电子科技大学学报》（社会科学版），2007年第4期。

刘均：《风险管理概论》，中国金融出版社2005年版。

Lopezs Jose A., Saidenberg Marc R., Evaluation Credit Risk Models. *Journal of Banking and Finance*, 2000, 24(1/2): 151-165.

S·M·劳斯,何声武,等译:《随机过程》,中国统计出版社 1997 年版。

马克·洛尔、列夫·博罗多夫斯基,陈斌,等译:《金融风险管理手册》,机械工业出版社 2002 年版。

Macaulay F. R., *Some Theoretical Problems Suggested by the Movement of Interest Rates, Bond Yield, and Stock Prices in the United States since 1856*. New York: National Bureau of Economic Research, 1938.

Malevergne Y., Sornette D., General Framework for a Portfolio Theory with Non-Gaussian Risks and Non-linear Correlations. Paper presented at the 18th International Conference in Finance, 26, 27 & 28 June 2001 NAMUR, Belgium.

Marrison C., *The Fundamentals of Risk Measurement*. The McGraw-Hill Companies, Inc, 2002.

McKinsey & Co., *Credit Portfolio View*. New York: McKinsey and Co, 1997.

Mehr Robert I., Seev Neumann, Delphi Forecasting Project. *The Journal of Risk and Insurance*, 1970, 37(2): 241-246.

Merton R. C., On the Pricing of Corporate Debt: The Risk Structure of Interest Rates. *Journal of Finance*, 1974, 29(3): 449-470.

Michael K., 李志辉译:《内部信用风险模型——资本分配和效绩度量》,南开大学出版社 2004 年版。

Michel Crouhy, Dan Galai, Robert Mark, 曾刚、罗晓军、卢爽译:《风险管理》,中国财政经济出版社 2005 年版。

Moody's Investors Service, *Measuring Private Firm Default Risk*. Global Credit Research, Moody's Inc, 1999.

Mullen Brian, Craig Johnson, Eduardo Salas, Productivity Loss in Brainstorming Groups: A Meta-Analytic Integration. *Basic and Applied Psychology*, 1991, 12: 2-23.

Nelsen R. B., *An Introduction to Copulas*. New York: Springer, 1999.

Nelson, D. B., Conditional Heteroskedasticity in Asset Returns: A New Approach. *Econometrica*, 1991, 59(2): 347-370.

Nunzio Cappuccio, Diego Lubian, Davide Raggi, MCMC Bayesian Estimation of a Skew-GED Stochastic Volatility Model. *Studies in Nonlinear Dynamics & Econometrics*, 2004, 8(2): Article 6.

Paolo Brandimarte, *Numerical Methods in Finance*. John Wiley & Sons, Inc, 2002.

Pardoux E., Peng S., Adapted Solution of A Backward Stochastic Differential Equation. *Systems & Control Lett.*, 1990, (14): 55-61.

Philippe Artzner, Freddy Delbaen, Jean-Marc Eber, David Heath, Coherent Measures of Risk. *Math. Finance*, 1999, 9(3): 203-228.

Philippe Jorieon, *Financial Risk Management Handbook, Second Edition*. New York: Wilcy, John Wiley & Sons, Inc, 2004.

Philippe Jorion,张海鱼,等译:《风险价值 VaR:金融风险管理新标准》,中信出版社 2000

年版。

Philippe Jorion, *Value at Risk*. McGraw-Hill Companies Inc, 1997.

Pratt J, Risk Aversion in the Small and in the Large. *Econometrica*, 1964, (32): 122-136.

Reley J., Credit Rationing: A Further Remar American. *Economic Review*, 1987, (77): 224-227.

Ross Levine, Finance and Growth: Theory, Evidence, and Mechanisms. *Handbook of Economic Growth*, Amsterdam: Elsevier, 2005, 865-923.

Ross Levine, *Finance, Growth: Theory, Evidence, and Mechanisms*, 2003.

Ruey S. Tsay, *Analysis of Financial Time Series*. John Wiley & Sons, Inc, 2002.

Schachter B., The Value of Stress Testing in Market Risk Management. *Derivatives Risk Management*, 1998.

Shamroukh N., *Modeling liquidity Risk in VaR Models*. Working Paper, Algorithmics, 2001.

Sheldon M. Ross:《统计模拟》(英文版,第三版),人民邮电出版社 2006 年版。

施兵超、杨文泽:《金融风险管理》,上海财经大学出版社 2002 年版。

斯皮格尔 M. R.,L. J. 斯蒂芬斯,杨纪龙,等译:《统计学》(第三版),科学出版社 2002 年版。

Smith L. D., Lawrence E. C., Forecasting Losses on A Liquidating Long-Term Loan Portfolio. *Journal of Banking and Finance*, 1995, 19: 959-985.

Stephen J. Taylor, *Asset Price Dynamics, Volatility and Prediction*. Princeton University Press, 2005.

Terence Mills,俞卓菁译:《金融时间序列的经济计量学模型》(第二版),经济科学出版社 2002 年版。

Thomas Breuer, Gerald Krenn, *Identifying Stress Test Scenarios*, 2000.

Thomas J. Linsmeier, Neil D. Pearson, *Risk Measurement: An Introduction to Value at Risk*, 1996.

田军、张朋柱、王刊良、汪应洛:"基于德尔菲法的专家意见集成模型研究",《系统工程理论与实践》,2004 年第 1 期。

田新时、刘汉中、李耀:"沪深股市一般误差分布(GED)下的 VaR 计算",《管理工程学报》,2003 年第 1 期。

田新时、刘汉中:"用 Johnson 分布族来计算非线性 VaR",《运筹与管理》,2002 年第 8 期。

童志鸣:"论风险辨识",《铁道物资科学管理》,1996 年第 1 期。

王春峰:《金融市场风险管理》,天津大学出版社 2003 年版。

王春峰、万海晖、张维:"商业银行信用风险评估及其实证研究",《管理科学学报》,1998 年第 1 期。

阎庆民、蔡红艳:"商业银行操作风险管理框架评价研究",《金融研究》,2006 年第 6 期。

杨军:《银行信用风险——理论、模型和实证分析》,中国财政经济出版社 2004 年版。

严加安、彭实戈、方诗赞、吴黎明：《随机分析选讲》，科学出版社2000年版。

应玖茜、魏权龄：《非线性规划及其理论》，中国人民大学出版社1994年版。

雍炯敏、刘道百：《数学金融学》，上海人民出版社2003年版。

Zangari P., An Improved Methodology for Measuring VaR. *RiskMetrics Monitor*, 1996, (2): 7-25.

张吉光：《商业银行操作风险辨识与管理》，中国人民大学出版社2005年版。

张金清、李徐："资产组合的集成风险度量及其应用——基于最优拟合Copula函数的VaR方法"，《系统工程理论与实践》，2008年第6期。

张维铭、施雪忠、楼龙翔："非正态数据变换为正态数据的方法"，《浙江工程学院学报》，2000年第9期。

张尧庭、方开泰：《多元统计分析引论》，科学出版社1982年版。

张玉喜："金融风险管理理论和方法的演变及其借鉴意义"，《管理评论》，2004年第6期。

赵家敏："开放经济中企业风险暴露的模型分析"，《南方经济》，2002年第5期。

钟伟、沈闻一："新巴塞尔协议操作风险的损失分布法框架"，《上海金融》，2004年第7期。

朱忠明等：《金融风险管理学》，中国人民大学出版社2004年版。

邹宏元：《金融风险管理》，西南财经大学出版社2005年版。

图书在版编目(CIP)数据

金融风险管理/张金清编著. —2 版. —上海：复旦大学出版社，2011.8(2025.7 重印)
(复旦博学·微观金融学系列)
ISBN 978-7-309-08274-6

Ⅰ. 金… Ⅱ. 张… Ⅲ. 金融-风险管理-高等学校-教材 Ⅳ. F830.2

中国版本图书馆 CIP 数据核字(2011)第 144274 号

金融风险管理(第二版)
张金清　编著
责任编辑/姜作达　罗　翔

复旦大学出版社有限公司出版发行
上海市国权路 579 号　邮编：200433
网址：fupnet@fudanpress.com　　http://www.fudanpress.com
门市零售：86-21-65102580　　团体订购：86-21-65104505
出版部电话：86-21-65642845
上海华业装璜印刷厂有限公司

开本 787 毫米×1092 毫米　1/16　印张 21.25　字数 491 千字
2011 年 8 月第 2 版
2025 年 7 月第 2 版第 11 次印刷
印数 39 251—40 350

ISBN 978-7-309-08274-6/F·1724
定价：42.00 元

如有印装质量问题，请向复旦大学出版社有限公司出版部调换。
版权所有　　侵权必究